Irene Dingeldey
Britische Arbeitsbeziehungen

Irene Dingeldey

Britische Arbeitsbeziehungen

Gewerkschaften zwischen Konflikt, Kooperation und Marginalisierung

Mit einem Geleitwort von Prof. Dr. Karl A. Otto

Springer Fachmedien Wiesbaden GmbH

Die Deutsche Bibliothek – CIP-Einheitsaufnahme

Dingeldey, Irene:
Britische Arbeitsbeziehungen : Gewerkschaften zwischen Konflikt, Kooperation und Marginalisierung / Irene Dingeldey.
Mit einem Geleitw. von Karl A. Otto. –
(DUV : Sozialwissenschaft)
Zugl.: Bielefeld, Univ., Diss., 1996
ISBN 978-3-8244-4204-1   ISBN 978-3-663-09445-6 (eBook)
DOI 10.1007/978-3-663-09445-6

© Springer Fachmedien Wiesbaden 1997
Ursprünglich erschienen bei Deutscher Universitäts-Verlag GmbH, Wiesbaden 1997

Lektorat: Claudia Splittgerber

ISBN 978-3-8244-4204-1

Meinem Ritter

Geleitwort

Europaweite, letztlich globale Veränderungen der politisch-ökonomischen Rahmenbedingungen gewerkschaftlicher Interessenvertretung haben in vielen westlichen Industriegesellschaften die Frage aufgeworfen, welche Organisations- und Durchsetzungsfähigkeit die Gewerkschaften noch haben.

Irene Dingeldey geht dieser Frage am Beispiel des Wandels der britischen Arbeitsbeziehungen nach. Ausgangspunkt ihrer Fallstudie ist die in den 80er Jahren aufgebrochene Kontroverse zwischen Vertretern der Annahme, ein substantieller Wandel der Arbeitsbeziehungen westlicher Industriegesellschaften mit ihren Deregulierungs- und Flexibilisierungsprozessen habe die Gewerkschaften in eine Krise geführt, und Vertretern der „Kontinuitätsthese", derzufolge der Wandel die gewerkschaftlichen Einflußchancen nicht paralysiert, sondern nur variiert. In dieser Kontroverse entdeckte I. Dingeldey eine defizitäre Gemeinsamkeit, die bisher einen wichtigen Aspekt dieses Problemzusammenhangs verstellt hat: In beiden Perspektiven erscheinen die Gewerkschaften als passive „Opfer" des strukturellen Wandels, dem sie mehr oder weniger „ausgeliefert" sind. Genau das aber muß der vorliegenden Untersuchung zufolge bezweifelt werden.

Mit Hilfe eines ausgefeilten Analyseinstruments, das Erklärungsperspektiven organisationssoziologischer Verbändeforschung, der macht- und konflikttheoretischen Gewerkschaftsforschung, der Neokorporatismusforschung und neuere Untersuchungen zum Wandel des Systems der Arbeitsbeziehungen integriert, konnte nachgewiesen werden, daß sich in Großbritannien zwar ein neuer Regulierungstyp mit weitreichenden Konsequenzen für das System der Arbeitsbeziehungen durchgesetzt hat, daß dieser Wandel im Hinblick auf die Rolle und Funktion der Gewerkschaften aber von manchen Fehldeutungen begleitet war.

Der Einfluß der britischen Gewerkschaften ist - das belegt diese Studie - zwar dramatisch zurückgegangen und deren traditionell konfliktorientierte Strategie hat sich weitgehend erschöpft; die Gewerkschaften haben ihre bisherige Blockademacht offensichtlich verloren und sind durch Marginalisierungsprozesse bis hin zur Exklusion aus den berufsbildungs- und tarifpolitischen Arenen in eine teilweise existentiell bedrohliche Lage geraten. Aber die Gründe dafür sind auch bei den Gewerkschaften selbst zu finden. Das Bild der „Opferrolle" ist offensichtlich eine Überzeichnung.

Prof. Dr. Karl A. Otto

Vorwort

Die vorliegende Arbeit ist die leicht überarbeitete Fassung meiner Dissertation, die im Dezember 1995 an der Universität Bielefeld, Fakultät für Soziologie, eingereicht wurde. Am Beginn der Arbeit stand das Interesse an den gesellschaftlichen und politischen Gestaltungsmöglichkeiten der Gewerkschaften. Durch meine Bewunderung für das „Schwedische Modell" ergab sich die Frage, weshalb nicht alle Gewerkschaften umfassende oder „solidarische" Strategien entwickeln, die nicht nur auf die unmittelbare Wahrung von Mitgliederinteressen, z.B. durch maximalistische Lohnforderungen, sondern auch auf die Sicherung von Arbeitsplätzen oder die Verbesserung des Qualifikationsniveaus „aller" Arbeitnehmer abzielen. Dies führte mich zur Untersuchung der britischen Gewerkschaften. Dabei war ich ebenso oft fasziniert wie verwirrt von den besonderen institutionellen Voraussetzungen und den spezifischen Handlungsorientierungen der einzelnen Akteure im komplexen System der britischen Arbeitsbeziehungen.

Mein Dank gilt daher all denen, die mir geholfen haben, die Eigenheiten der britischen Arbeitsbeziehungen zu verstehen. Dazu gehören meine Interviewpartner bei den Gewerkschaften AEEU und UNISON, beim TUC, dem Dachverband der Gewerkschaften und beim CBI, dem britischen Arbeitgeberverband. Für erste wissenschaftliche Orientierungsgespräche und Experteninterviews haben mir John Kelly, Helen Rainbird, Jeremy Waddington und Thurley Wood freundlicherweise ihre Zeit geopfert.

Besonderen Dank für die wissenschaftliche Unterstützung und die Übernahme der Betreuung der Arbeit schulde ich meinen Gutachtern Karl A. Otto und Walther Müller-Jentsch. Colin Crouch, Gösta Esping-Anderson, Mathias Heidenescher, Hubert Heinelt, Adrienne Héritier, Richard Hyman und Jelle Visser haben mir mit hilfreichen Ideen und kritischen Kommentaren zu früheren Entwürfen weitergeholfen.

Nicht versäumen möchte ich, mich auch bei Helga Hollmann, Annette Spiering und Volker Verrel für die Hilfe bei der Literatursuche und der Vielzahl von „Ausdrucken" zu bedanken. Die Ehre für Tabellen und Abbildungen gilt Justus Goldmann, die für das Lay Out der Arbeit Vera Fuchs. Steffi Hanke, Claudia Hegeler, Holger Jantzen, Jo Klein, Susanne Rutz und Meinhard Schröder haben sich bemüht, die Tippfehler im Text zu minimieren.

Beim Schreiben der Arbeit waren für mich vor allem die uneingeschränkte Unterstützung meines Lebenspartners Wolfgang Ritter und sein unerschütterlicher Glaube daran, daß sie irgenwann fertig wird, besonders wichtig.

Trotz dieser langen Liste der Danksagungen liegt die Verantwortung für die vorliegende Arbeit ausschließlich bei mir.

Irene Dingeldey

Inhaltsverzeichnis

Verzeichnis der Abbildungen

Verzeichnis der Tabellen:

Abkürzungsverzeichnis

ABS	Association of Broadcasting Staff
ACAS	Arbitration, Conciliation and Advisory Service
AEU	Amalgamated Engineering Union (vorher: AUEW, später: AEEU)
AEEU	Amalgamated Engineering and Electricians Union (vorher: AEU und EETPU)
AMMA	Assistant Masters and Mistresses Association
APEX	Association of Professional, Executive, Clerical and Computer Staff
APT&C	Administrative, Professional, Technical and Clerical Grades in Local Government
ASLEF	Association of Locomotive Engineers and Firemen
ASTMS	Association of Scientific, Technical and Managerial Staff
AUEW	Amalgamated Union of Engineering Workers (später: AEU)
AUT	Association of University Teachers
BEC	Building Employers Confederation
BIFU	Banking, Insurance and Finance Union
BMA	British Medical Association
BPIF	British Printing Industry Federation
BT	British Telecom
CAC	Central Arbitration Committee
CAD	Computer Aided Design
CAM	Computer Aided Manufacturing
CBI	Confederation of British Industry
CCT	Compulsory Competitive Tendering
CIM	Computer Integrated Manufacturing
CITB	Construction Industry Training Board
CIR	Commission of Industrial Relations
CNC	Computer Numerical Control
COHSE	Confederation of Health Service Employees (später: UNISON)
CPSA	Civil and Public Services Association
CSEU	Confederation of Shipbuilding and Engineering Union
DATA	Draughtsmen's and Allied Technicians' Association
DE	Department of Employment
DSO	Direct Service Organization
EA	Employment Act
EAT	Employment Appeal Tribunal
EC	European Community
EEF	Engineering Employers' Federation
EETPU	Electrical, Electronic, Telecommunication and Plumbing Union (später: AEEU)
ECITB	Engineering and Construction Industrial Training Board
EITB	Engineering Industrial Training Board

EnTrA	Engineering Training Authority
EPA	Employment Protection Act
ET	Employment Training
ETUC	European Trade Union Confederation
FMS	Flexible Manufacturing System
FTO	Full-Time Officer
FWR	Fair Wages Resolution
GCHQ	Government Communications Headquarters
GMB	General, Municipal and Boilermakers' Union (vorher: GMBATU)
GMBATU	General Municipal, Boilermakers and Allied Trade Union (später: GMB)
GNP	Gross National Product
GPMU	Graphical, Paper and Media Union
HRM	Human Resource Management
IIP	Investor in People Initiative
IoD	Institute of Directors
ILO	International Labour Office
IPCS	Institution of Professional Civil Servants
IRSF	Inland Revenue Staff Federation
ITB	Industrial Training Boards
ITOs	Industry Training Organizations
JCC	Joint Consultative Committees
MSC	Manpower and Service Commission
MSF	Manufacturing, Science & Finance
NACETT	National Advisory Council for Education and Training Targets
NALGO	National and Local Government Officers´ Association (später: UNISON)
NCB	National Coal Board
NCVQ	National Council for Vocational Qualifications
NEDC	National Economic and Development Council
NGA	National Graphical Association
NHS	National Health Service
NIC	National Incomes Commission
NJIC	National Joint Industrial Councils
NstOs	Non-Statutory Training Organizations
NUCPS	National Union of Civil and Public Servants
NUM	National Union of Mineworkers
NUPE	National Union of Public Employees (später: UNISON)
OECD	Organization for Economic Cooperation and Development
TC	Training Commission
TEC	Training and Enterprise Council
TGWU	Transport and General Workers Union
TUA	Trade Union Act

TUC	Trade Union Congress
TUCC	Trade Unions Co-ordination Committee
TULR(C)A	Trade Union Labour Relations (Consolidation) Act
TUR & ERA	Trade Union Reform & Employment Right Act
USDAW	Union of Shop, Distributive and Allied Workers
WIRS	Workplace Industrial Relations Survey
YOP	Youth Opportunities Programme
YT	Youth Training
YTO	Youth Training Opportunities
YTS	Youth Training Scheme

Einleitung

In der Diskussion über die Entwicklung der Arbeitsbeziehungen und der Gewerkschaften in westlichen Industrieländern hat sich in den 80er Jahren eine Kontroverse entwickelt. Während einige von einem substantiellen Wandel der Arbeitsbeziehungen und einer Krise der Gewerkschaften ausgehen, sehen andere eine weitgehende Kontinuität der Arbeitsbeziehungen und auch des gewerkschaftlichen Organisations- und Einflußpotentials gegeben. Von den Vertretern der These des Wandels der Arbeitsbeziehungen wird vor allem auf Veränderungen durch die ökonomische Krise, die Verschärfung des internationalen Konkurrenzdrucks (Boyer 1988; Liepitz 1991) sowie die Einführung neuer Technologien und neuer Managementstrategien bzw. eine dadurch bewirkte Veränderung der Arbeitsorganisation und der industriellen Produktionsstrukturen verwiesen (Kern/Schumann 1984; Piore/Sabel 1984).

Der in engem Zusammenhang damit stehende beschäftigungsstrukturelle Wandel sowie Maßnahmen von Regierungen und Arbeitgebern zur Umgestaltung der Arbeitsbeziehungen, die unter den Schlagworten Dezentralisierung der Tarifverhandlungsstruktur, Deregulierung und Flexibilisierung arbeitsrechtlicher Bestimmungen zum Schutz einzelner Arbeitnehmer sowie gewerkschaftlicher Organisations- und Vertretungsrechte genannt werden, gelten zahlreichen Beobachtern als Bedrohung des traditionellen Organisationspotentials und der traditionellen Einflußmöglichkeiten der Gewerkschaften. Sie gehen daher von einer „Krise" der Gewerkschaften aus (Lecher 1980; Lash/Bagguley 1988; Lash/Urry 1987; Müller-Jentsch 1988a; Baglioni 1990).

Die Entwicklung in Großbritannien wird von den Vertretern der Krisen-These häufig als Beispiel angeführt. Hier kann auf die dezidiert gewerkschaftsfeindliche Politik der seit 1979 amtierenden Regierung der Konservativen unter *Margaret Thatcher* und ihrem Nachfolger, *John Major*, verwiesen werden. Bestandteile dieser Politik sind unter anderem die Auflösung tripartistischer Institutionen und die weitgehende Marginalisierung der Gewerkschaften bei der Formulierung und Implementation von *Policies*. Die zunehmende Verrechtlichung der britischen Arbeitsbeziehungen sowie die starke Abnahme der Arbeitskonflikte werden als Ausdruck für einen grundlegenden Wandel der traditionell nur in geringem Maße staatlich regulierten und konfliktiv geprägten britischen Arbeitsbeziehungen gesehen. Hinzu kommt ein massiver Wandel der britischen Produktions- und Beschäftigungsstruktur, der insbesondere gewerkschaftlich stark organisierte Industriesektoren betrifft, und von einer relativ hohen Arbeitslosigkeit begleitet wird. Vor diesem Hintergrund haben die britischen Gewerkschaften seit Ende der 70er Jahre insgesamt mehr als drei Millionen Mitglieder verloren. Zahlreiche Unternehmer ziehen sich von den sektoralen Tarifverhandlungen zurück und immer weniger erkennen Gewerkschaften in den Betrieben als Verhandlungspartner an. All diese Entwicklungen zusammen werden als massiver Einflußverlust der Gewerkschaften bewertet (Crouch 1985; Crouch 1990b).

Vertreter der Kontinuitätsthese sehen die genannten allgemeinen Entwicklungen eher als Teil eines kontinuierlichen und „evolutionären" Wandels. Sie wenden sich gegen eine Verallgemeinerung der These der Deregulierung der Arbeitsbeziehungen und der Desorganisierung der Gewerkschaften seit den 80er Jahren (Armingeon 1989, 1994). Auch für Großbritannien wird auf das Fortbestehen der gewerkschaftlichen Organisationsfähigkeit und des gewerkschaftlichen Einflusses hingewiesen (Kelly 1990; MacInnes 1990). Danach wird von einer weitgehenden Kontinuität des gewerkschaftlichen Einflusses und der gewerkschaftlichen Konfliktfähigkeit in den Unternehmen, der traditionellen Machtbasis britischer Gewerkschaften, ausgegangen (MacInnes 1990). Als Belege werden angeführt, daß die Löhne der Beschäftigten auch in den 80er Jahren weiter gestiegen sind und große Arbeitskonflikte, wie beispielsweise der Bergarbeiterstreik 1984-85, stattfanden. Die Dezentralisierung von Tarifverhandlungen sowie die gewerkschaftliche Exklusion aus den tripartistischen Institutionen des *Policy-Making* wird als von nur geringer Bedeutung interpretiert, weil die britischen Gewerkschaften auf zentraler Ebene schon immer schwach gewesen seien (MacInnes 1990). Die massiven Mitgliederverluste der Gewerkschaften werden vor dem Hintergrund der Schwankungen der Mitgliederzahlen britischer Gewerkschaften in deren historischer Entwicklung als weitgehend „normal" betrachtet (Kelly 1990).

Die allgemeine Kontroverse wird von breit angelegten, vergleichenden Untersuchungen zumeist dahingehend „entschieden", daß auf die Heterogenität und Divergenz des Wandels der Arbeitsbeziehungen und der Gewerkschaften in verschiedenen Ländern hingewiesen wird (Boyer 1988; Baglioni 1990). Eine der neuesten und umfangreichsten vergleichenden Untersuchungen sieht Wandel oder Kontinuität der Arbeitsbeziehungen in verschiedenen Ländern in Abhängigkeit von der Regulierung der Arbeitsbeziehungen. Für Großbritannien wird allerdings auch hier von einer Krise und dem Zusammenbruch der sehr starken, aber unflexiblen Institutionen der Arbeitsbeziehungen ausgegangen, die letztlich dem Druck des strukturellen Wandels der Märkte und der Beschäftigung nicht standhalten (Ferner/Hyman 1992:xvii; ff).

Trotz der Unterschiede und Widersprüche der genannten Interpretationen des Wandels bzw. der Kontinuität der Arbeitsbeziehungen im allgemeinen und der britischen im besonderen, haben sie doch alle weitgehend eine Gemeinsamkeit. Sie lassen die

Gewerkschaften überwiegend als passive „Opfer" der strukturellen Entwicklung und der Politik[1] bzw. der Entscheidungen von staatlichen Akteuren oder Arbeitgebern erscheinen. Dabei bleibt weitgehend offen, welche Rolle die Gewerkschaften selbst bei Wandel oder Kontinuität der Arbeitsbeziehungen und hinsichtlich ihrer eigenen Entwicklung spielen. Im Mittelpunkt der vorliegenden Arbeit steht daher die Frage, welche Strategien die britischen Gewerkschaften verfolgen, und was sie damit zu Wandel oder Kontinuität der Arbeitsbeziehungen bzw. der Entwicklung ihres Einflusses seit 1979[2] beigetragen haben. Strategien werden dabei definiert als *„die Gesamtplanung des Verhaltens und der Maßnahmen gegenüber einem politischen Gegner zur Stärkung der eigenen Position und zur Durchsetzung eigener Ziele"* (Hautmann et al. 1971:163). Besonders hervorzuheben ist dabei, daß eine Strategie einen Verhaltensplan aufgrund von Spielregeln darstellt, der für die jeweilige Situation bereits vorweg (Rahmen-) Entscheidungen festlegt (ebd.). Oder anders formuliert: Strategien stellen Entscheidungen dar, die für einen *längeren Zeitraum* getroffen werden[3] (vgl. Thurley/Wood 1983:197). Um diese Frage beantworten zu können, wird diskutiert, welche Strategievarianten Gewerkschaften überhaupt zur Verfügung stehen, und welche Faktoren generell ausschlaggebend für die Strategien von Gewerkschaften und deren Durchsetzung in einem spezifisch nationalen und historischen Kontext während der 80er und Anfang der 90er Jahre sind.

Vor dem Hintergrund der oben aufgezeigten Diskussion erscheint für die Entwicklung eines allgemeinen Erklärungszusammenhangs ein Ansatz sinnvoll, welcher eine Verbindung zwischen den spezifischen historischen Bedingungen, den institutionellen Voraussetzungen und der Strategiewahl von Akteuren herstellt. Dies trifft für den politikwissenschaftlichen neo-institutionalistischen Ansatz zu, der Akteurshandeln in Abhängigkeit von situativen Bedingungen, vom institutionellen Kontext und von den

---

[1] Politik wird im folgenden in Anlehnung an Lehmbruch definiert als *„gesellschaftliches Handeln, ... welches darauf gerichtet ist, gesellschaftliche Konflikte über Werte verbindlich zu regeln"* (Lehmbruch 1968; zit. nach Böhret et al. 1988:3). Damit ist Politik nicht nur auf staatliches Handeln beschränkt, sondern umfaßt auch die Strategien und Entscheidungen anderer Akteure wie z.B. Arbeitgeber, Gewerkschaften usw..

[2] 1979 markiert eine Art Wendepunkt in der Entwicklung der britischen Gewerkschaften und wurde als Beginn des Untersuchungszeitraums gewählt. In diesem Jahr wurden die Lohnforderungen der britischen Gewerkschaften im öffentlichen Sektor durch eine enorme Streikwelle unterstützt und damit die „Macht" der Gewerkschaften dokumentiert. Die Bevölkerung bewertete die Streiks jedoch eher negativ, was sich u.a. in der Abwahl der den Gewerkschaften nahestehenden *Labour-Party* niederschlug. Der Regierungsantritt *Margaret Thatchers* im Jahre 1979, die mit einem anti-gewerkschaftlichen Programm antrat, signalisierte daher sowohl ein zunehmend gewerkschaftsfeindliches politisches Klima als auch einen Wandel der Politik gegenüber den Gewerkschaften.
Die Dokumentation und Analyse der aktuellen Daten ist bis zum Ende des Jahres 1994 gelungen, welches damit das Ende des Untersuchungszeitraums darstellt.
Bei der allgemeinen Diskussion darüber, welche Faktoren gewerkschaftliche Strategien beeinflussen, sowie bei der Beschreibung von Entwicklungstendenzen, die sich nicht auf diesen exakt umrissenen Zeitraum beschränken lassen, wird _ - auch in bezug auf britische Gewerkschaften - generell auf die Entwicklung während der „80er und zu Beginn der 90er Jahren" verwiesen.

[3] Dies ist wichtig in Abgrenzung zur Taktik, die definiert wird als *„das Verhalten gegenüber einem Gegner im Einzelfall"* (Hautmann et al. 1971:163).

Eigenschaften der einzelnen Akteure betrachtet (Mayntz/Scharpf 1994:9). Um die Strategien eines einzelnen Akteurs wie den Gewerkschaften erklären zu können, müssen alle diese Faktoren sowie die Handlungen der relevanten anderen Akteure, also der Regierung, der Arbeitgeber bzw. der Arbeitgeberverbände, berücksichtigt werden. Die allgemeine Wirkung von Institutionen wird dabei so verstanden, daß sie sowohl Handlungsrestriktionen setzen als auch Handlungsoptionen eröffnen, Akteurshandeln aber nicht determinieren können (Windhoff-Héritier 1991:40; Thelen/Steinmo 1992:3) und somit als eine Art Filter wirken (Keck 1991:637). Als Institutionen gelten dabei aber nicht nur „harte Institutionen" wie beispielsweise das Regierungssystem, sondern auch „*the formal rules, compliance procedures, and standard operating practices that structure the relationship between individuals in various units of the polity and economy*" (Hall 1986:19). Mit diesem weiten Institutionenbegriff schließt sich die Arbeit Untersuchungen des politikwissenschaftlichen Institutionalismus an, die der Variante des „Historischen Institutionalismus" zugeordnet werden (Thelen/Steinmo 1992; Hall 1986). Dieser Ansatz erscheint deshalb für diese Arbeit sinnvoll, weil sich dabei verschiedene Erklärungsperspektiven der organisationssoziologischen Verbändeforschung, der macht- und konflikttheoretischen Gewerkschaftsforschung, der Neo-Korporatismusforschung sowie der Tauschtheorie verbinden lassen.

Es wird versucht, die verschiedenen Erklärungsfaktoren, welche in den genannten Ansätzen angeführt werden, systematisch zusammenzuführen, um den Einfluß von Gewerkschaften und damit auch die „Auswahl" der jeweiligen gewerkschaftlichen Strategievarianten erklären zu können. Gegenstand der Analyse sind daher Organisationsstrukturen, die rechtliche Regulierung der Arbeitsbeziehungen, Verhandlungsmuster und Konfliktstile. Diese werden als Voraussetzungen für das Handeln der Akteure betrachtet. Ferner wird unter Berücksichtigung eines „Rückkopplungseffektes" versucht, eine eher dynamische Erklärung zu entwickeln: Da Institutionen nicht nur Voraussetzung für die Strategien der Akteure sind, sondern der institutionelle Wandel selbst zu den Zielen der Akteure gehört (Thelen/Steinmo 1992:15), werden Institutionen in verschiedenen zeitlichen Dimensionen untersucht und die sich verändernden Handlungsressourcen der Akteure nachgezeichnet. Gleichzeitig wird jedoch aufgrund der „Filterfunktion" von Institutionen von einer gewissen Vergangenheitsabhängigkeit der Reformen und *Policy Outcomes* ausgegangen.

Zur allgemeinen Typologisierung der verschiedenen gewerkschaftlichen Strategien bieten sich in Anlehnung an Arbeiten der organisationssoziologisch (Streeck 1993) und konflikttheoretisch orientierten Gewerkschaftsforschung (Müller-Jentsch 1982; 1988) verschiedene Strategievarianten an, die sich entlang der Unterscheidungen

4

solidarisch/partikularistisch und konfliktiv/kooperativ zusammenfassen lassen. Die Dichotomie solidarisch-partikularistisch wird danach unterschieden, wie umfassend das Kollektiv der Arbeitnehmer ist, das von den Gewerkschaften vertreten wird. Mit Hilfe der Dichotomie konfliktiv-kooperativ wird differenziert, ob die Gewerkschaften primär versuchen, ihre Ziele mit Hilfe von Streiks durchzusetzen oder durch betriebliche und überbetriebliche Verhandlungen mit den Arbeitgebern sowie durch die Beteiligung bei der Formulierung und Implementation von staatlicher Politik. Welche Strategievarianten von einer Gewerkschaft bevorzugt werden, wird dabei weitgehend in Abhängigkeit von der allgemeinen Regulierung der Arbeitsbeziehungen sowie den organisationsstrukturellen Merkmalen der Gewerkschaften gesehen.

Der so erarbeitete allgemeine Erklärungszusammenhang für die gewerkschaftlichen Strategieoptionen wird auf das britische Beispiel übertragen. Die oben aufgezeigte Kontroverse wird dahingehend aufgerollt, daß differenziert diskutiert wird, ob und inwiefern sich die Institutionen der britischen Arbeitsbeziehungen einschließlich der Organisationsstrukturen der Gewerkschaften seit 1979 tatsächlich durch Wandel oder Kontinuität auszeichnen. Dabei werden insbesondere die Entwicklung der gewerk-schaftlichen Strategien sowie der gewerkschaftlichen Einflußmöglichkeiten unter-sucht. Da über gewerkschaftliche Strategien und gewerkschaftlichen Einfluß jedoch nur schwer „im allgemeinen" zu diskutieren ist, kommt dem *Policy* Aspekt eine be-sondere Bedeutung zu. Lohnpolitik und die Berufsbildungspolitik werden ausführlich analysiert, da die *Outcomes* in diesen Politikfeldern zahlreichen Autoren als we-sentlich für das ökonomische Wachstum und die Wettbewerbsfähigkeit in einer Volkswirtschaft gelten (Scharpf 1988; Fingegold/Soskice 1988; Mahnkopf 1989; Streeck/Matzner 1991). Für die Gewerkschaften selbst erscheinen diese beiden *Poli-cies* für das Erreichen von gewerkschaftlichen Zielen wie einem hohen Lohnniveau, einem hohen Qualifikationsniveau und einem hohen Beschäftigungsniveau von zen-traler Bedeutung. Ferner ist die Lohnpolitik beispielhaft für die traditionelle, an quantitativen Zielen orientierte Gewerkschaftspolitik und die Berufsbildungspolitik repräsentiert eine „moderne", an qualitativen Zielen orientierte Gewerkschaftspolitik. Sofern der oben aufgezeigte, allgemeine Erklärungszusammenhang aussagekräftig ist, müßte die Entwicklung der gewerkschaftlichen Strategien und des gewerkschaft-lichen Einflusses in beiden Politikfeldern ähnlich verlaufen.

Dabei wird angenommen, daß im Laufe der 80er und während der 90er Jahre Konti-nuität und Wandel in den britischen Arbeitsbeziehungen nebeneinander existieren. Gerade die spezifische Kombination einzelner Elemente von Wandel und Kontinuität tragen jedoch im britischen Fall zu einer Beschränkung gewerkschaftlicher Strategieoptionen sowie einem allgemeinen Einflußverlust der britischen Gewerkschaften bei. Die Ursachen für diese Entwicklung werden dabei nicht nur im situativen Kontext während der 80er und zu Beginn der 90er Jahre und der Politik der Regierung oder der Entscheidungen von Arbeitgebern in verschiedenen Bereichen gesehen. Wichtig sind vielmehr auch die historische Regulierung der Arbeitsbeziehungen, die strukturelle Entwicklung der britischen Gewerkschaften, d.h. ihre Dezentralisierung und Fragmentierung, sowie die von ihnen traditionell gewählten, konfliktiv-partikularistisch geprägten strategischen Optionen.

Um die Entwicklung von Kontinuität und Wandel der britischen Arbeitsbeziehungen und der Gewerkschaften sowie den damit verbundenen generellen Einflußverlust der Gewerkschaften im einzelnen zu belegen, sind insgesamt fünf Arbeitsschritte (Kapitel I-V) vorgesehen. Im ersten Kapitel (Kapitel I) werden der Stand der Diskussion zur Beantwortung der Frage, welche Faktoren den Wandel und die Strategien der Gewerkschaften beeinflussen, aufgearbeitet und zentrale Begriffe vorgestellt. Auf dieser Basis werden eine allgemeine Variablenkonstellation entwickelt sowie Hypothesen zur Strategiewahl von Gewerkschaften formuliert. Es folgen Bemerkungen zum methodischen Vorgehen. Der nächste Schritt besteht darin, die hier identifizierten unabhängigen Variablen für den britischen Kontext zu beschreiben (Kapitel II). Dazu werden die organisations- und machtpolitischen Charakteristika der britischen Gewerkschaften, die Regulierung der Arbeitsbeziehungen und die beiden Politikfelder (Lohn- und Berufsbildungspolitik) zum Ende der 70er Jahre charakterisiert, und damit auch der Ausgangspunkt der nachfolgenden Entwicklung markiert (Kapitel II.1.). Anschließend werden der veränderte situative Kontext, die Ziele der konservativen Regierung und der Arbeitgeber während der 80er und Anfang der 90er Jahre in Großbritannien dargestellt (Kapitel II.2.). Am Ende dieses Kapitels steht ein Zwischenresümee auf der Grundlage der „erklärenden" Variablen. Der dritte Schritt (Kapitel III) beinhaltet die Analyse von Wandel und Kontinuität von Institutionen, gewerkschaftlichen Organisationsvoraussetzungen und allgemeinen Strategien der Gewerkschaften. In Kapitel IV werden *Policy-Outcomes* und spezifische gewerkschaftliche Strategien in der Lohnpolitik (Kapitel IV.1.) und in der Berufsbildungspolitik (Kapitel IV.2.) in Großbritannien seit 1979 nachgezeichnet. Das letzte Kapitel hat zum Ziel, die eingangs formulierten Hypothesen zur Veränderung des gewerkschaftlichen Einflusses und der gewerkschaftlichen Strategien in Großbritannien abschließend zu diskutieren und einen kurzen Ausblick der Entwicklung britischer Gewerkschaften für die 90er Jahre zu geben (Kapitel V).

I. THEORETISCHE VORÜBERLEGUNGEN

Um die Frage zu beantworten, welche Faktoren die Strategien von Gewerkschaften und deren Durchsetzung in einem spezifischen nationalen Kontext während der 80er und zu Beginn der 90er Jahre beeinflussen, wird zunächst der allgemeine Forschungsstand zum Wandel der Gewerkschaften und ihrer Strategien skizzenhaft wiedergegeben. Anschließend werden einzelne Variablen, die dabei als relevant identifiziert werden, ausführlich im Hinblick auf ihre Wirkung für gewerkschaftliche Handlungsmöglichkeiten diskutiert. Ferner werden die Interdependenzen zwischen den einzelnen Variablen erörtert. Ziel ist es, eine Variablenkonstellation zu entwickeln, die der Untersuchung der gewerkschaftlichen Entwicklung in Großbritannien zugrundegelegt werden kann. Methodische Erläuterungen, wie die auf diesem Ansatz aufbauende Länderanalyse durchgeführt wird, schließen die theoretischen Vorüberlegungen ab.

1. Diskussion des Forschungsstandes

Es gibt nicht „den" Ansatz zur Erklärung gewerkschaftlicher Strategien und deren Durchsetzungsfähigkeit vor dem Hintergrund der Entwicklungen während der 80er und Anfang der 90er Jahre. Verschiedene Ansätze der Gewerkschafts- und Verbändeforschung bzw. der *Industrial Relations*-Forschung berücksichtigen jedoch „Akteurshandeln" als einen der wichtigen Faktoren. Man kann die verschiedenen Ansätze grob in vier Gruppen unterteilen:

(1) Die Regulationstheorie und die Flexibilisierungsthese sehen die Entwicklung der Arbeitsbeziehungen weitgehend geprägt von den allgemeinen technologischen, sozioökonomischen Rahmenbedingungen. Die Gestaltung der Institutionen wie auch Akteurshandeln in den Arbeitsbeziehungen werden weitgehend in Abhängigkeit davon betrachtet. (2) Die interessentheoretische sowie die macht- und konflikttheoretische Gewerkschaftsforschung betrachtet die Institutionengestaltung wie auch die Strategien der Akteure als Folge von grundlegenden Konflikten bzw. der Verteilung der Machtressourcen zwischen „Arbeit und Kapital". (3) Die organisationssoziologische Verbändeforschung und die Neo-Korporatismusforschung sehen institutionelle Arrangements dagegen vorwiegend als „Voraussetzungen", welche die Handlungsmöglichkeiten der verschiedenen Akteure strukturieren. (4) Eine weitgehende Kombination der bei den verschiedenen Ansätzen genannten Variablen stellen neuere, das gesamte „System der Arbeitsbeziehungen"[4] berücksichtigende Untersuchungen dar.

---

[4] „Arbeitsbeziehungen" wird im folgenden dem englischen Begriff der „Industrial Relations" gegenüber bevorzugt. Dieser erscheint im deutschen Sprachgebrauch nicht mehr ganz adäquat, da er zu stark ausschließlich auf die Tarifbeziehungen bzw. auf den „Industriesektor" verweist. Die

Die systematische Verbindung und die Erklärung der Interdependenzen der verschiedenen Faktoren (den allgemeinen Rahmenbedingungen, den Institutionen und dem Akteurshandeln), wird von keinem der genannten Ansätze geleistet. Hier bietet der politikwissenschaftliche Neo-Institutionalismus bzw. dessen Variante des „Historischen Institutionalismus" eine theoretisch fundierte „Anleitung", die verschiedenen Faktoren, die von den oben genannten Ansätzen hervorgehoben werden, zu integrieren. Auf dieser Basis können die Strategiewahl der Gewerkschaften und deren Durchsetzungsfähigkeit während der 80er und Anfang der 90er Jahren analysiert werden. Unter (5) soll daher der politikwissenschaftliche Neo-Institutionalismus bzw. dessen Variante des Historischen Institutionalismus als weiterer Ansatz diskutiert werden.

(1) Regulationstheorie und Flexibilisierungsthese

Im Rahmen der Regulationstheorien[5] und der Flexibilisierungsthese wird eine Veränderung ökonomischer bzw. technologischer Rahmenbedingungen angenommen. Diese gelten als Ursache für den Wandel von Regulierungen, von staatlicher Politik und von den Strategien der Arbeitgeber sowie - davon beeinflußt - von den Organisationsvoraussetzungen der Gewerkschaften.

Die Regulationstheorie formuliert die These eines Paradigmenwechsels des kapitalistischen Entwicklungsmodells, vom *Fordismus* zum *Postfordismus*. Mit *Fordismus* wird dabei im allgemeinen die Phase nach dem zweiten Weltkrieg bezeichnet, in der Vollbeschäftigung herrschte, die Wohlfahrtsstaaten auf der Basis ökonomischen Wachstums ausgebaut wurden und die Lohn- und Arbeitsbedingungen in vielen Ländern durch tarifpolitische und staatliche Regulierungen weitgehend vereinheitlicht waren. Der Beginn der neuen, post-fordistischen Ära wird spätestens Ende der 70er Jahre infolge der Veränderung der ökonomischen und politischen Rahmenbe-

---

komplexen Beziehungen zwischen staatlichen Akteuren und Gewerkschaften, die ebenfalls zu den „Arbeitsbeziehungen" gehören, werden dabei nicht widergespiegelt. Außerdem arbeitet der überwiegende Anteil der Beschäftigten mittlerweile im Dienstleistungssektor und nicht mehr in der Industrie.

5 Die Regulationstheorien sehen, vor dem Hintergrund der politischen Ökonomie von Marx, die Entwicklung des Kapitalismus als krisenvermittelte und international ungleichmäßige Abfolge historischer Formationen, die sich in ihren ökonomischen und institutionellen Strukturen erheblich unterscheiden (Hirsch 1990:17). Die französischen Vertreter der Regulationsschule, Aglietta, Boyer und Lipietz begreifen den kapitalistischen Gesellschaften inhärenten Wandel nicht als invariant aus dem Waren- und Lohnverhältnis determiniert, sondern setzen anstelle des hinsichtlich der gesellschaftlichen Steuerung als passiv interpretierten Begriffs der Reproduktion jenen der Regulation, der die soziale Praxis handelnder Individuen und Klassen in die Analyse kapitalistischer Entwicklung einbezieht wie die Regulationswirkung gesellschaftlicher und staatlicher Institutionen (vgl. Merkel 1992:62).
Im folgenden wird nicht im einzelnen auf die Unterschiede der deutschen oder französischen Regulationsschule oder einzelner Autoren eingegangen. Auch die Unschärfe der begrifflichen Definitionen von Regulation oder Flexibilisierung sollen hier nicht Gegenstand der Analyse sein. Entsprechende Diskussionen und Kritik können nachgelesen werden bei Jessop (1988), Hübner (1989) und Hirsch (1990).

dingungen wie der Internationalisierung von Politik und Wirtschaft, der Krise der keynesianischen Steuerung und der u.a. damit einhergehenden Wirtschafts- und Beschäftigungskrise in den westlichen Industrieländern verortet (Boyer 1988:208f; Lipietz 1991:82)[6].

Dabei wird davon ausgegangen, daß die Veränderung der ökonomischen Rahmenbedingungen eine Veränderung oder Auflösung bestehender Institutionen nach sich zieht, die auch den Wandel sozialer Kräfteverhältnisse und Kompromisse einschließt (Hirsch 1990:20). Dies bildet den Hintergrund für die Hinwendung der Regierungen zur Politik der *liberalen Flexibilisierung* (Lipietz 1991:83). Darunter wird u.a. eine weitgehende Flexibilisierung individueller Arbeitsverhältnisse und die Deregulierung standardisierter, kollektiv regulierter Arbeitsbedingungen verstanden[7] (Boyer 1988:206). Der Einflußverlust bzw. die Erosion gewerkschaftlicher Organisationsfähigkeit wird von den Vertretern der Regulationstheorie durch die De-Industrialisierung bzw. die Krise traditioneller Industriesektoren, die Zunahme der Beschäftigung im Dienstleistungssektor und die Zunahme „atypischer" Beschäftigungsverhältnisse (z.B. Teilzeitarbeit, befristete Beschäftigung, Leiharbeit) verursacht gesehen. Zusammen mit den Folgen der hohen Arbeitslosigkeit wird dadurch das Verhandlungspotential der Gewerkschaften als geschwächt betrachtet, was an der Verringerung von Arbeitskonflikten festgemacht wird (Boyer 1988:203). Aus diesem·Grund wird der kollektive, gewerkschaftliche Vertretungsanspruch und die zentrale Verhandlungsmacht der Gewerkschaften als bedroht beurteilt: *„Even if there is no spectacular drop in membership, the failure of traditional bargaining and the difficulty in finding new aims and means of action become clear, so much so that many a specialist has described it as a crisis of trade unionism"* (Boyer 1988:206).

Die Vertreter der „Flexibilisierungsthese", für die exemplarisch die Studien von Kern/Schumann (1984) und Piore/Sabel (1985) stehen, betonen den technischen Wandel in den 70er und 80er Jahren als Ursache für den Wandel der unternehmeri-

---

6   Im Detail werden die Ursachen der Krise des Fordismus von den Vertretern der Regulationstheorie unterschiedlich gesehen. Aglietta argumentiert entlang des traditionellen Schemas „Klassenkämpfe in der Produktion - rückläufige Zuwächse der Mehrwertsraten - Verlangsamung des Innovationstempos - ungleiche Entwicklung des Investitions- und Konsumgütersektors - Anstieg der organischen Zusammensetzung des Kapitals - Fall der Profitrate (vgl. Hübner 1989:210). Der tendenzielle Fall der Profitrate aufgrund fallender Kapitalrentabilität und eine daraus sich entwickelnde Investitionskrise gilt auch Lipietz noch (1985:126) als Ausgangspunkt, der eine neue Entwicklungsdynamik in Gang setzt. Boyer sieht die Rentabilitätskrise des Kapitals in verschiedenen Versionen der „Profit-Squeeze"-These, d.h. vor allem bedingt durch einen Anstieg der Lohn- und Lohnnebenkosten, der die Produktivitätssteigerungen überflügelt (Boyer 1988:206). Später betont Lipietz, in Ergänzung zur Profit-Squeeze These, die Grenzen der tayloristischen Prinzipien als Hindernis für die weitere Steigerung der Produktivität (Lipietz 1991:83f).

7   Gegenstand der Flexibilisierung sind nach Boyer die Organisation der Unternehmen und des Produktionsprozesses, die Qualifikation und die Tätigkeitsbereiche der Arbeitnehmer, die gesetzliche Regulierungen des Arbeitsvertrages bzw. des Arbeitsverhältnisses, die Löhne und die allgemeine Regulierung der Sozialabgaben oder Steuern (Boyer 1988:223f).

schen Produktionskonzepte und daraus abgeleiteter Veränderungen in der Arbeitsorganisation. Der Argumentationsgang ist damit ähnlich wie bei der Regulierungstheorie, lediglich die daraus „abgeleiteten" Veränderungen sind weniger umfassend skizziert. Die Implikationen für die gewerkschaftliche Organisationsfähigkeit werden von den Vertretern der Flexibilisierungsthese ebenfalls negativ beurteilt: *„ Der Trend zu einer stärkeren Einschaltung von Zulieferern vergrößert offenbar die organisatorischen Schwierigkeiten der Gewerkschaften, vor allem dann, wenn er die Kooperation bei der Entwicklung neuer Produkte oder Technologien betrifft "* (Kern/Sabel 1990:152).

Die Regulationstheorie und die Vertreter der Flexibilisierungsthese legen damit eine ausführliche und umfassende Analyse der Veränderung der ökonomischen und technologischen wie auch z.T. der politischen Rahmenbedingungen während der 80er und Anfang der 90er Jahre vor. Durch die zugrundeliegende funktionalistische Sichtweise[8] werden unterschiedliche institutionelle Voraussetzungen und Entwicklungen in verschiedenen Ländern, welche - trotz ähnlicher ökonomischer und technologischer Rahmenbedingungen - unterschiedliche Handlungsvoraussetzungen für die nationalen Akteure beinhalten, weitgehend unberücksichtigt gelassen: *„ The difficulties with a functionalist model are first, that it is unclear* **why** *a causal relationship exists (unless on the simple principle of* **post hoc ergo propter hoc***); second, that the very different national trajectories are virtually impossible to explain plausibly; and third, that the political implications are unavoidably fatalistic"* (Hyman 1991:276).

In Folge dieses „Defizits" werden auch die Gewerkschaften weitgehend als „statische Größe" behandelt, deren traditionelle Mitgliederklientel aufgrund des beschäftigungsstrukturellen Wandels „ausstirbt". Strategische Möglichkeiten der Gewerkschaften, neue Mitglieder zu werben oder auch neue Einflußmöglichkeiten wahrzunehmen, werden nicht erwogen.

(2) Interessentheoretische Ansätze sowie die macht- und konflikttheoretische Hypothese

Interessentheoretische Ansätze stellen gesellschaftliche Interessenkonflikte sowie

---

8 Diese Einordnung der Regulationstheorie wird auch von einem ihrer Vertreter geteilt und kritisch bewertet: *„ Die Geschichte des Kapitalismus erscheint damit unter der Hand als Prozeß seiner ewigen Selbstreproduktion. Gewissermaßen kommt also der Funktionalismus auf recht massive Weise durch die Hintertür zurück, weil gesellschaftliche Widersprüche auf ökonomische reduziert und nicht in umfassenderen Vergesellschaftungszusammenhängen verortet werden. Die oftmals geäußerte Kritik am Ökonomismus der Regulationstheorie ist soweit keinesfalls unberechtigt"* (Hirsch 1990:29).

soziale und politische Kräfteverhältnisse zur Erklärung gewerkschaftlichen Einflusses oder gewerkschaftlicher Handlungsmuster in den Mittelpunkt.

Müller-Jentsch (1982) entwickelt beispielsweise auf der Basis von „Interessen" eine Typologie der Gewerkschaften. Danach umfaßt das allgemeine Spektrum der gewerkschaftlichen Interessenvertretung drei Dimensionen: *„Neben den antagonistischen oder Klasseninteressen im emphatischen Sinne sind dies ... die 'allgemeinen' oder kompatiblen Interessen und ... die sektionalen (Fraktions- /Branchen-) Interessen"* (Müller-Jentsch 1982:31). Aus diesen verschiedenen Interessenlagen leiten sich unterschiedliche Gewerkschaftstypen ab. Dabei verfolgt die sogenannte intermediäre Gewerkschaft[9] eine *„auf Ausgleich und Kompromiß zielende Interessenpolitik unter faktischer Anerkennung der kapitalistischen Verwertungszwänge und Marktgesetzlichkeiten als Rahmenbedingungen gewerkschaftlichen Handelns"* (Müller-Jentsch 1982:33)[10]. Im Rahmen dieser Interessenpolitik gibt es wiederum drei „Politikvarianten", nämlich kooperative und konfliktorische Politik sowie das *Social-Contract-Bargaining*:

> *„Während die kooperative Gewerkschaftspolitik ihre Interessenvermittlung stärker auf die system- und kapitalfunktionalen Erfordernisse abzustellen vermag, tendiert die konfliktorische dazu, Mitgliederinteressen auch unter (partieller) Verletzung der kapitalistischen Funktionslogik zu vertreten. Beim „Social Contract" - Bargaining handelt es sich um eine Variante von Interessenvermittlung, die zwar die ökonomischen Systemzwänge generell respektiert, aber gleichsam „unterhalb der Systemebene" - aus einer Position der Stärke - gezielte Strukturreformen zum Gegenstand eines Bargaining Prozesses mit Regierung und Arbeitgeberverbänden erhebt"* (Müller-Jentsch 1982:33).

Dieser Ansatz ist damit für eine Differenzierung gewerkschaftlicher Strategievarianten sehr hilfreich. Es bleibt allerdings relativ offen, welche Faktoren ausschlaggebend für die Wahl der jeweiligen „Strategievariante" durch eine konkrete gewerkschaftliche Organisation sind.

Dazu gibt die konflikttheoretische oder machtpolitische Hypothese Korpis (1983) weiteren Aufschluß. Demnach hängen sowohl Politik als auch Konfliktstrategien der Gewerkschaften letztlich von deren Machtressourcen ab, die sie bzw. die ihnen nahestehenden Arbeiterparteien durch die „Organisation" der Arbeiterklasse erreichen:

> *„In the capitalist democracies, wage-earners generally have less power resources than those who control the means of production. The degree of the disadvantage in power resources of the wage-earner depends, however, on the extent and unity of their col-*

---

9 Die „Intermediarität" ergibt sich daraus, daß ihre Interessenpolitik „*als das Ergebnis pragmatischer Vermittlung zwischen Kapital- beziehungsweise Systeminteressen auf der einen und Arbeiter- beziehungsweise Mitgliederinteressen auf der anderen Seite"* begriffen wird (Müller-Jentsch 1982:18).

10 Da Klasseninteressen als antagonistische Interessen als prinzipiell nicht konsensfähig verstanden werden, wird davon ausgegangen, daß sie „*entweder suspendiert oder an andere Institutionen abgegeben oder aber in sektionale Interessen umformuliert werden"* (Müller-Jentsch 1982:31).

lective organizations, primarily unions and working-class-based political parties. Their disadvantage in power resources can thus vary significantly over time as well as between countries. The degree of disadvantage in power resources of wage-earners in relation to business interests is of key importance for the understanding of politics and distributive conflicts" (Korpi 1983:208)

Dabei wird angenommen, daß relativ starke Arbeitnehmerorganisationen die Politik-optionen der Gewerkschaften erweitern (vgl. Korpi 1983:170) und letztlich zu einer stärkeren Kooperation in den Arbeitsbeziehungen führen: *„This can be expected to have important consequences for the choice of conflict strategies, not only for labour but also for the employers. ... The centre of gravity of the distributive conflicts can thus be moved from the labour market to politics. As a result of the changes in distributive policies, labour disputes may decrease in extent and importance"* (Korpi 1983:170).

Die tripartistischen Institutionen des „Societal Bargaining"[11], die in vielen Ländern in der Nachkriegsperiode entstehen, reflektieren dabei weitgehend Kompromisse und Übereinkünfte von Lohnabhängigen und den Repräsentanten des Kapitals (Korpi 1983:20). Als entscheidend für die Entwicklung entsprechender Institutionen wird die Präsenz einer sozialdemokratischen Partei in der Regierung gesehen:

> *„In the tripartite societal bargaining between the state, labour and capital, the distribution of power resources and the political composition of the government can affect the pattern of coalition formation in this triad and the outcomes of the bargaining. The smaller the disadvantage in power resources of the labour movement and the stronger the left party hold over the government, the more likely are state representatives to side with labour in the tripartite bargaining"* (Korpi 1983:25).

Mit der Organisationsstärke und -struktur der Gewerkschaften sowie deren Bindung an die sozialdemokratische Partei (und deren Stärke) nennt Korpi zentrale Voraussetzungen für die strategischen Optionen und die Durchsetzungsfähigkeit der Gewerkschaften, die auch nationale Unterschiede erklären können. Durch die Wahl des Fallbeispiels und des Untersuchungszeitraums (Schweden in den 70er Jahren) konzentriert er sich jedoch auf ein Land mit „starker" Arbeiterbewegung und kann kaum Alternativen aufzeigen, die „schwachen" Gewerkschaften zur Verfügung stehen oder die sich aufgrund der Veränderung der ökonomischen, technologischen, beschäftigungsstrukturellen und politischen Voraussetzungen während der 80er und Anfang der 90er Jahre ergeben.

---

11 Dies gilt als weitgehend synonym zu neo-korporatistischen Verhandlungsnetzwerken, die weiter unten ausführlich erläutert werden.

(3) Die organisationssoziologische Verbändeforschung und die Neo-Korporatismusdiskussion

Die organisationssoziologische Verbändeforschung: Die breite Diskussion der organisationssoziologischen Verbändeforschung über die Bedingungen der Mitgliederorganisation - insbesondere von Gewerkschaften - wird hier am Beispiel eines Beitrages von Hyman (1994)nur kurz angerissen, da der Fokus der Fragestellung auf die „Einflußlogik" und nicht auf die „Mitgliedschaftslogik" gerichtet ist (vgl. Streeck 1987b). Zentral erscheinen an dieser Stelle daher die organisationssoziologischen Beiträge, welche die Handlungsmöglichkeiten und Strategien von Gewerkschaften (und auch anderen Verbänden, z.B. Arbeitgeberverbänden) in Abhängigkeit von deren spezifischen Organisationsstrukturen sehen. Bei der Analyse der inter-organisatorischen Beziehungen zwischen den Akteuren der Arbeitsbeziehungen ist der Übergang der organisationssoziologischen Verbändeforschung zur Neo-Korporatismusdiskussion fließend[12].

Die *„Trade Union Identity"* als Grundlage für gewerkschaftliche Strategien sieht Hyman gleichzeitig als Voraussetzung und Folge von interdependenten Faktoren, die er mit *„Interests, democracy, agenda and power"* beschreibt (Hyman 1994:119)[13]. Dabei werden die mit dem beschäftigungsstrukturellen Wandel einhergehenden Veränderungen in der Kultur und im Bewußtsein der Arbeitnehmer als Ursachen für eine Verringerung der Organisationsbereitschaft von Arbeitnehmern in „traditionellen" Gewerkschaften angeführt. Es werden die sich wandelnden Erwartungen der Arbeitnehmer gegenüber den Gewerkschaften und das sich wandelnde Verhältnis zwischen Gewerkschaftsbindung und anderen Interessen und Identitäten innerhalb und außerhalb der Arbeitsbeziehungen angesprochen[14] (Hyman 1994:118). Die vor diesem Hintergrund entwickelten „Idealtypen" gewerkschaftlicher „Identitäten" sind für die allgemeine Diskussion über die Entwicklungsbedingungen gewerkschaftlicher Organisationsfähigkeit sowie zukünftiger gewerkschaftlicher Handlungsoptionen äußerst hilfreich. Welche Faktoren die unterschiedliche Entwicklung der gewerkschaftlichen Mitgliederzahlen oder die Wahl der konkreten Strategien von Gewerkschaften in verschiedenen Ländern in den vergangenen 15 Jahren letztlich verursach-

---

[12] Beispielhaft sind hier Autoren wie Wolfgang Streeck, Franz Traxler und Jelle Visser.

[13] Mit diesen verschiedenen Issues diskutiert er vor allem den Wandel von allgemeinen Aspekte, wie die „Breite" des vertretenen Interesses, die innergewerkschaftliche Demokratie, das Verhältnis von qualitativen und quantitativen gewerkschaftlichen Forderungen sowie die gewerkschaftlichen Möglichkeiten ihre Ziele zu verwirklichen und auf Staat und Arbeitgeber Einfluß zu nehmen (Hyman 1994:120-131).

[14] Auch andere Beobachter sehen die zunehmende Heterogenisierung der Arbeitnehmer nach Branche, Einkommen, Status usw. als Auflösung der „Arbeiterklasse" und leiten daraus weitgehend eine „Krise der Gewerkschaften" ab (Beck 1986).

ten, kann aufgrund der Diskussion solch allgemeiner Faktoren jedoch nicht analysiert werden.

Bei der organisationssoziologischen Verbändeforschung, welche die Analyse der „Einflußlogik" zum Gegenstand wählt, wird davon ausgegangen, daß vor allem die Größe von Verbänden (Olson 1982), deren Fragmentierungs- und Zentralisierungsgrad bzw. deren interne Steuerungsfähigkeit[15] (Visser 1990:137;155) Einfluß darauf hat, ob diese in der Lage sind als „Encompassing Organizations" zu agieren, also langfristige Ziele zu verfolgen und zum Erreichen „kollektiver Güter" beizutragen. Von kleinen Verbänden dagegen wird angenommen, daß sie spezialisierte und partikularistische Ziele verfolgen. Bei Gewerkschaftstypologien werden daher oftmals anhand von Kriterien wie Zentralisierungs- und Fragmentierungsgrad der Verbände die verschiedenen „Systeme der Interessenvermittlung" unterschieden (v.Beyme 1983). Streeck (1993) nimmt beispielsweise die verschiedenen „Gewerkschaftsmodelle", also das Klassen-, Berufs-, Unternehmens- und Distriktmodell, zum Ausgangspunkt und entwickelt darauf aufbauend verschiedene Typen und Dimensionen der Interessenpolitik.

Die unterschiedlichen Strategien von Gewerkschaften wurden von der organisationssoziologischen Forschung in den 70er und zu Beginn der 80er Jahren insbesondere vor dem Hintergrund einer konzertierten Einkommenspolitik diskutiert. Dabei standen die Möglichkeiten der Gewerkschaften im Mittelpunkt, eine Politik der Lohnzurückhaltung zu realisieren, die als Voraussetzung für den „Erfolg" der konzertierten Politik angesehen wird und deren Ergebnisse als kollektive Güter verstanden werden:

> *„We should expect that organizations representing relatively specialized, narrow, or local interests, would tend to be less inhibited about growth-repressing policies than broader organizations. The highly specialized craft union, for example, will find that, though featherbedding will have the 'external diseconomy' of reduced national output and will even typically reduce the aggregate earnings of the factors of production in the industry in which its members are employed, its own members bear such a minute cost that the featherbedding may still be attractive. An organization that represents all of the workers, or all of the firms, in an industry, will have reasons to be somewhat less restrictive"* (Olson 1976:34).

Industriegewerkschaften werden daher gegenüber Berufsgewerkschaften Koordinations- und Kooperationsvorteile zugeschrieben: *„In comparison with a union structure based on craft or occupational boundaries, a union structure differentiated*

---

[15] Der Zentralisierungsgrad der Organisationen gilt im folgenden als Indiz für die Steuerungskapazität oder interne Verpflichtungsfähigkeit von Verbänden. Die Steuerungskapazität von Verbänden wird im allgemeinen gemessen *„an ihrer Fähigkeit, die Interessen ihrer Mitglieder zwecks interner und externer Kompromißbildung zu vereinheitlichen und diesen Kompromissen die Loyalität der Mitglieder zu sichern"* (Traxler 1989:60). Eine hohe Steuerungskapazität gilt als Voraussetzung für den Kooperationswillen und die Kooperationsbereitschaft von Verbänden (Streeck 1977:122).

14

by sector tend to have fewer domains and, consequently, less demarcations over which disputes can be fought" (Visser 1990:137). Auch die Organisationsfähigkeit ist in gering fragmentierten Gewerkschaftsorganisationen im allgemeinen höher als in fragmentierten, da diese Ressourcen besser verwerten können, und eher von Arbeitgebern und Staat anerkannt und unterstützt werden (Visser 1990:186).

Durch die „Größe" entstehen auch Nachteile für die Gewerkschaften. Es fällt einer Organisation die Abgrenzung und Definition der repräsentierten kollektiven Identitäten und der verfolgten Solidarität um so schwerer, je umfassender die Organisation ist. Für Gewerkschaften nimmt daher einerseits mit der Organisationsstärke die durch sie verkörperte Handlungsmacht zu, andererseits zwingt sie beispielsweise die Rückwirkung ihrer Politik auf Inflations- und Wachstumsraten dazu, diese schon bei ihrer Zielformulierung in Rechnung zu stellen. Mit der Größe der Organisation nimmt daher auch die Notwendigkeit des Managements der Interdependenzen zu (vgl. Streeck 1987:485). Aus dem „Bewußtsein" der Entscheidungsträger in solchen *Encompassing Organizations* über die Interdependenzen und nicht-intendierten Effekte ihrer Handlungen ergeben sich Nachteile für die Ideologie- und Strategiefähigkeit der Organisationen. Durch die Antizipation der möglichen negativen gesamtwirtschaftlichen oder gesellschaftlichen Folgen wird das Vertreten „organisationsegoistischer" Interessen oftmals erschwert. *„ Eine Politik aber, die sich des Andrangs des Wissens um wertparadoxe Kausalzusammenhänge nicht heroisch entziehen kann, verliert ihre Ideologiefähigkeit"* (Streeck 1987:483). Demnach haben große bzw. umfassende und kleine bzw. fragmentierte Gewerkschaften äußerst verschiedene Organisations-, Strategie- und Handlungsprobleme. Damit wird ein Zusammenhang von Organisationsgröße bzw. -struktur und gewerkschaftlichen Strategien angedeutet.

Die neuere organisationssoziologische Forschung rückt zunehmend auch die Arbeitgeberverbände in den Mittelpunkt der Aufmerksamkeit[16]. Untersuchungen, die bei den einzelnen Unternehmen ansetzen, verweisen auf die zunehmenden „Flexibilisierungsbedürfnisse" in Folge neuer Produktionskonzepte und Managementstrategien als Grund für eine Bevorzugung von betrieblichen oder gar individuellen Verhandlungen mit einzelnen Arbeitnehmern durch die Arbeitgeber (Kochan 1984; Beisheim et al. 1991). Dies wird als Verschlechterung der Organisations- und Handlungsbedingungen der Arbeitgeberverbände wahrgenommen (vgl. Traxler 1989). Die Zuspitzung dieser Entwicklung wird in der weitgehenden Auflösung

---

[16] Dabei werden oft deren Organisationsfähigkeit, deren organisationsstrukturelle Voraussetzungen sowie deren Steuerungsfähigkeit im generellen Vergleich zu den Gewerkschaften betrachtet (vgl. Traxler 1989; 1991; Streeck 1991). Die Folgen des Handelns der einzelnen Arbeitgeber bzw. deren Verbände für die Gewerkschaften werden dagegen kaum berücksichtigt.

kollektiver Regulierungen der Arbeitsverhältnisse wie z.B. in den USA gesehen (vgl. Traxler 1989:66). Infolgedessen wird zwar auch eine Verschlechterung gewerkschaftlicher Handlungsmöglichkeiten wahrgenommen, aber eine umfassende und systematische Erklärung, unter welchen Bedingungen es überhaupt zu einer solchen Entwicklung kommen kann, und welche Auswirkungen dies für die Gewerkschaften und ihre Strategien hat, wird nicht entwickelt[17].

Die Neo-Korporatismusdiskussion: Die Neo-Korporatismusdiskussion ist überaus komplex und beinhaltet neben demokratietheoretischen auch steuerungstheoretische Diskussionsvarianten (vgl. Czada 1994; Bull 1992). Ist man jedoch an der Analyse von Handlungsmöglichkeiten und strategischen Optionen von Gewerkschaften interessiert, erscheinen in Anlehnung an Visser (1990) nur folgende Richtungen relevant: *„Some authors have stressed variables describing the* **process** *of neo-corporatist Policy-Making (concertation of policy formation, tripartite exchange, co-optation by governments, co-responsibility for policy implementation), others have focused on variables which refer to the organizational* **structure** *of interest groups"* (Visser 1990:99)[18].

In der Neo-Korporatismusdiskussion werden weitgehend die organisationsstrukturellen Annahmen über die Handlungsvoraussetzungen von Verbänden geteilt, und das Entstehen unterschiedlicher Verhandlungssysteme bzw. Systeme der Interessenvermittlung in den Arbeitsbeziehungen u.a. daraus abgeleitet. Für das Zustandekommen von neo-korporatistischen Verhandlungsnetzwerken[19] werden im allgemeinen ein hoher Organisations- und Zentralisierungsgrad der Gewerkschaften sowie eine langandauernde sozialdemokratische Regierungsbeteiligung genannt (vgl. Czada 1988:184f; siehe auch Lehmbruch 1984:467; Goldthorpe 1984:327). Bei der Diffe-

---

17 Zum Beispiel wird in der Untersuchung von Kochan nicht berücksichtigt, daß es in einigen Ländern, wie z.B. der Bundesrepublik, gesetzlich regulierte Repräsentationsrechte für Gewerkschaften gibt, die, anders als in den USA, die gewerkschaftliche Exklusion aus den betrieblichen Verhandlungsnetzwerken nicht oder nur sehr bedingt zulassen.

18 Für die hier relevante Problemstellung sind als „neo-corporatist policy making" nur die tripartistischen Formen und Prozesse der Politikformulierung und Implementation, vorwiegend auf zentralstaatlicher Ebene, von Bedeutung. In Anlehnung an Lehmbruch gilt damit folgende Definition von Neo-Korporatismus: *„Als Neokorporatismus bezeichnen wir die Kooperation des Staates und der großen Interessenorganisationen zur Realisierung von als übergreifend definierten (gesamtwirtschaftlichen) Zielen. Das bedeutet, daß in erster Linie diejenigen Interessen in neokorporatistische Politik eingebunden werden, die gesamtwirtschaftlich relevante Parameter der Wirtschaftspolitik kontrollieren. Das sind in erster Linie die Organisationen von Kapital, Arbeit, und das typische Grundmuster ist darum der ... 'Tripartismus',* (Lehmbruch 1983:408). Damit wird die Diskussion um die verbandliche Selbstregulierung und die sektorspezifischen Staat-Verbände-Beziehungen (vgl. Czada 1994:52-55) weitgehend ausgeblendet.

19 Neo-korporatistische Verhandlungsnetzwerke werden im folgenden als ein spezifischer Typ von „Netzwerken" verstanden. Der Begriff „Netzwerke" gilt in Anlehnung an eine Definition Lehmbruchs benutzt: *„Particularly suggestive, the 'network' metaphor conveys the idea of a systemic pattern of interorganizational linkages owing its cohesion, and its demarcation against the environment, to the sharing of meaning attached to interactions within the network"* (Lehmbruch 1991:126). Entsprechend werden solche Netzwerke als „Institutionen" verstanden (vgl. Lehmbruch 1991:127).

renzierung verschiedener Typen der Arbeitsbeziehungen wird im Rahmen der Neo-Korporatismusdiskussion weitgehend von den dominanten Verhandlungs- und Konfliktlösungsmustern ausgegangen (Crouch 1990a; 1993). Für neo-korporatistische Verhandlungsnetzwerke werden kooperative gewerkschaftliche Strategien als „Voraussetzung" angenommen. Dies wird durch die empirische Überprüfung insofern bestätigt, als in neo-korporatistischen Systemen die Streikhäufigkeit in der Tat sehr gering war (Cameron 1984). Ferner „korrelieren" bestimmte institutionelle Strukturen wie beispielsweise der Verrechtlichungsgrad der Arbeitsbeziehungen sehr stark mit dem neo-korporatistischen Verhandlungstyp (Armingeon 1994).

Neo-korporatistische Verhandlungssysteme sind für die Beurteilung gewerkschaftlicher Strategien ferner relevant, weil davon ausgegangen wird, daß die hier zugrundeliegenden kooperativ dominierten Verhandlungsmuster bzw. die Tauschbeziehungen zwischen den Akteuren (Pizzorno 1978; Lehmbruch 1983) und deren Institutionalisierung, beispielsweise gegenüber dem - Collective Bargaining - neue Handlungsmöglichkeiten für die Gewerkschaften eröffnen[20].

Die Erhöhung staatlicher Steuerungsfähigkeit durch den neo-korporatistischen Politikprozess kann im Vergleich zu nicht-korporatistischen Systemen zu einer „besseren" gesamtwirtschaftlichen Entwicklung beitragen. Beispielsweise haben nur stabile neo-korporatistische Tauschbeziehungen der makroökonomischen Steuerung das gleichzeitige Erreichen von Vollbeschäftigung und niedrigen Inflationsraten in einzelnen Ländern während der Stagflationsphase in den 70er Jahren ermöglicht (Schmidt 1982; Czada 1983; Scharpf 1988a). Diese „positiven" *Outcomes* liegen auch im Interesse der Gewerkschaften und ihrer Mitglieder. Swenson (1989) zeigt, daß sich „solidarische" Strategien der Gewerkschaften, wie z.B. das Erreichen des Ziel-Trilemmas der Anpassung von Einkommen und Status zwischen den Arbeitnehmern, der Senkung der Arbeitslosigkeit bzw. der Sicherung der Vollbeschäftigung und der Erhöhung des Lohnanteils am Profit, mit Hilfe des neo-korporatistischen Tauschs verwirklichen lassen. Die in der neo-korporatistischen Diskussion entwickelte „Tauschhypothese" eröffnet damit einen theoretischen Zugang, der Strukturen, Prozesse und *Outcomes* der neo-korporatistischen Politikentwicklung verbindet (Czada 1994:48).

Ohne die Verdienste des Neo-Korporatismuskonzepts schmälern zu wollen, muß auch auf dessen partielle Defizite verwiesen werden. Da man vorwiegend - mit un-

---

20 Mit *Collective Bargaining* ist an dieser Stelle ein Verhandlungstyp gemeint, der auf eher konfliktorientierten Handlungsmustern beruht und weitgehend auf tarifpolitische Themen beschränkt ist. Im Vergleich zum *Collective Bargaining* können durch neo-korporatistische Verhandlungssysteme aber selbstverständlich auch neue Restriktionen geschaffen werden, z.B. durch die Indienstnahme verbandlicher Steuerungsressourcen durch den Staat (vgl. Czada 1994:54).

terschiedlicher Bewertung die „Verflechtung" von Staat und Verbänden - z.B. als „Verbändestaat" oder als Steuerungsressource - diskutierte, hat man kaum die Bedingungen untersucht, welche die staatlichen Akteure dazu bewegen könnten, die den Gewerkschaften übertragenen Steuerungsaufgaben wieder zurückzunehmen oder andere Akteure damit zu betrauen. Die Notwendigkeit der gewerkschaftlichen Kooperation bzw. die Abhängigkeit der gewerkschaftlichen Handlungsressourcen beispielsweise von der spezifischen Wahl einer keynesianischen oder monetaristischen, makroökonomischen Steuerungsstrategie der Regierungen wird nur von wenigen Untersuchungen berücksichtigt (Scharpf 1987; 1988a). Die Beziehung zwischen den gewerkschaftlichen Handlungsressourcen und den Strategien der Arbeitgeber bzw. deren Verbandsstrukturen wird innerhalb der Korporatismusdebatte kaum thematisiert[21].

Innerhalb des neo-korporatistischen Ansatzes selbst kann daher kaum geklärt werden, warum sich viele der neo-korporatistischen Tauschnetzwerke auf der Makroebene während der 80er und zu Beginn der 90er Jahre auflösten, bzw. sich die Verhandlungsmuster in den Tarifbeziehungen veränderten. Anhaltspunkte darüber, wie sich die strategischen Optionen für die Gewerkschaften im Laufe der 80er und zu Beginn der 90er Jahre in den verschiedenen Typen von Verhandlungsnetzwerken wandelten, können innerhalb der Neo-Korporatismusdebatte nur teilweise gegeben werden, indem beispielsweise auf das Entstehen von Meso- und Mikro-Korporatismus (Cawson 1985) oder sogenannte *„Productivity Coalitions"* (Windolf 1989) verwiesen wird.

(4) Neuere Untersuchungen zum Wandel des „Systems" der Arbeitsbeziehungen[22]

Von neueren vergleichenden Studien zum Wandel der Arbeitsbeziehungen wird der Untersuchungsgegenstand oftmals „umfassend" definiert, d.h. das gesamte „System"

---

[21] Streeck zeigt lediglich auf, daß die geringe interne Verpflichtungsfähigkeit der Arbeitgeberverbände sich beim neo-korporatistischen Tauschprozeß aus deren Perspektive als Machtressource darstellt, da sie den *spill-over* der gewerkschaftlichen Forderungen auf Management- oder Eigentumsfragen verhindern konnte, indem die Arbeitgeberverbände auf ihre organisatorische Schwäche bzw. auf die Einschränkung ihres Verhandlungsmandates hinsichtlich der Regulierung des Arbeitsmarktes verweisen konnten (Streeck 1991:163). Ähnlich argumentiert Wiesenthal (1992:58f), indem er davon ausgeht, daß sich die „Unter-Ausstattung" des Handlungsvermögens der Arbeitgeberverbände als „Machtposition" ummünzen läßt.

[22] Eines der grundlegenden Werke zur Untersuchung der *„Systems of Industrial Relations"* hat Dunlop (1958) verfaßt. Er definiert das „System" der *Industrial Relations* folgendermaßen: *„An industrial-relations system is comprised of three groups of actors- workers and their organizations, managers and their organizations, and governmental agencies concerned with the work place and work community. These groups interact within a specified environment comprised of three interrelated contexts: the technology, the market or budgetary constraints and the power relations in the larger community and the derived status of the actors. An industrial-relations system creates an ideology or a commonly shared body of ideas and beliefs regarding the interaction and roles of the actors which helps to bind the system together"* (Dunlop 1958:383). Zur ausführlichen Diskussion funktionalistisch-systemischer Ansätze siehe Poole, Michael (1984²):Theories of Trade Unionism. A Sociology of Industrial Relations. London, 20-47.

18

der industriellen Beziehungen - also Rahmenbedingungen, die Akteurs-Trias Staat, Arbeitgeber und Gewerkschaften sowie institutionelle Faktoren - wird analysiert[23]: Obwohl die Veränderung der „Rahmenbedingungen" in den 80er Jahren als „erklärende Variable" ebenfalls Berücksichtigung findet, wird die funktionalistische Argumentationsweise hier nicht geteilt[24]. Ein „institutionalistischer" Bias ergibt sich in den genannten Untersuchungen aus der Erklärung der Unterschiede bei der Entwicklung der Arbeitsbeziehungen in verschiedenen Ländern während der 80er und zu Beginn der 90er Jahre. Baglioni zeigt explizit, daß die Institutionen der Tarifverhandlungen dem „Druck" zum Wandel, also zur Flexibilisierung und Dezentralisierung, unterschiedlich gut standhalten: „Within the general pattern of increasing difficulties for collective bargaining compared to previous years, there are very significant national differences, giving rise to different degrees of solidity of collective bargaining practices" (Baglioni 1990:20). Ferner/Hyman (1992) entwickeln drei Typen des Wandels der Arbeitsbeziehungen in den 80er Jahren in Abhängigkeit von den jeweiligen Institutionen der Arbeitsbeziehungen[25].

Auch eine der wenigen Studien, die explizit die Frage nach der Veränderung gewerkschaftlicher Strategien in den 80er Jahren stellt, bezeichnet den systemischen Ansatz als besonders hilfreich (Müller-Jentsch 1988:182). Müller-Jentsch sieht die gewerkschaftlichen Strategien in Abhängigkeit von spezifischen historischen Entwicklung der Gewerkschaften und der Institutionen des Tarifverhandlungssystems: „The pressure to re-adjust organisational structures and to reconsider bargaining strategies varies with the historically established pattern of unionism, which is important variable in the adjustment process" (Müller-Jentsch 1988b:188).

Die vorangegangene Diskussion macht damit deutlich, daß die gewerkschaftlichen Strategievarianten sowie deren Durchsetzungsfähigkeit von den konkreten Rahmen-

---

23 So behandeln beispielsweise Ferner und Hyman (1992) ebenfalls in verschiedenen Abschnitten der Einleitung zu „Industrial Relations in the New Europe", „The Common Background: Structural Change and Conjunctural crisis", „Employers: The Search for Flexibility and the Decentralization of Industrial Relations", „The Unions: Has the Union Movement a Future?", „The State and Industrial Relations sowie Patterns of Conflict" (vgl. Ferner/Hyman 1992:xvii-xxx). Auch Baglioni behandelt in der Einleitung zu Baglioni/Crouch (1990) „European Industrial Relations. The Challenge of Flexibility" einzelne Abschnitte wie „Structural Problems", „the actors (the state, the employers, the unions)", „The process (the political and institutional arena, collective bargaining)" (vgl. Baglioni (1990:2-29).

24 „Nor do we accept the mechanistic linking of changes in the economic model to those in the polity and in other institutional arrangements. Nevertheless, we see value in a more modest theoretical framework which identifies the functionality of a fit' between economic structure and regulatory institutions, and hence suggests that a change in the former will have an impact on the latter" (Ferner/Hyman 1992).

25 Die drei Typen werden folgendermaßen skizziert: 1. Ist die institutionelle Regulierung relativ schwach, wird wenig Druck hinsichtlich eines Wandels derselben durch die ökonomische Entwicklung festgestellt, falls es doch dazu kommt, wird sie auf die 'relative Autonomie' des politischen Prozesses zurückgeführt. 2. Die weitgehend konfliktfreie Adaption der Arbeitsbeziehungen an die neuen Kontext-Bedingungen wird bei starken und gleichzeitig flexiblen, regulativen Institutionen gesehen. 3. Von einer Krise und dem Zusammenbruch wird bei sehr starken, aber unflexiblen Institutionen der Arbeitsbeziehungen ausgegangen (Ferner/Hyman 1992:xvii-xlix).

19

bedingungen während der 80er und Anfang der 90er Jahre, vom spezifischen institutionellen Kontext und auch von den jeweiligen Strategien der Arbeitgeber und der staatlichen Akteure beeinflußt werden können. Die komplexen Beziehungen zwischen den verschiedenen Variablen bedürfen noch weiterer Erläuterungen. Klärungsbedürftig ist auch die „Kompatibilität" der Ansätze bezüglich deren unterschiedlicher Konzeptionen, die Akteure als „Gestalter" von Institutionen zu sehen, oder den Einfluß von Institutionen auf Akteurshandeln in den Vordergrund zu stellen.

(5) Der politikwissenschaftliche Neo-Institutionalismus und dessen Variante des „Historischen Institutionalismus"

Bei der systematischen „Verbindung" der Faktoren, welche bei den oben diskutierten Ansätzen als relevant angesehen werden, erscheint der allgemeine Ansatz des politikwissenschaftlichen Neo-Institutionalismus hilfreich. Die spezifischen Leistungen eines institutionalistischen Ansatzes werden von dessen Vertretern so gesehen: „... *just as a particular institutional configuration gives structure to a given political situation, an institutional approach structures the explanation of political phenomena by providing a perspective for identifying how these different variables relate to one another"* (Thelen/Steinmo 1992:13). Mayntz und Scharpf formulieren diese Beziehungen in ihrer akteursbezogenen Variante des Institutionalismus folgendermaßen: „*Handlungen können nach unserem Verständnis also nur aus dem dreifachen Bedingungszusammenhang von institutionellem Rahmen, Akteurseigenschaften und situativen Bedingungen erklärt werden"* (Mayntz/Scharpf 1994:10)[26].

Die allgemein angenommene „*Path Dependency"* von Institutionen (Krasner 1988:67) läßt darauf schließen, daß eine „Vergangenheitsabhängigkeit" von Handlungsmustern und damit auch von Strategien besteht, die in einem bestimmten Kontext entwickelt werden:

> „*But to the degree that the national networks have already developed highly differentiated configurations, in a longitudinal perspective we continue to observe different national paths of development, where the strategic interaction of state and administrative elites, on the one hand, and the elites of the organized society, on the other, responds to the new environmental challenges within a range of available strategic options determinded by the institutional sedimentations inherited from the earlier developmental sequences"* (Lehmbruch 1991:143).

---

26 Mayntz/Scharpf formulieren auch die Differenz zwischen Institution und Akteur sehr einleuchtend: „Regelsysteme 'handeln' nicht, aber sie können Akteure konstituieren und in wichtigen Merkmalen prägen. Soziale Gebilde wie Organisationen lassen sich dann sowohl unter dem Aspekt der darin verkörperten Regelungen, d.h. institutionell betrachten, wie auch unter dem Aspekt der Handlungsfähigkeit, d.h. als Akteure" (Mayntz/Scharpf 1994:23).

Die Vertreter des Historischen Institutionalismus versuchen daher, die historische Entwicklung als Erklärungsvariable in ihren Ansatz zu integrieren: *„Thus, another of the strengths of historical institutionalism is that it has carved out an important theoretical niche at the middle range that can help us integrate an understanding of general patterns of political history with an explanation of the contingent nature of political and economic development, and especially the role of political agency, conflict, and choice, in shaping that development"* (Thelen/Steinmo 1992:12). Die Variante des Historischen Institutionalismus wird von anderen neo-institutionalistischen Ansätzen durch einen „breiten" Institutionenbegriff unterschieden, der auch *„standard operating practices"*, also Handlungsmuster zwischen verschiedenen Akteuren, und damit beispielsweise auch institutionalisierte Verhandlungsmuster mit einschließt (vgl. Hall 1986:19; siehe Einleitung). Eine weitere Unterscheidung besteht darin, daß nach dem Verständnis des Historischen Institutionalismus Institutionen nicht nur die Strategien, sondern auch die Interessen der Akteure sowie deren Durchsetzungsfähigkeit beeinflussen:

> *„Institutional factors play two fundamental roles in this model. On the one hand, the organization of policy-making affects the degree of power that any one set of actors has over the policy outcomes. ... On the other hand, organizational position also influences an actor's definition of his own interests, by establishing his institutional responsibilities and relationship to other actors. In this way, organizational factors affect both the degree of pressure an actor can bring to bear on policy and the likely direction of that pressure"* (Hall 1986:19; vgl. auch Thelen/Steinmo 1992:2).

Die Variante des Historischen Institutionalismus bleibt jedoch nicht dabei stehen, die von Institutionen ausgehenden Restriktionen oder Ressourcen für die Akteure aufzuzeigen, sondern fragt auch nach den Bedingungen für den institutionellen Wandel: *„They not only look at how institutions mediate and filter politics but turn the question around to demonstrate how the impact of institutions is itself mediated by the broader political context"* (Thelen/Steinmo 1992:16). Dabei wird auch eine Art „Rückkopplungseffekt" im Erklärungsansatz integriert: *„The institutions that are at the center of historical institutional analyses - from party systems to the structure of economic interests such as business associations - can shape and constrain political strategies in important ways, but they are themselves also the outcome (conscious or unintended) of deliberate political strategies, of political conflict"* (Thelen/Steinmo 1992:10). Der politikwissenschaftliche neo-institutionalistische Ansatz scheint damit geeignet, die verschiedenen Variablen zur Erklärung der Wahl gewerkschaftlicher Strategien im Laufe der 80er und zu Beginn der 90er Jahre in einen systematischen Zusammenhang zu stellen.

2. Diskussion einzelner Variablen und der Variableninterdependenz

Aufgrund der vorangegangenen Diskussion des Forschungsstandes können verschiedene Variablen bzw. Variablengruppen identifiziert werden, welche für die Erklärung des Wandels der Arbeitsbeziehungen sowie der Strategien der Gewerkschaften und deren Durchsetzungsfähigkeit relevant erscheinen. Als allgemeine Rahmenbedingungen (2.1.) sind hier die technische und ökonomische Entwicklung sowie die beschäftigungsstrukturelle Entwicklung während der 80er und Anfang der 90er Jahre zu nennen. Die Regulierung der Arbeitsbeziehungen (2.2.), also das Konglomerat sowohl der materiellen als auch der prozeduralen Regelungen (Verrechtlichung, Verhandlungsmuster und Zentralisierungsrad des Tarifverhandlungssystems), erscheint als Restriktion und Ressource für die Handlungen aller relevanten kollektiven bzw. korporativen Akteure[27]. Als solche können Staat (2.3.), Arbeitgeber (2.4.) und Gewerkschaften (2.5.) identifiziert werden. Deren jeweilige Handlungsmöglichkeiten sind zudem im Zusammenhang mit ihren spezifischen Akteurseigenschaften zu untersuchen. Dazu zählen sowohl institutionelle bzw. organisationsstrukturelle als auch machtpolitische Voraussetzungen. Diese Variablengruppen sind in ihrer spezifischen „Wirkung" für die gewerkschaftlichen Strategien noch weiter erläuterungsbedürftig. Zudem müssen die den Gewerkschaften in Abhängigkeit dieser Faktoren zur Verfügung stehenden Strategievarianten (2.6.) näher analysiert werden. Abschließend wird die Interdependenz der genannten Variablen (2.7.) diskutiert.

2.1. Allgemeine Rahmenbedingungen

Bei der Diskussion um die Veränderung allgemeiner Rahmenbedingungen im Laufe der 80er und zu Beginn der 90er Jahre, welche direkte oder indirekte Auswirkungen auf die gewerkschaftlichen Handlungsmöglichkeiten haben, werden vorwiegend Faktoren wie (a) die Zunahme der Internationalisierung von Politik und Wirtschaft, (b) die Einführung neuer Technologien sowie (c) die Wirtschafts- und Beschäftigungsentwicklung und (d) der Wandel der Beschäftigungsstruktur genannt. Dabei wird allgemein von einer Einschränkung gewerkschaftlicher Handlungsressourcen in Folge der Entwicklung dieser Faktoren ausgegangen.

(a) Zunahme der Internationalisierung von Politik und Wirtschaft

Zur Skizzierung der Internationalisierung von Politik und Wirtschaft werden drei Aspekte kurz diskutiert, die mehr oder weniger direkte Auswirkungen auf die stra-

---

[27] Mit dem Begriff der kollektiven bzw. korporativen Akteuren ist gemeint, daß der Staat wie auch die Gewerkschaften und die Arbeitgeberverbände und sogar einzelne Unternehmen aus verschiedenen organisatorischen Einheiten bestehen, die nicht immer einheitliche, sondern durchaus auch entgegengesetzte Interessen verfolgen können (vgl. Coleman 1974:44f).

tegischen Optionen der relevanten Akteure und damit die Entwicklung der Arbeitsbeziehungen und der europäischen Gewerkschaften haben, nämlich (i) die Verringerung der staatlichen Steuerungssouveränität durch die Internationalisierung von
Kapitalmärkten, (ii) der wachsende Einfluß von multinationalen Unternehmen sowie
(iii) die Mitgliedschaft in der europäischen Gemeinschaft.

(i) Auf die für Gewerkschaften indirekt entstehenden negativen Effekte durch die
zunehmende Internationalisierung von Wirtschaft und Politik verweist Fritz Scharpf
(1987) in einer vergleichenden Studie. Er zeigt auf, daß in den 70er Jahren staatliche
Regulierungen im Kapitalverkehr weitgehend abgebaut wurden, und internationale
Kreditmärkte entstanden, die sich den Kontrollen nationaler Notenbanken weitgehend entziehen[28] (Scharpf 1987:295f).

Einzelne nationale Regierungen sind laut Scharpf seitdem nicht mehr in der Lage,
keynesianisch orientierte makroökonomische Steuerungsstrategien zu implementieren. Die meisten europäischen Staaten schlossen sich daher dem von den Vereinigten
Staaten initiierten Trend hin zu „angebotsorientierten" Steuerungsstrategien an
(Scharpf 1987:306/307). Dies wird als massive „Machtverschiebung" zu Gunsten der
Arbeitgeberseite und als Einschränkung des gewerkschaftlichen Einflusses interpretiert, da im Zusammenhang mit dieser Entwicklung das Vollbeschäftigungsziel nur
noch schwerlich erreicht werden kann: „*Mit der Internationalisierung der Kapital-
märkte und der Anhebung des internationalen Zinsniveaus hatten sich die 'Terms of
Trade' zwischen Kapital, Arbeit und Staat zugunsten der Kapitalseite verschoben.
Deshalb mußte jeder Versuch, in den frühen achtziger Jahren die Vollbeschäftigung
im privaten Sektor zu verteidigen oder wiederzugewinnen, mit einer massiven Umverteilung zugunsten der Kapitaleinkommen bezahlt werden ... ,*" (Scharpf
1987:396)[29]. Wie die einzelnen Regierungen mit diesen allgemeinen Steuerungsrestriktionen umgingen, bzw. wie stark die „Umverteilung" zu Lasten der Arbeitnehmer war, wird vom spezifischen institutionellen Kontext und den Strategien der Akteure in den einzelnen Ländern abhängig gesehen: „*Umfassend organisierte und solidarische Gewerkschaften waren also zur Selbstausbeutung unter den ökonomischen
Bedingungen der achtziger Jahre besser befähigt als pluralistisch-fragmentierte Systeme der Interessenvertretung*" (Scharpf 1987:314).

---

28 Von den Vereinigten Staaten geht der Impuls für den Anstieg des Zinsniveaus aus, indem eine
restriktive monetaristische Wirtschaftspolitik eingeleitet wird. In dem Maße, in dem sich der
Dollar wieder stabilisiert, sind nun die europäischen Staaten dem Zwang ausgeliefert, dem internationalen Kapital ähnlich attraktive Anlagemöglichkeiten zu bieten wie die Vereinigten Staaten,
um massive Kapitalabflüsse zu vermeiden.

29 Den Angebotsökonomen gelten sogar die Existenz von starken Gewerkschaften und deren Durchsetzung von kollektiven (monopolistischen) Löhnen und Arbeitsbedingungen eher als Hindernis
für Vollbeschäftigung. Organisationen wie Gewerkschaften, die allgemeine Regulierungen von
Löhnen und Arbeitsbedingungen anstreben, stören laut Angebotsökonomen die dem - unregulier-
ten - Markt „prinzipiell" innewohnende Tendenz zur Vollbeschäftigung (vgl. Scharpf 1987:311).

(ii) Ende der 70er Jahre werden bereits alleine die Transaktionen innerhalb der multinationalen Konzerne[30] (Intra-Firm-Trade) auf ein Viertel bis ein Drittel des gesamten Welthandels geschätzt (Bornschier/Stamm 1990:216)[31]. Multinationale Unternehmen können durch vielfältige Mechanismen direkt und indirekt auf die Veränderungen der jeweiligen Arbeitsbeziehungen in einem bestimmten Land einwirken. Sie können beispielsweise versuchen, den im jeweiligen Mutterland vorherrschenden Stil der Regulierung der Arbeitsbeziehungen auch im Gastland zu etablieren (Streeck/Vitolis 1993:26;52). „Arbeitsplätze", also die Drohung der Abwanderung bzw. der Anreiz der Ansiedlung eines Unternehmens, gelten meistens als Argumente, mit denen Zugeständnisse von den Gewerkschaften hinsichtlich der Gestaltung der Arbeitsbeziehungen verhandelt werden können.

Für die Gewerkschaften bedeutet dies, daß sie durch ihre Forderungen die „Wettbewerbsfähigkeit" ihrer Mitglieder bei der Konkurrenz um Arbeitsplätze auf einem internationalen Arbeitsmarkt mit beeinflussen können: *„Gewerkschaften, die nur einen Teil des Marktes beeinflussen, sind der Lohnkonkurrenz von Marktteilnehmern außerhalb ihres Zugriffes ausgesetzt. In einer offenen Marktwirtschaft müssen ausgehandelte Verbesserungen von Löhnen und Arbeitsbedingungen durch höhere Produktivität und Qualität, geringere Lohnnebenkosten oder immaterielle öffentliche Güter wie Arbeitsfrieden, Zusammenarbeit und Vertrauen gerechtfertigt werden"* (Ebbinghaus/Visser 1994:228). Je nach der Stellung des eigenen Landes im internationalen *Ranking* der Arbeitskosten und der Entwicklung der Regulierung der Arbeitsbeziehungen erwachsen den nationalen Gewerkschaftsbewegungen aus den genannten Faktoren unterschiedliche Restriktionen.

(iii) Restriktionen für die Steuerungssouveränität der Nationalstaaten gehen auch von der zunehmenden Einbindung der Staaten in transnationale Entscheidungssysteme wie beispielsweise die *Europäische Union* aus (Scharpf 1991:622). Die Verlagerung der Regulierungskompetenz auf die transnationale Ebene bedrohe - so ein Argument - die von vielen nationalen Gewerkschaftsorganisationen erworbenen Möglichkeiten, nationale Arbeitsmärkte mitzugestalten, und Einfluß auf wirtschaftliche Restrukturierung und Sozialpolitik auszuüben (vgl. Ebbinghaus/Visser 1994:145).

Diese generelle Annahme einer „Einschränkung" der gewerkschaftlichen Handlungsmöglichkeiten durch den europäischen Integrationsprozeß kann insofern relati-

---

30 Multinationale Konzerne sind „transnationale" Entscheidungszentren, die von kosmopolitischen „Technokraten" geführt werden, die in ihren Entscheidungen über Standort, Arbeitsplätze und Entlohnung ökonomischen Rationalitätskriterien verpflichtet sind (Nye 1972:52).

31 Vor allem die Transaktionen von großen multinationalen Konzernen können Effekte für die Handels- und Zahlungsbilanz ihrer Mutterländer produzieren. Sie können sowohl zu einer positiven Entwicklung der Handels- und Zahlungsbilanz ihrer Mutterländer beitragen als auch zu deren De-Kapitalisierung (Bornschier/Stamm 1990:218).

viert werden, als in der Arbeits- und Sozialpolitik weiterhin der intergouvernementale Charakter vorherrscht. *„ Viele der wesentlichen Fragen sind von der supranationalen Politikgestaltung ausgeschlossen, dies beinhaltet auch die 'Spielregeln' für Kollektivverhandlungen, Streik und Mitbestimmung"* (Ebbinghaus/Visser 1994:245). Auf europäischer Ebene findet bis Mitte der 90er Jahre weder die Entwicklung einer einheitlichen Regulierung der Arbeitnehmerpartizipation in multinationalen europäischen Unternehmen (europäische Betriebsräte), noch eine allgemeine gesetzliche Regulierung der Arbeitsbeziehungen (Brewster/Teague 1989; Streeck/Vitols 1993) oder die Entwicklung von Tarifverhandlungen statt (Streeck/Schmitter 1991; Armingeon 1992). Die wenigen Gesetzgebungsinitiativen und Gesetze, welche durch die Europäische Union bislang in diesem Bereich diskutiert oder verabschiedet wurden, haben unterschiedliche Reaktionen der verschiedenen nationalen Gewerkschaftsbewegungen (und auch der Regierungen und Arbeitgeber) hervorgerufen. Je nachdem wie eine solche „europäische" Regulierung gestaltet ist, kann sie vor dem Hintergrund der spezifischen nationalen Regulierung der Arbeitsbeziehungen von den dortigen Gewerkschaften (und der anderen Akteure in den Arbeitsbeziehungen) als Unterstützung oder Restriktion verstanden werden. Damit gestalten sich die konkreten Folgen der europäischen Integration für die Arbeitsbeziehungen in einzelnen Ländern bzw. die Handlungsressourcen und Erwartungen der dortigen Akteure sehr unterschiedlich (vgl. Ebbinghaus/Visser 1994:238).

(b) Einführung neuer Technologien[32]

Vor allem die Vertreter der Flexibilisierungsthese sehen - wie bereits aufgezeigt - in der Einführung neuer Technologien die Ursache für die Entwicklung neuer Produktionskonzepte (Kern/Schumann 1984; Piore/Sabel 1985). Kern/Schumann gehen von einer weitgehenden Aufgabe der „alten" Produktionskonzepte, also in der auf Arbeitsteilung und niedrigem Qualifikationsniveau beruhenden Produktion von Massengütern in den Industrieländern aus. Die „neuen" Produktionskonzepte der *Flexiblen Automatisierung* zielen dagegen auf die Produktion von Qualitätsgütern ab (Kern/Schumann 1984:201). Nach Piore/Sabel (1985) soll die Entwicklung einer

---

[32] Als neue Produktionstechnologien gelten in den Bereichen der computerunterstützten Konstruktion vor allem das *Computer Aided Design* (CAD) und in der computerunterstützten Produktion das *Computer Aided Manufacturing* (CAM). Die computerintegrierte Produktion, *Computer Integrated Manufacturing* (CIM) repräsentiert den umfassendsten Einsatz neuer Produktionstechnologien, da es die EDV-gestützte Vernetzung der gesamten Produktionsbereiche zum Erreichen eines durchgängigen Material- und Informationsflusses von der Produktentwicklung bis zur Fertigmeldung umfaßt. Sie wird auch als „Fabrik der Zukunft" beschrieben (vgl. Funk 1993:155). Die am weitesten verbreitete Form der neuen Technologien sind die computergesteuerten Werkzeugmaschinen, *Computer Numerical Control* (CNC), die im allgemeinen eine hohe Produktqualität und große Flexibilität sowohl im Produktionsumfang als auch in der Produktvariation ermöglichen. Die CNC Maschinen sind die am wenigsten komplexen technischen Systeme, die eine Art Grundstein bzw. eine Voraussetzung für die Teilautomation und für flexible Fertigungssysteme darstellen (Müller/Schmid 1989:138f).

Produktionsstrategie der *Flexiblen Spezialisierung*, d.h. die Produktion von hochspezialisierten Qualitätsgütern in leinen Serien, ermöglichen, auf veränderte Nachfrage schnell und flexibel zu reagieren und neue Produktmärkte zu erobern. Als Voraussetzung für die *Flexible Spezialisierung* gilt daher, wie auch bei Kern/Schumann, eine vielseitige Qualifizierung der Arbeitnehmer sowie eine Veränderung der Unternehmensstrukturen (Piore/Sabel 1985:303). Hier werden beispielsweise Konzepte wie *Lean Production*, also u.a. die Ausgliederung verschiedener Produktionseinheiten in Zulieferfirmen, oder auch ein lockerer Zusammenschluß von verschiedenen Firmen als Wertschöpfungskette genannt (vgl. Piore/Sabel 1985:296f).

Als Folge der angenommenen Zunahme von qualifizierten Arbeitnehmern, deren gewerkschaftliche Organisationsbereitschaft und Identifikation mit traditioneller Gewerkschaftspolitik als gering erachtet wird, geht man von einer Schwächung der gewerkschaftlichen Organisationsfähigkeit aus: *„Auf diese Weise wächst in den Prozessen der industriellen Reorganisierung die Zahl derjenigen, für die Gewerkschaften kein natürlicher Bestandteil ihrer Welt darstellen, während die Zahl derjenigen, für die dies noch der Fall ist, zurückgeht"* (Kern/Sabel 1990:151). Durch die angenommene Dezentralisierung der Produktionseinheiten in den Betrieben selbst oder durch Zulieferfirmen wachsen auch die Koordinierungsprobleme für gewerkschaftliche Politik, die traditionell auf betriebliche oder branchenweite Verhandlungen ausgerichtet ist. Dies wird als Anlaß für eine Einschränkung der gewerkschaftlichen Handlungsfähigkeit gewertet (vgl. Kern/Sabel 1990:152).

Empirische Studien belegen, daß die Folgewirkungen der Einführung neuer Technologien in den Unternehmen nicht ausschließlich technologisch induziert sind, sondern auch von den jeweiligen Interessen und Strategien abhängen, die sich in den betrieblichen Handlungskonstellationen manifestieren (Mueller/Schmid 1989:141; vgl. auch Sorge et al. 1982). Die rechtliche Regulierung kann ebenfalls Einfluß auf die Gestaltung der Einführung neuer Technologien ausüben. Beispielsweise werden die Partizipationsmöglichkeiten der deutschen Gewerkschaften beim Reorganisationsprozeß in den Unternehmen aufgrund der Einführung neuer Technologien im Vergleich zu den USA weitgehend in Abhängigkeit gesetzlicher Regulierung gesehen: *„...the legal channels available to unions in the United States mediate against their positive participation in work reorganization, whereas those in Germany encourage, support, and sustain such participation"* (Thelen 1991:215). Damit sind die von der Einführung neuer Technologien ausgehenden Folgen für die Gewerkschaften nicht generell und apodiktisch vorhersehbar, sondern von jeweils spezifischen Akteurskonstellationen und institutionellen Voraussetzungen abhängig.

(c) Die krisenhafte Wirtschafts- und Beschäftigungsentwicklung

Die beiden Ölpreisschocks 1973/74 und 1979 lösten international krisenhafte Entwicklungen aus. Die Schuldenkrise der Entwicklungsländer nahm infolge der weltweiten Rezession zu, und es mußten neue Kredite zur Tilgung alter Schulden gewährt werden, um eine weltweite Bankenkrise abzuwehren. Durch den Schuldendienst ging die Importnachfrage nach Industriegütern zurück. Die Industrieländer gerieten aufgrund der nun eingeschränkten Absatzmärkte in Leistungsbilanzdefizite, die Inflations- und Arbeitslosenraten stiegen (Scharpf 1989:299). Die bereits aufgezeigten Effekte der zunehmenden Internationalisierung von Wirtschaft und Politik verstärkten diese Entwicklung bzw. schränkten die bekannten Lösungsmechanismen ein (siehe oben).

Auch dies blieb nicht ohne Folgen für die gewerkschaftliche Organisations- und Handlungsfähigkeit. Visser (1990) weist in einer vergleichenden Studie einen generellen Zusammenhang zwischen der Stagnation bzw. Verringerung der Gewerkschaftsmitglieder und dem Ansteigen der Arbeitslosigkeit beim Ländervergleich für die 80er Jahre nach. *„Part of the decline in union membership in recent years is probably explained by the rise in unemployment"* (Visser 1990:67). Der Zusammenhang wird insofern relativiert, als steigende Arbeitslosigkeit im Einzelfall auch durchaus „gegenläufige" Effekte auf den gewerkschaftlichen Organisationsgrad haben kann. Zwar treten arbeitslose Berufsanfänger selten einer Gewerkschaft bei und Langzeitarbeitslose häufig aus, dafür können die Beschäftigten bei anhaltend hoher Arbeitslosigkeit eine erhöhte Organisationsbereitschaft entwickeln. Ein sogenannter „Bedrohungseffekt" kann dazu beitragen, daß Beschäftigte vermehrt Gewerkschaften beitreten, in der Hoffnung, daß diese ihre Arbeitsplätze „verteidigen" (vgl. Visser 1990:68).

Ähnlich gestaltet sich die Diskussion um den Einfluß der Arbeitslosigkeit auf Konfliktfähigkeit der Gewerkschaften. Es wird angenommen, daß die Arbeitnehmer nur schwer für Arbeitskämpfe um Lohnerhöhungen zu mobilisieren sind, wenn die Erfolgsaussichten gering erscheinen und die Angst vor Entlassungen groß ist: *„Continuous high unemployment is likely to produce anxiety and fear of job loss, and to increase the real or perceived probability of incrimination by the employer"* (Visser 1990:68). Eine besonders starke Einschränkung des gewerkschaftlichen Konfliktpotentials ist bei „globalen" oder „allgemeinen" Fragen wie beispielsweise hinsichtlich der Verhinderung gesetzlicher Reformen zur Einschränkung gewerkschaftlicher Rechte anzunehmen, da die Arbeitnehmer hier vom Eingehen des „Streikrisikos" keinerlei direkten, ökonomischen Vorteil erwarten können. Gleichzeitig ist eine Zunahme der Arbeitskämpfe als Protest gegen Arbeitsplatzabbau zu erwarten, weil hier die betroffenen Arbeitnehmer „nichts zu verlieren haben" (siehe ebenfalls Visser 1990:68).

Diese allgemeinen Auswirkungen der Rezession und der Arbeitslosigkeit müssen ferner differenziert werden, da der Arbeitsmarkt aus vielen Teilarbeitsmärkten, vor allem für bestimmte Berufe und Qualifikationen, aber auch für bestimmte Regionen, besteht. Daher kann nicht von einer in allen Sektoren gleichmäßigen Einschränkung des gewerkschaftlichen Handlungspotentials durch hohe Arbeitslosigkeit ausgegangen werden. Beispielsweise können trotz hoher Arbeitslosigkeit von den Gewerkschaften in einzelnen Sektoren hohe Lohnsteigerungen für Facharbeiter erreicht und auch die Kontrolle der Arbeitsorganisation aufrechterhalten werden, wenn ein Mangel an qualifizierten Arbeitnehmern in den entsprechenden Bereichen herrscht. Um vor dem „allgemeinen" Hintergrund steigender Arbeitslosigkeit national unterschiedliche Entwicklungen im gewerkschaftlichen Organisationsgrad und der gewerkschaftlichen Handlungsressourcen erklären zu können, müssen daher weitere Faktoren herangezogen werden: *„We need to search for other explanations of diversity in trends, if not the intensity of cycles, explanations that resort in the union system itself or in the institutional, political or cultural supports trade unions receive from their wider environment"* (vgl. Visser 1990:90).

(d) Der Wandel der Beschäftigungsstruktur

Bereits in den 70er Jahren setzte ein massiver Wandel der Beschäftigungsstruktur in den europäischen Ländern ein (im folgenden siehe Visser 1990:39-59). Dieser wurde durch verschiedene Merkmale gekennzeichnet, nämlich die (i) Tertialisierung, die (ii) Feminisierung und die (iii) Partialisierung:

(i) Durch die zunehmende internationale Konkurrenz gerieten traditionelle Industriezweige in westlichen Industrieländern, wie beispielsweise die Schwerindustrie (Bergbau, Stahl usw.), oder die Automobilindustrie in Absatzkrisen. Die verschiedenen Arbeitgeber reagierten mit Strukturveränderungen und vor allem mit massivem Arbeitsplatzabbau, wodurch die Beschäftigung im Industriesektor noch immer zurückgeht. Der Beschäftigungsanteil im Dienstleistungssektor erhöhte sich dagegen bereits in den 60er und 70er Jahren vor allem durch den Ausbau des öffentlichen Sektors in Verbindung mit dem Ausbau des Wohlfahrtsstaates. Während der 80er und zu Beginn der 90er Jahre stagnierten oder sanken hier die Beschäftigtenzahlen, z.T. aufgrund der Privatisierungspolitik der Regierungen. Die Zunahme der Beschäftigung in privaten Dienstleistungsbranchen wie beispielsweise bei Versicherungen und Banken sowie im Handel hält seit den 60er Jahren weitgehend an. Die Beschäftigungsverlagerung hin zum Dienstleistungssektor wurde dadurch auch im Laufe der 80er und 90er Jahre weiter intensiviert, so daß der Dienstleistungssektor in den meisten europäischen Ländern mittlerweile über fünfzig Prozent der Gesamtbeschäftigung aufweist.

(ii) Zudem steigt auch der Anteil von Frauen an den Beschäftigten aufgrund der sich seit den 60er und 70er Jahren stark verändernden geschlechtsspezifischen Rollenverteilung und des nicht zuletzt damit verbundenen Wandels deren Ausbildungs- und Erwerbsverhaltens.

(iii) Mit dem steigenden weiblichen Beschäftigungsanteil wächst auch die Zahl der Teilzeitbeschäftigten, da diese aufgrund der dennoch weiterhin überwiegend von Frauen wahrgenommenen Aufgaben bei der Kindererziehung oftmals die Teilzeitbeschäftigung einer Vollzeitbeschäftigung vorziehen. Außerdem bietet die Teilzeitbeschäftigung auch für Unternehmen viele Möglichkeiten die Arbeitszeit entsprechend den jeweiligen Produktionserfordernissen zu gestalten.

Allgemeinhin wird davon ausgegangen, daß Beschäftigte im Dienstleistungssektor eine geringere Bereitschaft zeigen, sich in Gewerkschaften zu organisieren als traditionelle Industriearbeiter. Außerdem ist allgemein der gewerkschaftliche Organisationsgrad von Frauen und Teilzeitbeschäftigten niedriger als von Männern. Aus der beschäftigungsstrukturellen Entwicklung wird daher eine Einschränkung der gewerkschaftlichen Organisationsfähigkeit von Mitgliedern abgeleitet. Visser zeigt jedoch, daß das gewerkschaftliche Organisationsverhalten der verschiedenen Beschäftigtengruppen in den europäischen Ländern stark variiert[33]. Auf der Basis der historischen Entwicklung im europäischen Vergleich sieht Visser daher im beschäftigungsstrukturellen Wandel nur eine Teilerklärung für die Veränderung der gewerkschaftlichen Organisationsstärke „*...structural shifts explain only part of past growth trends, and only part of the current decline*" (Visser 1990:64).

Damit zeigt die Diskussion der Faktoren, mit denen die Rahmenbedingungen umschrieben werden, daß diese in verschiedenen nationalen Kontexten unterschiedliche

---

[33] Der Organisationsgrad in bestimmten Dienstleistungsberufen im europäischen Vergleich differiert zwischen zwanzig und siebzig Prozent. Die Bereitschaft der Arbeitnehmer im öffentlichen Sektor sich gewerkschaftlich zu organisieren ist zwar in allen Ländern höher als im privaten Sektor, variiert im nationalen Vergleich aber auch sehr stark, so daß von der Privatisierungspolitik in verschiedenen Ländern unterschiedliche Effekte für die gewerkschaftliche Organisationsverhalten anzunehmen sind. Die Fähigkeit, Angestellte zu organisieren, unterliegt im nationalen Vergleich ebenfalls starken Variationen. Am „besten" schneiden Großbritannien und Skandinavien ab, was aber sehr stark mit der gewerkschaftlichen Organisation des öffentlichen Sektors sowie der Unternehmensgröße zusammenhängt. Gewerkschaften in verschiedenen Ländern haben auch unterschiedlich hohe Organisationserfolge bei Frauen und Teilzeitbeschäftigten, je nach der sektoralen Verteilung der Arbeitsplätze. Teilzeitbeschäftigte im öffentlichen Sektor sind beispielsweise besser zu organisieren als Beschäftigte in „persönlichen Dienstleistungen".

Auswirkungen auf die Handlungs- und Organisationsbedingungen von Gewerkschaften haben. Ihre Erklärungskraft für Einfluß und Strategien der Gewerkschaften während der 80er und 90er Jahre muß daher im Zusammenhang mit dem spezifischen institutionellen Kontext und den Strategien einzelner Akteure betrachtet werden.

2.2. Regulierung der Arbeitsbeziehungen

Für die Diskussion der Regulierung der Arbeitsbeziehungen in bezug auf die Handlungsmöglichkeiten der einzelnen Akteure sind neuere Typologien von Armingeon (1994) und Crouch (1990a; 1993) hilfreich. Armingeon betont die Wirkung des (i) „Verrechtlichungsgrades der Tarifbeziehungen" zur Unterscheidung der verschiedenen Regulierungstypen. Armingeon wie auch Crouch sprechen auch den (ii) Zentralisierungsrad des Tarifverhandlungssystems an. Bezüglich dieses Merkmals erscheint ergänzend eine Untersuchung von Soskice (1990) aufschlußreich, in der er „Koordinierung" von Tarifverhandlungen und deren Effekte untersucht. Crouch hebt zudem (iii) „Verhandlungsmuster" zur Typologisierung von Interessenvermittlungssystemen bzw. der Regulierung von Arbeitsbeziehungen besonders hervor.

Im folgenden wird davon ausgegangen, daß alle drei genannten Merkmale für die Analyse der Regulierung der Arbeitsbeziehungen relevant sind, weshalb die von Crouch entwickelten Typen der Regulierung 1. *Contestation*, 2. *Pluralist Collective Bargaining* und 3. *Neo-Corporatism* oder *Generalized Political Exchange*[34] entsprechend ergänzt werden. Die den Gewerkschaften aus den jeweiligen Regulierungstypen erwachsenden Handlungsmöglichkeiten sowie deren „Stabilität" werden dabei ebenfalls diskutiert.

1. *Contestation*:

(i) Der Typ der *Contestation* korrespondiert weitgehend mit dem von Armingeon (1994:27f) genannten Regulierungstyp der *Liberalen Nicht-Intervention* oder des *Voluntarismus*. Die Gewerkschaften verfügen hier nur über ein geringes Maß der gesetzlichen Anerkennung. Zum Nachweis ihrer Repräsentativität und zum Erreichen eines Verhandlungszwanges des Arbeitgebers sind sie zur Mitgliedermobilisierung

---

[34] Die folgenden Typen der Regulierung sind als Idealtypen zu verstehen. Die Grenzen zwischen diesen Typen sind als fließend zu betrachten, was insbesondere beim *Pluralist Collective Bargaining* deutlich wird.
Ein vierter Typ nach Crouch, der *Authoritarian Corporatism*, basiert auf staatlichem Zwang und staatlich kontrollierten Verbänden. Er spielt in demokratischen Staaten keine Rolle und wird im folgenden vernachlässigt.
Aus ähnlichen Gründen wird auch der von Armingeon als *Repression* bezeichnete Typ vernachlässigt. Hierbei handelt es sich um Zwangsschlichtungssysteme mit unabhängigen oder paritätischen Entscheidungsgremien, in denen zumeist schwache Gewerkschaften Arbeitnehmerinteressen vertreten, ohne auf die Mobilisierung der Mitglieder angewiesen zu sein.

gezwungen. Institutionalisierte Beziehungen zwischen den Arbeitsmarktparteien bestehen kaum und die betriebliche Arbeitnehmervertretung ist rechtlich nicht oder nur gering geregelt (Armingeon 1994:27f).

(ii) Der Deckungsgrad von Kollektivabkommen ist gering. Die Zentralisierung des Tarifverhandlungssystem ist ebenfalls gering, da die Interessenpolitik dezentral erfolgt und von den unterschiedlichen ökonomischen Rahmenbedingungen der Verhandlungseinheiten abhängig ist (Armingeon 1994:27f). Partikularistische Interessen sind daher als dominant anzusehen. Nach Soskice (1990) kann zwischen den verschiedenen dezentralen Verhandlungseinheiten ein Effekt entstehen, der landläufig auch als *„leap frogging"* bezeichnet wird. Damit ist gemeint, daß eine Verhandlungseinheit versucht, die andere zu überbieten, und dadurch immer höhere Lohnabschlüsse zustande kommen[35]. Dies kann als *„negative Koordination"* der verschiedenen Verhandlungseinheiten bezeichnet werden[36].

(iii) Die Beziehungen zwischen Arbeitnehmern und Arbeitgebern beschreibt Crouch (1993:61) bei diesem Typ als nur in geringem Maße institutionalisiert und weitgehend konfliktiv, da es oft zu Streiks oder Aussperrungen kommt.

Entsprechend dieser Typologisierung ist die Einflußnahme bzw. die Durchsetzung von gewerkschaftlichen Interessen bei der *Contestation* weitgehend von der aktuellen Machtposition der Akteure bestimmt. Diese wird vor allem bei Arbeitskämpfen immer wieder „überprüft" oder neu festgelegt. Zur Mobilisierung der jeweiligen Mitgliedschaft für entsprechende *Collective Action* müssen daher immer wieder die Interessengegensätze zwischen verschiedenen Akteuren - wie Arbeitgebern und Gewerkschaften - betont werden. Die Gewerkschaften sind in solchen Systemen damit in hohem Maße von ihrer aktuellen Mobilisierungs- und Konfliktfähigkeit abhängig. Bei auf Konfrontation angelegten Verhandlungskonstellationen wie der *Contestation* dominiert das rationale, an kurzfristigem Nutzen, oder schlicht am „Gewinnen" ori-

---

[35] Dieser Mechanismus wird von Soskice folgendermaßen beschrieben: *„a profitable company concedes a high wage increase to its employees; this wage increase is then used by employees in other less-profitable companies in the same industry to get a higher wage increase than they would have got had their increase simply had reference to their own company's profits; the net result is a higher average wage in the industry than in a decentralized system in which profits were the only factor taken into account in each company"* (Soskice 1990:48). Durch die dabei erreichten Lohnsteigerungen wird die Wettbewerbssituation der weniger produktiven Unternehmen durch die steigenden Arbeitskosten verschlechtert. Zudem kann die Erhöhung der Konsumentenpreise in Folge der Lohnerhöhungen zur Steigerung der Inflationsrate beitragen, was die Wettbewerbssituation der gesamten Volkswirtschaft verschlechtert und letztlich auch negative Auswirkungen auf das Beschäftigungsniveau haben kann.

[36] Dieser Begriff lehnt sich an die von Mayntz und Scharpf (1975) beschriebene „negative Koordination" verschiedener Verwaltungseinheiten bei der Politikformulierung und Implementation an: *„...policy initiatives are restricted to the jurisdiction of one specialized section or division. Within this area, the initiating unit will analyze policy problems and propose policy solutions, very often without regard to their consequences for other areas"* (Mayntz/Scharpf 1975:147).

entierte Verhalten einzelner Akteure, das zu Paradoxien bzw. suboptimalen *Outcomes* führen kann (vgl. Scharpf 1989:167f).

Die akkumulierten Effekte dezentraler, negativ-koordinierter Tarifvereinbarungen beeinflussen ebenso wie die Ergebnisse zentraler Verhandlungen die makroökonomische Entwicklung, sind aber kaum vorhersehbar und noch weniger steuerbar (vgl. dazu Streeck 1977:122f). Insbesondere eine Politik der Lohnzurückhaltung ist dabei in negativ-koordinierten Tarifverhandlungssystemen nur schwer zu verwirklichen. Erwartete oder befürchtete Effekte der Lohnpolitik können von den Gewerkschaften in dezentralen Tarifverhandlungssystemen mit dem Angebot der Selbstbeschränkung zur Verhinderung der erwarteten Effekte kaum als „Tauschobjekt" in Verhandlungen mit Arbeitgebern oder der Regierung eingesetzt werden. Von der Perspektive eines langfristigen, gesamtgewerkschaftlichen Interesses ausgehend[37], stellt ein dezentrales Verhandlungssystem, das negativ koordiniert ist, gegenüber positiv koordinierten Systemen, eine wesentliche institutionelle Restriktion dar. Aus der Perspektive einzelner, spezialisierter Gewerkschaftsorganisationen kann ein dezentrales Verhandlungssystem durchaus Möglichkeiten bieten kurz- und mittelfristig die partikularistischen Interessen ihrer Mitgliederklientel sehr effektiv durchzusetzen.

Einschätzung der „Stabilität": Verändern sich die Rahmenbedingungen z.B. durch eine wirtschaftliche Rezession, hohe Arbeitslosigkeit usw. - wie in den 80er Jahren - kann sich dies beim Typ der *Contestation* direkt negativ auf die Machtposition der Gewerkschaften auswirken. Wenn die Gewerkschaften traditionell konfliktiv orientiert sind, neigt zudem das Management eher dazu, eine Marginalisierung oder Exklusion der Gewerkschaften aus der betrieblichen Verhandlungsarena voranzutreiben und *High Trust Relations* z.B. durch die Etablierung von Qualitätszirkeln „herzustellen" (vgl. Hyman/Mackay 1986): *„As this more or less conflictual pattern of worker representation hardly meets the managerial demand for co-operative and more flexible labour relations, management will be tempted to decide in favour of strategies to avoid, or to substitute, union representation in their firms"* (Müller-Jentsch 1988b:187)[38]. Als Folge davon ist eine starke Individualisierung der Arbeitsbeziehungen anzunehmen. Ferner ist davon auszugehen, daß staatliche Akteure

---

[37] Das gleiche gilt auch für die Verfolgung gesamtgesellschaftlicher Ziele durch die Regierung oder für Ziele im organisatorischen Gesamtinteresse von Arbeitgeberverbänden. Ein dezentrales Tarifverhandlungssystem beinhaltet letzlich auch für die Regierung eine Restriktion, da es sie weitgehen der Steuerungsmöglichkeiten in der Einkommenspolitik beraubt.

[38] Ähnliches gilt für Produktionsstrategien, bei denen die Wettbewerbsvorteile der Unternehmen maßgeblich von der Durchsetzung niedriger Löhne abhängen. Ob diese die Exklusion von Gewerkschaften zur Folge haben, erscheint abhängig davon, ob die Gewerkschaften versuchen, entsprechende Maßnahmen der Arbeitgeber zu blockieren. Wenn dies der Fall ist, kann das Interesse der Firmen, die Gewerkschaften zu marginalisieren oder auszuschließen als entsprechend groß eingeschätzt werden.

diese Bestrebungen unterstützen und die rechtliche Deregulierung hier besonders stark ist, ebenso wie die gewerkschaftliche Marginalisierung bei Entscheidungen und Implementation von *Policies*. Entsprechend gering sind die Handlungsressourcen der Gewerkschaften während der 80er und zu Beginn der 90er Jahre beim Typ der *Contestation* anzusehen.

2. *Pluralist Collective Bargaining*[39]:

(i) Der Typ des *Pluralist Collective Bargaining* korrespondiert teilweise mit dem von Armingeon (1994:28) als *Paternalismus* bezeichneten Regulierungstyp. Demnach sind die Gewerkschaften rechtlich anerkannt, und die Entscheidung ihrer Repräsentativität, d.h. die Definition ihres Verhandlungsmandates, fällt aufgrund eindeutig definierter Regeln. Der Verhandlungszwang des Arbeitgebers entsteht überwiegend durch rechtliche Regeln und nicht durch Mitgliedermobilisierung. Die Existenz der Interessenvertretung ist gesetzlich garantiert.

(ii) Zentralisierung und Konzentration der gewerkschaftlichen Durchsetzungsmacht werden nicht durch staatliche oder kollektivvertragliche Regeln bewirkt, sondern sind eher selten und Ergebnis innergewerkschaftlich vereinbarter Regeln. Institutionalisierte Beziehungen zwischen den Arbeitsmarktparteien bestehen auf betrieblicher Ebene. Die Arbeitnehmervertretungen sind formal von den Gewerkschaften unabhängig (Armingeon 1994:28).

(iii) Crouch (1993:61) charakterisiert diesen Typ durch ausgedehnte, institutionalisierte Verhandlungs- und Konfliktregelungsmechanismen. Auf zentralstaatlicher Ebene sind diese aber „lediglich" konsultativer Art und beziehen sich nur auf einzelne, isolierte Verhandlungsgegenstände.

Einschätzung der „Stabilität": Die Entwicklungstendenzen des Typs *Pluralist Collective Bargaining* wie auch die gewerkschaftlichen Handlungsressourcen liegen „zwischen" denen der *Contestation* und des *Neo-Corporatism*. Beim *Pluralist Collective Bargaining* sind die Beziehungen zwischen den Akteuren stärker institutionalisiert als bei der *Contestation*, was auch den Vertretungsanspruch bzw. die Einflußnahme der Gewerkschaften vor allem in der Tarifpolitik nicht grundsätzlich gefährdet erscheinen läßt. Inwiefern die konsultativen Mechanismen auf zentralstaatlicher Ebene beibehalten werden, hängt möglicherweise davon ab, wie stark die Koordination der Tarifverhandlungen ist und die Gewerkschaften die *Outcomes* der

---

[39] Die Abgrenzung dieses Typs von den beiden anderen erscheint schwierig, da hier eine „mittlere" Ausprägung der Merkmale zwischen *Contestation* und *Neo-Corporatism* vorliegt. Die „Korrespondenzen" der Typen von Crouch und Armingeon sind bei diesem „Typ" am wenigsten deutlich.

Lohnverhandlungen beeinflussen können. Die Abwägung der „Vor- oder Nachteile" der gewerkschaftlichen Beteiligung können auch in anderen Politikfeldern den Ausschlag für die ihnen weiterhin gewährten oder verweigerten Partizipationsmöglichkeiten bzw. die Deregulierung ihrer Organisations- oder Repräsentationsrechte sein.

3. *Neo-Corporatism* oder *Generalized Political Exchange*:

(i) Der Typ *Neo-Corporatism* oder *Generalized Political Exchange* korrespondiert weitgehend mit dem von Armingeon (1994:27f) als *Starke Gewerkschaftsstützung in neo-korporatistischen Systemen* bezeichneten Typ. Die Gewerkschaften werden durch institutionelle, gesetzliche Regulierungen mit großer Durchsetzungsmacht ausgestattet. Sie sind anerkannte Vertreter der Arbeitnehmer und ihre Repräsentativität wird nicht in Frage gestellt.

(ii) Verbandsorganisationen und Verhandlungssysteme sind umfassend und zentral aufgebaut. Die institutionalisierten Beziehungen zwischen Arbeitgebern und Arbeitnehmern auf den verschiedenen Ebenen sind einander hierarchisch zugeordnet. Die Tarifverhandlungen sind weitgehend zentralisiert oder koordiniert (Armingeon 1994:27f).

(iii) Hier gibt es nach Crouch (1993:61) ein dichtes Netz von Tauschbeziehungen zwischen Arbeitgebern und Gewerkschaften über verschiedene Verhandlungsebenen hinweg[40]. Die von den Gewerkschaften mitverhandelte Agenda reicht weit über die unmittelbaren *Issues* der Arbeitsbeziehungen hinaus und schließt sowohl nationale Policy-Koordination als auch die tripartistische Implementation verschiedener *Policy Areas* mit ein.

Bei den auf Kooperation angelegten Verhandlungsnetzwerken können langfristige Ziele und kollektive Güter verwirklicht werden, da die Problemlösung dominiert, wodurch sozial optimale *Policy Outcomes* erreicht werden können (Scharpf 1989:167f). In Zusammenhang mit zentralisierten oder koordinierten Tarifverhandlungsstrukturen läßt dies positive Effekte auf die Höhe der Arbeitslosigkeit und die Inflation annehmen (vgl. Calmfors/Driffil 1988; Soskice 1990). Entsprechend kann man davon ausgehen, daß kooperativ orientierte Beziehungen, die auf einem institu-

---

[40] Andere Autoren skizzieren neo-korporatistische Verhandlungsnetzwerke folgendermaßen: Verbände sind gleichberechtigt neben dem Staat sowohl bei der Formulierung als auch bei der Implementation von Politik im Rahmen eines institutionalisierten Verhandlungsnetzwerkes eingebunden (Lehmbruch 1977; 1984) und orientieren ihre Strategien an einer Austauschlogik (vgl. Pizzorno 1978; Lehmbruch 1983). In zahlreichen Politikfeldern, z.B. in Arbeitsverwaltungen, im Arbeitsschutz oder in Berufsbildungssystemen, ist dabei oftmals sogar gesetzlich reguliert, welche Akteure an Entscheidungen beteiligt sind und wie das Stimmenverhältnis bei Abstimmungen zwischen verschieden Gruppen ist.

tionalisierten Tauschverhältnis zwischen den Akteuren basieren, auch für Gewerkschaften die meisten Handlungsressourcen beinhalten. Die Beteiligung der Gewerkschaften an Entscheidung und Durchführung von politischen Maßnahmen erscheint damit für alle Seiten vorteilhaft und wird nicht grundsätzlich in Frage gestellt.

Einschätzung der „Stabilität": Dennoch lösen sich im Laufe der 80er Jahre vor allem in der Lohnpolitik in vielen Ländern die institutionalisierten, überbetrieblichen tripartistischen Verhandlungssysteme auf (vgl. Schmitter 1989). Aus einer Perspektive Ende der 80er Jahre schreibt Müller-Jentsch dazu: „Ten or twelve years ago, it was predicted that the corporatist regulatory model would still have a great future. Today, at the end of 1980s, it is hardly debatable that the corporatist regulatory model in larger EEC-countries can be regarded as having failed" (Müller-Jentsch 1988:182)[41]. Diese Entwicklung kann mit einer Differenzierung der Begriffe von neo-korporatistischen Verhandlungsnetzwerken und dem Generalized Political Exchange, die Crouch leider umgeht, entlang der Unterschiede in der Formalisierung gut analysiert werden.

Marin (1990) verweist darauf, daß u.a. durch solche institutionalisierten Netzwerke, wie sie neo-korporatistische Verhandlungssysteme darstellten, eine permanente Struktur als eine Art Meta-Spiel, das er als Generalized Political Exchange bezeichnet, entsteht. Dieses bleibt auch bestehen, wenn spezifische strukturelle Konstellationen zusammenbrechen: „But some overall pattern is conceptualized as an enduring, quasi permanent structure, of enduring or permanently changing shape. Specific structural configurations can change or dissolve, yet some exchange-relations and games do always go on. ... It is not exchange in general which breaks down from time to time but a specific structural constellation, a specific game or meta-game" (Marin 1990:54).

Ob ein Akteursnetzwerk mit Generalized Political Exchange bezeichnet werden kann, hängt davon ab, ob die betreffenden Akteure von einem unbegrenzten Zeithorizont ausgehen (Marin 1990:54), denn dieser ist die Voraussetzung, daß langfristig alle Beteiligten positive Tauscheffekte verbuchen. Einzelne Tauschhandel, bei-

---

[41] Die Ursachen werden in dem kombinierten Druck externer Widerstände und gewerkschaftsinterner Widersprüche gesehen (1988:182). Dabei bezieht er sich ebenfalls auf die Verschlechterung der Bedingungen für den neo-korporatistischen Tausch aufgrund internationaler und makroökonomischer Entwicklungen (siehe oben) und die daraus erwachsenden Handlungsrestriktion für staatliche Akteure bzw. die Deregulierungs- und Flexibilisierungsziele der Arbeitgeber. Hält eine Gewerkschaft trotz der sich verschlechternden Verteilungsspielräume weiterhin an einer neo-korporatistischen Politik fest und praktiziert eine zurückhaltenden Lohnpolitik, sieht Müller-Jentsch die zunehmende Unzufriedenheit der Gewerkschaftsmitglieder, die sich u.a. durch inoffizielle Streiks ausdrücken kann, als gewerkschaftsinterne Widersprüche, für die Fortführung einer solchen Politik (Müller-Jentsch 1988b:184).

spielsweise einzelne zentralstaatliche, tripartistische Abkommen, machen daher noch kein Akteursnetzwerk des *Generalized Political Exchange* aus.

Entsprechend einer solchen Definition kann ferner auch trotz der Auflösung tripartistischer, zentralstaatlicher, formal etablierter neo-korporatistischer Makrosteuerung, weiterhin von dem Fortbestehen eines *Generalized Political Exchange* in den entsprechenden Ländern ausgegangen werden, die auch eine weitgehende Koordinierung der Tarifverhandlungen beinhaltet, selbst wenn sich die Ebene der Tarifverhandlungen beispielsweise von zentralstaatlicher Ebene auf die sektorale Ebene „dezentralisiert"[42].

Beim *Generalized Political Exchange* werden die verringerten Transaktionskosten der Tauschbeziehungen selbst zum Wert, in Form der Verringerung von Unsicherheit und stabilisierten Erwartungen in ansonsten turbulenten politischen und ökonomischen Umwelten (Marin 1990:52). *Generalized Political Exchange* gilt damit als „*an inherently power-generating, value-adding and mutually insuring process*" (Marin 1990:52)[43]. Damit können vor dem Hintergrund der spezifischen Entwicklungen der 80er und Anfang der 90er Jahre die „anti-gewerkschaftlichen" Strategien von Arbeitgebern und die Deregulierungsbestrebungen der Regierung bei den ehemals neo-korporatistischen Verhandlungsmustern, die in einen *Generalized Political Exchange* übergehen, als „schwach" eingeschätzt werden. Hier sind „*High Trust Relations*", etabliert mit denen die neuen Produktionsstrategien, die auf die Erzeugung von Qualitätsgütern ausgerichtet sind, am besten zu vereinbaren sind (Müller-Jentsch 1988b:187).

2.3. Staat/Regierung als Akteur und seine/ihre Strategien

Für die 80er und die erste Hälfte der 90er Jahre wird in der wissenschaftlichen Diskussion weitgehend davon ausgegangen, daß staatliche Akteure zunehmend ein neoliberales Regulationsmodell[44], das auf der Exklusion der Gewerkschaften basiert, gegenüber dem bis dahin vorherrschenden neo-korporatistischen Regulationsmodell, dem die Beteiligung der Gewerkschaften bei der Implementation von *Policies* zugrundeliegt, den Vorzug gaben. Inwiefern eine Regierung tatsächlich eine neo-libe-

---

42 Dies wird durch empirisch vergleichenden Untersuchung insofern bestätigt, als auch für die 80er Jahre signifikant bessere Leistungsbilanzen bezüglich Arbeitslosigkeit und Inflation von in den 70er Jahren als stark neo-korporatistisch bezeichneten Ländern nachgewiesen werden (Crepaz 1992:161). Crouch bestätigt dies für niedrige Streikraten und Arbeitslosigkeit, jedoch nicht für die Inflationsraten (Crouch 1993:281f).

43 Das Konzept des *Generalized Political Exchange* kann zudem problemlos auf die betriebliche Ebene übertragen werden.

44 Im folgenden wird neo-liberal und neo-konservativ synonym verwandt, da die damit bezeichneten Regulierungstypen in der wissenschaftlichen Literatur zu den Arbeitsbeziehungen keine relevanten Differenzen aufweisen.

rale Politik durchsetzen konnte, hängt dabei von deren institutionellen und macht-politischen Voraussetzungen ab.

Strategien von Staat/Regierung

Für die 80er Jahre wird angenommen, daß die Regierungen den neo-korporatisti-schen Regulierungstyp zunehmend zu Gunsten eines neo-konservativen aufgaben, woraus negative Auswirkungen für die Gewerkschaften abgeleitet werden:

> *„The neo-conservative regulatory model ... is based on the restraint of organisational and political power in favour of market forces. If the corporatist state pursues 'inclu-sionary' strategies with respect to trade unions, then neo-conservative governments tend to 'exclusionary' strategies. The ultimate aim of the latter is to trim the bargaining power of trade unions by changing the legal, social, and economic context of union organisation and politics. State activities are directed towards deregulation, privatisa-tion and flexibility of the economy"* (Müller-Jentsch 1988b:186).

Der Gegensatz zwischen dem neo-liberalen bzw. neo-konservativen Regulierungstyp und dem neo-korporatistischen Regulierungstyp besteht in diesem Zusammenhang vor allem in Unterschieden bei den primären Zielen der makroökonomischen Steuerung, bei der Einbindung von Gewerkschaften in öffentliche Entschei-dungsabläufe sowie bei der Gestaltung der rechtlichen Regulierung.

Dies zeigt sich an den makroökonomischen Steuerungsstrategien Keynesianismus und Monetarismus, die unterschiedliche *Policy Paradigmen*[45] oder Konzeptionen darstellen, mit Hilfe derer wirtschaftliche Abläufe interpretiert und entsprechende Lösungsvorschläge in Form von *Policies* gemacht werden können. Der Keynesia-nismus wird dabei generell von sozialdemokratischen Regierungen und auch den Gewerkschaften präferiert, während monetaristische Steuerung meist von Unterneh-mensseite und neo-liberal oder konservativ orientierten Parteien bevorzugt wird[46]. Die Nachteile durch eine monetaristische Strategie ergeben sich für die Gewerk-schaften dabei sowohl durch die der jeweiligen primären Zielsetzung der verschiede-nen Strategien als auch durch die damit verbundene Gestaltung von Entscheidungs-arenen.

---

[45] Mit *Policy-Paradigma* ist ein Set von Ideen gemeint, von dem Politiker sich leiten lassen und das spezifiziert, wie die Probleme, vor denen sie stehen, wahrgenommen werden, welche Ziele durch Politik erreicht werden können, und welche Techniken angewandt werden sollten, um diese Ziele zu erreichen (Hall 1992:92). Tatsächlich wird oftmals ein Steuerungs-Mix aus beiden Paradigmen implementiert.

[46] Dennoch ist die Anwendung des jeweiligen Steuerungsparadigmas nicht zwangsläufig mit der „Couleur" der Regierungspartei in Verbindung zu bringen. Bestimmte historische Phasen waren von der Dominanz eines Steuerungsparadigmas (vgl. Merkel 1993:4) bzw. durch dessen Bias im Steuerungs-Mix gekennzeichnet. Der „Hochkonjunktur" wie dem Niedergang eines solchen Pa-radigmas kann sich offenbar keine Partei ohne weiteres entziehen. So haben beispielsweise auch konservative Parteien in den 60er und 70er Jahren weitgehend keynesianische Wirtschaftspolitik verfolgt und versucht, Vollbeschäftigung mittels staatlicher Nachfrageregulierung durch die Aus-dehnung des öffentlichen Sektors und durch Deficit-Spending zu erreichen.

Bei einer angebotsorientierten Wirtschaftspolitik wird im allgemeinen das Vollbe-schäftigungsziel aufgegeben und die Inflationsbekämpfung durch Geldmengensteue-rung und die Kontrolle öffentlicher Ausgaben zum primären Ziel. Folge davon sind die Privatisierung ganzer Industrien und die Ausgliederung einzelner staatlicher Dienstleistungsbereiche aus dem öffentlichen Sektor. Mit der Aufgabe keynesiani-scher Steuerung wird meist auch die Beteiligung von Gewerkschaften aufgelöst, z.B. in neo-korporatistischen Tausch-Arrangements bei der Einkommenspolitik auf zen-tralstaatlicher Ebene (siehe oben).

Bei der Wahl des Steuerungsmediums in den jeweiligen Politikfeldern entscheiden staatliche Akteure darüber, ob Interessengruppen bei der Implementation staatlicher Programme Mitbestimmungsmöglichkeiten und Entscheidungskompetenz erhalten und ihnen dadurch „Public Status" verliehen wird (Offe 1985:236)[47]. In Einklang mit einer solchen Sichtweise kann davon ausgegangen werden, daß staatlichen Ein-griffen in gesellschaftliche Organisation Strategien der interessenpolitischen Öffnung und Schließung von Akteursnetzwerken zugrundeliegen (Czada 1991:166). Dabei entsteht die Tendenz, bestimmten sozialen Interessen Vorteile zu verschaffen und andere zu benachteiligen (Hall 1992:94).

Staatliche Akteure regulieren das individuelle sowie das kollektive Arbeitsrechts und beeinflussen vor allem, in engem Zusammenhang mit letzterem, das Verhältnis zwi-schen den beiden Arbeitsmarktparteien. Gesetzliche Regulierung legt dabei weitge-hend den Rahmen fest, in dem sich die Optionen bewegen, welche die verschiedenen Interessenverbände im Umgang miteinander haben (vgl. Offe 1975:12; Offe 1990:111). Die Bevorzugung des neo-liberalen Regulierungstyps durch die Regie-rungen hat auch zur Folge, daß die Gesetzgebung in den Arbeitsbeziehungen und die Sozialpolitik unter neuen Prämissen gestaltet wird. Die Aktivität staatlicher Akteure wird in diesem Zusammenhang oftmals als Deregulierungspolitik bezeichnet. Darun-ter wird die flexiblere Gestaltung bzw. die Abschaffung sowohl von Institutionen der Arbeitnehmerpartizipation (die gesetzliche Regulierung des Streikrechts oder der Arbeitnehmervertretung) als auch von individuellen arbeitsrechtlichen Schutzbe-stimmungen (Ausweitung der legalen Möglichkeiten von befristeter Beschäftigung, Verringerung von arbeitsrechtlichen Bestimmungen zum Schutz der Arbeitnehmer) verstanden (vgl. Boyer 1987; Buttler 1987). Durch rechtliche Deregulierung sollen

---

[47] Der Staat wird daher auch gesehen als „ein konstitutives Element, das mit der Definition, Verzer-rung, Förderung, Reglementierung, Bevollmächtigung und/oder Unterdrückung der Aktivitäten von Vereinigungen befaßt ist...". (Schmitter 1981:64). Damit ist auch die Vorstellung aufzu-geben, daß staatliche Akteure bei der Regulierung der Interessen von Arbeit und Kapital neutral sind (Offe 1985). Vielmehr ist anzunehmen, daß ihre Politik verschiedene Interessen und deren kollektive Organisationen in unterschiedlichen Situationen in verschiedener Weise begünstigt oder benachteiligt.

also „rigide", standardisierende Regulierungen so verändert werden, daß sich Marktmechanismen von Angebot und Nachfrage auch auf dem Arbeitsmarkt besser entfalten können.

Trotz des allgemeinen Trends hin zu einem neo-liberalen Regulierungstyp gestaltet sich dessen jeweilige Entwicklung in verschiedenen Ländern sehr unterschiedlich. Dies zeigen zahlreiche vergleichende Studien zur Deregulierungspolitik und deren Folgen in verschiedenen europäischen Ländern (Müller-Jentsch 1988; Lecher 1987; Baglioni/Crouch 1990). „*Yet, again, despite these broad tendencies and their common origins in the changing economic and political context of the 1980s, it is the variability of our country studies that attracts attention*" (Ferner/Hyman 1992:xxiii). Auch die Ziele und die Politik der staatlichen Akteure im Hinblick auf „Deregulierung" scheinen damit von den spezifischen institutionellen und machtpolitischen Voraussetzungen im jeweiligen nationalen Kontext abhängig zu sein.

Handlungsvoraussetzungen

Ob und in welchem Ausmaß eine neo-liberale Politik mit entsprechend negativen Auswirkungen für die Gewerkschaften von den jeweiligen Regierungen durchgesetzt werden konnte bzw. kann, oder bestehende Institutionen reformiert werden können, wird u.a. in Abhängigkeit von den institutionellen und machtpolitischen Handlungsvoraussetzungen der Regierung gesehen. Diese werden beeinflußt durch (a) das spezifische Regierungssystem, (b) die parlamentarische Mehrheit und - in Verbindung damit - ihrer ideologischen Überzeugungskraft.

(a) Der generelle Handlungsspielraum der Regierung wird unmittelbar beeinflußt durch den institutionellen Kontext des jeweiligen Regierungssystems. Vor allem Scharpf hat am Beispiel der Bundesrepublik auf die von verschiedenen institutionellen Strukturen wie Föderalismus (Scharpf et al. 1976; Scharpf 1985) oder die von der weitgehenden Entscheidungsautonomie der Bundesbank (Scharpf 1987) ausgehenden Restriktionen auf die Steuerungsmöglichkeiten der Regierung hingewiesen. Entsprechend beinhalten unitaristische und zentralistische Verfassungstypen, die auf institutionalisierte Strukturen der „*Checks and Balances*" weitgehend verzichten, Handlungsspielräume für die entsprechenden Regierungen (vgl. Hesse/Benz 1990). Um die Handlungsmöglichkeiten der staatlichen Akteure umschreiben zu können, müssen daher institutionelle Strukturen wie die Zentralisierung der staatlichen Verwaltung, der Föderalismus, das Wahlrecht, die Verfassungsgerichtsbarkeit sowie die Autonomie der Zentralbank berücksichtigt werden (Schmidt 1993:386f).

(b) Machtpolitische Handlungsressourcen von Regierungen, die eng mit der z.B. durch das Wahlrecht verliehenen, institutionellen Autonomie gekoppelt sind, werden in ihrer parlamentarischen Regierungsmehrheit bzw. in der Stärke oder Schwäche der jeweiligen parlamentarischen Opposition gesehen (vgl. Korpi 1983; Merkel 1993:5,6). Starke parlamentarische Mehrheiten, insbesondere Zweidrittel-Mehrheiten, eröffnen große Handlungsspielräume für Reformpolitik. Starke Mehrheiten können einerseits auf ein hohes Maß an politischer Legitimität verweisen. Andererseits ermöglichen sie langfristige Handlungsperspektiven, da ein großer Vorsprung der Wählerstimmenmehrheit auch die Wahrscheinlichkeit auf Wiederwahl erhöht. Die Handlungsressourcen, die durch die Regierungsmehrheit eröffnet werden, stehen auch in Relation zur Stärke der Opposition. Sie erhöhen sich, wenn die Oppositonspartei(en) stark fragmentiert oder ideologisch geschwächt sind (vgl. Merkel 1989) und vice versa.

Vor diesem Hintergrund spielt auch die ideologische Überzeugungskraft der politischen Parteien als Voraussetzung für den Erwerb parlamentarischer Mehrheiten und - in Zusammenhang damit - die Dauer der Regierungszeit eine wichtige Rolle: *„State power depends not on the absence of environmental constrains but on the way agents make use of ideas to guide the formation of collective action within institutions. ... human agents can and do shape power relations through symbol systems facilitating the formation of meaning and choice of action"* (Wolfe 1991:252).

Aufgrund der seit dem Ende der 70er Jahre zu Tage tretenden Defizite keynesianischer Steuerung kann angenommen werden, daß die Parteien über die stärkste ideologische Überzeugungskraft verfügen, welche das monetaristische Paradigma aufgreifen und im Rahmen ihrer Parteiprogramme vermarkten können. Da die Verfolgung traditioneller sozialdemokratischer Ziele und Politiken in der Nachkriegszeit weitgehend an die keynesianische Steuerung geknüpft war, bzw. die angebotsorientierte Steuerung in einigen Punkten (wie beispielsweise den erwarteten negativen Effekten auf die Arbeitnehmerschaft) mit traditionellen sozialdemokratischen Zielen konfligiert, sahen sich sozialdemokratische Parteien in den 80er Jahren einem strategischen Dilemma gegenüber. Sie konnten entweder keine erfolgversprechende Steuerungsstrategie als „Problemlösung" anbieten, oder sie mußten sich von alten „Werten" trennen. Die Defizite keynesianischer Steuerung ließen sich zudem von neo-liberal orientierten Parteien und Regierungen als Kritik an sozialdemokratischen Parteien herausstellen, wogegen das monetaristische Lösungsparadigma die Überzeugungskraft hatte, die einer neuen, unverbrauchten Alternative eigen ist (vgl. Hall 1992:105). In bezug auf die ideologische Überzeugungskraft entstanden sozialdemokratischen Parteien vor allem während der 80er, aber auch noch zu Beginn der

90er Jahre „strukturelle" Nachteile gegenüber konservativen oder liberalen Parteien, welche das „neue" Steuerungsparadigma mit den von ihnen traditionell vertretenen Interessen besser in Einklang bringen konnten. Dies wirkte sich positiv auf die Handlungsressourcen konservativer Regierungen aus.

2.4. Arbeitgeber/Unternehmen als Akteure und ihre Strategien

Bei der Analyse von Arbeitgebern/Unternehmen als Akteure, die auf die Gestaltung der Arbeitsbeziehungen Einfluß nehmen, müssen verschiedene Faktoren diskutiert werden. Die Ziele, die in neuen Managementkonzepten formuliert werden, sind weitgehend an „Flexibilisierung" ausgerichtet. Dabei wird zwischen verschiedenen Formen der Flexibilisierung unterschieden: *Numerische Flexibilisierung* zielt auf die Unterteilung der Belegschaft in sogenannte Kernbelegschaften mit unbefristeten Arbeitsverträgen und „flexible" Randbelegschaften ab, die lediglich temporär (mit Zeitverträgen) beschäftigt sind. *Zeitliche Flexibilisierung* beinhaltet die Aufhebung fester, täglicher oder auch jährlicher Arbeitszeiten. Ein Extrembeispiel ist die kapazitätsorientierte variable Arbeitszeit (Kapovaz), bei der die Arbeitszeit der Arbeitnehmer entsprechend der Schwankungen der Produktions- oder Dienstleistungsnachfrage ausgerichtet ist. *Funktionale Flexibilisierung* bezieht sich auf die Erweiterung der Tätigkeitsbereiche einzelner Arbeitnehmer, die meist mit zusätzlicher Qualifikation verbunden ist. Ein Beispiel hierfür ist unter anderem das *„Multi-Skilling"* (vgl. OECD Flexibilität 1986). Eng mit den Flexibilisierungszielen verknüpft, ist oft auch das Ziel einer Dezentralisierung der Tarifverhandlungen. Ob diese Ziele in den Unternehmen tatsächlich angestrebt oder verwirklicht wurden bzw. werden, hängt unmittelbar sowohl von den organisatorischen Voraussetzungen in den Unternehmen als auch von den Arbeitgeberverbänden ab[48]. Entsprechend treten auch die für die Gewerkschaften erwarteten negativen Folgen der genannten Maßnahmen nur dann ein.

Ziele der Arbeitgeber und Managementstile

Welche Möglichkeiten den Arbeitgebern bei der Gestaltung der Arbeitsbeziehungen offen stehen, wird anhand einer Typologisierung von *„Management Styles"*[49] nach

---

[48] Ob Unternehmen Strategien der *Individualisierung* von Arbeitsverhältnissen oder die Marginalisierung und Exklusion von Gewerkschaften tatsächlich verwirklichen können, hängt zudem von institutionellen Faktoren außerhalb der Unternehmen ab, wie beispielsweise die Regulierung der Arbeitsbeziehungen (Osterloh 1989:118). Die Wirkung dieser Faktoren wurde bereits weiter oben diskutiert.

[49] Als *Management Style* wird das Vorhandensein verschiedener leitender Prinzipien bezeichnet, das die tatsächlichen Handlungen von Managern gegenüber Arbeitnehmervertretern bestimmt: „Style implies the existence of a distinctive set of guiding principles, written or otherwise, which set parameters to and sign posts for management action in the way employees are treated and particular events handled. Management style is therefore akin to business policy and its strategic derivatives" (Purcell 1987:535).

Purcell (1987) deutlich. Er nennt grundsätzlich zwei idealtypische *Management Styles* bezüglich des Umgangs der Unternehmer mit den Arbeitnehmern und den Gewerkschaften in den Betrieben gemäß der Dimensionen 1. „kollektivistisch" und 2. „individualistisch", die jeweils verschiedene Ausprägungen haben.

1. Als *kollektivistischer Managementstil* wird der mehr oder weniger traditionelle Umgang des Managements, der die Anerkennung von Gewerkschaften als betriebliche Interessenvertretung vorsieht, bezeichnet. Der kollektivistische Stil steht damit für die Legitimität, die der Mitbestimmung von Arbeitnehmern und Gewerkschaften bei Managemententscheidungen eingeräumt wird, welche die Belange der Arbeitnehmer betreffen (Purcell 1987:546). Dabei werden die Ausprägungen (a) kooperativ und (b) konstitutionell unterschieden.

(a) Der *kooperative Stil* bezeichnet die Anerkennung von Gewerkschaften (oder von anderen betrieblichen Arbeitnehmervertretungen) und den Versuch, sie in die Organisation des Unternehmens über die breite Diskussion zahlreicher *Issues* bis hin zu strategischen Managemententscheidungen einzubeziehen und ihnen weitreichende Informationen zu gewähren.

(b) Beim *konstitutionellen Managementstil* werden Gewerkschaften als unvermeidlich angesehen, weil sie schon seit langer Zeit im Unternehmen anerkannt sind. Managementkontrolle wird in diesem Fall einerseits durch die Spezifität von Kollektivvereinbarungen und andererseits durch den Versuch der Minimierung des gewerkschaftlichen Widerstandes gegenüber Managemententscheidungen betont.

2. Beim *individualistischen Managementstil* gibt es drei Ausprägungen, nämlich (a) den traditionellen, (b) den niedrig und (c) den hoch entwickelten Individualismus.

(a) als *traditionelle* Form des Individualismus wird der *Paternalismus* genannt, bei dem Aspekte wie Fürsorge, humane Behandlung und Wohlfahrt den Umgang mit Arbeitnehmern prägen.

(b) Als *niedrig entwickelter Individualismus* gilt, nach Purcell, wenn die Kontrolle von Arbeitnehmern betont wird, und sie als Ware gesehen werden, die zum Erreichen von Profit ausgebeutet wird.

(b) Als *hoch entwickelter individualistischer Stil* wird Personalmanagement beurteilt, das die Arbeitnehmer als Ressource betrachtet und beabsichtigt, das Talent und den Wert jeder einzelnen Person zu entwickeln und zu fördern.

Managementstrategien, die während der 80er und zu Beginn der 90er Jahren propagiert werden, wie beispielsweise die *Flexible Firma* und das *Human Resource Management*[50], deuten darauf hin, daß zunehmend individualistische Managementstile auf Kosten kollektivistischer Stile von den Unternehmen eingesetzt werden. Bei Strategien der *Flexible Firm* wird versucht, über eine sogenannte „periphere" Arbeitnehmerschaft oder Randbelegschaft, die nur befristet beschäftigt wird, das Belegschaftsvolumen dem Auftragsvolumen „flexibel" anzupassen (vgl. Storey 1989:2). Wegen den unsteten Beschäftigungsverhältnissen stellt die Randbelegschaft im allgemeinen ein schwer zu organisierendes Arbeitnehmerpotential für die Gewerkschaften dar (siehe oben). Im Rahmen des *Human Resource Management* wird die hierarchisch organisierte Fließbandarbeit zunehmend durch partizipative Organisationsformen im Betrieb abgelöst. In diesem Zusammenhang werden neue, „unitaristische"[51] Institutionen der Arbeitnehmerpartizipation wie *Quality Circles*, *Briefings* oder *Consultative Committees* usw. zum Management der Arbeitnehmerbeziehungen eingeführt, was den Vertretungsanspruch der Gewerkschaften in den Betrieben untergraben kann (vgl. Beisheim et al.1991:123). In Zusammenhang mit individualistischen Managementstilen stehen auch Forderungen der Arbeitgeber nach einer Flexibilisierung der Löhne bzw. der Lohnsetzungsmechanismen. Dies läuft de facto auf eine Dezentralisierung bzw. Verbetrieblichung der Lohnpolitik (vgl. Keller 1989:145) hinaus. Durch die Entstandardisierung der Lohn- und Arbeitsbedingungen wird auch der Fortbestand eines autonomen Systems überbetrieblich-verbandlicher Tarifbeziehungen in Frage gestellt, wodurch wiederum die Handlungsmöglichkeiten der Gewerkschaften massiv eingeschränkt werden.

Handlungsvoraussetzungen der Unternehmen

Die Entwicklung und Durchsetzungsfähigkeit unternehmerischer Strategien entsprechend der aufgezeigten Managementoptionen ist nicht als selbstverständlich anzunehmen. Vielmehr kann davon ausgegangen werden, daß einige Unternehmen nicht über Strategien verfügen (im Sinne von Entscheidungen, die für einen langfristigen

---

[50] In Anlehnung an Keep 1989 wird hier *Human Resource Management* eng definiert und von Strategien der flexiblen Firma analytisch unterschieden, obgleich HRM in zahlreichen Veröffentlichungen oftmals beides einschließt.
Ferner wird HRM in Anlehnung an Guest definiert als „strategic integration, high commitment, high quality, and flexibility among employees" (Guest 1989:42).

[51] Mit „unitaristisch" ist gemeint, daß diese Institutionen der Arbeitnehmerpartizipation nicht von grundsätzlichen Interessendifferenzen zwischen Arbeitgebern und Arbeitnehmern ausgehen. Vielmehr betonen sie die Verbindung Individuum/Unternehmen ohne intermediäre Gruppen (Guest 1989:44).
Die genannten Institutionen kann man unterscheiden gemäß reinen Gesprächs- bzw. Problemlösungsgruppen (Qualitätszirkel, Beteiligungsgruppen, Lernstatt) und Gruppen zur Bewältigung von Arbeitsvollzügen (vor allem teilautonome Arbeitsgruppen) (Beisheim et al. 1991:123). Qualitätszirkel werden vorwiegend in Japan entwickelt. Teilautonome Arbeitsgruppen dagegen kommen aus Skandinavien. Beide Gruppenkonzepte treten auch in Kombination als integrierte Konzepte auf (Beisheim et al. 1991:124ff).

Zeitraum getroffen werden), sondern die Entscheidungen über Produktionsstrategien, bei der Einführung neuer Technologien - und in Zusammenhang damit - auch bei der Gestaltung der Arbeitsbeziehungen eher auf ad-hoc Basis oder an nur kurzfristigen Zielen orientiert treffen (vgl. Thurley/Wood 1983:209). Damit unterliegt auch die Strategiefähigkeit von Unternehmen in bezug auf die Gestaltung der Arbeitsbeziehungen bestimmten Voraussetzungen, die durch andere unternehmerische Entscheidungen sowie durch organisationsstrukturelle Faktoren beeinflußt werden.

Welche strategische Option ein konkretes Unternehmen zur Gestaltung der Arbeitsbeziehungen wählt, wird in der empirischen Studie von Kochan et al. (1984) über die strategischen Entscheidungen von amerikanischen Unternehmen weitgehend in Abhängigkeit von der jeweiligen Produktmarktstrategie gesehen. Als solche werden Entscheidungen darüber verstanden, welche Güter produziert werden sollen. Ausschlaggebend für die Gestaltung der Arbeitsbeziehungen ist dabei, ob es sich um Qualitäts- oder Massengüter handelt. Kochan et al. vertreten aufgrund ihrer Untersuchungsergebnisse die These, daß von der Wahl der Produktmarktstrategie letztlich abhängt, ob die Einführung neuer Technologien und die damit verbundene Reorganisation des Arbeitsprozesses, die Auslagerung einzelner Produktionsschritte zu Zulieferfirmen oder auch die Investition in neue Firmenniederlassungen (wo die Anerkennung von Gewerkschaften zur Disposition steht) tatsächlich erfolgt bzw. wie sie erfolgt (Kochan et al. 1984:24f; siehe auch Mahnkopf 1988:93 und Streeck 1991)[52].

Sind aber die Strategien von Unternehmen bezüglich der Gestaltung der Arbeitsbeziehungen abhängig von der gewählten Produktmarktstrategie, rücken letztlich die (zum Zeitpunkt der Strategiewahl bestehende) Unternehmensorganisation sowie die Koordination der Unternehmensführung und des Managements in den Vordergrund. Hinzu kommen die bereits vorhandene Technologie oder auch die Qualifikation der Mitarbeiter in den Unternehmen. All diese Faktoren erscheinen nämlich als Voraussetzungen für die Optionen, die den Unternehmen hinsichtlich der Produktionsstrategie zur Verfügung stehen.

---

[52] Idealtypisch kann man die Entscheidung der Wahl der verschiedenen neuen Managementkonzepte und die entsprechende Gestaltung der Arbeitsbeziehungen damit so skizzieren, daß sich unter dem sich verschärfenden Wettbewerbsdruck auf den Produktmärkten für einzelne Unternehmen die Entscheidung stellt, weiterhin auf der Basis von niedrigen Preisen und großem Produktionsumfang zu konkurrieren, oder Marktnischen für spezialisierte Produkte zu suchen, wo höhere Preise erzielt werden können. Entsprechend wird die Option der „Flexiblen Firma" gewählt, um die Produktionskosten niedrig zu halten, so daß auch weiterhin die Konkurrenzfähigkeit für Massenprodukte erhalten werden kann. Sie zielt weitgehend auf die Flexibilisierung (und Senkung) der Löhne und Arbeitskräfte hinsichtlich Arbeitszeit und Anzahl ab. Die Option „Human Resource Management" wird verwirklicht, um auf hochspezialisierten Qualitätsgütermärkten konkurrieren zu können. Hier steht die funktionale Flexibilisierung, also die Qualifikation der Arbeitnehmer und deren zunehmende Partizipation, im Mittelpunkt.

Die meisten Arbeitgeberverbände sind als „Antistreikvereine" entstanden (Traxler 1985). Ihre Aufgabe besteht darin, als direkte Gegenparts und Verhandlungspartner der Gewerkschaften die Arbeitgeberinteressen bei Tarifkonflikten und -verhandlungen sowie in den nationalen Institutionen der Wirtschafts- und Sozialpolitik zu vertreten, sofern diese die Beteiligung der Sozialpartner erlauben (Streeck 1991:186)[53]. Zentralisierte Verbände bzw. zentrale Tarifverhandlungen tragen auch dazu bei, Konfliktkosten zwischen einzelnen Arbeitgebern zu verringern. Sie haben positiven Einfluß darauf, daß einzelne Arbeitgeber ihre Entscheidungen an langfristigen Zielen orientieren und somit kollektive Güter „produziert" werden können, die einzelne Arbeitgeber aufgrund der Wettbewerbsorientierung allein nicht erreichen könnten (vgl. Traxler 1988:275; 1989:63). Ein Beispiel ist hier die berufliche Aus- und Weiterbildung von Arbeitnehmern. Geht man davon aus, daß die unmittelbaren Interessen der Arbeitgeber darin bestehen, den Personalbestand an die jeweiligen Marktschwankungen anzupassen, werden sie langfristig keinen qualifizierten Mitarbeiterstamm aufbauen, sondern versuchen, ihren Facharbeiterbedarf durch Abwerbung (also durch Rekrutierung der Facharbeiter von anderen Unternehmen) zu decken. Die Vermittlung dieses Problems bzw. die durch verbandliche Regulierung erhöhte Selbstbindung, kann jedoch ein solches *„Free Riding"* einzelner Arbeitnehmer bei den Ausbildungskosten verhindern bzw. verringern. Damit bildet auch die Organisation der Arbeitgeber in umfassenden und zentralisierten Verbänden eine wichtige Voraussetzung dafür, daß ein qualifiziertes Arbeitnehmerpotential zur Verfügung steht, was als Voraussetzung für die Produktion von Qualitätsgütern angesehen wird (vgl. Traxler 1989:69).

Die Standardisierung und Homogenisierung der Lohn- und Arbeitsverhältnisse hat für die Unternehmer den Vorteil, daß „Lohn" als ein Faktor bei der Konkurrenz von Unternehmen untereinander weitgehend eliminiert wird (vgl. Traxler 1989:64). Durch die Verschärfung des internationalen Wettbewerbs seit den 70er Jahren stieg - so nimmt Traxler an - der Bedarf einzelner Unternehmen an wirksamen Konkurrenzstrategien und damit auch der Anreiz, die Arbeitsverhältnisse durch Entstandardisierung zur Arena von Wettbewerbspolitik zu machen (Traxler 1989:66). Die Vorteile bilateral-individueller Vereinbarungen über die Entlohnung und die Anwendungsbedingungen der Arbeitskraft traten nun zunehmend in den Vordergrund. Durch die individualistisch orientierten Managementstile und die dabei vertretenen

---

[53] Bilateral- individuelle Vereinbarungen, so wird angenommen, entsprechen den Arbeitgeberinteressen grundsätzlich mehr als jede (betriebliche oder überbetrieblich geltende) kollektive Regelung (Traxler 1989:62). Die Verbandsbildung bei den Arbeitgebern wird daher vorwiegend als Reaktion auf das Entstehen der Gewerkschaften gesehen (ebd.), birgt aber auch Handlungsressourcen für die Arbeitgeber selbst.

Ziele der Dezentralisierung von Tarifverhandlungen sowie der Entstandardisierung von Arbeitsverhältnissen wird nicht nur die kollektive Regulierung der Arbeitsbeziehung in Frage gestellt, sondern auch der Bestand der Arbeitgeberverbände selbst bedroht (vgl. Traxler 1989:64;67).

Für die Arbeitgeberverbände zeichnet sich dadurch ein Handlungsdilemma ab, nämlich die Vertretung der Mitgliederinteressen bei der Dezentralisierung und Flexibilisierung der Arbeitsverhältnisse oder die Verteidigung des eigenen Bestands- und Organisationsinteresses, das mit dem Erhalt der zentralen Regelungskompetenz eng verknüpft ist und somit nur mit einer begrenzten Dezentralisierung vereinbar ist (vgl. Traxler 1989:67). Die Lösung des Dilemmas kann für die Arbeitgeberverbände in der Fortführung zentraler Verhandlungen über Rahmenregelungen der Arbeitsverhältnisse liegen, die dann flexibel auf Betriebsebene ausgefüllt werden können (vgl. Weber 1989:35). Die „Rückgabe" des Verhandlungsmandats und eine Beschränkung auf eine Lobby-Funktion als Alternative ist mit einem wesentlich stärkeren Machtverlust der Arbeitgeberverbände verbunden und kann daher als nicht kongruent mit deren Organisations- bzw. Bestandsinteressen angenommen werden.

Handlungsvoraussetzungen der Arbeitgeberverbände

Ob Arbeitgeberverbände die Aufrechterhaltung zentraler Tarifverhandlungen erreichen können, erscheint abhängig von der Stärke der „Rückzugstendenzen" einzelner Arbeitgeber aus zentralen Verhandlungen. Wie stark diese sind, steht wiederum in engem Zusammenhang mit den spezifischen, organisationsstrukturellen Voraussetzungen sowie der Mitgliederstärke der Arbeitgeberverbände. Diese werden auch bei den Arbeitgeberverbänden im allgemeinen anhand (a) deren Fragmentierung und interner Steuerungsfähigkeit sowie (b) deren Organisationsgrad analysiert.

(a) Fragmentierung und interne Steuerungsfähigkeit

Die Interessenheterogenität der Unternehmer als potentielle Verbandsmitglieder wird hoch eingeschätzt, da Unternehmen nicht nur auf Arbeitsmärkten, sondern auch auf Absatz- und Kapitalmärkten agieren (Traxler 1989:56) und sehr unterschiedliche Bedingungen beispielsweise auf verschiedenen Produktmärkten herrschen (Streeck 1991:187)[54].

---

[54] Streeck geht davon aus, daß die Arbeitgeber bei der Verbandsbildung das Problem der Interessenheterogenität durch eine Ausdifferenzierung, d.h. eine hohe Spezialisierung und Fragmentierung, der Verbandsstrukturen gemäß Produktinteressen und Funktionen „lösen" (Streeck 1991:177; Traxler 1989:61; 1991b:41). „...capitalists seem to be willing to join associations only if they are narrow enough to cater to their immediate special interests, and if they are small enough to make for low transaction costs and a strong incentive against free-riding" (Streeck 1991:189). In diesem Sinne werden Arbeitgeberverbände (z.B. in Abgrenzung zu Industriever-

Die hohe Interessenheterogenität auch innerhalb der Arbeitgeberverbände - z.B. aufgrund der unterschiedlichen Größe von Unternehmen - ist eine der Ursachen für deren geringe interne Steuerungsfähigkeit. Daraus wird die Schwierigkeit verbandsinterner Interessenformierung sowie eine erhöhte interne Konfliktwahrscheinlichkeit abgeleitet (Waarden 1991:77). Ferner werden die hohen Opportunitätskosten (z.B. das Verzichten auf „individuelle" Vorteile) für das Einverstandensein von einzelnen Arbeitgebern mit kollektiven Zielen in diesem Zusammenhang genannt (Traxler 1989:61). Hinzu kommt, daß die eigenständige Verhandlungsmacht der Mitglieder von Arbeitgeberverbänden generell sehr hoch ist, da diese weitgehend Organisationen und nicht Individuen (wie bei Gewerkschaften) sind. Die Verbandsmitglieder verfügen daher über eigene, z.t. sehr große Ressourcen und sind durch die Möglichkeit individueller Interessenrepräsentation nicht zwangsläufig auf *Collective Action* angewiesen, um ihre Ziele durchzusetzen (vgl. Waarden 1991:77). Die Verpflichtungsfähigkeit der Mitglieder durch die Arbeitgeberverbände wird daher für geringer erachtet als bei den Gewerkschaften, da die Mitglieder der Arbeitgeberverbände sehr gut in der Lage sind, ihre „individuellen" Interessen sowohl gegenüber Arbeitnehmern als auch gegenüber ihren eigenen Organisationen durchzusetzen: *„Capital's privileged class position does not strengthen its associations but rather weakens their ability to impose binding decisions on their members"* (Traxler 1991b:46). Die oben aufgezeigten Entwicklungen im Laufe der 80er und Anfang der 90er Jahre lassen annehmen, daß sich die interne Steuerungsfähigkeit von Arbeitgeberverbänden weiter verringert.

(b) Organisationsgrad

Die Organisationsfähigkeit von Arbeitgeberverbänden wird allgemein als hoch eingeschätzt (Traxler 1988:273; Streeck 1991; Traxler 1991b). Traxler erklärt den im internationalen Vergleich signifikant höheren Organisationsgrad von sektoralen und nationalen Arbeitgeberverbänden im Vergleich zu den Gewerkschaften damit, daß Arbeitgeber über mehr Ressourcen verfügen und ihre Opportunitätskosten (z.B. die durch den Mitgliedsbeitrag entstehende relative Belastung) für die Bildung eines Verbandes geringer sind als für Arbeitnehmer (Traxler 1991b:41). Die aufgezeigten Entwicklungen im Laufe der 80er und zu Beginn der 90er Jahren lassen annehmen, daß sich die Organisationsfähigkeit der Arbeitgeberverbände aufgrund der zunehmenden Interessenheterogenität der Mitglieder jedoch verringert. Diese wird durch

---

bänden) bereits als funktionale Ausdifferenzierung betrachtet, die allein auf „Arbeitsmarkt- und Tariffragen" spezialisiert sind (Traxler 1988:273). Die in vielen Ländern übliche branchenspezifischen Organisationen tragen auch hier den unterschiedlichen Regulierungsinteressen in verschiedenen Produktmärkten Rechnung.
Offe/Wiesenthal (1980) vertreten bezüglich der Interessenheterogenität noch eine gegenläufige Position, die aber von Wiesenthal (1992) revidiert wird.

den Markt vermittelt gesehen sowie auf die unterschiedlichen Flexibilitätsbedürfnisse einzelner Arbeitgeber zurückgeführt (vgl. Streeck 1991:193; Wiesenthal 1992:56; Traxler 1989:65).

Nimmt aber der Organisations- bzw. Repräsentationsgrad von Arbeitgeberverbänden ab, ist zu erwarten, daß sich auch der Anreiz für (verbleibende) Mitglieder verringert, sich Verbandsentscheidungen unterzuordnen, welche die „individuelle" Handlungsfreiheit einschränken. Vorteile, die durch die Verhandlungen umfassend organisierter Verbände entstehen können (siehe oben), werden dann nicht mehr erreicht. Dadurch kann eine Art „Dominoeffekt" bei den Mitgliederaustritten entstehen, der zur massiven Verringerung der Repräsentativität der Arbeitgeberverbände führt. Dies stellt das Verhandlungsmandat der Arbeitgeberverbände gegenüber den Gewerkschaften zunehmend in Frage, was wiederum zur Auflösung der überbetrieblichen Verhandlungsarenen führen kann.

Geht man davon aus, daß verschiedene kollektive Ziele der Gewerkschaften nur in zentralen Verhandlungsarenen mit verhandlungsfähigen Arbeitgeberverbänden erreicht werden können, stellt die Auflösung überbetrieblicher Tarifverhandlungen einen erheblichen Einflußverlust für die Gewerkschaften dar. Damit hängen nicht nur die Handlungsressourcen der Arbeitgeberverbände selbst, sondern - paradoxerweise - auch der Einfluß bzw. die Strategiefähigkeit von Gewerkschaften in starkem Maße davon ab, ob Arbeitgeberverbände eine relativ hohe interne Steuerungsfähigkeit und einen hohen Organisationsgrad aufweisen.

2.5. Gewerkschaften als Akteure[55]

Organisationsstrukturen und Machtressourcen stellen wesentliche Handlungsvoraussetzungen für die den gewerkschaftlichen Akteuren zur Verfügung stehenden strategischen Optionen dar. Entsprechend der Organisationsstrukturen können verschiedenen Gewerkschaftstypen identifiziert werden, die jeweils über bestimmte strategische Optionen verfügen. Der Einfluß gewerkschaftlicher Organisationen wird in direkter Abhängigkeit der ihnen zur Verfügung stehenden Optionen gesehen.

Handlungsvoraussetzungen der Gewerkschaften

Als Handlungsvoraussetzungen der Gewerkschaften werden (a) deren organisatorische Fragmentierung und deren interne Steuerungsfähigkeit (b) deren Organisationsstärke und (c) deren Anbindung an politische Parteien als relevant betrachtet.

---

[55] Hier werden zuerst die Handlungsvoraussetzungen besprochen, da in dem vorliegenden Forschungskontext die Strategien der Gewerkschaften und deren Einfluß die zu erklärenden Variablen darstellen.

(a) Organisatorische Fragmentierung und interne Steuerungsfähigkeit

Klassentheoretische Ansätze gehen im allgemeinen davon aus, daß Interessen der „Arbeiterklasse" aufgrund des allgemeinen Warencharakters von Arbeit weitgehend homogen sind. Gibt man diese stark verallgemeinernde und empirisch schwer nachvollziehbare Annahme jedoch auf, werden sehr schnell die Interessendivergenzen zwischen verschiedenen Arbeitnehmergrupen deutlich. Davon zeugt auch die Entstehungsgeschichte von Gewerkschaftsorganisationen und die unterschiedliche Entwicklung von Gewerkschaften in verschiedenen Ländern: Die Herausbildung der einzelnen Gewerkschaftsorganisationen orientierte sich überwiegend an unterschiedlichen Industrie-, Berufs- oder Betriebsinteressen und auch an ideologischen Überzeugungen (v.Beyme 1983). In verschiedenen Ländern dominieren deshalb bestimmte Organisationstypen oder Mischungen bestimmter Organisationstypen wie Industrie-, Berufs- oder Betriebsgewerkschaften. Die von diesen jeweils verfolgten Strategien unterscheiden sich entsprechend der von ihnen organisierten und vertretenen Mitgliederinteressen (Eyrand 1983:364) sowie entsprechend der ideologischen Ausrichtung einzelner Verbände. Die Fragmentierung der Gewerkschaften und daraus erwachsende Konkurrenz bei der Mitgliederrekrutierung sowie divergierende Konfliktstrategien einzelner Organisationen aufgrund unterschiedlicher Ideologien wird als Ursache inter-gewerkschaftlicher Konflikte und somit als Hindernis inter-gewerkschaftlicher Kooperation angesehen:

> „All these features give 'industrial unionism' decisive advantage over 'occupational unionism' if seen from the perspective of inter- union cooperation and coordination. Inter-union cooperation is most difficult when several conflicting principles are involved. ... if occupational, general and industrial unions are all present in the same domains, conflicting principles of recruitment and representation set narrow limits to cooperation" (Visser 1990:137).

Die Neo-Korporatismusforschung hat vor allem betont, daß nur die hoch organisierten, zentralisierten Spitzenverbände der Gewerkschaften mit Repräsentationsmonopol als Encompassing Organisations agieren können und dazu in der Lage sind, die Mitglieder auf langfristige Organisationsziele zu verpflichten (Lehmbruch 1984:467; Goldthorpe 1984:327; Czada 1988:184f). Dominiert aber in einem Land eine dezentrale, fragmentierte Organisationsstruktur, können die Gewerkschaften meist aufgrund der interorganisatorischen Konkurrenz langfristige Interessen oder Ziele im Gesamtinteresse der Gewerkschaften nicht durchsetzen. Hinsichtlich der daraus resultierenden Konsequenzen kann hier weitgehend auf die Argumente, die weiter oben bezüglich des Zentralisierungsgrades des Tarifverhandlungssystems erörtert wurden, verwiesen werden, denn dieser ist in starkem Maße interdependent mit dem Zentralisierungsgrad der Verbände von Arbeitnehmern und Arbeitgebern[56].

(b) Organisationsstärke

Vor allem in klassentheoretisch orientierten Analysen wird darauf verwiesen, daß die Organisation von Arbeitnehmern und die Herausbildung einer kollektiven Interessenvertretung die Reaktion auf das Machtungleichgewicht zwischen Arbeitgebern und einzelnen Arbeitnehmern ist, die auf den Verkauf ihrer Arbeitskraft angewiesen sind (vgl. Offe/Wiesenthal 1980:74)[57]. Die Organisation erst verleiht den Arbeitnehmern Sanktionsmacht, da der Streik als genuines Sanktionsmittel der Arbeitnehmer auf *Collective Action* beruht (Crouch 1982:76/77). Neben dem Streik sind Verhandlungen mit den Arbeitgebern und deren kollektiven Vertretern Mittel, Arbeitnehmerinteressen durchzusetzen. Ein hoher Organisationsgrad wird daher als Indikator für Verhandlungsmacht in der Tarifpolitik, d.h. bei der kollektiven Regulierung von Lohn, Arbeitsbedingungen usw. gesehen. Ob die Mitgliederstärke als Machtressource für die Verwirklichung von gewerkschaftlichen Zielen genutzt werden kann, ist jedoch weitgehend von den bereits genannten organisationsstrukturellen Merkmalen abhängig (Scharpf 1988a).

(c) Parteibindungen

Da gewerkschaftliche Interessenvertretung nicht nur auf die unmittelbare tarifpolitische Arena beschränkt ist, sondern auch die gesetzliche Regulierung der Arbeitsbeziehungen oder aber die Gestaltung sozialpolitischer Leistungen intendiert, wird auch versucht, auf Parlamente und Regierungen Einfluß zu nehmen. In der historischen Entwicklung zeigt sich das durch die Ausbildung eines „politischen Arms" in Form von „Arbeiterparteien", welche die Arbeitnehmerinteressen im Parlament und als Regierung vertreten sollen. Neben organisationsstrukturellen Merkmalen bestimmen daher auch die Stärke der „Arbeiterparteien" und die gewerkschaftliche Bindung an dieselben bzw. generell die Bindung der Gewerkschaften an Parteien den Einfluß und die Machtressourcen der Gewerkschaften (vgl. Korpi 1978:318f; siehe oben). Da Ende der 60er und in den 70er Jahren in vielen europäischen Ländern so-

---

[56] Beispielsweise werden die Ursachen des „*leap frogging*" (siehe oben) häufig in fragmentierten und dezentralen Tarifverhandlungssystemen durch starke Berufsgewerkschaften oder durch die geringe gewerkschaftsinterne Steuerungsfähigkeit verursacht gesehen. Ziel der verschiedenen gewerkschaftlichen Verhandlungseinheiten ist es dabei meistens, Lohn- und Statusvorteile der Mitglieder zu verteidigen oder entsprechende Nachteile abzubauen.

[57] Die Organisationssoziologische Debatte weist daneben auf die sogenannten selektiven Anreize als Voraussetzungen für die Organisationsbereitschaft der Arbeitnehmer bzw. die Organisationsfähigkeit von Gewerkschaften hin (vgl. Olson 1982). Da hier die „Organisationslogik" von Gewerkschaften weitgehend ausgeklammert wird, verfolge ich auch diesen Argumentationsgang nicht weiter.

zialdemokratische Parteien[58] die Regierung stellten, war in dieser Periode auch der Einfluß der Gewerkschaften besonders groß. Die relative Stärke und Stabilität der sozialdemokratischen Regierungsbeteiligung hat maßgeblich die gewerkschaftliche Beteiligung bei Verhandlungsnetzwerken im Vorfeld von politischen Entscheidungen sowie bei deren Implementation gefördert und auch die *Outcomes* in bestimmten Politikfeldern entsprechend der von den Gewerkschaften verfolgten Ziele beeinflußt. So wird beispielsweise die sozialdemokratische Regierungsbeteiligung als wichtige Voraussetzung für das Entstehen und die Stabilität tripartistischer Verhandlungsnetzwerke in verschiedenen empirischen Studien nachgewiesen (Schmidt 1982; Czada 1988:183). Die Regierungsübernahme durch konservative Parteien, die in zahlreichen europäischen Ländern im Laufe der 80er Jahre stattfand, hat dort auch die Machtressourcen der Gewerkschaften maßgeblich verringert[59].

Sozialdemokratische Parteien und Gewerkschaften folgen allerdings verschiedenen Handlungslogiken, was zu Differenzen führen kann (vgl. Taylor 1989:181). Parteien sind vor allem an dem Erlangen regierungsfähiger Mehrheiten interessiert. Dazu haben auch sozialdemokratische Parteien den Entwicklungstrend zur Volkspartei weitgehend nachvollzogen und bereits seit vielen Jahren „klassenorientierte" Strategien aufgegeben, wovon Programmrevisionen à la Godesberg bei fast allen Arbeiterparteien zeugen. Ferner wird es seit der *„Blockierung keynesianischer Steuerung"* und der Auflösung tripartistischer Institutionen bzw. der Zunahme der Deregulierungsforderungen der Arbeitgeber für sozialdemokratische Parteien zunehmend schwieriger, eine arbeitnehmerfreundliche Politik zu verfolgen (Scharpf 1987:301). Dadurch schwinden allgemein die Möglichkeiten der Gewerkschaften, ihre Interessen mit Hilfe sozialdemokratischer Parteien in den Parlamenten durchzusetzen. Wie sehr sich die gewerkschaftlichen Handlungsressourcen allerdings dadurch verringern, hängt zudem von der konkreten Entwicklung der Beziehungen zwischen Partei und Gewerkschaften ab.

2.6. Strategievarianten und Einfluß der Gewerkschaften

Gewerkschaften sind *„autonome Verbände (Koalitionen) von Lohnabhängigen, die sich zur Wahrnehmung und Durchsetzung ihrer Interessen sowohl im Betrieb wie allgemein in Wirtschaft und Politik zusammengeschlossen haben"* (Lösche

---

58 Im Folgenden wird aus Gründen der Vereinfachung die „Sozialdemokratie" als Arbeiterpartei genannt. Die britische *Labour Party*, die für das zu untersuchende Fallbeispiel relevant ist, kann weitgehend als sozialdemokratische Partei eingeordnet werden. Ich bin mir jedoch im klaren darüber, daß in einigen Ländern z.T. auch kommunistische bzw. sozialistische Parteien die entsprechende Rolle einnehmen.
59 Zusammenfassung und Kritik dieser Thesen siehe Merkel (1992).

1989:301). Die von einzelnen Organisationen vertretenen Gruppen von Lohnabhängigen variieren hinsichtlich ihrer Interessen ebenso wie in der Art und Weise, in der
sie versuchen, ihre Interessen durchzusetzen. Die gewerkschaftlichen Strategievarianten können daher weitgehend im Hinblick auf die *„Breite"* *des vertretenen Interesses*
und das *Konfliktverhalten* beschrieben werden. Die Typologie gewerkschaftlicher
Interessenvertretung von Streeck (1993) und die Typen gewerkschaftlicher Strategien
von Müller-Jentsch (1982) basieren jeweils schwerpunktmäßig auf einer dieser beiden Dimensionen und können herangezogen werden, um die für die 80er und den
Beginn der 90er Jahre typischen vier Strategievarianten zu konstruieren.

Streeck (1993) unterscheidet als gewerkschaftliche Organisationstypen das Klassen-,
das Berufs-, das Unternehmens- und das Distriktmodell[60]. Kriterien dieser Unterscheidung sind spezifische Ausbildungen von Politik, Interesse, Institution, Organisation und Identität. Über die strategische Orientierung der verschiedenen gewerkschaftlichen Organisationstypen trifft Streeck keine expliziten Aussagen. Nimmt man
jedoch das von Streeck für die Unterscheidung verschiedener Gewerkschaftsmodelle
formulierte Merkmal „Interesse" zur Grundlage, kann man zwei Strategieoptionen
„ableiten". Ich gehe im folgenden davon aus, daß ein über die Interessenvertretung
der Mitgliedschaft hinausgehendes, solidarisches Interesse, das dem Klassenmodell
zugrundeliegt, als wesentliches Unterscheidungsmerkmal gegenüber dem Berufs-
oder Betriebsmodell fungiert, bei denen jeweils partikulare Interessen kleiner Gruppen bzw. ausschließlich die unmittelbaren Interessen der Mitglieder vertreten werden. Aufbauend auf der Typologie von Streeck kann man damit gewerkschaftliche
Strategieoptionen als *solidarisch* oder *partikularistisch* gemäß der Breite der jeweils
vertretenen Interessen differenzieren.

Aufgrund der veränderten Rahmenbedingungen und der Strategien von Arbeitgebern
und staatlichen Akteuren ist für die 80er und den Beginn der 90er Jahre anzunehmen,
daß die von Streeck beschriebene „Klassenpolitik", die auf die Angleichung von
Einkommen und Status bzw. die Sicherung der Vollbeschäftigung und die Erhöhung
des Lohnanteils am Profit ausgerichtet ist (Streeck 1993), immer weniger im Rahmen
von „korporatistischen" Institutionen bzw. auf der Basis eines Tauschverhältnisses
verwirklicht werden kann. Vielmehr stößt die Realisierung solcher Ziele auf immer
stärkeren Widerstand und auf Gegenstrategien von Arbeitgebern und staatlichen
Akteuren, so daß sie letztlich - wenn überhaupt - nur noch konfliktiv durchgesetzt
werden können. Ein Beispiel dafür ist der Kampf um die 35-Stunden Woche der IG-
Metall (vgl. Swenson 1989). Hyman geht deshalb davon aus, daß die Gewerkschaf-

---

[60] Das Distriktmodell wird hier nicht weiter behandelt, da es vorwiegend für Nord-Italien relevant
erscheint, vor allem aber in Großbritannien bisher kaum Anzeichen für eine Entwicklung entsprechend dieses Modells vorhanden sind.

ten als Reaktion auf diese Entwicklung entweder ihren Forderungskatalog „verengen" und partikularistische Interessen verfolgen oder die Agenda erweitern und generalisieren müssen (vgl. Hyman 1994:115).

Mit der aufgezeigten Entwicklung „schrumpft" aber auch die Typologie des gewerkschaftlichen Konfliktverhaltens nach Müller-Jentsch (1982:33) auf zwei Varianten zusammen. Mit der angenommenen Auflösung neo-korporatistischer Tauschnetzwerke, insbesondere in der Tarifpolitik, läuft die gewerkschaftliche Strategie des *„Social Contract Bargaining"* als expliziter Tausch zwischen Gewerkschaften, Staat und Arbeitgebern weitgehend leer. Die strategischen Optionen der Gewerkschaften - entsprechend der Typologie von Müller-Jentsch (1982:33) - umfassen damit nur noch *Kooperation* und *Konflikt*. *Kooperative Politik* basiert auf gewerkschaftlichem Wohlverhalten. Dieses ist an die Erwartung auf spätere, quasi automatische Wachstumsgewinne oder politische Zugeständnisse gebunden. *Konfliktorische oder konfliktive Politik* beinhaltet demgegenüber gewerkschaftliches Störverhalten zur Erzwingung von Konzessionen. Der Ausgang der Konflikte ist dabei ungewiß, da ausgeübte Organisationsmacht ungeplante Konsequenzen nach sich ziehen kann, die in Form systemischer Sanktionen und unternehmerischer Gegenmobilisierung auf die verfolgten Ziele negativ zurückwirken (vgl. Müller-Jentsch 1982:33).

Aus der Kombination der Dimension „Konfliktverhalten" - sowie deren Ausprägungen *kooperativ* und *konfliktiv* - und der Dimension „Interesse" - sowie deren Ausprägung *solidarisch und partikularistisch* - ergeben sich demnach vier strategische Optionen der Gewerkschaften während der 80er und zu Beginn der 90er Jahre:

1. *Kooperativ-solidarischen* Strategien liegt eine Ausweitung der gewerkschaflichen Agenda zugrunde. Sie basieren damit auf einer „Gemeinwohlorientierung" im Sinne eines „nationalen Produktivismus"[61]. Die Gewerkschaften haben eine *modernistische* Orientierung und kooperieren mit Arbeitgebern und staatlichen Akteuren zur Sicherung der Attraktivität des eigenen Landes als Wirtschaftsstandort im internationalen Wettbewerb. Dadurch werden indirekt auch die Voraussetzungen für die Sicherung von Arbeitsplätzen sowie der Erhalt des wohlfahrtsstaatlichen Leistungssystems geschaffen. Es stellt sich eine zunehmende Anerkennung der Priorität der Produktionsinteressen von Arbeitgebern durch die Gewerkschaften ein. Sie akzeptieren Prämissen angebotsorientierter Wirtschaftskonzepte (wie die Notwendigkeit der partiellen Beseitigung von als zu rigide empfundenen Regulierungen) als Voraussetzung für die

---

[61] Die Identität der Organisierten wird über Marktlage und Nation bestimmt, wie dies Streeck (1993) noch für die Klassengewerkschaft angibt.

Entfaltung der Marktkräfte und die Schaffung von Arbeitsplätzen[62]. Der „öffentliche" Status der Gewerkschaften wie auch gesetzlich regulierte Partizipations-, Repräsentations- und Organisationsrechte werden von Arbeitgebern und Regierung im Gegenzug nicht grundlegend in Frage gestellt. Voraussetzung für diese Strategie ist eine möglichst umfassende Organisation gewerkschaftlicher Interessen, beispielsweise in Industriegewerkschaften.

2. *Konfliktiv-solidarischen* Strategien liegt weiterhin eine *Klassenpolitik* mit Zielen der Angleichung von Einkommen und Status, der Sicherung der Vollbeschäftigung und Erhöhung des Lohnanteils am Profit zugrunde. Die verfolgte Politik stellt eine „verantwortliche" Verteilungspolitik und eine universalistische Sozialpolitik in den Vordergrund. Dadurch gerieten Gewerkschaften, die eine solche Strategie verfolgten, während der 80er und Anfang der 90er Jahre zunehmend in Widerspruch mit der von Arbeitgebern und staatlichen Akteuren verfolgten Politik der Flexibilisierung und Individualisierung. Der Tauschprozeß im Rahmen neo-korporatistischer Institutionen wurde weitgehend unterbrochen. Die genannten Ziele mußten daher zunehmend über Konflikte durchgesetzt werden. Als Reaktion auf die Konflikte haben Regierungen z.T. eine Marginalisierung der Gewerkschaften in tripartistischen Institutionen bzw. deren Auflösung sowie die Schwächung des gewerkschaftlichen Organisations- und Konfliktpotentials mittels Deregulierungsmaßnahmen angestrebt. Voraussetzung für eine konfliktiv-solidarische Politik der Gewerkschaften ist allerdings eine möglichst umfassende Organisation, beispielsweise in Industriegewerkschaften.

3. *Kooperativ-partikularistische* Strategien basieren ebenfalls auf einer produktivistischen Orientierung, die sich allerdings nur auf das Unternehmen bezieht, also *unternehmenspartikularistisch* orientiert ist. Die Verwirklichung gewerkschaftlicher Ziele ist dabei eng mit dem Bestandsschutz im Unternehmen verknüpft. Die gewerkschaftliche Politik richtet sich auf die betriebliche Personalpolitik aus und zielt auf Kooperation zur Sicherung der Wettbewerbsfähigkeit des Unternehmens ab. Dadurch entsteht eine hohe Interessenidentität und Kooperationsorientierung mit der Unternehmensleitung. Ins Zentrum der gewerkschaftlichen Forderungen rückt der Beschäftigungsanspruch bzw. die Regulierung der Beförderung, die im allgemeinen am Senioritätsprinzip orientiert ist. Unternehmen streben vor dem Hintergrund einer solchen Politik im allgemeinen keine Marginalisierung gewerkschaftlicher Vertreter

---

[62] Gewerkschaften beteiligen sich am Krisenmanagement und nehmen die soziale Marginalisierung bestimmter Arbeitnehmergruppen sowie die partielle Flexibilisierung der Lohn- und Arbeitsverhältnisse in Kauf. Die berufliche Aus- und Weiterbildung wird als eine der Aufgaben betrachtet, bei der die Dienste der Gewerkschaften auch weiterhin auf zentralen Verhandlungs- und Politikebenen benötigt werden (Müller/Jentsch 1988:188f). Hier werden auch die Chancen für die Gewerkschaften gesehen, neue soziale Anreize bieten zu können, und die negativen Folgen für die Organisationsfähigkeit durch die zunehmende Aufhebung der Grenzen zwischen Mitgliedschaft und Nicht-Mitgliedschaft abzuwenden (vgl. Streeck 1987:491).

an, sondern versuchen, *„High Trust Relations"* mit den Arbeitnehmern unter Einbeziehung der Gewerkschaften zu erreichen. Die typische gewerkschaftliche Organisationsform für eine solche Strategie ist die Betriebsgewerkschaft, bei der die Identität der Organisierten durch das Arbeitsverhältnis bzw. die Betriebsmitgliedschaft bestimmt wird (vgl. Streeck 1993).

4. Mit *konfliktiv-partikularistischen* Strategien wird versucht, die Einkommens- und Statusinteressen bestimmter Berufsgruppen auch mittels Konflikten durchzusetzen. Die zugrundeliegenden Interessen sind *gruppenpartikularistisch* und zielen - in Anlehnung an Streeck - auf „Meritokratie", also eine Differenzierung von Einkommen und Status innerhalb der Arbeitnehmerschaft, ab. Politikziele basieren auf Marktschließung, militantem Sektionalismus und einer differenzierten Berufspolitik. Humankapital, Qualifikation und letztlich Profession bestimmen die Identitätsgrundlage der Organisation. Auch hier sind allerdings massive Gegenreaktionen von Arbeitgebern und Staat in Form einer Deregulierungspolitik zu erwarten, um das Organisations- und Konfliktpotential der Gewerkschaften zu brechen. Denn insbesondere durch diese Gewerkschaftspolitik ergibt sich eine negative Koordination gewerkschaftlicher Verhandlungen mit entsprechend negativen Folgen für die Gesamtwirtschaft (siehe oben). Das vorherrschende Organisationsprinzip ist das *Berufsmodell*, spezialisiert-exklusiv nach den Prinzipien einer Standesorganisation (vgl. Streeck 1993).

Es kann nicht allgemein davon ausgegangen werden, daß Gewerkschaften die eine oder andere der aufgezeigten idealtypischen Strategieoptionen ausschließlich verfolgen. Vielmehr wird angenommen, daß einzelne Organisationen, sofern ihre Organisationsvoraussetzungen dies zulassen, eine „Mischung" der genannten Strategien einsetzen. Ferner muß ebenfalls berücksichtigt werden, daß einzelne Organisationen möglicherweise keine Strategien im Sinne langfristiger Entscheidungen zum Erreichen angestrebter Ziele verfolgen, sondern weitgehend auf Entwicklungen reagieren bzw. ad hoc Maßnahmen verfolgen.

Das Einflußpotential von Gewerkschaften variiert mit den verschiedenen strategischen Optionen, die sie einschlagen bzw. realisieren können. Verfolgen Gewerkschaften solidarische Strategien, die möglichst viele Arbeitnehmer begünstigen, und können sie die dabei formulierten Ziele neben der Tarifpolitik auch in anderen Politikfeldern u.a. durch die Partizipation bei der Entscheidung und Implementation von *Policies* durchsetzen, wird ihr Einfluß als relativ groß eingeschätzt. Stehen den Gewerkschaften keine solidarischen, sondern nur partikularistische Strategieoptionen offen, ist ihr Einfluß vergleichsweise geringer. Ferner wird unterschieden, ob Gewerkschaften über Blockademacht oder über Gestaltungsmacht verfügen. Mit einem konfliktiven Strategietyp ist generell eher eine hohe Blockademacht verbunden, die es ihnen erlaubt, bestimmte Ziele oder Entscheidungen anderer Akteure, meist kurzfristig, zu behindern oder eben zu blockieren. Ein kooperativer Konfliktstil kann dem Hintergrund eines *Generalized Political Exchange* in den Arbeitsbeziehungen dagegen mit einer hohen Gestaltungsmacht verknüpft[63] sein, die es den Gewerkschaften ermöglicht, auf die Gestaltung der *Outcomes* in verschiedenen Politikfeldern langfristig Einfluß zu nehmen.

Entsprechend dieser Unterscheidung liegt es nahe, daß eine „anti-gewerkschaftliche" Politik von Arbeitgebern und staatlichen Akteuren im Laufe der 80er und Anfang der 90er Jahre insbesondere gegenüber konfliktiven Gewerkschaften eingesetzt wurde, entweder um sie zur Kooperation zu zwingen, oder um sie zu marginalisieren. Die veränderten Rahmenbedingungen wie Arbeitslosigkeit schmälern zudem das Konfliktpotential der Gewerkschaften. Es ist daher anzunehmen, daß insbesondere die konfliktiven Gewerkschaften eine starke Einschränkung ihrer strategischen Optionen und damit ihres Einflusses erfuhren. Müller-Jentsch zieht daraus den Schluß: *„It is especially the adversarial and competitive type of job-control unionism whose survival is threatened"* (Müller-Jentsch 1988b:187).

2.7. Variableninterdependenz

Die Komplexität eines institutionalistischen Untersuchungsansatzes ergibt sich aus folgenden Annahmen: (1) Die „Wirkung" von Institutionen wird so verstanden, daß diese Handlungsmöglichkeiten eröffnen und restringieren und damit die Strategien der Akteure beeinflussen. (2) Die Entwicklung verschiedener Institutionen weist starke Abhängigkeiten auf. (3) Die Strategien der Akteure zeigen starke Interdependenzen. (4) Die allgemeinen Rahmenbedingungen können die Institutionen und deren Wirkungen beeinflussen bzw. verändern. (5) Das Institutionensystem unterliegt einem permanenten Wandel, da die Strategien der Akteure z.T. direkt auf die Gestaltung der Institutionen abzielen. (6) Dadurch entsteht eine Art „Rückkopplungseffekt", indem nämlich die Strategien der Akteure wiederum die institutionelle Gestaltung beeinflussen können. Diese Punkte werden im folgenden weiter erläutert.

(1) Es ist anzunehmen, daß bestimmte Institutionen, wie z.B. ein zentralisiertes Tarifverhandlungssystem oder zentralisierte Organisationsstrukturen, die Wahl der Strategien von gewerkschaftlichen Akteuren bzw. deren Durchsetzungsfähigkeit

---

[63] Dies schließt nicht aus, daß generell kooperativ orientierte Gewerkschaften ab und an Streiks zur Unterstützung ihrer „Gestaltungsmacht" einsetzen, d.h. um vor allem ihre Ziele hinsichtlich der Regulierung der Arbeitsbeziehungen zu verwirklichen.

beeinflussen. Wie oben dargelegt, stellen dezentralisierte Tarifverhandlungsstrukturen und fragmentierte Organisationsstrukturen beispielsweise ein Hindernis für eine koordinierte Lohnpolitik dar und machen es Gewerkschaften damit sehr schwer, solidarische Ziele zu formulieren und zu verfolgen. Ähnliche „Effekte" haben Institutionen auch auf staatliche Akteure bei deren Wahl und Implementation von Steuerungsstrategien: *„Damit wird die institutionelle Handlungskapazität des Staates auch für den Erfolg einer neo-konservativen 'Wende' zu einer entscheidenden Voraussetzung"* (Lehmbruch et al. 1988:255).

(2) Die Institutionen selber entwickeln *„mutually reinforcing effects"*, so daß sich beispielsweise das Ausbildungssystem in den Einstufungssystemen von Arbeitnehmern (Tarifgruppen) in den Betrieben widerspiegelt. Dadurch wird die Identitätsbildung von Arbeitnehmergruppen beeinflußt, die wiederum Auswirkung für deren Organisations- und Mobilisierungsverhalten hat (Eyrand 1983:371). Andere Interdependenzen bestehen zwischen den organisationsstrukturellen Voraussetzungen der Tarifparteien und der Zentralisierung des Tarifsystems. Zentrale Tarifverhandlungen können nur von Verbänden geführt werden, die ebenfalls zentrale Strukturen entwickeln[64]. Umgekehrt ist anzunehmen, daß die Dezentralisierung des Tarifsystems auch Machtverschiebungen hin zu dezentralen Organisationsebenen innerhalb der kollektiven Akteure zur Folge hat.

(3) Vor allem beim Aufbau von Institutionen in Form von Verhandlungsnetzwerken zeigt sich die Interdependenz der Strategien einzelner Akteure. *„... there is an interdependent relationship between the strategic choices of both sides: in other words, employers' decisions are made with an anticipatory calculation of unions' reactions upon them, and vice versa. So, anticipating what the counterparty will do is partly determining for the strategic choice of the other"* (Müller-Jentsch 1988:182).

Beispielsweise muß zur Etablierung kooperativer Beziehungen die gegenseitige Abhängigkeit in Tauschnetzwerken akzeptiert werden. Wird aber von einem Akteur, möglicherweise aufgrund veränderter Machtressourcen, beispielsweise das Verhandlungsnetzwerk oder die bestehende Tauschbeziehung in Frage gestellt, kommt es zu neuen Aushandlungsprozessen, die mit Konzessionen von Seiten eines „geschwächten" Teilnehmers enden können. Das Entstehen von Konflikten kann in seinen extremsten Formen die Auflösung der Tauschbeziehung, den Ausschluß eines Partners oder die Auflösung von bestimmten Verhandlungsnetzwerken beinhalten.

---

[64] Die organisationsstrukturellen Eigenschaften korrespondieren sehr stark mit der Ebene der Tarifverhandlungen: *„Industry bargaining concentrates power at the centre [of the organization; die Verfasserin], whereas bargaining at lower levels disperses it to the region or branches"* (Clegg 1976:54).

(4) Der restriktive oder eröffnende Charakter von Institutionen kann sich vor dem Hintergrund wirtschaftlicher Krisenerscheinungen und sozialstrukturellem Wandel verändern[65]. Beispielsweise kann eine starke staatliche Regulierung, die in Prosperitätsphasen eher gewerkschaftliche Aktivitäten einschränkte, möglicherweise das unmittelbare Durchschlagen negativer Folgen der wirtschaftlichen Krise oder des sozialstrukturellen Wandels für die Organisations- und Repräsentationsfähigkeit der Gewerkschaften verhindern.

(5) Mit unterschiedlichen Ressourcen ausgestattet, verfügen die verschiedenen Akteure über unterschiedliche Machtstellungen (vgl. Schneider 1986:387). Diese werden durch die jeweilige Position im Verhandlungsnetzwerk und durch die Tauschprozesse bestimmt und unterliegen einem dauernden Wandel (vgl. Marin 1990:64). Die jeweilige Generierung von Problemlösungsoptionen wie auch die Selektion der kollektiven Entscheidungsmechanismen wirken auf die relative Verhandlungsposition der verschiedenen Akteure beständig zurück. Da mit den verschiedenen institutionalisierten Verhandlungssystemen unterschiedliche strategische Optionen, unterschiedliche Einflußpositionen für einzelne Akteure und unterschiedliche *Policy Outcomes* verbunden sind, versuchen die Akteure zudem bewußt, das Institutionensystem selbst zu verändern (March/Olsen 1984:740; Hall 1986:19). Unter dem Aspekt der institutionellen „Dynamik" bemerken Thelen/Steinmo (1992:17) dazu: *„...dynamism can occur when political actors adjust their strategies to accomodate changes in the institutions themselves "*.

(6) Ein hohes Maß an Komplexität der Betrachtung ergibt sich dadurch, daß sich sowohl die verschiedenen Institutionen im Laufe der Zeit (d.h. auch innerhalb des Untersuchungszeitraums) aufgrund der Strategien und Politik der einzelnen Akteure sowie der allgemeinen Rahmenbedingungen verändern, und sich dadurch die Handlungsressourcen der verschiedenen Akteure im Laufe des Untersuchungszeitraums verschieben. In ihren verschiedenen historischen Formationen sind die Institutionen damit gleichzeitig unabhängige und abhängige Variablen:

> *„Institutions are an independent variable and explain political outcomes in periods of stability, but when they break down, they become the dependent variable, whose shape is determined by the political conflicts that such institutional breakdown unleashes. Put somewhat differently, at the moment of institutional breakdown, the logic of the*

---

[65] Es werden verschiedene Möglichkeiten des institutionellen Wandels in Folge der Veränderung der Rahmenbedingungen von Thelen/Steinmo skizziert: „*...broad changes in the socioeconomic or political context can produce a situation in which previously latent institutions suddenly become salient, with implications for political outcomes....changes in the socioeconomic context or political balance of power can produce a situation in which old institutions are put in the service of different ends, as new actors come into play who pursue their (new) goals through existing institutions... exogenous changes can produce a shift in the goals or strategies being prusued within existing institutions"* (Thelen/Steinmo 1992:17).

argument is reversed from 'Institutions shape politics' to 'Politics shape institutions',,
(Thelen/Steinmo 1992:15).

Ein Phänomen, das von Marin als „ *Strange Loop* " oder „ *Tangled Hierarchies* " bezeichnet wird:

> „ *Collective actors are creators as well as creatures of market hierarchies of meta-games; political exchanges are constituted by certain games while constituting other games called meta-games, in order to desentangle the seeming paradox of a strange loop. Meta-games comprise rules determining what games can be played at all and how the rules of these games can be changed by the actors - the problem being that the very same collective actors play several games, meta-games etc. at the same time, modifying the rules while playing the games. But even this power struggle over the rules of the games, meta-games etc. follows, at any given point in time, a set of at least implicit conventions of how to go about the struggle - that is the self-modification of rules through self-modifying rules etc. "* (Marin 1990:60).

Um dieses Problem bei der Erklärung einbeziehen zu können, muß die Variablenkonstellation verschiedene zeitliche Dimensionen und einen „Rückkopplungseffekt" berücksichtigen.

3. Variablenkonstellation und Hypothesenbildung

Die verschiedenen, bereits diskutierten Variablen werden in eine Variablenkonstellation aufgenommen und in einen systematischen Zusammenhang gestellt, um den Wandel von Einfluß und Strategien der Gewerkschaften während der 80er und zu Beginn der 90er Jahre erklären zu können. Im Anschluß daran werden Hypothesen formuliert, die anhand eines Fallbeispiels überprüft werden.

Variablenkonstellation

Zunächst wird die angenommene (1) Variableninterdependenz kurz vorgestellt. Die Vielzahl der Variablen bzw. der Variablengruppen werden für die Einordnung in das Variablenmodell zunächst als (2) „unabhängige" und (3) „abhängige" Variablen klassifiziert. Im Zusammenhang werden die allgemeine Variablenkonstellation zudem in *Abbildung 1* und die Variableninterdependenz in *Abbildung 2* optisch dargestellt.

(1) Variableninterdependenz

Um die aufgezeigte Komplexität zu verdeutlichen, werden die Beziehungen zwischen Institutionen und Akteuren bzw. deren Interdependenzen hier kurz schematisch verdeutlicht:

Der Wandel von Einfluß und Strategien von Akteur A in einem bestimmten Untersuchungszeitraum soll erklärt werden. Damit ist *der Wandel von Einfluß und Strate-*

gien von Akteur A „abhängige" Variable. „Unabhängige" Variablen sind die *Strategien der Akteure B und C* sowie der *institutionelle Kontext*. Die Fähigkeit von B und C ihre Ziele durchzusetzen, ist von deren akteursspezifischen institutionellen und machtpolitischen Handlungsressourcen (Organisationsvoraussetzungen, Parteibindungen, politische Mehrheiten usw.), den allgemeinen, institutionellen Bedingungen (z.B. Regulierung der Arbeitsbeziehungen) abhängig.

Die institutionalisierten Handlungsvoraussetzungen haben aber eine Doppelrolle als „unabhängige" und „abhängige" Variablen. Sie sind einem permanenten „Druck" ausgesetzt, da die Strategien aller Akteure u.a. auf die Veränderung oder das Erhalten von Institutionen abzielen, welche die Handlungsressourcen des Akteurs A positiv oder negativ beeinflussen. Daher müssen institutionelle Voraussetzungen in drei zeitlichen „Dimensionen" betrachtet werden: Ihre Ausprägung zum Beginn des Untersuchungszeitraums, t_1, ihr Wandel in der Zeit zwischen Beginn und Ende des Untersuchungszeitraums, t_2, und am Ende des Untersuchungszeitraums, t_3.

Inwiefern sich Einfluß und Strategien von Akteur A tatsächlich verändern bzw. inwiefern B und C ihre Ziele durchsetzen können, hängt aber auch von den Zielen und den akteursspezifischen, institutionalisierten Handlungsressourcen von Akteur A ab. Hier müssen A's Strategien zum Zeitpunkt t_1 berücksichtigt werden, da diese die Basis für die Erwartungen von B und C bezüglich zukünftiger Handlungen von A sind. Zudem bilden die institutionalisierten Handlungsvoraussetzungen von A zum Zeitpunkt t_1 die Grundlage für die Mobilisierung von Gegenstrategien und deren Durchsetzung bzw. für die „Anfälligkeit" der von B und C angestrebten Veränderungen. Damit sind die Strategien und die institutionalisierten Handlungsvoraussetzungen von A zum Zeitpunkt t_1 ebenfalls „unabhängige" Variablen, um den Wandel von dessen Strategien und institutionalisierten Handlungsvoraussetzungen bis zum Zeitpunkt t_3 zu erklären (Zur optischen Verdeutlichung des Zusammenhangs siehe Abbildung 2).

(2) Unabhängige Variablen:

- *Allgemeine Rahmenbedingungen:* Als allgemeine Rahmenbedingungen gelten die *zunehmende Internationalisierung von Politik und Wirtschaft,* die *Entwicklung neuer Technologien,* die *krisenhafte Wirtschafts- und Beschäftigungsentwicklung* sowie die *Veränderungen in der Beschäftigungsstruktur.* Der Wandel dieser Rahmenbedingungen beinhaltet für die einzelnen Akteure eine Veränderung der Handlungsressourcen und -restriktionen während der 80er und Anfang der 90er Jahre gegenüber den frühen 70er Jahren und gilt als „Auslöser" für neue Strategien von staatlichen Akteuren und Arbeitgebern.

- *Regulierung der Arbeitsbeziehungen*: Die Regulierung der Arbeitsbeziehungen, also die rechtliche Regulierung, der Zentralisierungsgrad des Tarifverhandlungssystems und die Konfliktlösungsmuster stellen eine Art Filter dar, welche die Handlungsoptionen aller Akteure beeinflussen. Die „Ausprägung" der Regulierung der Arbeitsbeziehungen zum Ende der 70er Jahre beeinflußt die Durchsetzungsfähigkeit der Akteursstrategien im Laufe der 80er und Anfang der 90er Jahre.

- *Strategie der staatlichen Akteure und deren Handlungsvoraussetzungen*: Vor allem die von der Regierung gewählte *makroökonomische Steuerungsstrategie*, die *Reformen bei der gesetzlichen Regulierung* der Arbeitsbeziehungen und die *Strategien der staatlichen Arbeitgeber* beeinflussen die Gewerkschaften und deren Handlungsressourcen. Generell wird davon ausgegangen, daß staatliche Akteure zunehmend neoliberale bzw. marktorientierte Steuerungsstrategien zu verwirklichen suchen sowie tendenziell eine Politik der Privatisierung, der Deregulierung der Arbeitsbeziehungen und der Flexibilisierung der Beschäftigung im öffentlichen Sektor verfolgen. Die institutionalisierten Handlungsvoraussetzungen der staatlichen Akteure, weitgehend bestimmt durch das *Regierungssystem*, die *parlamentarischen Mehrheiten und die ideologische Überzeugungskraft der Regierung* in Verbindung mit deren Regierungszeit, gelten dabei als unmittelbarer „Filter" für die Durchsetzungsfähigkeit regierungspolitischer Ziele.

- *Strategien der Arbeitgeber/der Arbeitgeberverbände*: Bei der Untersuchung der Ziele einzelner Arbeitgeber erscheint relevant, ob sie explizite Strategien in bezug auf die *Gestaltung der Arbeitsbeziehungen* verfolgen und, wenn ja, welche sie verfolgen. Besonders wichtig ist dabei, ob ein Trend hin zur Flexibilisierung und Individualisierung der Arbeitsbeziehungen und zur Verbetrieblichung der Tarifbeziehungen festgestellt werden kann. Die institutionalisierten Handlungsvoraussetzungen der einzelnen Arbeitgeber, besonders die *Unternehmensstrukturen* und das *Management*, gelten dabei als unmittelbarer „Filter" für die Wahl und Durchsetzung ihrer Ziele.

Die angenommenen Bestrebungen zur Dezentralisierung der Tarifbeziehungen betreffen auch die Arbeitgeberverbände. Diesen kann aus einem „organisationsegoistischen" Interesse heraus unterstellt werden, an der Fortführung zentraler Tarifverhandlungen interessiert zu sein. Für die Dezentralisierung der Tarifbeziehungen bzw. deren Verhinderung werden auch die organisationsstrukturellen und machtpolitischen Voraussetzungen der Arbeitgeberverbände wie *Fragmentierung* und *interne Steuerungsfähigkeit* sowie *Organisations- und Repräsentationsgrad* als zentral angesehen.

- *Institutionalisierte Handlungsvoraussetzungen der Gewerkschaften und „frühere"*
Strategien: Als akteursspezifische Handlungsvoraussetzungen der Gewerkschaften
haben deren *Fragmentierungsgrad* und *interne Verpflichtungsfähigkeit*, deren *Organisationsgrad* sowie deren *Bindung an die sozialdemokratische Partei* eine wichtige Bedeutung. Die Ausprägung dieser Variablen zum Ende der 70er Jahre, also zu
Beginn des Untersuchungszeitraums, stellen ebenso wie die Strategien der Gewerkschaften zu diesem Zeitpunkt eine wichtige Voraussetzung für deren „Weiter"- Entwicklung im Laufe der 80er und Anfang der 90er Jahre dar. In dieser zeitlichen Dimension müssen sie daher ebenfalls als „erklärende" Variablen berücksichtigt werden.

(3) Abhängige Variablen:

- *Einfluß und Strategien der Gewerkschaften:* Generell werden vier strategische Optionen von Gewerkschaften während der 80er und 90er Jahre identifiziert, nämlich
kooperativ-solidarische, konfliktiv-solidarische, kooperativ-partikularistische und
konfliktiv-partikularistische. Dies entspricht gewerkschaftlichen Forderungen und
Erfolgen in der Lohn- und Berufsbildungspolitik zur Sicherung der Einkommen und
der Arbeitsplätze in einem Land (Gemeinwohlorientierung), für die Arbeitnehmer als
„Klasse" ohne Berücksichtigung der Folgen für die Unternehmen (Klassenorientie-
rung), in einzelnen Betrieben (Betriebswohlorientierung) oder für eine bestimmte
Gruppe (Meritokratie). Möglich ist aber auch, daß Gewerkschaften keine Strategien
im Sinne planvoller langfristiger Entscheidungen verfolgen, sondern ausschließlich
eine reaktive Politik praktizieren, die auf ad-hoc Entscheidungen beruht.

Der Einfluß und die Gestaltungsmacht der Gewerkschaften wird bei kooperativ-solidarischen Strategien und der Beteiligung in möglichst vielen Entscheidungsarenen
auf der Basis eines *Generalized Political Exchange* als besonders hoch eingeschätzt.
Der gewerkschaftliche Einfluß kann auch bei konfliktiv-partikularistischen Strategien
in Form einer Blockademacht sehr hoch sein. Am niedrigsten wird der gewerkschaftliche Einfluß beurteilt, wenn die Gewerkschaften zunehmend aus relevanten
Entscheidungsnetzwerken in den Betrieben oder in einzelnen Politikfeldern ausgeschlossen werden. Zur Beurteilung des gewerkschaftlichen Einflusses spielen jedoch
auch die Entwicklung deren Organisationsstrukturen zum Ende des Untersuchungszeitraums als abhängige Variablen eine Rolle.

Aufgrund der vorangegangenen Darlegungen werden folgende Hypothesen formuliert:

Hypothese 1: Die Veränderung der allgemeinen Rahmenbedingungen (die Zunahme der Internationalisierung von Politik und Wirtschaft, die Einführung neuer Technologien, die krisenhafte Wirtschafts- und Beschäftigungsentwicklung und der Wandel der Beschäftigungsstruktur) während der 80er und Anfang der 90er Jahre wirkte sich tendenziell negativ auf die Organisationsfähigkeit und die Machtressourcen der Gewerkschaften in den westlichen Industrieländern aus. Ausschlaggebend für die konkrete Entwicklung von Organisationsfähigkeit und Machtressourcen der Gewerkschaften waren jedoch der spezifische Kontext der Regulierung der Arbeitsbeziehungen sowie die Strategien und Handlungsressourcen der einzelnen nationalen Akteure.

Hypothese 1a: Gewerkschaften in Regulierungssystemen des Typs „Contestation" waren im Laufe der 80er und 90er besonders gefährdet, da hier die gewerkschaftliche Repräsentation in den Betrieben und in para-staatlichen Einrichtungen nur gering institutionalisiert war, und die gewerkschaftlichen Einflußmöglichkeiten stark von ihrer Organisations- und Streikfähigkeit abhingen.

Hypothese 1b: Nicht zuletzt wegen der häufigen und einschneidenden Erfahrungen mit konfliktiven Strategien der Gewerkschaften in der Vergangenheit zielte die Politik der Akteure Staat/Regierung und Arbeitgeber extrem stark auf die Exklusion der Gewerkschaften aus relevanten Entscheidungsnetzwerken bzw. die Einschränkung gewerkschaftlicher Konfliktfähigkeit ab.

Hypothese 1c: Die von Staat und Arbeitgebern eingeleiteten institutionellen Reformen beim Regulierungstyp der „Contestation" mündeten in einen „neuen" Typ der Regulierung der Arbeitsbeziehungen.

Hypothese 2: Der Wandel der Arbeitsbeziehungen war von einer starken *Path Dependency* geprägt. Konfliktiv-partikularistisch orientierte Gewerkschaften versuchten, dem Einflußverlust und der Marginalisierung durch einen Wandel ihrer Strategien zu begegnen. Dieser blieb jedoch partiell: Die partikularistische Orientierung gewerkschaftlicher Strategien war aufgrund ihrer Bedingtheit durch dezentrale und fragmentierte Organisationsstrukturen und ein ebensolches Tarifverhandlungssystem mittelfristig kaum zu ändern. Wegen des gewerkschaftlichen Machtverlusts fand jedoch ein Wandel bei der Konfliktorientierung statt. Aufgrund ihrer Erfolglosigkeit verringerten sich die Streikaktivitäten, und es wurden verstärkt kooperative Strategien entwickelt.

Tradierte Handlungsorientierungen der staatlichen und unternehmerischen Akteure setzten sich weitgehend fort und prägten auch „neue" Regulierungen, parastaatliche Institutionen und Entscheidungen in den Unternehmen. Auf gewerkschaftliche Kooperationsangebote wurde kaum eingegangen. Ein grundlegender Wandel der Outcomes in der Lohn- oder Berufsbildungspolitik fand daher nicht statt. Der Rückkopplungseffekt veränderter gewerkschaftlicher Strategien war mittelfristig gering[66].

4. Methodisches Vorgehen

Die aufgestellten Hypothesen zu den gewerkschaftlichen Strategien werden anhand des Fallbeispiels der „Britischen Gewerkschaften" während der 80er und Anfang der 90er Jahre und deren Strategien in der Lohn- und Berufsbildungspolitik überprüft. Diese beiden Politikfelder wurden gewählt, um sowohl ein Politikfeld der traditionellen, an quantitativen Zielen orientierten Gewerkschaftspolitik, als auch ein Politikfeld, bei dem qualitative Forderungen der Gewerkschaften im Vordergrund stehen,

---

[66] Die oben entwickelte Variablenkonstellation ist prinzipiell auch zur Untersuchung der Arbeitsbeziehungen bzw. der Entwicklung der Gewerkschaften im Ländervergleich tauglich. Da an dieser Stelle aber kein Ländervergleich beabsichtigt ist, wird bei den Hypothesen nur jeweils eine von weitgehend zwei möglichen Entwicklungsvarianten aufgegriffen, die anhand der britischen Entwicklung überprüft werden kann. Der Vollständigkeit halber werden im folgenden jedoch die entsprechenden Ergänzungen zu den Hypothesen für einen Regulierungstyp der Arbeitsbeziehungen, der oben als *Generalized Political Exchange* charakterisiert wurde, bzw. für einen stark zentralisierten, monopolisierten und kooperativ-solidarisch orientierten Gewerkschaftstyp, aufgeführt:
Hypothese 1 trifft uneingeschränkt auch für den Regulierungstyp des *Generalized Political Exchange* bzw. für kooperativ-solidarische Gewerkschaften zu. Unterscheidungen ergeben sich erst bei den Hypothesen 1a-c bzw. 2.
Ergänzung zu Hypothese 1a: Der Einflußverlust von kooperativ-solidarisch orientierten Gewerkschaften im neo-korporatistischen Typ der Regulierung der Arbeitsbeziehungen bzw. beim *Generalized Political Exchange* war relativ gering. Die gewerkschaftliche Repräsentation in den Betrieben und in para-staatlichen Einrichtungen war stark institutionalisiert. Auch wenn neo-korporatistische Tauschnetzwerke weitgehend aufgelöst wurden, blieb ein *Generalized Political Exchange* weitgehend erhalten.
Ergänzung zu Hypothese 1b: Es gab darüber hinaus kaum Bestrebungen von staatlichen Akteuren und Arbeitgebern, den Einfluß der Gewerkschaften einzuschränken, da man sich der Vorteile gewerkschaftlicher Kooperation aus der Vergangenheit bewußt war.
Ergänzung zu Hypothese 1c: Die Arbeitsbeziehungen beim Regulierungstyp des *Generalized Political Exchange* veränderten sich nicht grundlegend.
Ergänzung zu Hypothese 2: Auch hier ist eine weitgehende *Path Dependency* zu erwarten. Kooperativ-solidarisch orientierte Gewerkschaften erhielten ihre Kooperation weitgehend aufrecht, gaben aber oftmals ihre „klassenorientierte" Politik auf. Sie mußten sich dann aber entscheiden, ob sie weiterhin solidarische, also fortan gemeinwohlorientierte, Ziele verfolgen, oder sich auf partikularistische Ziele beschränken wollten.
Da auch bei diesem Regulierungstyp von einer weitgehenden Kontinuität der Handlungsorientierungen von staatlichen und unternehmerischen Akteuren ausgegangen werden kann, ist ebenfalls keine grundlegene Veränderung bei den *Outputs* der Lohn- und Berufsbildungspolitik zu erwarten. Die Rückkopplungseffekte der Veränderung gewerkschaftlicher Strategien im Hinblick auf die Veränderung von Institutionen sind ebenfalls als gering einzuschätzen. Sie würden - im Falle gemeinwohlorientierter gewerkschaftlicher Strategien - weitgehend in Angeboten für eine Reetablierung neo-korporatistischer Verhandlungsnetzwerke bestehen. Bei der Verfolgung von ausschließlich partikularistischen Zielen könnten sich langfristig weitere zentrale Verhandlungsnetzwerke auflösen.

beleuchten zu können. Beide Politikfelder sind wesentlich für das Erreichen gewerkschaftlicher Ziele wie einem hohen Lohn-, Qualifikations- und Beschäftigungsniveau. Außerdem gelten die beiden Politikfelder als besonders bedeutend für das ökonomische Wachstum und die Wettbewerbsfähigkeit in einer Volkswirtschaft (siehe Einleitung).

Die Daten zur Analyse der britischen Arbeitsbeziehungen wurden dabei über die Methoden des Intensivinterviews, des Leitfadeninterviews sowie der Literatur- und Dokumentenanalyse erhoben. Insgesamt wurden sieben Leitfadeninterviews mit insgesamt sechs Vertretern von drei gewerkschaftlichen Organisationen und einem Vertreter eines Arbeitgeberverbandes geführt. Alle Interviews fanden im September 1993 statt. Die Dauer dieser Interviews variierte zwischen einer halben und zwei Stunden.

Interviewt wurden drei Vertreter des gewerkschaftlichen Dachverbandes *Trade Union Congress* (TUC), zwei Vertreter von der *Amalgamated Engineering and Electricians Union* (AEEU) und ein Vertreter von UNISON[67]. Ferner wurde ein Interview mit einem Vertreter des Dachverbandes der Arbeitgeber, der *Confederation of British Industry* (CBI) geführt. Die Auswahl der gewerkschaftlichen Organisationen wurde getroffen, da der TUC der einzige gewerkschaftliche Dachverband der britischen Gewerkschaften ist und damit als einzige Institution eine gesamtgewerkschaftliche Perspektive repräsentiert. Um mögliche Differenzen zwischen der Politik des gewerkschaftlichen Dachverbandes und den Einzelgewerkschaften aufzeigen zu können, wurden auch zwei Einzelgewerkschaften näher untersucht. UNISON ist die größte und damit repräsentativste Gewerkschaftsorganisation im öffentlichen Sektor. Die AEEU ist eine der stärksten Gewerkschaftsorganisationen in der privaten, verarbeitenden Industrie. Als Fusion traditioneller Facharbeitergewerkschaften ist ihre Politik insbesondere für diese Arbeitnehmergruppe im privaten Sektor repräsentativ. Der CBI wurde ausgewählt, weil er zahlreiche Branchenverbände sowie einzelne Arbeitgeber vertritt und damit die höchste „Repräsentativität" für die Position der britischen Arbeitgeber aufweist.

Bei den Leitfadeninterviews mit den Gewerkschaften wurden jeweils folgende thematische Blöcke behandelt: Ziele bei der Lohn- und Berufsbildungspolitik sowohl hinsichtlich deren institutioneller Gestaltung als auch deren *Outcomes*; realisierte oder geplante organisationsstrukturelle Reformen; Kooperationsbereitschaft mit Ar-

---

[67] In den Verbandsrichtlinien von UNISON wird aufgeführt: „*The name of the Union shall be UNISON - The Public Service Union...*" (1993:1). Es handelt sich also nicht um eine Abkürzung.

65

beitgebern und Regierung; Reaktionen auf die staatliche Deregulierungspolitik in den Arbeitsbeziehungen.

Das Interview beim CBI basierte auf ähnlichen thematischen Schwerpunkten: Ziele bei der Lohn- und Berufsbildungspolitik sowohl hinsichtlich deren institutioneller Gestaltung als auch deren *Outcomes*; Mitgliederentwicklung im CBI und den Branchenverbänden; Kooperationsbereitschaft mit Gewerkschaften und Regierung; Reaktionen auf die staatliche Deregulierungspolitik in den Arbeitsbeziehungen.

Von den Interviews wurden Tonbandaufzeichnungen gemacht oder Gedächtnisprotokolle angefertigt, die dann im Hinblick auf die Fragestellung mittels einer qualitativen Inhaltsanalyse ausgewertet wurden.

Wichtige Anregungen gehen darüber hinaus auf insgesamt vier Experteninterviews mit jeweils einem Wissenschaftler des *Industrial Relations Department* der *London School of Economics*, dem *Trinity College* in Oxford und einem Wissenschaftler sowie einer Wissenschaftlerin der *Industrial Relations Research Unit* in Warwick zurück.

II. AUSGANGSBEDINGUNGEN UND EINFLÜSSE AUF DIE GEWERK-
SCHAFTSENTWICKLUNG WÄHREND DER 80ER UND 90ER JAHRE IN
GROßBRITANNIEN

In diesem Teil der Arbeit werden die Faktoren dargestellt, die für den Wandel des
gewerkschaftlichen Einflusses und der gewerkschaftlichen Strategien im ersten Teil
als „erklärende" Variablen identifiziert wurden. Dazu gehören die Gestaltung der
britischen Arbeitsbeziehungen Ende der 70er Jahre, die Entwicklung der allgemeinen
Rahmenbedingungen sowie die strategischen Ziele von Regierung und Arbeitgebern
einschließlich deren akteursspezifischen Durchsetzungsbedingungen während der
80er bis Mitte der 90er Jahre.

1. Die Arbeitsbeziehungen Ende der 70er Jahre

Zunächst werden die Organisationsstrukturen der britischen Gewerkschaften, deren
Bindung an die *Labour Party* und die Regulierung der britischen Arbeitsbeziehungen
Ende der 70er Jahre untersucht. Ferner werden die Gestaltung der Einkommenspolitik und der Berufsbildungspolitik beleuchtet. Aufgrund der dabei gewonnenen Er-
kenntnisse kann dann eine Charakterisierung der gewerkschaftlichen Strategien und
eine Bilanzierung des gewerkschaftlichen Einflusses zum Ende der 70er Jahre vorgenommen werden. All dies markiert eine Art Ausgangspunkt, der notwendig ist, um
Wandel oder Kontinuität der britischen Arbeitsbeziehungen und der Gewerkschaften
seit 1979 im einzelnen beurteilen zu können.

1.1. Handlungsvoraussetzungen der Gewerkschaften

Um die gewerkschaftlichen Handlungsvoraussetzungen einschätzen zu können, werden zunächst die Fragmentierung der gewerkschaftlichen Organisationsstruktur und
der Zentralisierungsgrad der einzelnen Organisationen analysiert. Ferner werden der
gewerkschaftliche Organisations- und Repräsentationsgrad sowie die Bindung der
Gewerkschaften an die *Labour Party* als machtpolitische Voraussetzungen untersucht.

Starke Fragmentierung der Gewerkschaftsstruktur

Der *Trade Union Congress* (TUC) war und ist der einzige Dachverband der britischen Gewerkschaften. Den im TUC organisierten Einzelgewerkschaften gehörten
1979 insgesamt 12,1 Millionen der britischen Arbeitnehmer an. Alle großen Organisationen waren im TUC affiliiert, so daß nur etwa eine halbe Million Arbeitnehmer
Gewerkschaften angehörten, die nicht dem TUC angeschlossen waren
(Coates/Topham 1988:131). Der TUC erfüllte als Dachverband allerdings nie die

Funktionen einer Einheitsgewerkschaft, denn er war niemals tarifvertragsfähig und bei der Umsetzung seiner Politik immer abhängig von der Zustimmung der Einzelgewerkschaften. Die Hauptaufgabe des TUC bestand traditionell in der Koordination der Aktivitäten der Einzelgewerkschaften sowie in der Festlegung der Regeln für die inter-gewerkschaftliche Politik und der Kontrolle der Einhaltung dieser Regeln[68]. Im Rahmen der neo-korporatistischen Politik in den 70er Jahren kamen für den TUC als Dachverband neue Einflußmöglichkeiten hinzu. Der Dachverband wählte beispielsweise die Vertreter aus, welche die Gewerkschaften in den zentralen Verhandlungen über die Einkommenspolitik oder in den einzelnen *Quasi Non-Governmental Organizations* (Quangos)[69] repräsentierten, und partizipierte somit auch an der Formulierung und Durchführung verschiedener *Policies*.

Trotz der Existenz eines einheitlichen und repräsentativen Dachverbandes waren die britischen Gewerkschaften Ende der 70er Jahre sehr stark fragmentiert, was sich in der Anzahl der Einzelgewerkschaften ausdrückte. 1979 gab es 453 Einzelgewerkschaften (siehe Tabelle 1), wovon 112 im TUC organisiert waren (Coates/Topham 1988:66). Die Fragmentierung der Gewerkschaftsorganisationen in Großbritannien ist u.a. auf die Persistenz von *Craft Unions* zurückzuführen, also von Berufs- bzw. Facharbeitergewerkschaften, die im Zusammenhang mit der frühen Industrialisierung entstanden. Zu späteren Zeitpunkten bildeten sich andere Organisationstypen heraus, die schwerpunktmäßig die Beschäftigten einer Branche oder aber ungelernte Arbeitnehmer branchenübergreifend organisierten (Coates/Topham 1988:43; Edwards et al 1992:38). Man konnte daher entsprechend der jeweiligen Organisationsbasis traditionell drei Typen bei den britischen Gewerkschaften unterscheiden[70]:

1. Die traditionelle Organisationsbasis der *Craft Unions* waren die ausgebildeten Facharbeiter eines bestimmten Handwerks, die meist in verschiedenen Branchen tätig waren. Im Zuge der Industrialisierung und des technischen Wandels haben viele kleinere *Craft Unions* einen starken Einflußverlust erfahren oder haben

---

68 Die Exekutive des TUC ist der *General Council*, in dem die großen Gewerkschaften eine Vormachtstellung haben. Die meiste Arbeit des TUC wird an *Sub-Committees* delegiert, die wiederum aus Mitgliedern des *General Councils* zusammengesetzt sind. Daneben gibt es *Joint Committees*, in denen Mitglieder der Einzelgewerkschaften oder Dritte vertreten sind. Eine wichtige Institution innerhalb der Organisation des TUC sind die elf *Industry Committees*, die 1970 in verschiedenen Branchen eingeführt wurden. Sie sind aus Mitgliedern des *General Councils* und Repräsentanten der wichtigsten Gewerkschaften in den betreffenden Industriezweigen zusammengesetzt. Der Zweck dieser Institutionen ist es, trotz der Vielzahl der Gewerkschaften, eine gemeinsame gewerkschaftliche Politik formulieren zu können und inter-gewerkschaftliche Probleme, z.B. Streitigkeiten hinsichtlich der Rekrutierung von Mitgliedern, zu klären. Darüber hinaus stellen die *Industry Committees* eine weitere Einflußmöglichkeit des TUC auf seine Mitgliedsorganisationen dar (Coates/Topham 1988:138).
69 Mit dem Begriff „Quangos" werden in Anlehnung an Schuppert (1989) Einheiten zur Erledigung öffentlicher Aufgaben bezeichnet, die sich „irgendwo in der Mitte zwischen staatlichem und privatem Sektor befinden" (Schuppert 1989:50).
70 Im folgenden siehe ausführlich Coates u. Topham (1988).

sich größeren Gewerkschaftsorganisationen angeschlossen. Die größeren *Craft Unions* wie die *Amalgamated Engineering Union* (AEU) und die *Electrical, Electronic Telecommunications and Plumbing Union* (EETPU) konnten ihre Organisationsbasis im Laufe der Jahre stark erweitern, indem sie andere Berufsgruppen, d.h. Facharbeiter aus anderen „Handwerken" oder auch ungelernte Arbeitnehmer aufnahmen. Die AEU war daher 1979 die zweitgrößte TUC-Gewerkschaft und hatte knapp 1,5 Millionen Mitglieder, und auch die EETPU organisierte 1979 420.000 Mitglieder (Coates/Topham 1988:64). „Reine" *Craft Union* Organisationen gab es Ende der 70er Jahre nur noch sehr wenige.

2. Die sogenannten *Industrial Unions* waren Gewerkschaften, die ihren Organisationsschwerpunkt in einem Sektor hatten. Sie verfügten jedoch nicht über ein Organisationsmonopol in einem Sektor wie beispielsweise deutsche Industriegewerkschaften. Die *National Union of Public Employees* (NUPE) organisierte beispielsweise ausschließlich im öffentlichen Sektor 1979 712.000 Mitglieder in den Bereichen Kommunalverwaltung und Gesundheit (Coates/Topham 1988:64). Die meisten Mitglieder von NUPE waren un- und angelernte Arbeitnehmer. Die qualifizierten Berufsgruppen in diesem Bereich wurden dagegen weitgehend von anderen Gewerkschaften organisiert. Im Bergbau hatte die *National Union of Mineworkers* (NUM) 1979 mit etwa 260.000 Mitgliedern eine umfassende Organisation in einem Sektor erreicht. Doch auch NUM verfügte nicht über ein Repräsentationsmonopol, da auch in diesem Sektor noch weitere Gewerkschaften organisierten (Coates/Topham 1988:64).

3. Die *General Unions* vertraten branchenübergreifend vorwiegend ungelernte Arbeitnehmer (d.h. einen bestimmten Berufsstatus) aus verschiedenen beruflichen/handwerklichen Gruppen und hatten von daher traditionell die größte Rekrutierungsbasis. Im Laufe der Jahre dehnten auch die ursprünglichen *General Unions* ihre Organisationsbasis weiter aus und organisierten teilweise auch qualifizierte Berufsgruppen. Die *Transport and General Workers Union* (TGWU) war mit mehr als zwei Millionen Mitgliedern 1979 die größte TUC-Gewerkschaft und die *General, Municipal, Boilermakers and Allied Trade Union* (GMBATU) war mit knapp einer Million die drittgrößte Organisation im TUC (Coates/Topham 1988:48f).

Bereits Anfang des Jahrhunderts begann ein Prozeß der Fusionierung gewerkschaftlicher Organisationen (Waddington 1988a). Dies spiegelte sich u.a. in der abnehmende Anzahl der vom TUC vertretenen Gewerkschaften bei gleichzeitig steigender Anzahl der organisierten Arbeitnehmer wider (Coates/Topham 1988:131). Weil sich aber keines der genannten Organisationsprinzipien durchsetzen konnte, kam es nicht zur Entwicklung monopolistisch organisierter Industriegewerkschaften. Die prinzipielle Fragmentierung der Gewerkschaftsorganisationen entlang der Organisationsprinzipien Facharbeiter/an- und ungelernte Arbeitnehmer bzw. gewerbliche/nicht gewerbliche Arbeitnehmer und privater/öffentlicher Sektor blieb in Großbritannien weitgehend erhalten (vgl. Soskice 1984:321f).

Diese Fragmentierung der Organisationsstruktur der Gewerkschaften war daher Ursache des als *Multi-Unionism* bezeichneten Phänomens, das sich trotz des oben beschriebenen Fusionierungsprozesses als relativ stabil erwies. *Multi-Unionism* bedeutet, daß auf allen Verhandlungsebenen jeweils unterschiedliche Gewerkschaften die Interessen der verschiedenen Berufs- und Statusgruppen vertreten. Im öffentlichen Sektor war der *Multi-Unionism* stärker zu finden als im privaten, z.T. wegen der erheblich stärker differenzierten Beschäftigungsstruktur in den großen staatlichen Unternehmen (Millward et. al. 1992:81). Die Organisationsstruktur beeinflußte dabei auch die Verhandlungskalküle der Arbeitnehmervertreter. Kompromisse zwischen Arbeitgebern und einzelnen Gewerkschaftsvertretern wurden dadurch erschwert, daß in den für die verschiedenen Arbeitnehmergruppen von verschiedenen gewerkschaftlichen Organisationen geführten Tarifverhandlungen Status und Lohndifferenzen vehement verteidigt wurden (Ward 1988:63). Wegen des *Multi-Unionism* waren Tarifverhandlungen meistens auch ein Prozeß der Konkurrenz verschiedener gewerkschaftlicher Akteure um „gute" oder „vergleichbare" Abschlüsse. Die Fähigkeit, eine Politik im gesamtgewerkschaftlichen Interesse oder auch im gesamtwirtschaftlichen Interesse zu betreiben, war daher aufgrund der Fragmentierung der Gewerkschaftsstruktur Ende der 70er Jahre relativ gering ausgeprägt. Diese begünstigte vielmehr partikularistische Strategien, die auf die Erfüllung maximalistischer Forderungen abzielten.

Geringe Zentralisierung der gewerkschaftlichen Organisationen

In Großbritannien wurden in den überbetrieblichen Tarifverhandlungen im privaten Sektor lediglich Mindeststandards festgelegt, weshalb den Tarifverhandlungen auf Betriebsebene die entscheidende Bedeutung zukam. Hier wurden zahlreiche *Issues* wie Löhne und insbesondere auch Arbeitsplatzbeschreibungen (*Job Control*) nachverhandelt bzw. ausschließlich betrieblich verhandelt (Soskice 1984:306). Die *Shop Stewards*[71], das sind die betrieblichen Gewerkschaftsvertreter, führten die Tarifver-

---

71 Die meisten *Shop Stewards* üben ihre Tätigkeit nebenamtlich aus, d.h. sie sind für einige Stunden von ihrer regulären Tätigkeit im Betrieb freigestellt. In großen Unternehmen gibt es auch hauptamtliche *Shop Stewards*. Die Tätigkeit als *Shop Steward* wird von den Unternehmen entgolten (Coates/Topham 1988:161f).

handlungen mit der Konzern- oder Betriebsleitung. Aus diesem Verhandlungsauftrag der *Shop Stewards* leitete sich primär deren Autonomie gegenüber den Gewerkschaftszentralen sowie deren innergewerkschaftliche Machtposition ab[72]. Diese wurde dadurch verstärkt, daß die Mitgliederrekrutierung sowie deren Mobilisierung für Arbeitskämpfe weitgehend von den *Shop Stewards* abhing.

Ein Ausdruck der Autonomie und der besonderen Machtstellung der *Shop Stewards* in den 60er und 70er Jahren gegenüber den Gewerkschaftszentralen wird darin gesehen, daß allgemein akzeptiert wurde, daß diese sogenannte inoffizielle Streiks ausriefen. D.h. sie konnten ihr Streikrecht nutzen ohne ihre jeweiligen Gewerkschaftszentralen davon zu informieren (Soskice 1984:307). Der Einfluß der *Shop Stewards* in den betrieblichen Verhandlungssystemen, also gegenüber den einzelnen Arbeitgebern, wurde in Großbritannien während der 70er Jahre nicht zuletzt aufgrund deren Verfügungsgewalt über die „Streikwaffe" als relativ stark eingeschätzt. Viele *Shop Stewards* nützten diesen Einfluß, um den Status Quo der Arbeitsbedingungen, z.B. bezüglich der Tätigkeitsbeschreibungen und (damit verbunden) der Eingruppierung in bestimmte Lohngruppen für die jeweils von ihnen vertretenen Arbeitnehmer zu verteidigen oder zu verbessern. Als Folge davon wurden die von den Unternehmen angestrebten Veränderungen der Arbeitsorganisation oder der Arbeitsmethoden sowie die Einführung von neuen Technologien oftmals behindert oder konnten überhaupt nicht durchgesetzt werden. Für Ende der 70er Jahre wird der Einfluß der *Shop Stewards* auf betrieblicher Ebene deshalb als *„Negative Power"* charakterisiert, *„of being able to prevent, or at least hinder, changes in the productive process or in working methods proposed by management, rather than a positive one of being able to push through changes favourable to labour"* (Ward 1988:63). Zahlreiche Beobachter gehen davon aus, daß in den 70er Jahren in Betrieben mit starken *Shop Steward* Organisationen die Regulierung der Arbeitsbedingungen zum großen Teil von diesen bestimmt werden konnte (Ward 1988:63; Batstone 1988; Edwards et al. 1992:4) und das *„Right to Manage"* der Unternehmer diesbezüglich stark eingeschränkt war (Ward 1988:63).

Die relative Autonomie sowie die Verhandlungs- und Streikmacht der *Shop Stewards* zeichnete damit die britischen Gewerkschaftsorganisationen als weitgehend dezentral aus. Für die Gewerkschaftsführung bedeutete dies, daß ihre Möglichkeiten, die Mitglieder und die betrieblichen Gewerkschaftsvertreter auf ihre Politik verpflichten zu können, stark eingeschränkt waren. Die Strategiefähigkeit der einzelnen

---

[72] Clegg (1983) versucht die Ursachen der fehlenden hierarchischen Kontrolle der Gewerkschaften über die *Shop Stewards* historisch herzuleiten. Er führt das Entstehen von *Shop-Steward*-Organisationen und deren Einfluß auf den *Multi-Unionism* sowie die dadurch notwendige Koordination in den Betrieben zurück.

gewerkschaftlichen Organisationen, also die Formulierung von Zielen auf zentraler Ebene und die Durchführung an der Basis, ist damit in Großbritannien in den 70er Jahren als nicht besonders groß zu bewerten, womit auch die Voraussetzungen für neo-korporatistische Politik auf zentralstaatlicher Ebene oder Branchenebene eingeschränkt waren.

Mittlerer gewerkschaftlicher Organisationsgrad

Der gewerkschaftliche Organisationsgrad der Beschäftigten erreichte 1979 mit 52,3 Prozent einen Spitzenwert für Großbritannien (siehe Tabelle 1). Im europäischen Vergleich entsprach dies einem mittleren Organisationsgrad[73]. Eine britische Besonderheit hinsichtlich der gewerkschaftlichen Mitgliederrekrutierung war eine Art Organisationszwang, der *Closed Shop*. Dieser bestand darin, daß Gewerkschaften in Unternehmen, in denen sie eine starke Verhandlungsposition hatten, oftmals gegenüber den Arbeitgebern durchsetzten, daß nur gewerkschaftlich organisierte Arbeitnehmer im Unternehmen arbeiten durften. Wer sich nicht gewerkschaftlich organisierte, wurde nicht eingestellt oder nicht weiterbeschäftigt. Ende der 70er Jahre waren etwa vierzig Prozent aller Gewerkschaftsmitglieder von *Closed Shop* Regelungen betroffen (Dunn/Gennards 1984:146).

Die durch den *Closed Shop* weitreichend erscheinende „Organisationsmacht" der britischen Gewerkschaften muß vor dem Hintergrund fehlender Repräsentationsrechte in den Betrieben relativiert werden. Es gab keine gesetzlich regulierte Arbeitnehmervertretung in den Betrieben. Den britischen Unternehmen stand es frei, ob sie Gewerkschaften in den Betrieben als Verhandlungspartner anerkennen wollten oder nicht. Dies hatte unter anderem zur Folge, daß der gewerkschaftliche Vertretungsanspruch in den verschiedenen Unternehmen unterschiedlich stark institutionalisiert war und beispielsweise in neu gegründeten Unternehmen von den Gewerkschaften erst „eingefordert" werden mußte. Der Deckungsgrad von Tarifverhandlungen war entsprechend gering: 1980 verhandelten nur 64 Prozent aller Unternehmen mit Gewerkschaften als Tarifpartner in den Betrieben (siehe Tabelle 2).

Der Vertretungsanspruch der britischen Gewerkschaften bezog sich also fast ausschließlich auf die direkt organisierten Mitglieder. Der Repräsentationsgrad[74] der Gewerkschaften war nur minimal höher als deren Organisationsgrad. Damit war der gewerkschaftliche Einfluß in der tarifpolitischen Arena in Großbritannien Ende der 70er Jahre direkt von der gewerkschaftlichen Organisations- und Mobilisierungsfä-

---

[73] Auf einer Skala von eins bis zehn für den durchschnittlichen Organisationsgrad erhält Großbritannien 1980 den Wert „fünf" (Visser 1990:36).
[74] Der Repräsentationsgrad der Gewerkschaften wird im folgenden verstanden als der Deckungsgrad der Arbeitsverhältnisse durch Tarifvorabkommen (siehe Armingeon 1994:27f).

higkeit abhängig. Allgemeine Veränderungen des Kräfteverhältnisses zwischen Arbeitgebern und Gewerkschaften konnten sich unmittelbar in einer Verringerung der Repräsentationsfähigkeit der Gewerkschaften niederschlagen.

Gewerkschaften und die Labour Party

Aus der historischen Entwicklung heraus hatten die britischen Gewerkschaften eine sehr enge Bindung an die *Labour Party*. Diese wurde im Jahre 1900 aus der Gewerkschaftsbewegung heraus gegründet[75]. Die Intention der Parteigründung beinhaltete, die Ziele der Gewerkschaften auch im Parlament durchsetzen zu können. Die Partei sollte primär als politischer Arm der Gewerkschaftsbewegung fungieren. Die Parteiorganisation spiegelte dieses Verhältnis noch Ende der 70er Jahre in vielen Institutionen wider. Die meisten der großen Gewerkschaften[76] waren Kollektivmitglieder in der *Labour Party*. Der weitaus größte Teil der Mitglieder der *Labour Party* bestand daher nicht aus individuellen Mitgliedern, sondern aus eben solchen Kollektivmitgliedern. Daraus ergab sich eine finanzielle Abhängigkeit der Partei von den Gewerkschaften, weil diese einen großen Teil der Mitgliedsbeiträge für die Partei erhoben. Ferner wurden viele *Labour* Abgeordnete direkt finanziell von einzelnen Gewerkschaften unterstützt (Labour Research October 1992). Aus der Kollektivmitgliedschaft der Gewerkschaften in der Partei leitete sich ein weiterer wichtiger Einflußkanal der Gewerkschaften ab, nämlich das sogenannte *Block-Vote*. Das *Block-Vote* sicherte den assoziierten Einzelgewerkschaften auf den Parteitagen Stimmen proportional zu ihrer Mitgliedschaft.

Die Einflußnahme der Gewerkschaften auf die Partei fand darüber hinaus durch die institutionelle Partizipation der Vertreter von Einzelgewerkschaften in Parteigremien (besonders im Parteivorstand), durch Personalunion bei Funktionärsämtern sowie durch informelle Kontakte zwischen Partei- und Gewerkschaftsfunktionären, u.a. auch in der Wahlkreisarbeit, statt (vgl. Degen 1992:150). Aufgrund der dezentralen Struktur von Partei und Gewerkschaften und der dadurch fehlenden Basisverankerung und -kontrolle in beiden Organisationen spricht Degen (1992) in bezug auf die Verflechtung und Verzahnung von Partei und Gewerkschaften von dem Zustand der „Spitzenfusion". Gewerkschaftsfunktionäre bestimmten also maßgeblich die Politik der Partei mit.

Es gab jedoch nie eine unilaterale Dominanz der Partei durch eine Allianz der Gewerkschaften. Vielmehr unterstützten sich jeweils verschiedene ideologische Strö-

---

75 Auf einem Sonderkongreß im Jahre 1900 wird zunächst ein *Labour Representation Committee* gegründet, das schließlich im Jahre 1906 zur *Labour Party* umbenannt wird (Degen 1992:147).
76 Die wichtigsten sind TGWU, GMB und NUPE, wobei erstere eine zentrale Rolle spielte (Bassett 1992:308/318ff).

mungen in der Partei und in den Einzelgewerkschaften. Die Bindung der Gewerkschaften an *Labour* war daher eher durch deren Kooperation, denn durch deren Kontrolle geprägt „*...the chief characteristic of their involvement has been reticence: they have never imposed a leadership, bureaucratic style or programme on the party and their influence has been to close off policy options*" (Taylor 1991:15).

Aus dieser historischen Entwicklung heraus war die *Labour Party* eine enge Verbündete der britischen Gewerkschaften in der parlamentarischen Arena. Die den Gewerkschaften daraus erwachsenden Machtressourcen waren insbesondere während der Regierungszeit der *Labour Party* in den 70er Jahren besonders stark, vor allem durch die Erweiterung gewerkschaftlicher Mitbestimmungsmöglichkeiten im Rahmen der neo-korporatistischen Politik. Die politische Kooperation zwischen der *Labour Party* und den Gewerkschaften fand in den 70er Jahren in der Gründung des *TUC-Party Liaison Committees*, also einem Ausschuß von Gewerkschafts- und Parteivertretern, und einem daraus hervorgehenden Sozialpakt, dem *Social Contract*, ihren Höhepunkt. Der *Social Contract* bildete die Grundlage für die Politik der bislang letzten *Labour*-Regierung in den Arbeitsbeziehungen und in der Lohnpolitik. Doch gerade der *Social Contract* bzw. dessen Scheitern machte die komplexe und ambivalente Beziehung zwischen Partei und Gewerkschaften deutlich. Die Diskrepanz zwischen den verschiedenen Handlungskalkülen von Partei und Gewerkschaften mündete schließlich 1979 in einer Streikwelle im öffentlichen Sektor gegen die Einkommenspolitik der *Labour*-Regierung, dem sogenannte *Winter of Discontent.* Dem *Winter of Discontent* wird daher eine große symbolische Bedeutung beigemessen (Butler Kavanagh 1980:340), die sich fest im kollektiven Gedächtnis der Briten einprägte und mit zum Wahlsieg der Konservativen unter *Margaret Thatcher* beitrug (Kaiser 1991:19), da die *Labour Party* als „Gewerkschaftspartei" identifiziert wurde (Taylor 1987:248/250).

Das Ende der „sozialdemokratischen Ära" Ende der 70er Jahre beinhaltete eine massive Einschränkung gewerkschaftlicher Handlungsressourcen bzw. Einflußmöglichkeiten in der parlamentarischen Arena. Aufgrund des stark antagonistisch ausgerichteten britischen Parteiensystems bestanden kaum institutionalisierte kooperative Beziehungen der Gewerkschaften zur konservativen Partei „*the unions regarded one party as peculiarly 'theirs', remained persistently antagonistic towards the other major party, and had come to believe that periods of Labour rule should be used to nullify the effects of any policies by the Conservatives of which they disapproved*" (Johnson 1987:152)[77]. Darüber hinaus zeichnete sich aber auch eine Veränderung

---

[77] Umgekehrt erklärt dies natürlich auch, weshalb die konservative Partei keine Loyalitäten gegenüber den Gewerkschaften beachten mußte.

des Verhältnisses der Gewerkschaften zur *Labour Party* ab. Aus der Sicht der *Labour Party* wurde eine Problematisierung der engen Beziehungen mit den Gewerkschaften unumgänglich. Das Erreichen regierungsfähiger Wählermehrheiten hing für *Labour* nicht mehr wie früher ohne weiteres von der engen Bindung an die Gewerkschaften ab, da ein immer größerer Anteil der Gewerkschaftsmitglieder nicht für *Labour* stimmte[78]. Die (gesamte) Wählerschaft trat für eine Einschränkung gewerkschaftlicher Macht ein. 1979 erreichte die Popularitätsrate[79] der Gewerkschaften mit 15 Prozent ihren absoluten Tiefpunkt seit den 50er Jahren (Edwards/Bain 1988:313). Dadurch wurde die Möglichkeit, gewerkschaftliche Politik mit den regierungspolitischen Zielen der Partei problemlos in Einklang bringen zu können eingeschränkt und damit auch die Erfolgsaussichten der gewerkschaftlichen Strategie, gewerkschaftliche Interessen sozusagen „bruchlos" mit einer - erneuten - *Labour* Regierung durchsetzen zu können.

1.2. Regulierung der britischen Arbeitsbeziehungen

Die Regulierung der britischen Arbeitsbeziehungen beeinflußt nicht nur die Handlungsmöglichkeiten der Gewerkschaften, sondern auch der staatlichen Akteure und der Arbeitgeber. Bei der Charakterisierung der Regulierung der Arbeitsbeziehungen sind drei Variablen zentral: „Verrechtlichung der Arbeitsbeziehungen", „Struktur des Tarifverhandlungssystems" sowie „Konfliktorientierung und Institutionalisierung neo-korporatistischer Verhandlungsnetzwerke".

Verrechtlichung der Arbeitsbeziehungen

Die traditionelle gesetzgeberische Aktivität des britischen Staates in bezug auf die Arbeitsbeziehungen wird im Vergleich zu anderen Ländern häufig als *voluntaristisch* typologisiert (Windolf 1983), denn

> *„the substantive terms of employment were set not by law but by collective bargaining or by employers acting unilaterally; in contrast to most continental systems, there is still no general law governing working hours or the forms which employment might take, these matters being left entirely to private agreement"* (Deakin 1986:232).

Die britische Tradition des Voluntarismus in den Arbeitsbeziehungen stand damit für die zwischen Unternehmern und Gewerkschaften freiwillig eingegangenen und autonom gestalteten Beziehungen. Dabei wurden nicht nur die jeweiligen Tarifabschlüsse, sondern auch die Verfahrensregeln der Tarifbeziehungen weitgehend ohne

---

[78] 1974 wählten 55 Prozent der Gewerkschaftsmitglieder *Labour*. 1979 waren es noch 49 Prozent (Taylor 1987:244).

[79] Diese wird ermittelt anhand der Frage „*generally speaking, and thinking of Britain as a whole, do you think trade unions are a good thing or a bad thing?*". Die Popularitätsrate ergibt sich aus dem Anteil der Befragten, welche die Frage mit „Good Thing" beantworten weniger dem Anteil der Befragten, die mit „Bad Thing" antworten.

staatliche Intervention von den Verhandlungsparteien vereinbart (Kastendiek 1994:283). Das *Free Collective Bargaining* bezeichnet nicht nur die Tarifautonomie der Tarifparteien, sondern auch ein Modell der Arbeitsbeziehungen ohne gesetzlich fixierte Betriebs- und Unternehmensverfassung (ebd.).

Um die Auswirkungen des britischen Voluntarismus in den Arbeitsbeziehungen genauer verstehen zu können, muß man allerdings historisch etwas weiter ausholen. Die Prinzipien, die dem *Common Law*[80] in Großbritannien zugrundeliegen, beinhalten ein Bekenntnis zum Schutz des Eigentums und zum Schutz individueller Rechte. Versammlungs- und Vereinigungsfreiheit sowie das Recht auf Streik sind dagegen im britischen Recht nie als positive Rechte verankert worden. In den verschiedenen Gesetzen zu diesen Themen, dem *Trade Union Act von 1871* und dem *Conspiracy and Protection of Property Act von 1875*, wurde das Konzept der „Immunity" eingeführt. Damit wurde die im *Common Law* verankerte strafrechtliche Verfolgung für gewerkschaftliche Aktivitäten und bei Arbeitskämpfen ausgesetzt (Hyman 1987:94; Coates/Topham 1988:303). Um die Jahrhundertwende begannen dann die Gerichte, die Gewerkschaften im Rahmen des Zivilrechts für Schäden haftbar zu machen, die durch Arbeitskämpfe entstanden. Erst der *Trade Disputes Act* von 1906, der in bezug auf diesen Aspekt bis 1971 in Kraft blieb, enthob die Gewerkschaften auch der zivilrechtlichen Haftung bei Arbeitskonflikten.

Die genannten Grundannahmen des britischen Rechts werden als eine Art Bias des Rechtssystems interpretiert, der zum Nachteil der Gewerkschaften wirkte. Dieser Bias wurde durch die für die Gewerkschaften ungünstigen Entscheidungen der Richter, denen durch das *Common Law* die Funktion einer Art zweiten Gesetzgebers zuwuchs, um die Jahrhundertwende noch verstärkt (Hyman 1987:94). Der Bias des Rechtssystems gilt deshalb als Ursache dafür, daß die britischen Gewerkschaften staatlicher Intervention in den Arbeitsbeziehungen im allgemeinen negativ gegenüberstanden und vorwiegend auf bilaterale Regulierungen mit den Arbeitgebern vertrauten: „*...trade union officials and acitvists - understandably sceptical of the type of „justice" they could expect from the legal system - were committed to this restricted role of the law in industrial relations; they preferred to rely on their own collective strength in dealing with employers*" (Hyman 1987:94).

Hymans Einschätzung ist insofern einzuschränken, als neben den gesetzlichen Regulierungen, die auf die Einschränkung gewerkschaftlicher Handlungsmöglichkeiten

---

[80] Mit *Common Law* wird ein Rechtssystem bezeichnet, das nicht nur aus Parlamentsgesetzen besteht, sondern auch auf ungeschriebenen, traditionellen Rechtsregeln beruht. Die Gerichte des Landes formten durch ihre Rechtsprechung diese Rechtsregeln präzise aus und entwickelten sie in ihren Urteilen laufend weiter. *Common Law* steht daher oftmals in Abgrenzung zum *Statutory Law*, dem Gesetzesrecht des Parlaments (Weber 1994:177).

abzielten, auch in Großbritannien Gesetze wie die sogenannten *Auxiliary Laws* eingeführt wurden, die Kollektivverhandlungen in bestimmten Bereichen rechtlich garantierten. Sie wirkten dadurch zum Vorteil der Gewerkschaften und wurden von
diesen unterstützt. Zu den *Auxiliary Laws* zählt man u.a. die gesetzliche Einführung
von *Wages Councils*, die unter Mitwirkung von Gewerkschaften Mindestlöhne in
Branchen festlegten, in denen es keine oder nur schwache gewerkschaftliche Organisationen gab, bzw. in denen sich die bestehenden Verhandlungsstrukturen als unge-
nügend erwiesen[81] (Coates/Topham 1988:306). In diesem Zusammenhang sind auch
die *Fair Wages Resolutions* von 1891 zu nennen, welche staatliche Arbeitgeber dazu
verpflichteten, die branchenüblichen Löhne zu zahlen. Seit dem zweiten Weltkrieg
bestand zudem die Möglichkeit, einen Arbeitgeber zu verklagen, wenn er die in der
Branche übliche „*Going Rate*" (eine Art Durchschnittslohn) nicht zahlen wollte
(Coates/Topham 1988:307). Weitere staatliche Regulierungen der Arbeitsbeziehungen wurden aufgrund der Empfehlungen einer durch die Regierung eingesetzten
Kommission eingeführt, die im sogenannten *Whitley Report* von 1917 dargelegt
wurden. Dazu gehört der 1919 verabschiedete *Industrial Courts Act*, der mit dem
Industrial Court eine erste Institution für die Schlichtung bei Tarifauseinanderset-
zungen ins Leben rief. Dadurch wurde ein permanentes Angebot freiwilliger
Schlichtungsmaßnahmen bei Tarifkonflikten aufrechterhalten, das in Krisenzeiten
allerdings z.T. sogar verpflichtend wurde (Coates/Topham 1988:305f). Ferner wurden 1919 sogenannte *Whitley Councils* für die Etablierung von Kollektivverhandlungen im öffentlichen Sektor eingerichtet (Deakin 1986:232).

Die gesetzliche Regulierung der Tarifbeziehungen in Großbritannien blieb damit
allerdings bis zu den 60er Jahren relativ gering. Tarifverhandlungen auf Betriebs-
und Konzernebene verliefen weitgehend gemäß „*Custom and Practice*". Damit sind
informelle Regeln, ungeschriebene Normen und Übereinkünfte gemeint, die sich in
den jeweiligen Unternehmen entwickelten. Für das Machtverhältnis der einzelnen
Akteure stellte sich die voluntaristische Regulierung der Arbeitsbeziehungen als Ursache für eine Art machtpolitisches „Patt" dar, die tiefgreifende Reformen verhinderte und zu einem „Muddling Through" in der Politik der Arbeitsbeziehungen
führte: „*employers, unions and the state were all strong enough to maintain defensive positions while too weak to organize radical departures from the tradition of
compromise and muddling through*" (Edwards et al. 1992:6).

---

81 Die Mindestlohnregelungen gab es nur in bestimmten Branchen wie im Handel, in der Textilin-
dustrie und in der Landwirtschaft. Sie wurden eingeführt im Rahmen des *Trade Boards Act* von
1909 und nach dem zweiten Weltkrieg durch die Etablierung der *Wages Councils* erneut gesetzlich verankert (Coates/Topham 1988:306; Ward 1988:64).

Dies zeigte sich an den Reformversuchen des britischen Arbeitsrechts seit den 60er Jahren sowohl durch konservative Regierungen als auch durch *Labour*-Regierungen[82]. Ausschlaggebend waren dabei die Empfehlungen der 1968 von der Regierung eingesetzten *Donovan Commission*. Diese identifizierte „*Two Systems of Industrial Relations*" in Großbritannien. Damit wurde auf die „informellen" Regeln folgenden betrieblichen Tarifverhandlungen in Abgrenzung zu den stärker formalisierten, branchenweiten Tarifverhandlungen Bezug genommen (Donovan 1968). Insbesondere die informellen Arbeitsbeziehungen auf betrieblicher Ebene galten der *Donovan Commission* als Ursache für die Konfliktanfälligkeit des britischen Tarifverhandlungssystems (vgl. Donovan 1968).

In dem von der *Labour*-Regierung 1969 veröffentlichten *White Paper „In Place of Strife"* wurden die von der Kommission genannten Maßnahmen zur gesetzlichen Reform des Arbeitsrechts aufgegriffen. Das *White Paper* kündigte gesetzliche Reformen an, die auf das Aussetzen illegaler Streiks, auf die Einführung einer Art Zwangsschlichtung sowie auf die Einführung von Urabstimmungen vor Streiks abzielten. Durch diese Maßnahmen sollte die Effizienz des bestehenden Tarifverhandlungssystems gesteigert werden. Die genannten Reformen stießen jedoch auf massiven Widerstand der Gewerkschaften und Teilen der Unterhausfraktion der *Labour Party*. Die Gegner der Gesetzgebung sahen in dem Reformvorstoß nicht nur die Bedrohung der Prinzipien des *Free Collective Bargaining*, sondern auch eine einseitige Belastung der Gewerkschaften, denen die Hauptverantwortung für die hohe Konfliktivität in den Arbeitsbeziehungen zugeschrieben wurde. Aufgrund der Kritik an den vorgeschlagenen Reformen mußte die *Labour*-Regierung daher ihren Plan zurückziehen (Kastendiek 1994:289).

1971 verabschiedete die nachfolgende konservative Regierung mit dem *Industrial Relations Act* umfassende und restriktive arbeitsgesetzliche Regulierungen. Der *Industrial Relations Act* zielte auf die Beschränkung des Streikrechts durch strafrechtliche Sanktionen für Gewerkschaften und einzelne Aktivisten ab und versuchte, den *Closed Shop* durch staatliche Regulierung einzuschränken (Dunn/Gennard 1984:7). Ferner wurde mit dem Gesetz begonnen, interne Angelegenheiten der Gewerkschaften, wie die Verpflichtung zu Streikurabstimmungen usw., gesetzlich zu regulieren. Die gewünschte Wirkung blieb allerdings aus. Die Unternehmer machten von ihren neuen Klagemöglichkeiten keinen Gebrauch und auch die Regierung selbst setzte die Streikurabstimmungen bei Arbeitskämpfen im öffentlichen Sektor nicht durch. Einer der Gründe dafür war, daß die Gewerkschaften mit einer Steigerung der Konflikte

---

[82] Bereits zu Beginn der 60er Jahre wurden erste Gesetze zur Erhöhung der Produktivität und Mobilität von Arbeitskräften verabschiedet wie z.B. der *Industrial Training Act 1964*, und der *Redundancy Payments Act von 1965* (Coates/Topham 1988:308).

auf das Gesetz reagierten. Die gewerkschaftliche Drohung mit einem Generalstreik ließ den Versuch der Kriminalisierung von einzelnen Gewerkschaftsaktivisten durch die Regierung aufgrund der neuen Gesetzgebung scheitern und verhinderte deren Verurteilung. Damit war bereits 1973 weitgehend die „Erfolglosigkeit" des *Industrial Relations Act* besiegelt (Coates/Topham 1988:310f; Coates 1989:68).

Auch die darauffolgende *Labour*-Regierung 1974 war bestrebt, die Arbeitsbeziehungen stärker gesetzlich zu regulieren. Die verabschiedeten Gesetze trugen nun aber deutliche Züge des Ausbaus und der Sicherung gewerkschaftlicher Rechte. Mit den *Trade Union and Labour Relations Acts* 1974 und 1976 wurden die gesetzlich formulierten Restriktionen von 1971 weitgehend aufgehoben. Die alten *Immunity*-Regelungen wurden wieder in Kraft gesetzt, die strafrechtliche Verfolgung für Gewerkschaftsaktivisten wurde erneut ausgesetzt, und die Beschränkungen für den *Closed Shop* wurden wieder zurückgenommen. Ferner verpflichtete man die Arbeitgeber dazu, Gewerkschaften anzuerkennen, die eine bestimmte Anzahl von Mitgliedern in einem Betrieb aufweisen konnten (Ward 1988:72). Mit dem *Employment Protection Act 1975* führte der Gesetzgeber die seit 1971 ausgesetzte Einklagbarkeit von branchenüblichen Löhnen sowie die Festsetzung von Mindestlöhnen wieder ein. Die Rechte von Arbeitnehmervertretern in den Betrieben als auch individuelle Arbeitnehmerrechte weitete man aus[83]. Mit der Revision des *Health and Safety at Work Act 1978* bekamen die Gewerkschaften erstmals das Recht, Gesundheits- und Sicherheitsfragen in gemeinsamen Ausschüssen mit den Arbeitgebern zu beraten[84]. 1974 wurde der vom Staat unabhängige *Advisory Conciliation and Arbitration Service* (ACAS) eingerichtet, der beispielsweise bei Schlichtungsverfahren oder bei gewerkschaftlichen Anerkennungsverfahren in Betrieben vermitteln sollte[85] (Kessler/Bayliss 1992:32). Eines der wenigen Gesetze, das die Handlungsmöglichkeiten der Gewerkschaften einschränkte, war der *Criminal Law Act* von 1977, mit dem Fabrikbesetzungen kriminalisiert wurden (Coates/Topham 1988:313ff).

---

[83] Das individuelle Arbeitsrecht wurde hinsichtlich des Kündigungsschutzes erweitert: Es wurde die Verpflichtung zur schriftlichen Begründung von Kündigungen eingeführt sowie Entschädigungszahlungen bei Entlassungen. Zu nennen sind ferner die Einführung der Lohnfortzahlung im Krankheitsfall oder bei Kurzarbeit, während des Mutterschutzes usw.. Die Informationsrechte von Gewerkschaftsvertretern in den Betrieben wurden ebenfalls ausgeweitet (Coates/Topham 1988:313ff).

[84] Böhle und Kaplonek (1980) bemerken, daß im *Health and Safety at Work Act* den Arbeitnehmervertretern nur beratende Funktionen im Rahmen von *Joint Consultative Committees* zugestanden wurden. Von Unternehmern und auch vom Gesetzgeber wurde darauf geachtet, den Arbeitsschutz nicht mit den Tarifverhandlungen in den Betrieben zu vermischen (vgl. Böhle/Kaplonek 1980:171). Der in Aussicht gestellte „Übertragungseffekt", also daß sich durch die im Arbeitsschutz gewährte Mitbestimmung sozusagen „automatisch" auch generelle Repräsentationsrechte für die Gewerkschaften auf Betriebsebene ergeben würden (Böhle/Kaplonek 1980:200), trat nicht ein.

[85] Der *Industrial Court* wurde bereits 1971 durch das *Central Arbitration Committee* ersetzt, das der Vorläufer des ACAS war (Kessler/Bayliss 1992:32).

Trotz der neuen Regulierungen ist der Verrechtlichungsgrad der britischen Arbeitsbeziehungen zum Ende der 70er Jahre noch immer als relativ gering zu bewerten. Die
individuellen Arbeitsbeziehungen wie Arbeitsvertrag, Kündigungsschutz usw. waren
nur in geringem Maße gesetzlich reguliert[86]. Ende der 70er Jahre gab es beispielsweise kein Gesetz, das die maximale Länge eines Arbeitstages oder die mini-
malen Ruhepausen und Urlaubstage festlegte (vgl. Blyton 1992a:27). Vor allem aber
gab es kaum prozedurale Regulierungen für die Kollektivverhandlungen wie beispielsweise Friedenspflichten oder Streikurabstimmungen. Es fehlten auch detail-
lierte Regulierungen, welche die Unternehmen gesetzlich verpflichteten, Arbeitnehmern und/oder Gewerkschaften Vertretungsrechte einzuräumen oder mit ihnen zu
verhandeln (Towers 1988:182). Die britischen Tarifverhandlungen verliefen daher
auch noch zum Ende der 70er Jahre weitgehend gemäß „ Custom and Practice ". Der
Regulierungstyp kann noch immer als „voluntaristisch" bezeichnet werden (vgl.
Windolf 1985; Armingeon 1994).

Struktur des Tarifverhandlungssystems

Die Bedeutung zentraler Tarifverhandlungen war zum Ende der 70er Jahre in
Großbritannien relativ gering. Branchenweite Tarifverhandlungen für gewerbliche
Arbeitnehmer waren nur in 32 Prozent aller Unternehmen, die Gewerkschaften anerkannten, entscheidend für die Festlegung der Löhne. Für die nicht-gewerblichen Arbeitnehmer waren branchenweite Verhandlungen sogar nur bei 29 Prozent aller Unternehmen, die Gewerkschaften anerkannten, ausschlaggebend (siehe Tabelle 3).
Diese Daten verschleiern allerdings, daß es große Unterschiede zwischen den Tarifverhandlungsstrukturen im öffentlichen und im privaten Sektor in Großbritannien
gab, die es schwer machen von *einem* oder *dem* Tarifverhandlungssystem zu sprechen.

Waren die Tarifverhandlungen im öffentlichen Sektor weitgehend zentralisiert, wurden die Löhne im privaten Sektor bereits Ende der 70er Jahre hauptsächlich auf Be-
triebs- oder Konzernebene verhandelt. Obwohl auch der öffentliche Sektor Merkmale
einer Fragmentierung der Tarifverhandlungen aufwies, war die Anzahl der
Verhandlungseinheiten, und damit der Fragmentierungsgrad der Tarifverhandlungen,
im privaten Sektor wesentlich höher. Die unterschiedlichen Verhandlungsstrukturen
im öffentlichen und im privaten Sektor werden daher im folgenden getrennt erörtert.

---

[86] Im Laufe der 60er und 70e Jahre wurden im Rahmen des individuellen Arbeitsrechtes ferner
Antidiskriminierungsgesetze gegen rassische oder geschlechtliche Benachteiligung verabschiedet
und Klagemöglichkeiten gegen ungerechtfertigte Entlassungen eingeführt (Ward 1988:65).

Das Tarifverhandlungssystem im öffentlichen Sektor: Der öffentliche Sektor in Großbritannien wird als „Modellarbeitgeber" verstanden, da hier vor allem die prozeduralen Arbeitsbeziehungen so gestaltet wurden, daß sie als Vorbild für die Arbeitsbeziehungen im privaten Sektor fungieren konnten (vgl. Beaumont 1992:78). In einer Empfehlung der *Priestley Commission,* die in den 50er Jahren im Zuge der Reform der Arbeitsbeziehungen im öffentlichen Sektors eingesetzt wurde, formulierte man diesen Anspruch folgendermaßen:

> „*The 'good employer' is not necessarily the one who offers the highest rates of pay. He seeks rather to provide stability and continuity of employment, and consults with representatives of his employees upon changes that affect both their renumeration and their conditions of work*" (Royal Commission on the Civil Service 1963-55, zit. nach Beaumont 1992:79)

Dies hatte auch Auswirkungen auf die Förderung der gewerkschaftlichen Organisation und der Kollektivverhandlungen. Staatliche Arbeitgeber forderten ihre Arbeitnehmer zum Gewerkschaftsbeitritt auf. Außerdem wurden im öffentlichen Sektor in Großbritannien bereits in den 20er Jahren dieses Jahrhunderts zentrale Kollektivverhandlungen für den nicht-industriellen öffentlichen Sektor eingeführt, um ein Beispiel für „*Best Practice*" zu bieten[87] (Beaumont 1992:48). Im Bereich der Lohnpolitik bedeutete der Anspruch, ein „guter" Arbeitgeber zu sein, die Löhne gemäß des Prinzips der *Fair Comparability* auszurichten, also orientiert an der Lohnentwicklung im Privatsektor. Durch die Anwendung dieses Prinzips wollte man sowohl den Steuerzahlern als auch den Beschäftigten im öffentlichen Sektor gerecht werden. Vergleichbarkeitsprinzipien mit der Lohnentwicklung im privaten Sektor lagen in unterschiedlicher Form daher allen Lohnfestsetzungsmechanismen im öffentlichen Sektor zugrunde (vgl. Public Finance Foundation 1992:36). Diese kann man generell in zwei Gruppen unterteilen, nämlich solche, die auf jährlichen Tarifverhandlungen basieren, und solche, denen langfristig festgelegte Lohnfestsetzungsmechanismen zugrundeliegen.

- Im Rahmen der *Whitley Councils* und im Rahmen der *National Joint Industrial Councils* (NJIC) finden Kollektivverhandlungen zwischen Gewerkschaften und staatlichen Arbeitgebern statt. Sie entstanden aufgrund der Empfehlungen des von der Regierung eingesetzten *Whitley Committees* 1916, das die Ausdehnung der Kollektivverhandlungen im öffentlichen Sektor sowie die *Fair Comparability* der Löhne

---

[87] Im einzelnen nennt Beaumont hier: „*(i)...the management of nationalized industries in the postwar years were legally obliged to recognize and negotiate with unions; (ii) the civil service staff handbook has explicitly urged all employees to join unions on the grounds that such organization was essential to facilitate collective bargaining; (iii) essentially similar statements of encouragement have been issued in other parts of the public sector; and (iv) union recognition rights and facilities were frequently granted at lower levels of union membership than has been the case in the private sector*" (Beaumont 1992:48).

im öffentlichen Sektor mit denen im privaten Sektor als Bestandteil der Vorbildrolle des Staates als Arbeitgeber empfahl[88] (Fredman/Morris 1989:144).

- Die anderen Lohnfestsetzungsmechanismen basieren nicht auf Kollektivverhandlungen im eigentlichen Sinne. Von den *Pay Review* Bodies werden auf der Grundlage von Informationen der Gewerkschaften und der staatlichen Arbeitgeber Empfehlungen ausgesprochen, an denen sich die Regierung bei der Lohnsetzung dann orientiert. Daneben gibt es noch langfristig ausgehandelte Lohnsteigerungsformeln, sogenannte *Pay Fomulae*, oder individuelle Verträge im Rahmen derer von staatlichen Arbeitgebern die Löhne festgelegt werden.

Die verschiedenen Beschäftigtengruppen im öffentlichen Sektor waren Ende der 70er Jahre wie folgt den verschiedenen Institutionen der Lohnfestsetzung zuzuordnen:

- Im Öffentlichen Dienst, also dem *Civil Service*, verhandelten Gewerkschaften und Regierung, d.h. der Finanzminister, seit 1919 im *National Whitley Council*, der in sechs verschiedene spezifische *Committees* unterteilt war. Diese vereinbarten die Arbeitsbedingungen und Löhne aller *Non-Industrials*, d.h. also der Beschäftigten des öffentlichen Dienstes, die nicht in verstaatlichten Industrie-Unternehmen arbeiteten. Daneben gab es *Whitley Councils* auf Abteilungsebene, welche spezifische Arbeitsbedingungen der dort beschäftigten Arbeitnehmer aushandelten und nationale Abkommen umsetzten. Im *Joint Co-Ordinating Committee for Government Industrial Establishments* vereinbarten die Tarifpartner die Löhne für die *Industrials*, also die Arbeitnehmer in verstaatlichten Industrie-Unternehmen.

- Für die kommunalen Arbeitnehmer, d.h. für das *Local Government*, gab es zwei Duzend verschiedene *Joint Negotiation Committees*, von denen die beiden wichtigsten der *National Joint Council for Local Authorities' Services* für gewerbliche Arbeitnehmer und der *National Joint Council* für Angestellte und Techniker *(Administrative, Professional, Technical and Clerical Services)* waren. Auf regionaler Ebene richtete man zudem 27 *Provincial Councils* ein, deren Aufgaben unter anderem darin bestanden, die nationalen Abkommen umzusetzen. Daneben hatten viele Kommunen eigene *Joint Consultative Committees*, die unter anderem über Produktivität und Gratifikationsstrukturen verhandelten.

- Im staatlichen Gesundheitssektor, *dem National Health Service* (NHS), wurde ebenfalls ein *General Whitley Council* institutionalisiert, in dem aber nur allgemeine

---

88 Ergänzt wurden diese Prinzipien durch das *Arbitration Agreement* von 1925, welches das unilaterale Anrufen der Schlichtungskommission erlaubte, den von der *Priestly Commission* 1953-55 erarbeiteten Lohnsetzungskriterien und 1956 eingerichteten *Civil Service Pay Research Unit*, welche die Vergleichbarkeit der Löhne im öffentlichen mit denen im privaten Sektor garantieren sollte (Kessler 1990:196/7; Kessler/Bayliss 1992:112).

Arbeitsbedingungen verhandelt wurden und keine Löhne. Lohnverhandlungen fanden in autonomen *Councils* für verschiedene Beschäftigtengruppen getrennt statt. Auf lokaler Ebene gab es auch hier nochmals *Joint Negotiating and Consultative Committees*, welche u.a. über die Einstufung der Mitarbeiter entschieden (Fredman/Morris 1989:154ff).

- Die Gehälter der Lehrer wurden seit 1919 im *Council for Local Education Authorities School Teachers' Committee*, auch als *Burnham Committee* bezeichnet, von den Tarifpartnern vereinbart. Auf lokaler Ebene gab es die *Joint Consultative and Negotiation Committees*, welche die nationalen Abkommen der Lehrer implementierten. Auch für diese Gruppe waren die Verhandlungen über Löhne institutionell von den Verhandlungen über Arbeitsbedingungen, wie beispielsweise die Festlegung der Arbeitszeit, getrennt (Fredman/Morris 1989:151).

- Die Löhne der Polizei und der Feuerwehr wurden zum Ende der 70er Jahre durch sogenannte *Pay Formulae*, also langfristig ausgehandelte Lohnsteigerungsmechanismen bestimmt. Diese paßten die Löhne der genannten Gruppen „automatisch" den durchschnittlichen Lohnsteigerungen im privaten Sektor an (Fredman/Morris 1989:154ff).

- Für einige Arbeitnehmergruppen im öffentlichen Sektor wurden die Löhne nicht durch Tarifverhandlungen im eigentlichen Sinne vereinbart, sondern von der Regierung aufgrund der Empfehlungen sogenannter *Pay Review Bodies* festgesetzt, die auf Informationen von Gewerkschaften und Arbeitgebern basierten. Die Mitglieder der *Pay Review Bodies* ernannt der Premierminister. Sie machten Vorschläge bezüglich der Bezahlung und der Gestaltung der Arbeitsbedingungen für die jeweiligen Beschäftigtengruppen, denen die Regierung nachkommen konnte, aber nicht mußte (Employment Tend 499;1991). *Pay Review Bodies* gab es für die Streitkräfte und für die Ärzte des *National Health Service* sowie seit 1971 für andere medizinische Berufe im NHS und für die hohen Beamten (vgl. IRS Employment Trends 499; 1991:6).

Im öffentlichen Sektor wurden 1984 die Löhne für gewerbliche Arbeitnehmer von 72 Prozent und für nicht-gewerbliche Arbeitnehmer von 83 Prozent der staatlichen Arbeitgeber zentral verhandelt [89] (siehe Tabelle 3). Sowohl die Tarifverhandlungen als auch die anderen Lohnfestsetzungsmechanismen waren im öffentlichen Sektor

---

[89] Bei Millward et al. 1992 werden leider keine vergleichbaren Daten für 1980 für den öffentlichen Sektor angegeben. Aufgrund der anderen Daten für 1984 und 1980 kann von einer weitgehenden Kontinuität der Regulierung der Arbeitsbeziehungen in diesem Zeitraum ausgegangen werden, so daß die genannten Zahlen auch für Anfang der 80er Jahre aussagefähig sind.

damit weitgehend zentralisiert, d.h. galten für alle Arbeitnehmer der jeweiligen Arbeitnehmergruppe (vgl. Employment Trends 499; 1991).

Das Tarifverhandlungssystem im privaten Sektor: Für den privaten Sektor unterscheidet man in Großbritannien im allgemeinen drei verschiedene Ebenen, auf denen Tarifverhandlungen stattfinden, nämlich die Branche, den Konzern und den Betrieb[90]. Für einige Arbeitnehmer wurde auf allen drei Ebenen verhandelt. Am häufigsten war jedoch das sogenannte *Two-Tier Bargaining*, d.h. die Kombination von Verhandlungen sowohl auf Branchen als auch auf Konzern- oder Betriebsebene. Die auch als *Multi-Employer Bargaining* oder als *National Bargaining* bezeichneten branchenweiten Vereinbarungen wurden von den Verhandlungspartnern in den Konzernen oder Betrieben dabei weitgehend als Mindeststandards betrachtet, die durch dezentrale Vereinbarungen erweitert und ergänzt wurden (Hyman 1989:46). Wie bereits erwähnt, sind damit im privaten Sektor die konzernweiten oder betrieblichen Verhandlungen, bei denen *Shop Stewards* und Unternehmensleitung miteinander verhandelten, letztlich für die Festlegung der Löhne und Arbeitsbedingungen ausschlaggebend gewesen. Schon in den 70er Jahren zogen sich viele Arbeitgeber aus den zentralen Tarifverhandlungen zurück, um ausschließlich in den Unternehmen die Löhne zu vereinbaren (Brown/Walsh 1991). 1980 sahen nur etwa 27 Prozent der Unternehmen in der verarbeitenden Industrie, die Gewerkschaften anerkannten, die Branchenebene als ausschlaggebend für die Festlegung der Löhne für gewerbliche Arbeitnehmer an und für nicht-gewerbliche Arbeitnehmer taten dies sogar nur etwa fünf Prozent (siehe Tabelle 3).

Das dezentrale Verhandlungssystem trug zusammen mit seiner horizontalen Fragmentierung dazu bei, daß es in Großbritannien eine unendliche Vielzahl von Verhandlungseinheiten im privaten Sektor gab. Auf Branchenebene schlossen nämlich jeweils verschiedene Gewerkschaften unterschiedliche Tarifabkommen für ihre Mitglieder zu jeweils verschiedenen Zeitpunkten ab. Auf dezentraler Ebene verhandelten *Shop Stewards* verschiedener Gewerkschaften ebenfalls oftmals getrennt und zu unterschiedlichen Zeitpunkten für verschiedene Arbeitnehmergruppen, so daß es nicht nur jeweils eine, sondern immer mehrere „Verhandlungseinheiten" in den einzelnen Branchen und Betrieben gab[91]. Die Effekte dieses dezentralen, fragmentierten

---

[90] Daneben gab es in einigen Branchen staatlich gegründete Institutionen wie die *Wages Councils*, in denen über Mindestlöhne verhandelt wurde (Brown/Walsh 1991).

[91] Aufrund der Empfehlungen der bereits genannten *Donovan Kommission* wurde in den 70er Jahren versucht, das Tarifverhandlungssystem im privaten Sektor zu formalisieren und zu zentralisieren. Angestrebtes Ziel dabei war, gemeinsame betriebsweite Tarifverhandlungen für alle Arbeitnehmer zum gleichen Zeitpunkt zu führen, sogenannte *„Single Table"* Verhandlungen. Ferner versuchte man, die *Shop Stewards* stärker auf ein „Betriebswohl" hin zu verpflichten (Dunn 1993). Der Aufbau von *Shop Steward* Hierarchien war eine der Folgen. Die verschiedenen *Shop Stewards* in einem Unternehmen wurden in *Steward Committees* zusammengeschlossen, denen ein *Senior Steward* vorsteht. Ein *Convenor* wurde ernannt, um die *Shop Stewards*

Tarifverhandlungssystems lassen deutlich die Charakteristika der *negativen Koordination* erkennen, die vom britischen Arbeitgeberverband *Confederation of British Industry* in der Broschüre „*Pay: the Choice Ahead*" 1979 folgendermaßen beschrieben wurde:

> „*Often there is competition between bargaining units, especially if they are represented by different unions. Different bargaining levels can be used by unions to obtain higher pay awards than would be justified on productivity grounds. ... The inflationary effect is increased when fragmented bargaining produces 'leapfrogging' between different groups of workers. If one group gets an increase another group will try to restore its relative position. The temptation to leapfrog is especially strong because the bargaining round lasts the whole year. Those who bargain late in the round will seek larger pay awards than those who settled earlier. In the next round the latter inevitably try to catch-up with the leapfrogging that went before, so adding a new twist to the inflationary spiral*" (CBI 1979:8/9).

Mitte bis Ende der 70er Jahre wurden zwischen TUC, CBI und Regierung im Rahmen der tripartistische Einkommenspolitik mehrmals Lohnleitlinien verhandelt, um die genannten Effekte einzudämmen. Dies kam einer Art Zentralisierung oder Koordinierung der Lohnpolitik gleich, solange sich die Verhandlungsführer bei industrieweiten und betrieblichen Lohnverhandlungen an diesen Leitlinien orientierten. Weil sich die Folgebereitschaft der Verhandlungsführer auf Branchenebene und in den Konzernen bzw. Betrieben nicht als dauerhaft erwies, muß für Ende der 70er Jahre in Großbritannien trotz dieser punktuellen Koordinierung weiterhin von einem stark dezentralisierten und fragmentierten, negativ koordinierten Tarifverhandlungssystem ausgegangen werden.

Konfliktorientierung und neo-korporatistische Verhandlungsnetzwerke[92]

Die britischen Arbeitsbeziehungen waren in hohem Maße konfliktiv, was sich durch hohe Streikraten in den 70er Jahren ausdrückte. Jährlich wurden weit über 2.000 Streiks ausgerufen. 1979 wurden hinsichtlich der beteiligten Arbeitnehmer und der durch Streiks verlorenen Arbeitstage Spitzenwerte erreicht (vgl. Tabelle 4)[93]. Etwa neunzig Prozent der Streikaktivitäten fanden bis Mitte der 70er Jahren als „inoffizielle", von den *Shop Stewards* ausgerufene Streiks auf betrieblicher Ebene statt, die sich weitgehend der Kontrolle durch die Gewerkschaftszentralen entzogen.

verschiedener Gewerkschaften zu koordinieren. *Combine Committees* oder *Joint Shop Steward Committees* übernehmen seitdem die Koordination gewerkschaftlicher Strategien und die Verhandlungen auf Betriebs- und z.T. auch Konzernebene (Coates/Topham 1988:161f). Durch diese Zusammenarbeit der *Shop Stewards* wurden die negativen Auswirkungen des *Multi-Unionism* allerdings nicht aufgehoben, sondern lediglich abgemildert (Kastendiek 1994:287).

92 An dieser Stelle werden lediglich die Streikaktivitäten sowie allgemeine Gründe für die Schwäche des britischen Neo-Korporatismus diskutiert. Die Defizite neo-korporatistischer Politik und tripartistischer Institutionen werden weiter unten in den Abschnitten zur Einkommenspolitik und zur Berufsbildungspolitik im einzelnen erörtert.

93 Im internationalen Vergleich nahm Großbritannien von den 50er bis zu den 70er Jahren gemäß „verlorenen Arbeitstagen pro Arbeitnehmer" einen Platz im oberen Mittelfeld in den Streikstatistiken ein (Hyman 1989:195; Coates/Topham 1988:242f).

„Offizielle" Streiks, d.h. von den Gewerkschaftszentralen genehmigte Streiks, machten dagegen beispielsweise in den Jahren 1975/76 nur einen Anteil von weniger als zwanzig Prozent (nach Anzahl verlorener Arbeitstage) der gesamten Streikaktivitäten aus (Coates/Topham 1988:259). Bis Mitte der 70er Jahre überwogen also kurze, inoffizielle Streiks, die als erfolgreich eingeschätzt werden (Coates/Topham 1988:259). Daraus kann man schließen, daß insbesondere die *Shop Stewards* in den Betrieben in den 70er Jahren konfliktiv orientiert waren und ihren Forderungen oftmals durch Arbeitskämpfe, sozusagen „an den Gewerkschaftszentralen vorbei", erfolgreich Nachdruck verliehen.

Zum Ende der Dekade zeichnete sich eine Zunahme der großen und offiziellen Arbeitskämpfe ab, so daß dann die meisten Streiktage im Rahmen von großen Arbeitskämpfen verlorengingen (Coates/Topham 1988:244; Hyman 1989:196f)[94]. Überregionale und „große" Streiks in Großbritannien hatten oftmals auch politischen Charakter und wurden in den 70er Jahren weitgehend erfolgreich dazu benutzt, Druck auf Regierungen auszuüben. Beispielsweise wird die Destabilisierung der *Heath*-Regierung im Zusammenhang mit dem Bergarbeiterstreik 1973/74 gesehen, und die Abwahl der *Labour* Regierung unter *Callaghan* wird mit der Streikwelle im öffentlichen Sektor im *Winter of Discontent* 1979 in Verbindung gebracht[95].

Als eine Ursache für die hohe Anzahl der Streiks in Großbritannien sind die im allgemeinen als „adversarial" oder konfrontativ kategorisierten britischen Arbeitsbeziehungen anzusehen. Konfrontative Arbeitsbeziehungen bezeichnen die Bereitschaft und die Fähigkeit von Gewerkschaften und Unternehmern, zu jeder Zeit Arbeitskampfmaßnahmen zu ergreifen (Kastendiek 1994:284). Damit ist ferner die Haltung von Gewerkschaften und Arbeitgebern gemeint, welche sehr stark die sich gegenseitig ausschließenden Interessen betont und kaum auf langfristige und gemeinsame Interessen aufbaut. Forderungen und Verhandlungen bezüglich der Regulierung der Arbeitsbeziehungen wie auch bezüglich der Lohnfestsetzung sind daher vorwiegend auf das Erreichen kurzfristiger Ziele ausgelegt und haben weitgehend den Charakter von Nullsummenspielen. Sie basieren auf der Annahme, daß die Freiheit der einen Seite zwangsläufig die Einschränkung der Handlungsautonomie der anderen beinhal-

---

[94] Mitte der 70er Jahre nahmen Streiks zu, bei denen eine Vielzahl von Arbeitnehmern beteiligt waren (Hyman 1989:189). Daher hatte Großbritannien beim internationalen Ranking auch nur einen mittleren Platz nach „Anzahl der Arbeitsniederlegungen" (Hyman 1989:196).
[95] Der gewerkschaftliche Einfluß auf den Regierungswechsel 1973 wird folgendermaßen beschrieben: *„ The 1973-4 miners' strike, the three-day week to which it gave rise, and the subsequent General Election fought on the question of trade union power, brought a minority Labour Government back into office..."*(Coates 1989:68).
Der Regierungswechsel 1979 wird unter anderem auf die Streiks im *„ Winter of Discontent"* zurückgeführt: *„Electoral defeat in 1979 was also the result of yet another sequence of sterling crises, incomes policies and winters of discontent"* (Coates 1989:71).

tet. Fox charakterisiert das konfrontative Verhältnis zwischen den Tarifparteien auf Unternehmensebene daher als

> „... *marked by a restrictionist spirit, rejection of management leadership, and the zero-sum game of arm's-length bargaining. As against the conception of a 'works community' towards whose total product all constituent groups were supposed to contribute freely and constructively in order that all might derive increasing benefit, there was more likely to be the conception - varyingly diluted by less-abrasive sentiments - that what benefited management must be the workers' loss, and vice versa"* (Fox 1985:32).

Bei konfrontativ geprägten Arbeitsbeziehungen - wie in Großbritannien - ist das Bewußtsein für die Verwirklichung von *„Higher Social Goods"*, also von kollektiven Zielen im gemeinsamen Interesse jenseits von Klassengrenzen, kaum entwickelt (Fox 1985:24). Dies wiederum wird als Voraussetzung dafür gesehen, daß die Einleitung von Reformen am Arbeitsplatz, die den reinen Vertragscharakter der Arbeit z.T. aufheben könnten, verhindert wird. Das Entstehen von Beziehungen zwischen Arbeitgebern und Arbeitnehmern, die auch Verpflichtungen über die reine Bezahlung hinaus beinhalten, wird so erschwert (Fox 1985:22). Kooperative, d.h. an „Betriebswohl" oder „Gemeinwohl", orientierte Strategien der Arbeitnehmervertreter waren in den traditionellen britischen Arbeitsbeziehungen daher kaum ausgeprägt.

Die Ursachen für dieses eher durch gegenseitiges Mißtrauen charakterisierte Verhältnis zwischen Arbeitgebern und Gewerkschaften sind vielfältig. Genannt wird die nicht überwundene Tradition der Gilden (Craft Tradition) (Crouch 1993), die sich u.a. in der Fragmentierung der Arbeitnehmerorganisationen ausdrückte, und dazu führte, daß die Facharbeiter versuchten, ihren privilegierten Status aufrechtzuerhalten, und sich vom Rest der Arbeiterschaft abzugrenzen. Weitere Gründe für die Persistenz der konfrontativen Traditionen und „Attitudes" zwischen den Tarifparteien lagen zum Teil auch in der geringen Verrechtlichung sowie den informellen und dezentralen Strukturen der Arbeitsbeziehungen in Großbritannien begründet. Es fehlten vor allem rechtliche Regulierungen, die das konfliktive Verhältnis zwischen Arbeitgebern und Gewerkschaften, beispielsweise durch die Formalisierung der gewerkschaftlichen Vertretungsrechte und der gewerkschaftlichen Mitbestimmung in den Betrieben oder durch die Einführung von Friedenspflichten beim Arbeitskampf hätten verändern können. Bedingt durch die Verhandlungstradition nach *„Custom and Practice"* stand jedoch das Kräfteverhältnis zwischen Unternehmern und Arbeitnehmern immer wieder zur Disposition und mußte neu festgelegt werden. Das Überwiegen der „inoffiziellen" Streiks, d.h. der kurzen Streiks auf Betriebsebene, die ohne Kenntnis und Genehmigung der Gewerkschaftszentralen ausgerufen wurden, spricht für diese Argumentation.

Ebensowenig wie in den Betreiben, war in den neo-korporatistischen Institutionen ein kooperativer Politikstil ausgeprägt (vgl. Cameron 1984:170; v. Beyme 1983). Die Ursachen für die geringe Steuerungsfähigkeit und Effektivität der tripartistischen Institutionen in Großbritannien werden daher sowohl in den fragmentierten und dezentralen Verbandsstrukturen der Arbeitgeber und der Gewerkschaften als auch in der konfrontativen Tradition der Arbeitsbeziehungen gesehen (vgl. Scharpf 1988a:31). MacInnes (1987) charakterisiert die Wirkung beider Faktoren für neo-korporatistische *Policies* sehr treffend:

> *„But this tripartism did not constitute a corporatist system whereby labour and capital, together with the government, set out the fundamentals of economic policy and bypassed Parliament or the electorate. Employers' leaders, the TUC and government ministers talked to each other (as they had done long before 1940) but they could not of themselves formulate policy (whether economic or political), order their members to follow it or even always persuade them to do so. Partly this was a matter of structure. Trade unions and employers remained decentralised and guarded their autonomy although they had developed national agreements in many industries. Nor could government ministers present the Cabinet, far less the House of Commons, with a policy arrived at in tripartite discussions and assume it would be rubber-stamped. But it was also a matter of attitude: the separation of politics and economics was an attractive doctrine to labour, capital and the state so long as each could take account of changed economic conditions. It allowed politicians to commit themselves to full employment and the Welfare State without having to elaborate just what political obligations that might place on employers or unions and securing legitimacy for the potential restrictions on economic freedoms it could imply. It also avoided drawing the government into too close a relationship with the complex and unpredictable affairs of industry. Similarly, employers were jealous of their economic freedoms and unions keen to rely on their own collective bargaining efforts rather than dependence on the state"* (MacInnes 1987:20).

Da es nicht zur Institutionalisierung eines dauerhaften politischen Tauschs kam, wird der Neo-Korporatismus in Großbritannien auch als *„Episodic Tripartism"* (Dunleavy 1989:264) bezeichnet *„employers, unions and the state lacked the means to build a lasting system of political exchange, and this lack was exacerbated by institutional limitations"* (Edwards et al 1992:9). Diese Einschätzung wird primär mit Blick auf Instabilität und Diskontinuität tripartistischer Einkommenspolitik getroffen, die - nicht zuletzt wegen der Militanz der Gewerkschaften - in konfliktiven Auseinandersetzungen endete.

1.3. Einkommenspolitik beim Social Contract

Den vorerst letzten Versuch der konzertierten Einkommenspolitik in Großbritannien stellte der *Social Contract* während der Regierungszeit von *Labour* 1974-1979 dar. Im folgenden wird gezeigt, wie es zum Abschluß des *Social Contract* kam, und welche Politik er beinhaltete. Sein Scheitern markierte die politische und ökonomische

Ausgangssituation für den Regierungsantritt der konservativen Partei unter *Margaret Thatcher* 1979.

Der Nachkriegskonsensus der britischen Politik, der sowohl von *Labour* als auch von den konservativen Regierungen geteilt wurde, ist in dem Versuch zu sehen, die britische Wirtschaft als *Mixed Economy* mit Hilfe keynesianischer Wirtschaftssteuerung und neo-korporatistischer Politik umzustrukturieren und zu modernisieren (Edwards et al. 1992:8). Ziele dabei waren der Ausbau des Wohlfahrtsstaates und die Sicherung der Vollbeschäftigung (Ward 1988:58). Ein weiteres Ziel bestand darin, die Stärke und Militanz der Gewerkschaften durch ihre Einbindung in diese Politikprozesse zu kanalisieren (siehe Dorey 1993:24f). Dies beinhaltete, die Gewerkschaften bei allgemeinpolitischen Problemen als wichtige Gesprächspartner zu konsultieren. Zur Verwirklichung dieser Ziele wurde bereits 1962 unter konservativer Regierung der *National Economic and Development Council* (NEDC)[96] gegründet. Vertreter der Regierung, der Unternehmer und der Gewerkschaften waren hier nahezu paritätisch repräsentiert. Die Ergebnisse der Verhandlungen zwischen den drei Akteuren stellten ökonomische Leitlinien für Wirtschaft und Politik dar. In den Prozeß des *Policy-Making* selbst war der NEDC nicht eingebunden und konnte daher auch nicht direkt auf die Politik des Wirtschaftsministeriums Einfluß nehmen (Hall 1986:87).

Die politischen Ziele des *Social Contract* wurden vor dem Regierungsantritt der *Labour Party* im Jahre 1974 bereits im 1972 gegründeten *TUC-Labour Party Liaison Committee* (siehe Kapitel II.1.1.) zwischen führenden Gewerkschaftsvertretern und Repräsentanten der *Labour Party* durch ein gleichnamiges Positionspapier verabschiedet (Longstreth 1988). Im Gegensatz zu den Versuchen konzertierter Einkommenspolitik unter der *Wilson*-Regierung in den 60er oder der *Heath*-Regierung zu Beginn der 70er Jahre, basierte der politische Tausch zwischen *Labour* und Gewerkschaften, der dem *Social Contract* zugrundelag, nicht auf der Vereinbarung „Lohnzurückhaltung gegen Steuererleichterungen", sondern die Zugeständnisse der späteren *Labour*-Regierung für gewerkschaftliche Lohnzurückhaltung lagen im Bereich der Arbeitsgesetzgebung und der allgemeinen sozialpolitischen Leistungen (Coates 1989:69; Bassett 1992:309). Wie bereits erwähnt, wurde der *Industrial Relations Act* von der *Labour* Regierung weitgehend zurückgenommen und durch gewerkschaftsfreundliche Gesetze zum Schutz der Arbeitnehmer ersetzt. Ferner wurden

---

96 Auf Sektorebene wurden diese Aufgaben von den sogenannten „Neddies", also sektoralen Einheiten des *National Economic and Development Council* erfüllt (Hall 1986:87). Gleichzeitig wurde die *National Incomes Commission* (NIC) ins Leben gerufen, eine reine Regierungsinstitution, die zur Implementation einer restriktiven Lohnpolitik beitragen sollte. Der TUC erhielt in der NIC keine Repräsentationsrechte, was ein Grund für seine Opposition war. Die darin begründete relative Einflußlosigkeit der NIC führte bereits mit dem Ende der konservativen Regierung 1974 zu der Auflösung der NIC.

die exekutiven Befugnisse der Gewerkschaften im Rahmen tripartistischer Institutionen beispielsweise in der von der *Heath* Regierung gegründeten *Manpower and Service Commission* zur Implementation der Arbeitsmarktpolitik, insbesondere der Berufsbildungspolitik, und in dem neu gegründeten *Advisory, Conciliation and Arbitration Service* (ACAS), einer Art Schiedskommission bei Tarifkonflikten, erweitert (Coates 1989:70). Ein Mitbestimmungsgesetz konnte von der *Labour* Regierung gegen den massiven Widerstand des Unternehmerverbandes *Confederation of British Industry* allerdings nicht durchgesetzt werden (Gospel/Palmer 1993:87).

Die gewerkschaftliche „Lohnzurückhaltung" war im *Social Contract* zunächst relativ vage verankert. Die Gewerkschaften verpflichteten sich lediglich dazu, die Lohnforderungen an den gesamtwirtschaftlichen Gegebenheiten auszurichten. Eine staatliche Lohnregulierung wurde gänzlich ausgeschlossen. Mitte der 70er Jahre kam es dann zu enormen Nominallohnsteigerungen von 17,1 Prozent 1974 bzw. 30,1 Prozent 1975, die stark preistreibend wirkten und zum Anstieg der Inflationsrate auf 16 Prozent 1974 bzw. 24,2 Prozent 1975 beitrugen. Die Reallohnsteigerungen lagen entsprechend nur zwischen 1,9 und 4,8 Prozent (Scharpf 1987:104f). Um eine Senkung der Inflationsrate zu erreichen, regte daher 1975 der Vorsitzende der TGWU, *Jack Jones*, die Gewerkschaften zur lohnpolitischen Zurückhaltung an. Es wurden daher bei zentralen Verhandlungen zwischen Regierung, Arbeitgebervertretern und Gewerkschaften Lohnerhöhungen um einen Festbetrag von sechs Pfund vereinbart, die auf eine Einebnung der Lohndifferenzen abzielten. Diese Lohnleitlinie wurde eingehalten und im folgenden Jahr erhöhten sich dadurch die Reallöhne um nur 3,5 Prozent, und die Inflation sank auf 16,5 Prozent. Für 1977 wurde eine Lohnleitlinie von fünf Prozent vereinbart. Bedingt durch die Pfundkrise sank allerdings in diesem Jahr die Inflationsrate nicht, weshalb die Reallöhne um fast zehn Prozent fielen (Scharpf 1987:104f). Die Arbeitslosigkeit nahm trotz der gewerkschaftlichen Lohnzurückhaltung weiterhin zu.

Aufgrund der ökonomischen Krise verengte sich der Handlungsspielraum der *Labour* Regierung bei den „Tauschangeboten", die sie den Gewerkschaften für die von diesen geübte Lohnzurückhaltung im Rahmen des *Social Contract* machen konnten, immer mehr. Der weitere Ausbau des Wohlfahrtsstaates stieß an fiskalische Grenzen und wurde durch die budgetäre Kontrolle gestoppt. Die Regierung erfüllte daher immer weniger die von den Gewerkschaften erwarteten Leistungen. Dadurch veränderten sich für die Gewerkschaften die beim politischen Tausch allgemein angenommenen Alternativen. Diese bestanden nun nicht mehr in den Optionen „Vollbeschäftigung mittels Lohnzurückhaltung im Rahmen neo-korporatistischer Politik" oder „steigende Reallöhne auf Kosten steigender Arbeitslosigkeit". Vielmehr

beinhalteten die durch neo-korporatistische Politik und Lohnzurückhaltung eröffnete
Option nunmehr lediglich, daß die Arbeitslosigkeit „langsamer" anstieg als bei massiven Lohnerhöhungen (Coates 1989:74).

Nicht zuletzt durch die geringen, für die Arbeitnehmer unmittelbar „sichtbaren"
Vorteile der zurückhaltenden Einkommenspolitik wurde diese von Seiten der Gewerkschaftsführung gegenüber den Mitgliedern immer schwerer zu legitimieren.
Zudem entstanden vor dem Hintergrund der fragmentierten und dezentralen Gewerkschaftsstruktur weitere Probleme. Die sehr stark auf die Verteidigung von Einkommen und Status ihrer jeweiligen Mitglieder ausgerichteten Einzelgewerkschaften
entwickelten immer mehr Widerstand gegen die auf Einebnung der Einkommens-
unterschiede abzielende zentrale Lohnpolitik. Seit 1977 waren beispielsweise die
Facharbeitergewerkschaften zunehmend um die Aufrechterhaltung der Lohnstruktur
zugunsten ihrer Mitglieder besorgt. Außerdem nahm der offene Widerstand der gewerkschaftlichen Basis gegen die immer restriktiver werdenden Lohnvereinbarungen
der Gewerkschaftsspitze mit der Regierung zu (Scharpf 1987:114).

Die dezentrale Organisations- und Verhandlungsstruktur erlaubte es den betrieblichen Gewerkschaftsvertretern, über die zentral verhandelten Lohnleitlinien hinaus-
zugehen. Dadurch wurde der sogenannte Lohndrift verursacht, d.h. die Differenz
zwischen den in zentralen Verhandlungen festgelegten Steigerungsraten und den in
dezentralen Verhandlungen vereinbarten „tatsächlichen" Lohnerhöhungen wuchs
(Taylor 1989:121ff). Als die Regierung für 1978 Lohnsteigerungen im Rahmen von
zehn Prozent vorschlug, lehnte der TUC diese zwar nicht ab, übernahm aber für deren Durchsetzung auch keine Verantwortung mehr. Die Nominallöhne stiegen in
diesem Jahr daher um 18,2 Prozent. Aufgrund der relativ geringen Inflationsrate von
etwa neun Prozent erhöhten sich die Reallöhne um 8,4 Prozent (Scharpf 1987:104f).
Für die bevorstehende Lohnrunde 1979 wurde auf dem TUC Kongreß dann die Kooperation für die von der Regierung vorgegebene Fünf-Prozent-Leitlinie von den
Einzelgewerkschaften abgelehnt. Der Versuch der Regierung, die Lohnleitlinie im
öffentlichen Sektor durchzusetzen, mündete schließlich in der als *Winter of Discontent* bezeichneten Streikwelle 1978/79. Der Einsatz der gewerkschaftlichen Streikmacht signalisierte 1979 das definitive Ende des *Social Contract* (Coates 1989:88).
Die von den Gewerkschaften ausgerufenen Streiks gaben Anlaß, die anti-gewerkschaftliche Kampagne und Politik der konservativen Regierung zu legitimieren
(Coates 1989:91).

Der Erfolg gewerkschaftlicher Politik im Hinblick auf die realen Einkommen der
Arbeitnehmer ist trotz des zeitweiligen Sprengens der lohnpolitischen Leitlinien in

der Periode von 1973 bis 1979 eher gering einzuschätzen. Zwar stiegen die Nominallöhne zwischen 1973 und 1979 in der verarbeitenden Industrie in Großbritannien
durchschnittlich um 16,6 Prozent (OECD: Historical Statistics 1991), wegen der
massiv steigenden Inflationsraten erhöhten sich die entsprechenden Reallöhne jedoch
durchschnittlich lediglich um 0,9 Prozent (OECD: Historical Statistics 1991). Die
konfliktiv-partikularistischen Strategien der gewerkschaftlichen Akteure führten
demnach „nur" zu einer Art „Pyrrhussieg": Geht man davon aus, daß die hohen Nominallohnsteigerungen eine der Ursachen für die steigende Inflationsrate waren, wird
anhand der niedrigen Reallohnsteigerungen deutlich, daß die nicht intendierten und
bedachten Folgeeffekte der konfliktiv-partikularistischen Politik die unmittelbar er-
zielten gewerkschaftlichen Erfolge aufhoben oder zunichte machten.

1.4. Berufsbildungssystem und neo-korporatistische Berufsbildungspolitik

Anhand des Berufsbildungssystems und der Berufsbildungspolitik läßt sich ebenfalls
zeigen, daß zwischen den Arbeitsmarktparteien und der Regierung in Großbritannien
kein dauerhaftes Tauschverhältnis in den tripartistischen Institutionen Ende der 70er
Jahre etabliert war. Die partikularistischen Handlungsorientierungen der britischen
Gewerkschaften stellen sich dabei als eines der Probleme tripartistischer Berufsbildungspolitik der 60er und 70er Jahre dar, die *Outputs* - gemessen an der Zahl quali-
fizierter Arbeitnehmer - zu steigern.

Die Berufsbildung in Großbritannien war - wie die Arbeitsbeziehungen generell -
ebenfalls ein Politikfeld, das kaum durch staatliche Intervention geprägt war. Berufsbildung fand vorwiegend dezentral in den Betrieben durch *On-the-Job-Training*
statt. Die *Apprenticeship* war eine nicht standardisierte Form der Anlernzeit ohne
formale Lehrpläne und Abschlußqualifikation, die es nur in gewerblichen Berufen
und daher auch nur in einigen wenigen Branchen gab. Zu den Branchen, die traditionell die meisten *Apprentices* ausbildeten, gehörten das Baugewerbe und der Maschinenbau. Im Dienstleistungssektor gab es dagegen kaum *Apprentices*.

In den 60er Jahren absolvierten daher nur etwa dreißig Prozent der männlichen
Schulabgänger und etwa acht Prozent der weiblichen die *Apprenticeship* (Rainbird
1990:11). Als einer der Gründe für das geringe Qualifikationsniveau britischer Arbeitnehmer wird in zahlreichen Studien u.a. die Dominanz eines an kurzfristigen
Renditen orientierten Investitionsverhaltens der Unternehmen als Erklärung für geringe Investitionen in die Aus- und Weiterbildung der Arbeitnehmer genannt (Hall
1986:38f; Jones 1988:455/474; Lane 1989:183; Gamble 1991:99). Die dominierende
Form der Aktiengesellschaft als „Eigentumsform" bei den großen britischen Unternehmen und die darin begründete Erwartung der Aktienbesitzer auf kurzfristige

Renditen, gelten als Ursache für die auf kurzfristige Gewinne hin orientierte Investitionspolitik (Keep 1989:194). Dem widerspricht allerdings, daß die ebenfalls erst mittel- oder langfristig Rendite versprechenden Ausgaben für Forschung und Entwicklung in der verarbeitenden Industrie in Großbritannien in den 60er Jahren bis Anfang der 70er Jahre pro Arbeitseinheit wesentlich höher waren als beispielsweise in der Bundesrepublik[97].

Der ausschlaggebende Grund für die geringen Ausbildungsanstrengungen der britischen Unternehmen ist deshalb darin zu sehen, daß die Facharbeitergewerkschaften die Ausbildungsbedingungen stark kontrollierten und z.B. einen hohen Ausbildungslohn durchsetzten. Die für die Unternehmer entstehenden Kosten einer Facharbeiterausbildung waren daher sehr hoch. Gemäß ihrer Tradition versuchten die *Craft Unions* außerdem noch bis in die 70er Jahre hinein, den Zugang zur Facharbeiterausbildung zu limitieren, so daß kein „Überangebot" an Facharbeitern entstand, und die Privilegien für die qualifizierten Mitglieder verteidigt werden konnten. Daraus ergaben sich „*the monopolization of training by a pattern of exclusive craft apprenticeships, and the persistent failure to evolve and maintain a coherent national system for the delivery of vocational education and training* (Keep 1989:198)", also massive institutionelle Restriktionen für eine effiziente Berufsbildungspolitik.

Mitte der 60er Jahre gab der Staat seine traditionelle *laissez-faire* Politik in der Berufsbildung auf, weil angenommen wurde, daß das ökonomische Wachstum durch den Mangel an qualifizierten Arbeitnehmern behindert wurde[98]. Sowohl konservative Regierungen als auch *Labour* Regierungen förderten den Aufbau tripartistischer Institutionen zur Planung und Implementation staatlicher Programme der Berufsbildungspolitik mit dem Ziel, ein einheitliches Berufsbildungssystem zu schaffen und die Anzahl der Facharbeiter zu erhöhen.

Die institutionelle Reform, insbesondere die Einrichtung überbetrieblicher Institutionen, die für die Förderung und Standardisierung der Ausbildung eingerichtet wurden, sollten nicht zuletzt zur Überwindung von Mechanismen in betrieblichen Verhandlungssystemen beitragen, die bislang den Zugang zur Facharbeiterausbildung und damit die Anzahl von ausgebildeten Facharbeitern beschränkten. Das seit Mitte der 60er Jahre entstandene Institutionensystem hatte drei Implementationsebenen

---

[97] Die Investitionen für Forschung und Entwicklung in der verarbeitenden Industrie Großbritanniens werden für 1963 mit 967 und 1973 mit 2090 Pfund pro Tausend Arbeitsstunden angegeben. Die entsprechende Investitionshöhe in der Bundesrepublik lag nur bei 225 bzw. 1784 Pfund pro Tausend Arbeitsstunden (O'Mahony et al. 1994:31).

[98] Diese Annahme wurde 1961 in einer Verlautbarung des *National Economic Development Councils* „*Conditions Favourable to Faster Growth*" geäußert wie auch 1962 von der Regierung in einem *White Paper „Industrial Training Government Proposals"* (Cmnd 1892/1962 zit. nach King 1993:218).

(Zentralstaat, Branche und lokale Ebene). Gewerkschaften wie auch Arbeitgeberverbänden wurden auf jeder Ebene durch staatlich garantierte Partizipationsrechte erhebliche Einflußmöglichkeiten eröffnet:

- Auf Branchenebene wurden 1964 24 *Industrial Training Boards* (ITBs) gegründet[99]. Die ITBs waren vorwiegend für die Regulierung und Förderung der *Apprenticeship*, der beruflichen Erstausbildung in Großbritannien, zuständig.

- Zusammen mit den ITBs wurde der *Central Training Council* auf zentalstaatlicher Ebene eingerichtet, der nur eine beratende Funktion hatte. Dieser wurde 1973 durch die *Manpower Service Commission* (MSC) ersetzt. Die MSC sollte die Berufsbildungspolitik koordinieren und an gesamtwirtschaftlichen Bedürfnissen orientieren. Aufgabe der MSC war es daher, die staatlichen Ausbildungsprogramme und die Leistungen für die Arbeitslosen zu verwalten (Crouch 1990c:324)[100].

- Die *Area Manpower Boards* auf lokaler Ebene unterstützten die MSC bei der Verwaltung der Programme (Crouch 1990c:324)[101].

Vor allem die Politik der ITBs war von Anfang an starker Kritik ausgesetzt. Ein Teil dieser Kritik entzündete sich an dem Finanzierungssystem, das den ITBs zugrundelag[102]. 1973 entschloß sich die Regierung daher zur Reform des Finanzierungssystems. Das *Levy-Grant-System* wurde zu einer negativen Ausbildungssteuer umgewandelt. Seitdem wurden Firmen, die nachweisen konnten, daß sie die betrieblichen Qualifikationsbedürfnisse durch eigene Ausbildungsanstrengungen abdeckten, von der Ausbildungssteuer befreit (Rainbird 1990:12). Kritiker gingen davon aus, daß diese Reform die Ausbildungsanreize für Firmen weiter verminderte, zumindestens im Hinblick auf die Qualität der Ausbildung (King 1993). Ferner wurde bemängelt, daß das branchenspezifische System der *Apprenticeship* durch die ITBs eher manifestiert anstatt aufgelöst wurde. In ihrem ersten Bericht kritisierte die MSC die Arbeit der ITBs dahingehend, daß die Ausbildungsanstrengungen der ITBs sich auf einige wenige Berufe in spezifischen Branchen konzentrierten (MSC, Annual Report 1974-75:8; zit. nach King 1993:219). Innerhalb der Branchen wurde

---

[99] Die Gewerkschaftsvertreter in den 24 ITBs waren Repräsentanten der Einzelgewerkschaften und nicht des Dachverbandes. Das gleiche galt für die Vertreter der Arbeitgeber.

[100] Die Einrichtung einer zentralstaatlichen Institution zur Koordination der Berufsbildungspolitik wurde unter anderem als eine Kompensation für gewerkschaftliche Lohnzurückhaltung in der Einkommenspolitik 1972-73 interpretiert (King 1993:220).

[101] Über deren Arbeit liegen keine detaillierten Angaben vor. Die *Area Manpower Boards* werden daher im folgenden nicht näher besprochen.

[102] Es basierte zunächst auf einem *Levy-Grant-System*, d.h. Firmen, die nicht ausbildeten, mußten eine Art „Ausbildungssteuer" zahlen. Firmen, die ausbildeten, erhielten dagegen eine Art Bonus (Finegold/Soskice 1988:27). Vor allem kleinere Firmen kritisierten dieses Finanzierungssystem, weil sie die durch die ITBs erhobenen Ausbildungsstandards nicht garantieren konnten. Um durch das *Levy-Grant-System* für die kleineren Firmen keine wirtschaftlichen Härten zu schaffen, wurden daher viele von den Abgaben in wirtschaftlichen Krisenzeiten befreit (King 1993:219).

die *Apprenticeship* nur in geringem Maße standardisiert, so daß die Ausbildung weiterhin primär an firmenspezifischen Bedürfnissen ausgerichtet blieb (King 1993:219). Die Arbeit der ITBs insgesamt wird daher folgendermaßen charakterisiert: *„ The boards consolidated the system in a way agreeable to both employers' and unions' prevailing interests and institutions, failing significantly to challenge the position of skilled workers or the short term horizonts of the average employer "* (King 1993:219).

Die Resultate der Arbeit der ITBs bei der Verbesserung der Ausbildungsqualität in den verschiedenen Branchen werden sehr unterschiedlich eingeschätzt. Zu den effizientesten ITBs zählen das *Engineering Industry Training Board* (EITB) und das *Construction Industry Training Board* (CITB) (Rainbird 1990). Dennoch wurde auch an den in diesen ITBs ausgehandelten Kompromissen bzw. deren Effekten deutlich, daß die partikularistischen Interessen der Tarifparteien dominierten. Sowohl im Rahmen des EITB als auch des CITB konnte die traditionelle Regulierung der *Apprenticeship* als eine Form der Anlernzeit, die bis zu sieben Jahren dauerte, reformiert werden. Grundlage für die Neuregelung im Maschinenbau durch das EITB war eine Verkürzung der Ausbildungszeit auf drei Jahre und die Einführung eines „Modulsystems", das verschiedene Vollzeit oder *Off-the-Job* Ausbildungsphasen in technischen Schulen beinhaltet[103] (Rainbird 1990:27). Im Bausektor unterstützten die Gewerkschaften eine Verkürzung der Ausbildungszeiten, während die Arbeitgeber für lange Ausbildungszeiten plädierten, da Auszubildende als billige Arbeitskräfte gelten. Der Kompromiß bestand in einer Neuregelung, die Ausbildungszeiten zwischen zweieinhalb bis vier Jahren erlaubt (Rainbird 1990:34). Diese Reformen trugen dazu bei, die Ausbildungsstandards der *Apprenticeship* in den genannten Sektoren zu verbessern und ein höheres Ausbildungsniveau der einzelnen Absolventen zu gewährleisten. Gleichzeitig sank jedoch die Anzahl der *Apprentices* auf 367.000 im Jahre 1979[104] (siehe Tabelle 5).

Die Hauptursachen für den Rückgang der Zahl der Auszubildenden wird in den enorm steigenden Kosten gesehen, die für die Arbeitgeber pro Auszubildenden entstanden (vgl. Marsden/Ryan 1991:363). Diese wurden durch die Verbesserung der Ausbildungsstandards und das gleichzeitige Ansteigen der Löhne verursacht. Anteil an dem Rückgang der Absolventenzahlen der *Apprenticeship* hatten daher alle drei Akteure der Arbeitsbeziehungen: Weil „Alter" traditionell für die britischen Gewerkschaften einer der primären Bestimmungsfaktoren für Lohndifferenzen war, unter-

---

[103] Dieses Modell wurde auch in anderen Sektoren von den dort eingerichteten ITBs kopiert (Rainbird 1990:27).
[104] Für die verarbeitende Industrie spiegelt diese Zahl beispielsweise einen Rückgang der *Apprentices* um 35 Prozent zwischen 1964 bis 1979 wider (Marsden und Ryan 1991:259).

schieden sich die Löhne gleichaltriger Jugendlicher kaum danach, ob sie ausgebildet wurden oder dem Produktionsprozeß voll zur Verfügung standen. Dagegen war die Differenz zwischen den Löhnen Jugendlicher und den Löhnen älterer Arbeitnehmer relativ groß. In den 60er und 70er Jahren hielten die Gewerkschaften zwar grundsätzlich an dem Senioritätsprinzip bei der Lohnfestsetzung fest, versuchten aber dennoch, die Löhne der Jugendlichen anzuheben. Erfolg dieser Politik war, daß die Löhne der *Apprentices* im Laufe der 60er und 70er Jahre sowohl absolut als auch in Relation zu denen der qualifizierten Arbeitnehmer stiegen[105] (Marsden/Ryan 1991:260f). Die gewährten staatliche Subventionen zu diesem Zeitraum gelten als nicht ausreichend dafür, daß sie die so gestiegenen Kosten der beruflichen Ausbildung hätten ausgleichen können (Marsden/Ryan 1991:263; siehe oben). Die Reaktion der Arbeitgeber auf die gestiegenen Ausbildungskosten, die sowohl durch die Verbesserung der Ausbildungsqualität als auch durch die Steigerung der Ausbildungslöhne zustandekamen, bestand weitgehend darin, weniger Auszubildende einzustellen.

Die MSC, deren Gründung sowohl die Ausweitung der Ausbildungsanstrengungen als auch die Etablierung eines einheitlichen Berufsbildungssystem zum Ziel hatte[106], konnte letztlich keines dieser Ziele verwirklichen. Zunächst wurden durch die Programme der MSC ebenfalls Ausbildungsplätze nach Art der *Apprenticeship* gefördert. Mit steigender Arbeitslosigkeit seit Ende der 70er Jahre lenkte aber die *Labour* Regierung die Subventionen stärker in staatliche Programme, bei denen der Aspekt der Förderung befristeter Beschäftigung im Sinne von Arbeitsbeschaffungsmaßnahmen für Arbeitslose und Jugendliche den Ausbildungsaspekt überlagerte. Dazu gehörte u. a. das 1978 eingeführte *Youth Opportunities Programme* (YOP), das hohe Teilnehmerzahlen verzeichnete (King 1993:226). Bereits 1978/79 wurden 162.200 Jugendliche durch das YOP gefördert (siehe Tabelle 5). Das Programm zielte primär auf die unmittelbare Bekämpfung der Arbeitslosigkeit ab, wobei der Ausbildungsaspekt untergeordnet wurde. Darin spiegelte sich eine Schwerpunktverlagerung von Zielen der Ausbildungsförderung hin zur Beschäftigungsförderung bei den MSC-Programmen für Jugendliche wider. Dies deutet darauf hin, daß von staatlicher Seite der Anspruch, eine umfassende Berufsbildungspolitik zu betreiben, bereits zum Ende der 70er Jahre aufgegeben wurde (vgl. King 1993:221).

---

[105] Betrug das Ausbildungsentgelt für *Apprentices* 1951 noch 38,9 Prozent eines Facharbeiterlohnes, stieg dieses bis 1980 auf 67,5 Prozent desselben an (Marsden/Ryan 1991:259).
[106] Der damalige Arbeitsminister sagte zur Gründung der MSC im Parlament „*the commission and the Training Services Agency will be able to take a national view of training needs, which no industrial training board can do... and will be able to promote training in sectors which are not covered by training boards*" (zit. nach King 1993:219).

Durch die Verlagerung des Aufgabenschwerpunktes von der Berufsbildungspolitik hin zur Arbeitsbeschaffung trat eine der ursprünglichen Aufgaben der MSC, nämlich ihre Kontrollfunktion gegenüber den *Industrial Training Boards*, in den Hintergrund. Ein einheitliches nationales Berufsbildungssystem wurde bis zum Ende der 70er Jahre nicht aufgebaut. King charakterisiert die Politik in den tripartistischen Institutionen dahingehend, daß sie sich auf den kleinsten gemeinsamen Nenner beschränkte, der von allen drei Akteuren getragen werden konnte, und das bedeutete oftmals, daß man den Status quo beibehielt und nichts tat. Dies sieht King u.a. auch als Grund an, weshalb bis dahin keine neuen Programme ins Leben gerufen wurden (King 1993:221).

Die Defizite neo-korporatistischer Politik in Großbritannien resultierten nicht zuletzt auch daraus, daß die Tarifpartner nicht in der Lage waren, eine Art „Tauschprozeß" einzugehen, bei dem beispielsweise die Verbesserung der Ausbildungsstandards für Jugendliche gegen „niedrige" Löhne während der Ausbildungsphase „aufgerechnet" wurde. Für King sind es die tripartistischen Institutionen selbst, welche die Aufrechterhaltung der vorherrschenden Prioritäten von Arbeitgebern und Gewerkschaften unterstützten und erfolgreiche Reformen letztlich verhinderten (King 1993:221). Dies ist für die genannten Probleme der *Apprenticeship* insofern zutreffend, als Verhandlungen über die Ausbildungsinhalte in den ITBs und damit institutionell getrennt von den Tarifverhandlungen über die Löhne der Auszubildenden geführt wurden, was Paketlösungen erschwerte (vgl. Marsden/Ryan 1991:263). Dennoch erscheint dies nicht als ausreichende Erklärung dafür, daß keiner der tarifpolitischen Akteure die Verknüpfung der *Issues* Ausbildungsqualität und Ausbildungskosten als Verhandlungsstrategie mit dem Ziel der Erweiterung der Ausbildungsanstrengungen wählte. Das Defizit der Politik zur Reform der *Apprenticeship* muß vielmehr primär darauf zurückgeführt werden, daß die Tarifparteien der Qualifikation der Arbeitnehmer und der beruflichen Ausbildung in den 70er Jahren generell geringe Priorität einräumten (Marsden/Ryan 1991:263). Die *Outputs* der tripartistischen Berufsbildungspolitik blieben daher insgesamt hinsichtlich der Quantität absolvierter Facharbeiterausbildungen relativ gering.

Im Zeitraum 1974-78 verfügten nur dreißig Prozent der britischen Arbeitnehmer über ein mittleres berufliches Qualifikationsniveau (Facharbeiterausbildung) (Prais 1981:Table 1)[107]. Das britische Berufsbildungssystem wird zum Ende der Dekade deshalb als „*High pay, high quality, but low volume*" charakterisiert (Marsden/Ryan 1991:263). Die Politik der Gewerkschaften hat maßgeblich dazu beigetragen, das

---

[107] Im Vergleich dazu verfügten in Deutschland 1978 etwa sechzig Prozent der Arbeitnehmer über ein vergleichbares Qualifikationsniveau (ebd.).

Entstehen einer breit qualifizierten Arbeitnehmerschaft zu verhindern: In Sektoren ohne Tradition einer berufsfachlichen Ausbildung war die Haltung der Gewerkschaftsorganisationen weitgehend von Desinteresse hinsichtlich der Etablierung einer solchen geprägt. In Sektoren, in denen es eine Tradition der Berufsausbildung gab, dominierten partikularistische Strategien der Berufsgewerkschaften.

1.5. Charakterisierung gewerkschaftlicher Strategien und Bilanzierung des gewerkschaftlichen Einflusses zum Ende der 70er Jahre

Aufgrund der vorangegangenen Analyse lassen sich die britischen Arbeitsbeziehungen zum Ende der 70er Jahre weitgehend dem eingangs als *Contestation* beschriebenen Regulierungstyp zuordnen:

- Die Verrechtlichung der Arbeitsbeziehungen hatte nur in geringem Maße stattgefunden, so daß die Regulierung der Arbeitsbeziehungen als weitgehend voluntaristisch bezeichnet werden kann. In den Unternehmen bestimmten weiterhin „*Custom and Practice*" die Beziehungen zwischen den Tarifpartnern. Die Anerkennung der Gewerkschaften in den Unternehmen bzw. Verhandlungen zwischen den Tarifpartnern waren nicht rechtlich „einklagbar" und nur in geringem Maße institutionalisiert.

- Die Tarifverhandlungsstrukturen im öffentlichen Sektor waren weitgehend zentralisiert und nur geringfügig fragmentiert. Im privaten Sektor dagegen waren die Tarifverhandlungsstrukturen stark dezentralisiert und sehr fragmentiert. Der Deckungsgrad von Tarifabkommen war gering.

- Die Konfliktorientierung der Tarifpartner war sehr stark, was sich durch hohe Streikraten ausdrückte. Insbesondere die Kombination von Verhandlungsmandat und Autonomie beim Gebrauch der Streikwaffe bei den *Shop Stewards* beförderte ein eher konfliktives Klima in den Betrieben, das kaum Raum für vertrauensvolle und kooperative Beziehungen zwischen Belegschaft bzw. Gewerkschaften und Unternehmern ließ. Die Kooperation in tripartistischen Institutionen war nur in geringem Maße institutionalisiert.

Die gewerkschaftlichen Machtressourcen waren relativ groß. Der gewerkschaftliche Organisationsgrad war hoch und die Bindung an die *Labour Party*, die in den 70er Jahren (außer 1971-1974) die Regierung stellte, war eng. Der *Social Contract* eröffnete zudem politische Einflußmöglichkeiten. Die gewerkschaftlichen Organisationsstrukturen korrespondierten weitgehend mit den Strukturen des Tarifverhandlungssytems: Die Organisationsstrukturen der Gewerkschaften waren ebenfalls stark fragmentiert und in hohem Maße dezentralisiert. Dadurch wurden konfliktiv-partikularistische Strategien begünstigt.

Auf betrieblicher Ebene war der Einfluß von Gewerkschaftsvertretern groß. Für die *Shop Stewards* wirkten sich die weitgehend informellen durch *„Custom and Practice"* regulierten Arbeitsbeziehungen in den Betrieben in den 70er Jahren als eine Handlungsressource aus. Vor dem Hintergrund eines relativ hohen Organisationsgrades, der hohen Mobilisierungs- und Konfliktfähigkeit hatten sie ein starkes Verhandlungsmandat gegenüber den Arbeitgebern. So konnten die *Shop Stewards* die Organisation der betrieblichen Arbeitsbeziehungen weitgehend beeinflussen, wenn nicht gar kontrollieren. Sie nutzten dies zur Verteidigung des Status Quo der Arbeitsbedingungen bzw. der Einkommensdifferenzen. Reformen, die langfristig die Wettbewerbsfähigkeit von Unternehmen gesichert hätten - und damit auch die Voraussetzungen für Beschäftigung und Einkommen der Arbeitnehmer -, waren schwierig.

Aufgrund der Autonomie der *Shop Stewards* war die Strategiefähigkeit der Gewerkschaftszentralen stark eingeschränkt. Durch die Vielzahl der (dezentralen) Verhandlungseinheiten und die Konkurrenzsituation zwischen den einzelnen Organisationen entstand der als „negative Koordination" beschriebene Effekt bei Lohnverhandlungen. Eine Politik im gesamtgewerkschaftlichen oder im gesamtwirtschaftlichen Interesse zu betreiben, erschien für die britischen Gewerkschaften daher als Kollektivgutproblem:

- Geht man davon aus, daß ein Zusammenhang zwischen Lohnerhöhungen, Inflation und steigender Arbeitslosigkeit besteht, müßten alle gewerkschaftlichen Akteure Lohnzurückhaltung üben, um einen niedrige Inflationsrate und eine relativ niedrige Arbeitslosenquote zu erreichen (Scharpf 1988a:31), was im Interesse aller Arbeitnehmer wäre, und in diesem Sinne ein Kollektivgut darstellt. Ähnliche Erwägungen lagen dem *Social Contract* zugrunde. Da die Organisationsbasis der unterschiedlichen Gewerkschaftsorganisationen in Großbritannien aber sehr verschieden war, und deren Mitglieder beispielsweise unterschiedlich stark von Arbeitslosigkeit betroffen waren, zogen es viele (lokale) gewerkschaftliche Verhandlungsführer vor, Lohnerhöhungen einzufordern anstatt lohnpolitische Mäßigung zu üben. Durch diese konfliktiv-partikularistischen Strategien konnte auch tatsächlich eine Steigerung der Nominallöhne erreicht werden. Die hohe Inflation, die durch die gewerkschaftlichen Lohnerfolge angeheizt wurde, führte aber dazu, daß die Reallöhne sich kaum erhöhten und die Arbeitslosigkeit stieg (siehe Tabelle 6). Damit wurde für die Arbeitnehmer insgesamt eines der schlechtest möglichen Ergebnisse erreicht. Die Lohnentwicklung in den 70er Jahren dokumentiert damit, daß die britischen Gewerkschaften kaum in der Lage waren, die Folgen ihres „Handelns" zu antizipieren und an langfristigen Zielen orientiert zu agieren.

- In der Berufsbildungspolitik konnten die Gewerkschaften aus ähnlichen Gründen nicht zu „optimalen" *Outcomes* beitragen. Vor allem an der skizzierten Politik der ITBs im Maschinenbau- und im Bausektor wurde deutlich, daß die Gewerkschaftsvertreter hier ebenfalls eine maximalistische Politik der gleichzeitigen Erhöhung von Löhnen und Ausbildungsstandards verfolgten. Dadurch stiegen die Ausbildungskosten für die Unternehmer enorm an, woraufhin diese die Zahl der Auszubildenden unmittelbar verringerten. Diese direkten Auswirkungen wurden ebensowenig antizipiert wie die langfristigen Folgen. Diese bestanden darin, daß das „ineffiziente" Berufsbildungssystem und dessen geringer *Outcome* an qualifizierten Arbeitnehmern die gewerkschaftlichen Politik-Optionen für die Zukunft einschränkte, so daß eine Politik, welche auf „hohe Löhne und hohe Qualifikation möglichst vieler Arbeitnehmer" abzielt, auch mittelfristig kaum zu verwirklichen war.

Bei einer Bilanzierung des gewerkschaftlichen Einflusses in Großbritannien zum Ende der 70er Jahre kann also nicht einfach „großer" oder „geringer" Einfluß konstatiert werden. Die britischen Gewerkschaften verfügten zum Ende der 70er Jahre über eine starke Blockademacht aufgrund ihrer relativ hohe Organisationsfähigkeit sowie ihrer starken Mobilisierungsfähigkeit bei Streiks und die von ihnen verfolgten konfliktiv-partikularistischen Strategien. Wegen ihrer fragmentierten und dezentralen Struktur waren sie aber kaum in der Lage, solidarisch-kooperative Strategien zu verfolgen und ihren Einfluß, der ihnen u.a. durch die neo-korporatistischen Verhandlungsnetzwerke und die Regierung der *Labour Party* erwuchs, zu institutionalisieren bzw. gestalterisch umzusetzen. Das Fehlen von Elementen wie der gesetzlichen Regulierung einer betrieblichen Arbeitnehmervertretung und die fehlende Verallgemeinerung bzw. Einklagbarkeit von Tarifabschlüssen machten die Repräsentationsfähigkeit der Gewerkschaften direkt von ihrer Mobilisierungs- und Organisationsfähigkeit abhängig. Die geringe Institutionalisierung neo-korporatistischer Verhandlungsnetzwerke und die geringe Verrechtlichung der britischen Arbeitsbeziehungen zeichnete sich vor dem Hintergrund der Veränderung der allgemeinen Rahmenbedingungen Ende der 70er Jahre - vor allem wegen der steigenden Arbeitslosigkeit - damit als eine Art „Achillesferse" für die Gewerkschaften ab[108]. Eine der Ursachen für eine

---

[108] Die mit der *Labour* Regierung in den 70er Jahren vereinbarte und z.T. auch umgesetzte „gewerkschaftsfreundliche" Gesetzgebung könnte als Zeichen der Einsicht der Gewerkschaftsführung in diese Zusammenhänge interpretiert werden. Die Arbeitsgesetzgebung der *Labour* Regierung war aber zum Ende der 70er Jahre weder besonders umfassend noch stark in den Arbeitsbeziehungen verankert.

Verringerung der gewerkschaftlichen Machtressourcen während der 80er und zu Beginn der 90er Jahre lag damit in den von ihnen bis dahin verfolgten konfliktiv-partikularistischen Strategien selbst sowie in der nur gering entwickelten Fähigkeit zum politischen „Tausch" begründet.

2. Allgemeine Rahmenbedingungen während der 80er und zu Beginn der 90er Jahre sowie Zielvorstellungen der konservativen Regierung und der Arbeitgeber

Welchen Einflüssen waren bzw. sind nun die britischen Arbeitsbeziehungen und die britischen Gewerkschaften im Laufe der 80er und zu Beginn der 90er Jahre ausgesetzt? Um diese Frage beantworten zu können, müssen die Entwicklung der allgemeinen Rahmenbedingungen, in dem sich die Akteure der Arbeitsbeziehungen bewegen, die Zielvorstellungen der konservativen Regierungspartei und der Arbeitgeber, sowie deren akteursspezifische Handlungsvoraussetzungen, analysiert werden. Aufbauend auf der Analyse im vorangegangenen Kapitel und in diesem Kapitel kann dann ein Zwischenresümee gezogen werden, das alle Faktoren berücksichtigt, welche aufgrund der entwickelten Variablenkonstellation als „erklärende" Variablen charakterisiert wurden.

2.1. Die Entwicklung der allgemeinen Rahmenbedingungen[109]

Da die Beschreibung der allgemeinen Rahmenbedingungen einer Volkswirtschaft sehr umfangreich ist, werden in diesem Abschnitt nur einzelne Aspekte behandelt, von denen angenommen wird, daß sie unmittelbar Einfluß auf die Handlungsbedingungen der relevanten Akteure in den Arbeitsbeziehungen ausüben. Dazu zählen (1) die Internationalisierung von Politik und Wirtschaft, (2) die Verbreitung neuer Technologien, (3) die Wirtschafts- und Beschäftigungsentwicklung sowie (4) der Wandel der Beschäftigungsstruktur.

Vor allem die Unternehmen konnten die Entwicklung der allgemeinen Rahmenbedingungen weitgehend als Handlungsressource bezüglich der Gestaltung der Arbeitsbeziehungen nutzen. Für die konservative Regierung entstand durch die Entwicklung der Rahmenbedingungen ebenfalls keine massive Einschränkung ihrer Handlungsmöglichkeiten in den Arbeitsbeziehungen bzw. sie konnte diese z.T. effektiv verhindern. Für die Gewerkschaften dagegen ging ein grundlegend negativer Einfluß von der Entwicklung der allgemeinen Rahmenbedingungen aus, der sich aber

---

[109] Dabei muß angemerkt werden, daß alle genannten Entwicklungen zur Beschreibung der allgemeinen Rahmenbedingungen, mit Ausnahme der steigenden Arbeitslosigkeit, bereits vor 1979 einsetzten. Sie beschreiben daher zwar die allgemeinen Rahmenbedingungen während der 80er und zu Beginn der 90er Jahre, aber keine grundlegend „neue" Situation.

nur sehr eingeschränkt durchsetzte. Dabei hatten einzelne Faktoren auch positive Auswirkungen auf die Handlungsmöglichkeiten der Gewerkschaften.

(1) Die Internationalisierung von Politik und Wirtschaft

Die Internationalisierung von Politik und Wirtschaft wird anhand von Faktoren wie (i) der Zunahme ausländischer Investitionen in Großbritannien (ii) der Zunahme von Eurounternehmen und (iii) der EG-Mitgliedschaft skizziert.

(i) Die Internationalisierung der Wirtschaft nahm im Laufe der 80er und zu Beginn der 90er Jahre in Großbritannien weiterhin zu. Großbritannien gilt mittlerweile als eines der beliebtesten Ziele ausländischer Investitionen. 1990 wurden etwa 25 Prozent der britischen Industrie durch das Ausland kontrolliert. Mehr als vierzig Prozent der amerikanischen und knapp unter vierzig Prozent der japanischen Investitionen in Europa gehen jährlich nach Großbritannien (The Economist, 28. Mai 1994:74)[110]. Die größten Massenproduzenten in der „britischen" Automobilindustrie sind mittlerweile beispielsweise die amerikanischen Unternehmen *Vauxhall* und *Ford* sowie die japanischen Unternehmen *Toyota* und *Nissan* (Pollard 1994:261).

Ein weiterer Beleg für die Internationalisierung der britischen Wirtschaft ist der Anteil der multinationalen Unternehmen an den Exporten. 1981 wurden vier Fünftel der britischen Exporte von multinationalen Unternehmen produziert. Multinationale Unternehmen, die ihren Stammsitz in Großbritannien haben, erwirtschafteten einen Anteil von etwa der Hälfte aller britischen Exporte. Multinationale Unternehmen, deren Mutterunternehmen in anderen Ländern niedergelassen sind, hatten einen Anteil von etwa einem Viertel an allen britischen Exporten. Etwa dreißig Prozent britischer Exporte waren Exporte zwischen verschiedenen nationalen Niederlassungen von multinationalen Unternehmen (DTI 1984, zit. nach Walshe 1991:375). Als Unternehmensstandort ist Großbritannien im internationalen Wettbewerb also durchaus attraktiv.

(ii) Anhand der *Euro-Companies* läßt sich die zunehmende internationale Verflechtung von Unternehmen und ihre Wirkung auf den Wandel der Arbeitsbeziehungen aufzeigen. *Euro-Companies* sind Unternehmen, die Niederlassungen in mindestens zwei europäischen Staaten haben (Maginson/Sisson 1994). Dienstleistungsunternehmen sind dabei weitaus stärker vertreten als Unternehmen der verarbeitenden Industrie. Ihre Anzahl und ihr Einfluß nahmen durch eine Vielzahl von Fusionen und Aufkäufen im Laufe der 80er Jahre zu (Marginson/Sisson 1994:17/22).

---

[110] Insgesamt stellten Betriebe, die zu überseeischen Unternehmen gehörten, ein Sechstel der Arbeitsplätze in Großbritannien (Pollard 1994:257).

Die geringe gesetzliche Regulierung der Arbeitsbeziehungen in Großbritannien läßt den einzelnen Unternehmen viel Spielraum, die Arbeitsbeziehungen nach ihren Vorstellungen zu gestalten. Viele der *Euro-Companies* versuchten im Laufe der 80er und zu Beginn der 90er Jahre zunehmend, einen europaweit einheitlichen Stil im Management der Arbeitsbeziehungen durchzusetzen (Marginson/Sisson 1994:25) und die Arbeitsbeziehungen in ihren britischen Niederlassungen entsprechend dem Vorbild im jeweiligen Mutterland des Unternehmens zu gestalten. Beispielsweise haben einige japanische Firmen, die mit mehreren europäischen Niederlassungen auch zu den *Euro-Companies* zählen, in Großbritannien *Company Councils* eingeführt, d.h. Institutionen, die der Belegschaft Mitbestimmungsmöglichkeiten eröffnen, den Gewerkschaften aber Repräsentationsrechte verweigern (Marginson/Sisson 1994:39). Hier wurde die durch die britische Gesetzgebung ermöglichte Option der Nicht-Anerkennung von Gewerkschaften in den Betrieben ausgeschöpft. Die Internationalisierung der Wirtschaft trug somit indirekt dazu bei, daß die Exklusion oder Marginalisierung der Gewerkschaften zunahm, wodurch die Handlungsmöglichkeiten der Gewerkschaften sich verringerten.

Andere Unternehmen nutzten ihre Option der Abwanderung bzw. der Niederlassung in Großbritannien, um Zugeständnisse von Gewerkschaften bei der Gestaltung der Arbeitsbeziehungen zu erreichen. Dabei wurde vor allem versucht, die Arbeitskonflikte zu begrenzen. Zu Beginn der 90er Jahre bewogen beispielsweise u.a. die Konzessionen der britischen Gewerkschaften in Form von Streikverzichtsabkommen das *Hoover* Management dazu, eine Niederlassung in Frankreich zu schließen und stattdessen eine neue Niederlassung in Schottland zu eröffnen (vgl. Marginson/Sisson 1994:24). In diesem Fall wurden die Handlungsmöglichkeiten der Unternehmen durch die Internationalisierung der Wirtschaft massiv erweitert, wodurch erreicht werden konnte, die Gewerkschaften zur Kooperation bzw. zum Streikverzicht zu „zwingen".

Beide Beispiele deuten darauf hin, daß die zunehmende internationale Mobilität des Kapitals und der Unternehmensstrukturen in Verbindung mit der Konkurrenz von Ländern und Regionen um Arbeitsplätze die Handlungsmöglichkeiten der Unternehmen, die Arbeitsbeziehungen nach ihren Vorstellungen zu gestalten, unter den Bedingungen der spezifischen gesetzlichen Regulierung der britischen Arbeitsbeziehungen deutlich erweiterten. Dabei werden anscheinend kooperative Arbeitsbeziehungen, gleich ob „mit" oder „ohne" Gewerkschaften, präferiert. Für die britischen Gewerkschaften erwachsen dabei vor allem hinsichtlich der Verfolgung konfliktiver Strategien, die traditionell auch Mittel zum Erreichen der gewerkschaftlichen Anerkennung in den Unternehmen waren, erhebliche Handlungsrestriktionen.

(iii) Großbritannien gehört der *Europäischen Gemeinschaft* bereits seit 1973 an[111]. Im Bereich der kollektiven Arbeitsbeziehungen ist die Einschränkung nationalstaatlicher Regulierungsautonomie durch die Mitgliedschaft in der *Europäischen Gemeinschaft* relativ gering, da die soziale Integration nur in sehr geringem Maße fortschreitet (Brewster/Teague 1989; Macshane 1991; Mayhew 1991). Die britische Regierung trug zu Beginn der 80er Jahre maßgeblich dazu bei, daß die revidierte Version der sogenannten *Fünften Richtlinie* und die *Vredeling Richtlinie*, welche die Informationsrechte und die Mitbestimmung der Gewerkschaften in multinationalen Unternehmen regeln sollten, nicht verabschiedet wurden (Mayhew 1991:9)[112]. Von der britischen Regierung wurde im Einklang mit den britischen Arbeitgebern u.a. als Begründung angeführt, daß aufgrund der voluntaristischen Tradition in den britischen Arbeitsbeziehungen die Gewährung von Konsultations- und Informationsrechten der Arbeitnehmervertreter auf dem Prinzip der Freiwilligkeit basieren sollten (Butler 1990:3). Die von den hundert größten multinationalen Unternehmen der europäischen Gemeinschaft in Großbritannien beheimateten Unternehmen nutzen diese Regelung so, daß sie bislang keine Euro-Betriebsräte einrichten (Sisson et al. 1992, zit. nach Marginson/Sisson 1994:19f; ebenso Streeck/Vitolis 1993:26;52)[113]. Die Handlungsressourcen, die sich für britische Gewerkschaften durch europäische Betriebs-

---

[111] Bis zum Beginn der 80er Jahre gab es eine vehement geführte Debatte darüber, ob die britische Mitgliedschaft in der Europäischen Gemeinschaft aufrechterhalten werden sollte oder nicht. Beispielsweise wurde zwei Jahre nach dem Beitritt 1975 ein Referendum über den Verbleib in der EG abgehalten. Die *Labour Party* optierte bis zum Beginn der 80er Jahre für einen erneuten EG-Austritt. Einer der wesentlichen Kritikpunkte an der EG-Mitgliedschaft war, daß Großbritannien aufgrund seiner starken Einfuhrabhängigkeit und der daraus abgeleiteten Abgaben an den EG-Haushalt bereits 1977 zum Nettozahler wurde, obwohl dies nicht in Relation zur Leistungsfähigkeit der britischen Ökonomie stand (vgl. Volle 1994:389). Die *Thatcher*-Regierung konnte schließlich die Mitgliedschaftsbedingungen bezüglich der Agrarpolitik und der Beitragszahlungen zum Gemeinschaftsbudget 1984 neu aushandeln. Erst danach schwenkte die Stimmung in Großbritannien in Richtung pro-europäische Integration um (Wallace 1990:150).
Zudem ist die Angst vor dem Verlust der Souveränität in Großbritannien stärker ausgeprägt als in vielen anderen Mitgliedsstaaten der Gemeinschaft, was z.T. auf das spezifisch „Britische" zurückgeführt wird: „*British constitutional conventions and political habits still fit somewhat uneasily into the EC pattern*"(Wallace 1990:171). Die britischen Regierungen haben deshalb bislang mit der europäischen Integration weitgehend eine Politik verbunden, welche den Schwerpunkt auf die wirtschaftlichen Dimensionen der Integration legte. Der politischen Integration, die von den anderen Mitgliedsstaaten angestrebt wird, stehen sie skeptisch und ablehnend gegenüber. Ein Beispiel dafür ist eine Äußerung *Margaret Thatchers* in bezug auf die Verabschiedung der *Einheitlichen Europäischen Akte* in ihrer Biographie „*The Downing Street Years*": „*...there was no option but to stake out a radically different position from the direction in which most of the Community seemed intent on going, to raise the flag of national sovereignty, free trade and free enterprise - and fight*" (Thatcher 1993:742).
In einigen Bereichen verweigerte Großbritannien daher auch die volle Integration, was z.T. auch die Haltung der Regierung in der europäischen Sozialpolitik erklärt.
[112] Die definitive Ablehnung der *Vredling*-Richtlinie im europäischen Rat wird folgendermaßen beschrieben: „*Under heavy fire from business and with a British veto certain, the Council declined in 1983 to vote on the revised directive, and has since failed to take the matter up again*" (Streeck/Vitolis 1993:11).
[113] Vor allem französische Unternehmen wie *Thomson Electronics*, aber auch deutsche Unternehmen wie *Volkswagen*, richteten europäische Betriebsräte freiwillig ein. Formalisierungsgrad, Zusammensetzung, Funktionen, Agenda und Einfluß solcher europäischen Betriebsräte sind jedoch sehr unterschiedlich (Streeck/Vitolis 1994:24f; Gold/Hall 1991).

räte ergeben, sind daher je nach „Herkunft" der multinationalen Unternehmen verschieden, insgesamt aber eher gering einzuschätzen.

Im Rahmen der *Maastrichter Verträge* 1991 wurde die *Europäische Sozialcharta* trotz des britischen Widerstandes verabschiedet. Sie erkennt grundlegende Rechte der europäischen Arbeitnehmer an, gibt aber keine Empfehlungen für ein einheitliches europäisches Modell der Regulierung der Beziehungen zwischen den Tarifparteien oder der betrieblichen Arbeitnehmervertretung (Macshane 1991:361) und hat daher überwiegend symbolische Funktion. Premierminister *John Major* lehnte die britische Ratifizierung der *Sozialcharta* dennoch ab und konnte dies im europäischen Kontext als Ausnahmeregelung durchsetzen. Er begründete dies mit der Beeinträchtigung der britischen Wettbewerbsfähigkeit durch die *Sozialcharta* in der aktuellen britischen Rezession (Volle 1994:392/293). Eine der wenigen europäischen Gesetzesinitiativen im Bereich der Arbeitsbeziehungen, die in den 80er Jahren auch in Großbritannien implementiert wurden, ist die Gesetzgebung zur Verhinderung der Benachteiligung am Arbeitsplatz (Brewster/Teague 1989:181). Die Mitgliedschaft Großbritanniens in der *Europäischen Union* hatte daher kaum direkten Einfluß auf die Gestaltung bzw. Regulierung der britischen Tarifbeziehungen.

Indirekt übt die europäische Integration allerdings positive Einflüsse auf die Handlungsressourcen der britischen Gewerkschaften aus. Diese können versuchen, über *Lobbying*, also eine informelle Einflußnahme, in den europäischen Institutionen Druck auf die britische Regierung auszuüben. Von dem sozialen Dialog in Europa sowie von der Popularität der Mitbestimmungsmodelle für Arbeitnehmer in anderen europäischen Staaten geht eine Legitimation der Mitbestimmungsforderungen britischer Gewerkschaften aus (Macshane 1991:356). Beispielsweise hat die Debatte um die Verabschiedung der europäischen Sozialcharta die isolierte Position *Thatchers* und später *Majors* bezüglich der Gestaltung der sozialen Aspekte in Europa offenbart (vgl. Rosamond 1993:323).

Ferner nehmen die Kontakte zwischen den einzelnen nationalen Gewerkschaftsbewegungen zu. Hier sind sowohl bilaterale Kontakte von Schwesterorganisationen in verschiedenen europäischen Ländern als auch die Zusammenarbeit in europäischen Institutionen bzw. in den europäischen Gewerkschaftsverbänden zu nennen (vgl. Macshane 1991:351). Britische Gewerkschaften haben z.T. Forderungen und Kampagnen aus anderen Ländern übernommen. Beispielsweise wirkte der Kampf der IG-Metall in Deutschland zur Einführung der 35-Stunden Woche als Vorbild für die britischen Gewerkschaften bei deren Kampagne um eine Verkürzung der Arbeitszeit 1989/90 (Macshane 1991:357/8). Im Laufe der 80er und zu Beginn der 90er Jahre barg die europäische Integration Großbritanniens damit durchaus Handlungsressourcen für die Gewerkschaften und schränkte entsprechend die der Regierung oder der Arbeitgeber - wenn auch nur geringfügig - ein.

(2) Die Verbreitung neuer Technologien[114]

Bis Mitte der 80er Jahre haben neue Technologien eine relativ große Verbreitung in Großbritannien erfahren. Beispielsweise wurde von 92 Prozent der Konzernmanager in allen Sektoren bzw. von 64 Prozent der Niederlassungsleiter in der verarbeitenden Industrie angegeben, neue Technologien in ihren Unternehmen eingeführt zu haben (Martin 1988:167). In verschiedenen wissenschaftlichen Untersuchungen wird bestätigt, daß Ende der 80er Jahre in 49 Prozent der britischen Unternehmen im verarbeitenden Sektor, die mehr als zwanzig Beschäftigte haben, Mikroelektronik im Produktionsprozeß eingesetzt wurde (Martin 1988:165).

Die Veränderung der Arbeitsorganisation in den Unternehmen durch die Einführung neuer Technologien wird jedoch nur dann angenommen, wenn ein größerer Teil der Fertigungskapazität auf computergesteuerte Werkzeugmaschinen umgestellt wurde bzw. integrierte Produktionssysteme eingeführt wurden (Jones 1988). In Großbritannien haben die hoch integrierten Produktionssysteme aber in den 80er Jahren eher eine nur geringe Verbreitung erfahren. CNC-Werkzeugmaschinen waren 1987 zwar in 30 bis 56 Prozent der Unternehmen in der verarbeitenden Industrie installiert (Jones 1988:455). Von den stärker integrierten flexiblen Fertigungssystemen gab es dagegen insgesamt lediglich dreißig in ganz Großbritannien, vorwiegend in der Maschinenbauindustrie. *Computer-Integrated Manufacturing* war Mitte der 80er Jahre noch in keinem Unternehmen eingeführt (Jones 1988:457)[115]. Damit waren in Großbritannien die nur geringen Veränderungen in den Produktionsstrukturen erfordernden CNC-Maschinen die am weitesten verbreiteten neuen Produktionstechnologien. Man ging deshalb Ende der 80er Jahre davon aus, daß die verschiedenen neuen Technologien in den britischen Unternehmen weitgehend „*Islands of Automation*" bildeten (Jones 1988:458). Entsprechend sind bis dahin auch nur begrenzte bzw. differenzierte „Push Effekte" im Hinblick auf eine Veränderung der Arbeitsorganisation und der Re-Qualifizierung von Mitarbeitern durch die Einführung neuer

---

114 Die Verbreitung neuer Technologien wird am Beispiel der verarbeitenden Industrie diskutiert.
115 Eine Liste der für die Einführung neuer Technologien subventionierten Modellfirmen des *Department of Trade and Industry* zeigt beispielsweise, daß 1987 von diesen Modellfirmen 66 Prozent CAD, 60 Prozent CNC, aber nur 36 Prozent sowohl CAD- als auch CAM-Systeme hatten. 13 Prozent verfügten über *Material Requirement Planning Systems*, aber nur zwei der aufgelisteten Firmen hatten die wesentlich komplexeren *Manufacturing Resource Planning Systems* (Jones 1988:455). Der Verbreitungsgrad komplexer technologischer Systeme in der gesamten verarbeitenden Industrie ist daher insgesamt bis Ende der 80er Jahre sehr niedrig einzuschätzen. Ob sich dies Anfang der 90er Jahre ändert, kann nicht beurteilt werden, da leider keine neueren Daten vorliegen.

Technologien und damit verbundene Effekte auf die Organisationsfähigkeit von Gewerkschaften anzunehmen.

(3) Wirtschafts- und Beschäftigungsentwicklung[116]

Es gab drei Phasen der wirtschaftlichen Entwicklung seit Beginn der 80er bis Mitte der 90er Jahre, die anhand der Indikatoren Inflationsrate, Wirtschaftswachstum und Arbeitslosenrate skizziert werden können[117]:

1. Zum Beginn der 80er Jahre erfuhr Großbritannien eine starke Rezession. Die Wachstumsrate des Bruttoinlandsprodukts war 1980 mit 2,2 Prozent negativ und stieg erst 1982 wieder an. Die Arbeitslosigkeit zeigte 1980 bereits ansteigende Tendenz, war mit 5,6 Millionen aber noch relativ niedrig. Wegen des massiven Beschäftigungseinbruchs, vor allem in der verarbeitenden Industrie, stieg die Arbeitslosenrate in den darauffolgenden Jahren rapide an und erreichte ihren Höhepunkt 1986 mit 11,6 Prozent[118]. Die Inflationsrate zeigte dagegen eine umgekehrte Entwicklung. Sie war mit 18 Prozent im Jahr 1980 sehr hoch, begann danach zu sinken und lag dann 1985 bei 6,1 Prozent.

2. Mitte der 80er Jahre setzte ein wirtschaftlicher Aufschwung ein. Die Wachstumsrate stieg erneut bis über vier Prozent. Die Inflationsrate bewegte sich bis zum Ende der 80er Jahre, beispielsweise mit 4,9 Prozent 1988 auf einem mittleren Niveau. Die Arbeitslosigkeit begann mit etwas Verzögerung zum Ende der 80er Jahre ebenfalls zu sinken und fiel bis 1990 auf 5,5 Prozent.

3. Seit Beginn der 90er Jahre wich der wirtschaftliche Boom in Großbritannien erneut einer Rezession. Die Wachstumsrate nahm wieder ab. Es kam wiederum zu einem Beschäftigungseinbruch und die Arbeitslosigkeit erreichte 1993 einen Spitzenwert von 10,3 Prozent. Lediglich Preisstabilität konnte erreicht werden. Die Inflationsrate lag 1993 bei 1,6 Prozent.

Die spezifische Verteilung der Arbeitslosigkeit in Großbritannien läßt starke, negative Wirkungen für die gewerkschaftliche Organisationsfähigkeit annehmen. Massive Beschäftigungseinbrüche ereigneten sich vorwiegend in gewerkschaftlich stark or-

---

[116] Falls nicht anders verwiesen wird, siehe Tabelle 6 für die Daten in diesem Kapitel.

[117] Die Außenhandelsbilanz Großbritanniens blieb während der gesamten Dekade negativ, d.h. der Wert der Importe überstieg den der Exporte. Das Defizit erhöhte sich um etwa das Doppelte von 524 Millionen Pfund 1979 auf 1.370 Millionen Pfund 1993. 1988 bewegte sich die Zahlungsbilanz zum ersten Mal in den 80er Jahren im positiven Bereich. Dies leitete eine dauerhafte Verbesserung der britischen Wettbewerbsfähigkeit ein. 1990 lag die Zahlungsbilanz bereits bei 14.636 Millionen Pfund.

[118] Da die *Thatcher*-Regierung 1982 veranlaßte, daß nur noch diejenigen Personen als arbeitslos gelten, die Arbeitslosenhilfeleistungen beziehen, ist der Vergleichbarkeit der Arbeitslosenrate mit vorherigen Daten dabei nicht unbedingt gewährt. Nach der alten Erhebungsmethode wäre die Arbeitslosigkeit etwa um eine halbe Million höher gewesen (Labour Research Sept. 1992).

ganisierten Industriesektoren und Regionen. Beispielsweise waren und sind die Arbeitslosenquoten in den ehemaligen gewerkschaftlichen Hochburgen der Schwerindustrie Nordenglands wesentlich höher als im Süd-Osten (vgl. MacInnes 1987:73; Coates 1989:150). Im Hinblick auf die gewerkschaftliche Verhandlungs- und Konfliktfähigkeit müssen die von der hohen Arbeitslosigkeit ausgehenden negativen Effekte jedoch bezüglich einzelner Arbeitnehmergruppen differenziert werden. Aufgrund der regionalen Ungleichverteilung der Arbeitslosigkeit, der starken Segmentierung des Arbeitsmarktes bzw. des hohen Anteils von Jugendlichen - die Hälfte aller Arbeitslosen sind Jugendliche ohne Berufsausbildung (Ward 1988:77) - stellte sich für „Arbeitsplatzbesitzer" im Süden Englands bzw. für qualifizierte Arbeitnehmer das Risiko, arbeitslos zu werden als gering dar. Ihre Verhandlungsmacht wurde durch die hohe Arbeitslosigkeit dementsprechend kaum verringert.

Die ungleiche Verteilung der Arbeitslosigkeit entschärfte aber auch die Restriktionen, die von der Beschäftigungskrise für die Regierung ausgingen. In den stark von der Arbeitslosigkeit betroffenen nördlichen Regionen dominierten in den 80er Jahren ohnehin die *Labour*-Anhänger (Johnston et al. 1994:260). Da auch in Großbritannien jugendliche Arbeitslose z.T. noch nicht wahlberechtigt sind, minimierte dies die von der Arbeitslosigkeit zu erwartenden wahlpolitischen Sanktionen für die konservative Regierungspartei (vgl. Schmidt 1986). Berücksichtigt man diese Aspekte, so eröffnete die hohe Arbeitslosigkeit der Regierung im Hinblick auf eine anti-gewerkschaftliche Politik sogar durchaus Handlungsressourcen.

Die Handlungsmöglichkeiten der Unternehmen, die dem Wettbewerbsdruck standhielten, haben sich durch die hohe Arbeitslosigkeit hinsichtlich der Gestaltung der Arbeitsbeziehungen ebenfalls erhöht. In bestimmten Sektoren, in denen relativ unqualifiziertes Personal beschäftigt wird, das aufgrund der hohen Arbeitslosigkeit ausreichend vorhanden ist, haben sie die Möglichkeit, die Löhne niedrig zu halten und gewerkschaftliche Konzessionen hinsichtlich des Wandels der betrieblichen Arbeitsorganisation durchzusetzen, um die Produktivität zu steigern. Die hohe Arbeitslosigkeit und die Furcht vor Entlassungen trug auch dazu bei, daß extreme Maßnahmen, wie die Nicht-Anerkennung von Gewerkschaften in den Betrieben, durchgesetzt werden konnten.

(4) Beschäftigungsstruktur

Der Wandel der Beschäftigungsstruktur wird anhand von Indikatoren wie (i) der Beschäftigung nach Sektoren, (ii) dem Beschäftigungsanteil von Frauen und (iii) der Teilzeitquote erläutert.

(i) Die Beschäftigungsstruktur in Großbritannien Ende der 70er Jahre zeigte mit 58,6 Prozent 1979 bereits einen hohen Beschäftigungsanteil im Dienstleistungsbereich. Dieser stieg weiter an, so daß 1990 bereits 68,9 Prozent aller Arbeitsplätze in Großbritannien im Dienstleistungssektor angesiedelt waren (OECD: Labor Force Statistics 1991)[119]. In der verarbeitenden Industrie ereignete sich ein Abbau von mehr als drei Millionen Arbeitsplätzen in zwei Schüben zwischen 1979 und 1983 und zwischen 1989 und 1993, jeweils wenn die britische Wirtschaft in eine Rezession steuerte (Pollard 1994:259). Der Beschäftigungsanteil der verarbeitenden Industrie, der bereits 1979 nur noch 38,7 Prozent betrug, verringerte sich daher bis 1990 auf 29 Prozent (Pollard 1994:264).

(ii) Der Beschäftigungsanteil von Frauen war bereits 1979 mit 41,7 Prozent relativ hoch und nahm bis 1989 auf 48,4 Prozent zu (Mayhew 1991:10).

(iii) In engem Zusammenhang mit der Frauenarbeit steht der große Anteil von Teilzeitbeschäftigten an der Gesamtbeschäftigung in Großbritannien. Dieser erhöhte sich von 19,7 Prozent 1978 auf 23,9 Prozent 1989 (Employment Trends April 1990)[120]. Beispielsweise arbeiteten im Dienstleistungssektor nahezu 4,5 Millionen Frauen gegenüber nur einer Million Männer als Teilzeitkräfte (Pollard 1994:264).

Die Tertiarisierung, Feminisierung und Partialisierung der Beschäftigungsstruktur ist damit in Großbritannien besonders stark fortgeschritten. Die angenommenen negativen Effekte für die gewerkschaftliche Organisationsfähigkeit aufgrund der als gering angenommenen gewerkschaftlichen Organisationsbereitschaft von Beschäftigten im Dienstleistungssektor, Frauen und Teilzeitbeschäftigten sind daher in Großbritannien besonders stark (vgl. Mayhew 1991:10). Für die Unternehmen dagegen entstanden durch neue Beschäftigungsformen zusätzliche Flexibilisierungsoptionen. Das hohe Arbeitskräfteangebot, das u.a. durch die hohe Frauenerwerbsbeteiligung zustandekam, und die hohe Teilzeitquote spiegeln die Verfügbarkeit eines relativ „billigen" und flexiblen Arbeitskräftepotentials wider.

2.2. Die Ziele der Thatcher-Regierung

Vor dem Hintergrund der Verringerung der Wettbewerbsfähigkeit der britischen Industrie, massiv steigender Inflationsraten, starker Nominallohnerhöhungen und massiver Arbeitskonflikte erschien eine Modernisierung der britischen Arbeitsbeziehungen zum Ende der 70er Jahre dringender denn je. Dieses Ziel wurde auch explizit

---

[119] Da mittlerweile mehr als ein Viertel der Beschäftigten in diesem Sektor Teilzeitkräfte sind, ist dieses Beschäftigungswachstum in erheblichem Maße auf deren Zunahme zurückzuführen (Pollard 1994:264).
[120] Das *Labour Research Survey* 1993 gibt den Anteil der Teilzeitbeschäftigten mit 28 Prozent an (Labour Research, Sept. 1993).

von der 1979 neu ins Amt gewählten Regierung unter *Margaret Thatcher* verfolgt. Die Politik *Thatchers* basierte auf neo-liberalen, am Markt orientierten Steuerungsstrategien, bei denen niedrige Inflationsraten die Präferenz gegenüber der Bekämpfung der Arbeitslosigkeit erhielten. Die Gewerkschaften galten als eine Art Sündenbock für die wirtschaftliche Krise, weshalb versucht wurde, sie im politischen Kontext zu marginalisieren und in der tarifpolitischen Arena zu schwächen.

Der *Thatcher*-Regierung standen 1979 zur Steigerung der Wettbewerbsfähigkeit der britischen Wirtschaft bezüglich der makroökonomischen Strategie im großen und ganzen zwei Optionen offen. Um die Produktivität zu erhöhen und eine weitere Reduzierung der Reallöhne im Verhältnis zur Produktivitätssteigerung zu erreichen, konnte sie die Fortsetzung der Politik des Konsensus der 70er Jahre oder eine Politik der radikalen Umstrukturierung verfolgen (Soskice 1984:310). Die erste Option einer konzertierten Politik auf der Grundlage keynesianischen Nachfragemanagements erschien aufgrund der weltweiten Rezession für nahezu alle europäischen Regierungen wenig erfolgversprechend. Für eine britische Regierung aber war sie noch weniger attraktiv als für andere, da in Großbritannien 1979 mit dem *Social Contract* gerade der Versuch einer Politik der Kooperation und Konzertierung mit den Gewerkschaften nicht zuletzt durch deren konfliktives Verhalten gescheitert war. Die *Thatcher*-Regierung lehnte daher eine konzertierte Einkommenspolitik von vornherein ab und proklamierte die Rückkehr zum *„Free Collective Bargaining"*, wie im Wahlprogramm der Konservativen angekündigt wurde: *„...pay settlements should be left to the companies and workers concerned ... no-one should or can protect them from the results of the agreements they make"* (Conservative Manifesto 1979, zit. nach Dorey 1993:34). Die Rolle der staatlichen Akteure in der Lohnpolitik sollte sich zukünftig wieder auf deren Rolle als Arbeitgeber im öffentlichen Sektor beschränken.

Der Wechsel von der erfolglosen keynesianischen Politik hin zur neo-liberalen und monetaristischen Politik wäre jedoch als „Steuerungsverzicht" falsch interpretiert. Vielmehr war mit der Veränderung der Steuerungsstrategie eine Änderung des primären Ziels der makroökonomischen Steuerung verbunden. Dieses hieß nun nicht mehr Vollbeschäftigung, sondern Inflationsbekämpfung. Es wurde konstatiert, daß die Schaffung von Arbeitsplätzen nicht in der Macht des Staates stehe[121]. Die hohe Arbeitslosigkeit wurde als „Preis" für die Modernisierung der Wirtschaft von der Regierung in Kauf genommen (vgl. Crafts 1991:91). *Nicholas Ridley*, eines der Kabinettsmitglieder, sagte beispielsweise 1982, *„the high level of unemployment is evidence of the progress we are making"* (zit. nach MacInnes 1987:57). Mit einer mone-

---

[121] Weißbuch der Regierung „Employment: The Challenge for the Nation" (Cmnd. 9474, 1985, zit. nach Abromeit 1994:314)).

taristischen Strategie in der Wirtschaftspolitik wurde in den ersten Jahren versucht, die Senkung der Inflationsrate via Geldmengensteuerung zu erreichen (Allsopp et al. 1991:69). In späteren Jahren stellte sich die makroökonomische Politik primär als öffentliche Ausgabenkürzung und das Bemühen um die Senkung der öffentlichen Kreditaufnahme dar[122] (vgl. Abromeit 1994:304).

Die von der *Thatcher*-Regierung verfolgte neo-liberale Politik beinhaltete auch in vielen anderen Bereichen eine Präferenz für den „Markt" als Steuerungsmedium. Erklärtes Ziel staatlicher Politik war es, mit Hilfe staatlicher Rahmenregulierung den Allokationskräften des Marktes freie Entfaltung zu ermöglichen, sowie die Selbststeuerung der Wirtschaftsakteure zu stärken. Ein Vertreter der *Thatcher*-Regierung formulierte diese Ziele 1979 folgendermaßen: *„ The central theme for our policies remains the belief that sensible economic decisions are best taken by those competing in the market place. The responsibility of Government is to create the right climate so that markets work better and to encourage enterprise "* (Cm.278, DTI-teh Department for Enterprise, London 1979, p.iii, zit. nach Grant 1991).

Zur Agenda der konservativen Regierung gehörte daher u.a. ein Programm zur Privatisierung bislang staatlicher Unternehmen und Dienstleistungen sowie der Abbau wohlfahrtsstaatlicher Leistungen. Liberalisierungen auf der Angebotsseite, so die Senkung individueller Steuern insbesondere für Spitzeneinkommen, sollten zudem Investitionshindernisse aus dem Weg räumen (Crafts 1991:86). Die „Quasi-Selbstregulierung" der Wirtschaft durch von der Regierung eingerichtete *Para-Governmental Agencies* erfreute sich einer starken Beliebtheit (Abromeit 1994:310).

Die Marginalisierung von Interessenverbänden ist z.T. als „zwangsläufige" Folge der gewählten Steuerungsoption und der Auflösung tripartistischer Quangos[123] zu sehen, wurde aber auch als explizites Ziel der Regierung angestrebt. Dies zeigte sich vor allem im Umgang mit den Gewerkschaften. Die Konsequenz und Vehemenz, mit der die Marginalisierung der Gewerkschaften verfolgt wurde, charakterisiert ein Spezifikum des *Thatcherismus*. *Sir Keith Joseph*, ein enger Berater *Margaret Thatchers* und späterer Industrieminister, warf in der Streitschrift *„ Solving the Union Problem is the Key to Britain's Recovery "* den „zu mächtigen" britischen Gewerkschaften vor, die Modernisierung der Wirtschaft und die Steigerung der Wettbewerbsfähigkeit zu behindern:

---

[122] Die staatliche Kreditaufnahme wurde verstanden sowohl als „Mit"-Verursacherin von Inflation als auch als Hindernis, die Höhe der Zinsen und die Geldmenge zu steuern. Als Voraussetzung für Wirtschaftswachstum sollten daher die Staatsausgaben drastisch reduziert werden (Beaumont 1992:20).
[123] Das Adjektiv „tripartistisch" beinhaltet in diesem Zusammenhang, daß in den Leitungsgremien solcher Quasi Non-Governmental Organizations Vertreter von Gewerkschaften, Arbeitgebern und der staatlichen Verwaltung sitzen.

„Trade union attitudes make good management difficult. Many at shop-floor level seem hostile to the need for industrial efficiency ... Negotiated labour agreements are less dependable in the UK and restrictive practices - reflected in a reluctance by labour to agree to the elimination of unnecessary work and rules - are too prevalent. Yet these practices all contribute to overmanning; to the inefficient use of plant and to a loss of competitiveness (Joseph 1979, zit. nach Coates and Hillard 1986:99).

Die Militanz und die Unfähigkeit britischer Gewerkschaften, Kollektivgüter oder öffentliche Güter zu produzieren, wurde als Legitimation für eine radikale Reform der Regulierung der Arbeitsbeziehungen angeführt:

„Our unions have been uniquely privileged for several decades.... The predictable result has been the growing use of strikes and the strike threat. In a trade dispute most things seem permitted for the union side breaking contracts, inducing others to break contracts, picketing of non-involved companies, secondary boycotts. A trade dispute can be between workers and workers; it can concern matters of discipline, membership, facilities; it may even relate to matters overseas. All this is unique in Britain; there is nothing like it in other countries.
As we would expect, this 'militants charter'... has bred militants, and driven moderates underground. Indeed, we are now seeing militants increasingly taking over control from union officials...
To ask one union to sacrifice its own interests 'for the national good' without guarantee that other unions will do likewise is as unrealistic as it is to urge housewives not to anticipate a bread strike or motorists not to fill up before a petrol strike. The national good can be secured only by changing the framework, the rules of the game, and then ensuring that everyone plays fairly by them. That is what Margaret Thatcher has called for" (Joseph 1979, zit. nach Coates and Hillard 1986:99f)[124].

Die auf dieser Analyse aufbauende Regierungspolitik beinhaltete nicht nur eine gesetzliche Regulierung der Arbeitsbeziehungen zur Einschränkung gewerkschaftlicher Organisations- und Streikmacht, sondern schloß auch die Veränderung der Rolle des Staates als Modellarbeitgeber ein. Es wurde zwar weiterhin angestrebt, im öffentlichen Sektor ein Vorbild für den privaten Sektor im Hinblick auf den Umgang mit Gewerkschaften und die Gestaltung der Arbeitsbeziehungen zu geben, allerdings unter anderen Vorzeichen. Alles in allem werden vier Ziele der Regierungspolitik identifiziert, die den von ihr angestrebten „neuen" Managementstil der staatlichen Arbeitgeber widerspiegeln: *„To cut manpower and reduce expenditure; to assert greater ministerial and managerial control; to transfer work to the private sector; and to import private sector management methods"* (Marsh 1992:227; vgl. ebenfalls Fredman/Morris 1989:19).

---

[124] Eine ähnliche Position vertrat auch *Norman Tebbit*, der zweite Arbeitsminister der *Thatcher*-Regierung. Ihm galten die Gewerkschaften als Ursache für die tiefe ökonomische Krise Großbritanniens, insbesondere aber wurden sie verantwortlich gemacht für die hohe Arbeitslosigkeit und Inflation. *Norman Tebbit* sagte 1982 auf dem Kongreß der konservativen Partei: *"The most privileged trade union movement in the world, commanding a huge conscript army in the closed shop, has failed its members. It has left them near the bottom of the productivity league, condemned them to see their big pay rises wiped out by inflation. It has led them into unemployment..."* (Tebbit 1982; zit. nach Dunn 1984:2).

Die Verfolgung dieser Ziele wurde mit der Schwächung der Gewerkschaften verbunden. Die *Thatcher*-Regierung wirkte mehr oder weniger explizit darauf hin, den Organisationsgrad der Gewerkschaften im öffentlichen Sektor zu verringern (vgl. Beaumont 1992:80). Die Verhandlungsmacht der Gewerkschaften sollte z.b. durch die Dezentralisierung und Umgestaltung der Tarifverhandlungen eingeschränkt werden. Einzelne Regierungsvertreter wie der *Secretary of State, Kenneth Clarke*, betonten offen ihre Präferenz für dezentrale Lohnverhandlungen sowie profit-bezogene Entlohnung im öffentlichen Sektor entsprechend der neuen Managementtheorien im Privatsektor (Clarke 1987, zit. nach MacInnes 1987:58). Die Gewerkschaften bzw. deren Verhandlungsmacht im öffentlichen Sektor wurden dabei von Regierungsvertretern als eine der Ursachen für die hohen Löhne und die personellen Überkapazitäten im öffentlichen Sektor und damit auch für die steigenden Staatsausgaben herausgestellt und zur Legitimation der Beschäftigungsreduzierung im öffentlichen Sektor und zur Privatisierung staatlicher Unternehmen benutzt. *Sir Keith Joseph* sagte beispielsweise 1987 in einem Interview, daß

> *„state industries were run predominantly in the interests of the workers and were used to further the political objectives of public-sector union leaders. The absence of the threat of bankruptcy severely weakened management's hand in dealing with the unions, encouraging concessions over wages, staffing levels and so on, and protecting the work-force 'from the necessity to adapt their performance constantly to serve the public - the customer - profitably* (Veljanovski 1987:48, zit. nach Ferner/Colling 1991:391f).

Die Stoßrichtung all dieser Äußerungen zeigt, daß die *Thatcher*-Regierung eine Veränderung der staatlichen Steuerungsstrategie mit der Verringerung des gewerkschaftlichen Einflusses im öffentlichen Sektor verbunden hat und damit als Vorbild für das sogenannte „*Macho Management*" galt: „*... 'macho management' has become a widespread feature of British industrial relations: an aggressive insistence on 'management's right to manage', a sharp restriction on the area of the negotiable*" (Hyman 1988:171). Voraussetzungen für die Durchführung der angestrebten Ziele in den Arbeitsbeziehungen stellten u.a. die spezifischen institutionellen und machtpolitischen Voraussetzungen der Regierung dar.

2.3. Handlungsvoraussetzungen der konservativen Regierung

Das staatlichen Institutionen bzw. das britische Regierungssystem und die - vor allem in den 80er Jahren - stark ausgeprägte ideologische Überzeugungskraft der konservativen Partei bzw. der Regierung verliehen letzterer über starke parlamentarische Mehrheiten und einer damit verbundenen langen Regierungszeit (seit 1979) ein hohes Maß an Handlungsfreiheit und Durchsetzungsfähigkeit für den angestrebten Wandel der Arbeitsbeziehungen.

Eine generelle Quelle des Reformspielraums für britische Regierungsparteien er-
wächst aus den fehlenden „*Checks and Balances*", wie sie im amerikanischen und
auch im bundesdeutschen Verfassungstyp angelegt sind. Britische Regierungen verfügen über ein hohes Maß an Autonomie, z.B. für Kursänderungen in der Wirtschaftspolitik, da die *Bank of England* gegenüber dem Finanzministerium (Treasury)
weisungsgebunden ist. Die unitarische oder zentralistische Staatsverfassung Großbritanniens beinhaltet wenig Steuerungsrestriktionen und stellt kaum Hindernisse für
von der Zentralregierung geplante, institutionelle Reformen dar, wie sie beispielsweise in anderen Ländern durch eine föderalistische Verfassung und/oder durch die
budgetäre „Autonomie" von Gemeinden gegeben sind (Hesse/Benz 1990:79f). Zudem wurden während der *Thatcher*-Ära im Rahmen der Gemeindereform die bis
dahin bestehenden Gemeindeverbände, sogenannte *Metropolitan Councils*, aufgelöst
und dadurch die „*Overbearing Majority*" der Zentralregierung noch weiter verstärkt
(Abromeit 1994:310/311). Ein Verfassungsgericht, das der Legislative in ihrer Re-
gulierungsfunktion Grenzen setzt, bzw. die Regierung gerade auch in der Verbands-
gesetzgebung auf bestimmte verfassungskonforme Normen verpflichtet, gibt es in
Großbritannien nicht. Wie anhand der gesetzlichen Regulierung bereits aufgezeigt
wurde, fehlt selbst die explizite verfassungsmäßige Garantie des gewerkschaftlichen
Organisations- und Streikrechts. Die institutionellen Beschränkungen der Handlungsautonomie der Regierung und insbesondere des Premierministers sind im britischen Fall daher für eine repräsentative parlamentarische Demokratie auf der Basis
von Gewaltenteilung ungewöhnlich gering. Da diese Institutionenstruktur auch vor
dem Regierungsantritt *Thatchers* weitgehend vorhanden war (vgl. Wolfe 1991:244),
stellte sie zwar sicherlich eine notwendige Voraussetzung für die Reformfähigkeit
der *Thatcher*-Regierung dar, bietet aber keine hinreichende Erklärung. Diese ist eher
bei den spezifischen Machtressourcen der 1979 gewählten *Thatcher*-Regierung zu
suchen.

*Starke ideologische Überzeugungskraft, parlamentarische Mehrheiten und lange
Regierungszeit*

Von der konservativen Partei in Großbritannien wurde die Macht politischer Ideen
bewußt eingesetzt, um parlamentarische Mehrheiten zu erlangen und ihre Wirtschaftspolitik sowie ihre anti-gewerkschaftliche Politik zu legitimieren. Sogenannte
Think Tanks wie das *Institute of Economic Affairs*, die *Social Affairs Unit* oder das
Adam Smith Institute spielten dabei eine entscheidende Rolle (Grant 1987:179). Einzelne dieser Institutionen standen und stehen der konservativen Partei sehr nahe. Das

Centre for Policy Studies wurde beispielsweise 1974 von *Margaret Thatcher* selbst zusammen mit *Sir Keith Joseph* gegründet. In diesen *Think Tanks* wurden die Ideen der *New Right* entworfen und auch „vermarktet" (Worcester 1991:46). Sie bildeten weitgehend den ideologischen Hintergrund für die Strategien der konservativen Regierung und deren Umsetzung. Die individualistischen und anti-kollektivistischen Werte sowie das neo-liberal geprägte Staatsverständnis und die Antipathie gegen die Gewerkschaften, die dem *Thatcherismus* zugrundelagen, erreichten nicht zuletzt durch die Veröffentlichungen der Analysen der Vertreter der *New Right* eine starke Popularität.

Die Ideen der *New Right*[125] sehen im Einklang mit diesem Staatsverständnis eine eher marginale Rolle für Interessenverbände und insbesondere für Gewerkschaften vor. Diese wurden als eine der Ursachen für die Krise Großbritanniens wahrgenommen. *Mancur Olson* stellte beispielsweise in *„Rise and Decline of Nations"* einen Zusammenhang zwischen dem Alter der Demokratie und dem Wirtschaftswachstum in einem Land her. Die relativ schlechte Position Großbritanniens bei den Wachstumsraten wurde u.a. durch die Stärke von Interessenorganisationen erklärt, die wiederum im Zusammenhang mit der Dauer und Kontinuität der britischen Demokratie gesehen wurde. Nach Olson hat Großbritannien *„acquired so many strong organizations and collusions that it suffers from an institutional sclerosis that slows its adaptation to changing circumstances and technologies"* (Olson 1982:77). *F.A. Hayek*, ein weiterer Vertreter der *New Right*, machte deutlich, daß er vor allem die Gewerkschaften als Ursache der wirtschaftlichen Probleme Großbritanniens ·ansah. Er schlug direkte arbeitsgesetzliche Maßnahmen zur Lösung der wirtschaftlichen Krise Großbritanniens vor. Streiks in Großbritannien sollten wieder zunehmend unter Strafe gestellt werden als Voraussetzung für die Bekämpfung der

---

[125] Die politischen und ideologischen Richtungen, die sich hinter dem Label *New Right* verbergen, sind vielschichtig. In Anlehnung an Gamble, der ein ausführliches Porträt des *Thatcherismus* zeichnet, kann man als *New Right* neo-liberal inspirierte Ideen identifizieren, die auf die Stärkung des Individuums abzielen: *„The liberal conception of a free economy denoted a spontaneous harmony of interests generated through the voluntary exchanges of free autonomous individuals within a framework of agreed rules"* (Gamble 1988:30). Das zugrundeliegende Staatsverständnis beruht auf der Konzeption eines Minimalstaates mit begrenzten Funktionen und begrenzter Macht, der gleichzeitig „stark" genug sein soll, um die freie Entfaltung der Marktkräfte zu gewährleisten: *„To safeguard the order which the market spontaneously generated a state was needed, but a state minimal in its functions and limited in its powers. Although the state was to be limited, however, it needed to be strong in carrying out its functions. Policing the market order required vigilance and firm action to enforce laws impartially so that competition might be fair, exchange voluntary, and the fruits of enterprise secure"* (ebd.:31). Ferner gibt es konservativ inspirierte Ideen, welche auf die Wiederherstellung staatlicher Autorität gegenüber der Gesellschaft abzielen. Es wird auch hier ein starker Staat gefordert, der den Trend hin zum Kollektivismus revidieren und den Widerstand partieller Interessen, beispielsweise von Gewerkschaften und anderen Interessengruppen, brechen kann (Gamble 1988:33). Gamble charakterisiert daher die dem *Thatcherismus* zugrundeliegenden, sich in „paradoxer Weise" widersprechenden Ziele mit *„The Free Economy and the Strong State"* (Gamble 1988:28). *„The idea of a free economy and a strong state involves a paradox. The state is to be simultaneously rolled back and rolled forward. Non-interventionist and decentralised in some areas, the state is to be highly interventionist and centralised in others"* (Gamble 1988:28).

Arbeitslosigkeit, der Inflation und anderer ökonomischer Probleme (The Times, 13. Juni 1980, zit. nach Auerbach 1993:40). Vor diesem ideologischen Hintergrund fanden die oben skizzierten Ziele der konservativen Partei eine starke Unterstützung.

Der Diskurs für eine Reformpolitik konnte von den Konservativen aber auch deshalb mehr oder weniger „dominiert" werden, weil die politische Opposition in diesem Zeitraum eher ideologisch schwach und parteipolitisch in verschiedene Lager gespalten war. Seit dem definitiven Scheitern des *Social Contract*, also eines keynesianisch-korporatistischen Wirtschaftsprogramms Ende der 70er Jahre, fehlte *Labour* bis zum Beginn der 90er Jahre ein Wirtschaftskonzept, das als glaubwürdige Alternative zur Regierungspolitik vertreten werden konnte (Peele 1990:84ff). Zudem kam es bereits zu Beginn der 80er Jahre innerhalb der *Labour Party* zu Konflikten, Abspaltungen und schließlich zur Gründung der *Social Democratic Party* 1981. Bei den Wahlen 1983 hatte *Labour* - nicht zuletzt aufgrund dieser Faktoren - mit nur 27,6 Prozent der Stimmen das schlechteste Wahlergebnis in der Nachkriegsperiode. Aufgrund des unter *Neil Kinnocks* Führung danach eingeleiteten Reformprozesses innerhalb der *Labour Party* wuchs die Unterstützung der Wählerschaft langsam wieder (vgl. Tabelle 7). Bei den Wahlen 1992, die von *Kinnock* als Spitzenkandidat geführt wurden, erreichte *Labour* eine Steigerung ihres Wählerstimmenanteils auf 34 Prozent, blieb aber mit nur 271 Parlamentssitzen weit von regierungsfähigen Mehrheiten entfernt[126].

Die Allianz der *Social Democratic Party* und der *Liberal Party* erreichte im Laufe der 80er Jahre annähernd den gleichen Wählerstimmenanteil wie *Labour*. Dieser schlug sich aber nur in einem geringen Anteil der Sitze im Unterhaus (meist knapp über 20) nieder (vgl. Tabelle 7). Hier zeigte sich der Disproportionalitätseffekt des Wahlsystems, bei dem die Anzahl der „gewonnenen" Wahlkreise und nicht die Anzahl der insgesamt abgegebenen Stimmen den Ausschlag für die Sitzverteilung im Unterhaus gibt.

Die Konservativen waren mit 43,9 Prozent der Stimmen 1979, 42,4 Prozent 1983, 42,3 Prozent 1987 und 41,9 Prozent 1992 die Partei, die jeweils den größten Teil der Wählerstimmen bei vier aufeinanderfolgenden Wahlen binden konnte. Dabei kamen auch ihnen die Disproportionalitätseffekte des britischen Mehrheitswahlsystems zu

---

[126] Ein Grund für die Zunahme des Stimmenanteils von *Labour* 1992 wird darin gesehen, daß die Wähler erstmals die Regierungspartei entsprechend des Ansteigens oder Sinkens der regionalen Arbeitslosenrate sanktionierten oder „belohnten" (Johnston et al. 1994:266f). Daß es die *Labour Party* unter *Kinnock* dennoch nicht schaffte, die Mehrheit der Wähler von den Defiziten der konservativen Politik zu überzeugen und bei ihnen Vertrauen für eine sozialdemokratische Wirtschaftspolitik zu wecken, wird von Wahlanalysen auf deren fehlendes bzw. nicht überzeugendes ökonomisches Programm und eine falsche Wahlkampfstrategie zurückgeführt (Philo 1993:417). Ersteres wurde durch massive Pressekampagnen der Regierung unterstützt, welche die wirtschaftspolitische „Unfähigkeit" von *Labour* betonten (Philo 1993:414).

Gute, da sich die einfache Stimmenmehrheit aufgrund der Wahlkreisverteilung in einer absoluten Mehrheit der Parlamentssitze niederschlug (vgl. Tabelle 7). Die politische Position der konservativen Partei wurde erst durch neue Entwicklungen Anfang der 90er Jahre geschwächt. Beispielsweise drückten sich die parteiinternen Konflikte der Konservativen, insbesondere in bezug auf die weitere EG-Integration, unter anderem durch den Rücktritt *Margaret Thatchers* als Premierministerin Ende 1990 aus[127].

Damit trugen die ideologische Überzeugungskraft der verfolgten Strategie der Konservativen, die Spaltung der Opposition und deren fehlende Konzepte in den 80er Jahren ebenso wie der Disproportionalitätseffekt des britischen Wahlsystems zu dem anhaltenden Erfolg der konservativen Partei bei. Die lange Regierungszeit verlieh der konservativen Regierung einen großen Handlungsspielraum, der es ihr ermöglichte, die von ihr geplanten Reformen im Bereich der Arbeitsbeziehungen schrittweise durchzusetzen und die durch das Regierungssystem ohnehin relativ große Handlungsressourcen voll auszuschöpfen.

2.4. Die Ziele der britischen Arbeitgeber

Die in den neuen Managementtheorien genannten Ziele zur Gestaltung der Arbeitsbeziehungen, wie die funktionale Flexibilisierung, die Dezentralisierung von Tarifverhandlungen oder die Marginalisierung bzw. Exklusion der Gewerkschaften in betrieblichen Verhandlungsnetzwerken, wurden von britischen Arbeitgebern als Gesamtkonzept während der 80er und zu Beginn der 90er Jahre kaum konsequent umgesetzt. Einzelne der genannten Maßnahmen ergaben sich z.T. vielmehr als „Nebeneffekte" anderer Entscheidungen und Reformen in den Unternehmen. Lediglich in dem vehementen Wandel der Position des Dachverbandes britischer Arbeitgeberverbände, der *Confederation of British Industry*, lassen sich die neuen Managementtheorien als explizit formulierte Ziele wiederfinden: War Ende der 70er Jahre vor dem Hintergrund kollektivistischer Managementstile ein zentralisiertes und koordiniertes Tarifverhandlungssystem eingefordert worden, so wurden Anfang der 90er Jahre explizit individualistische Managementkonzepte vertreten. Den Gewerkschaften wird seitdem eine marginale Rolle zugewiesen.

---

127 *Margaret Thatcher* hielt an der Beschränkung der europäischen Integration auf eine „Wirtschafts- und Handelsgemeinschaft" noch 1990 fest. Doch ihre eigenen Minister wendeten sich gegen ihre kompromißlose Ablehnung der Europäischen Währungsunion. So trat Großbritannien 1990 dem Europäischen Währungssystem bei, was von der Premierministerin nur zögerlich unterstützt wurde (vgl. Volle 1994:392). Ihre ablehnende Haltung gegenüber der europäischen Integration führte schließlich 1990 zu ihrem Rücktritt.

Im Umgang mit den Gewerkschaften stand und steht dem britischen Management eine große Bandbreite strategischer Entscheidungen wegen der geringen rechtlichen Regulierung der Arbeitsbeziehungen offen:

> „*There are a number of strategic decisions employers must take in industrial relations. In the first place they must decide whether or not to recognise an organisation of employees, what kind of organisation, at what levels and for what purposes. The advent of a union involves some determination of the respective rights and standing of the parties. Second, they must decide on the kind of machinery through which to deal with the worker representatives and handle disputes. Third, the level of bargaining and the scope and form of bargaining has to be decided*" (Gospel 1986:17).

Trotz dieses großen Gestaltungsspielraums wird jedoch das Fehlen dezidierter Strategien der einzelnen Unternehmen in Großbritannien im Umgang mit den Gewerkschaften bzw. im Personalmanagement in den 80er Jahren in verschieden Studien festgestellt (Batstone/Gourlay 1986, Marginson/Sisson 1988; Storey 1992)[128]. Marginson/Sisson formulieren dieses Ergebnis folgendermaßen:

> „*Although the great majority of our respondents claim that their organizations have an overall policy or approach towards the management of employees, with the exception of a number of companies which are overseas owned, or financially centralized, or operating in the service sectors, it would be wrong to place very much store by this. Less than half put the policy in writing and even fewer gave a copy to employees. Most could not describe the approach in any detail. Furthermore, even where the overall approach in policy is written and a copy given to employees, it is doubtful whether it always adds up to very much. There is little or no evidence to suggest hat the overall policy or approach which most of our respondents profess to have makes any real difference to their organization's specific policies and practices. In short, both the difficulty in establishing the existence of identifiable styles or approaches and the general weight of evidence would seem to confirm that most UK owned enterprises remain pragmatic or opportunistic in their approach*" (Marginson/Sisson 1988:120).

Als Begründung für die fehlenden Strategien wird angeführt, daß das britische Management die Unternehmensentwicklung, d.h. die Entwicklung der Unternehmensstruktur, der Unternehmensform und die Kontrolle der Arbeitnehmer in den Mittelpunkt der Unternehmenspolitik stellte, und die Umgestaltung der Tarif- und Arbeitsbeziehungen weitgehend in Anpassung an diese Politik vollzogen wurde (Purcell 1991:38). Die vom Management der Gestaltung der Arbeitsbeziehungen und der Beziehungen mit den Gewerkschaften „nur" sekundär zugestandene Bedeutung wird als „symbolisch" interpretiert. Damit hätten die Unternehmer demonstrieren wollen, daß dem Management die entscheidende Rolle bei der Gestaltung der Ar-

---

[128] Batstone/Gourlay (1986) werten verschiedene Samples von Unternehmensbefragungen aus. Marginson/Sisson (1988), Storey (1992) untersucht 15 Unternehmen in der verarbeitenden Industrie. Marchington/Parker (1990) machen ihre Aussagen aufgrund der Analyse von vier Fallstudien, ebenfalls in der verarbeitenden Industrie.

beitsbeziehungen zukommt und diese den Prioritäten des Marktes untergeordnet werden (Storey 1992:260).

Die Reformen in vielen Unternehmen zielten auf eine Dezentralisierung und Flexibilisierung der Organisations- und Unternehmensstrukturen ab, d.h. auf die Auflösung korporativer Verantwortlichkeit zu Gunsten von dezentralen Unternehmenseinheiten, Profit- oder Produktzentren. Um die Lohnentwicklung stärker mit diesen dezentralen Unternehmenseinheiten zu koppeln, war auch eine Dezentralisierung von Lohnverhandlungen notwendig (vgl. Sisson 1990: 153f; Purcell 1991)[129]. Damit kann die Dezentralisierung bzw. die Verbetrieblichung der Tarifverhandlungen als ein Trend beim Management der Arbeitsbeziehungen in den 80er Jahren in Großbritannien angenommen werden.

Dies wird in Verbindung gesehen mit einem allgemeinen Trend, den kollektivistischen Managementstil zu Gunsten eines individualistischen Managementstils, der von Elementen des *Human Resource Managements* oder des Konzepts der *Flexible Firm* geprägt ist, aufzugeben, und auf die Beteiligung von Gewerkschaften als betriebliche Interessenvertretung weitgehend zu verzichten[130]:

> „*...this move to firm-specific labour markets, especially in large companies, has been associated with marked changes in priorities from concern with industrial relations and collective bargaining to the flexible deployment and utilization of labour under the management prerogative. This is associated with an emphasis on individualism away from what many see in retrospect as an undue focus on collectivism in the 1970s*" (Purcell 1991:34).

Dabei wird z.T. die Vermischung und Koexistenz von einzelnen Elementen kollektivistischer als auch individualistischer Managementstile wie beispielsweise die fortbestehende Anerkennung von Gewerkschaften und die parallele Einführung von Qualitätszirkeln als Teil des Trends zur Marginalisierung der Gewerkschaften in den betrieblichen Arbeitsbeziehungen wahrgenommen (Storey 1992:249; Marchington/Parker 1990:257). Darüber hinaus finden sich aber auch genügend Beispiele dezidiert individualistischer oder anti-gewerkschaftlicher Managementpraktiken, die auf die Nicht-Anerkennung von Gewerkschaften als Verhandlungspartner in den Betrieben abzielten. Solche Strategien wurden vorwiegend in ausländischen Firmen, neu gegründeten Firmen (*Greenfield Sides*) oder Firmen in bestimmten Sektoren wie

---

[129] Eine andere Möglichkeit dies zu erreichen, bietet die Flexibilisierung der zentralen Lohnabkommen, in Form einer Lockerung der Standardisierung von Arbeitsbedingungen, so daß mehr Handlungsspielräume für einzelne Unternehmen entstehen. Dies wurde im privaten Sektor in Großbritannien aber kaum wahrgenommen und auch nicht angestrebt, da hier die zentralen Lohnverhandlungen nicht stark institutionalisiert waren (siehe oben) und damit deren Auflösung nahelag.

[130] Storey bestätigt diese Einschätzung insofern, als er einen weitgehenden Dualismus von individualistischen und kollektivistischen Managementstilen in den von ihm untersuchten Unternehmen feststellt (Storey 1992:243).

der Druckindustrie oder im öffentlichen Sektor verfolgt (Batstone/Gourlay 1986:86;107; Marginson/Sisson 1988:121).

Ferner waren und sind die Unternehmer in Großbritannien im allgemeinen an einer Erhöhung der Qualifikation ihrer Mitarbeiter, d.h. an einer Ausweitung der funktionalen Flexibilität interessiert. Bei einer Umfrage des CBI gaben immerhin fast sechzig Prozent der befragten Manager an, „Multi-Skills" und „Job Flexibility" erhöhen zu wollen (zit. nach Marsden/Thompson 1990:92)[131]. Doch auch bei der Umsetzung dieser Ziele wurde in Großbritannien eher eine Art „Muddling Through" in den Unternehmen verfolgt als eine dezidierte Strategie (Marginson/Sisson (1988:121). Im Vordergrund stand dabei, die Verantwortung der Belegschaft für Produktqualität und Kundendienst zu erhöhen (Marchington/Parker 1990:257). Aufgrund der ohnehin geringen gesetzlichen Regulierung individueller Arbeitsverhältnisse in Großbritannien spielte die Forderung nach einer weiteren Deregulierung derselben (vgl. Employment Trends Aug. 1990) oder die explizite Forderung der Arbeitgeber nach einer Arbeitszeitflexibilisierung in den 80er Jahren keine bedeutende Rolle (vgl. Blyton 1992a:27). Von einzelnen Unternehmen wurden die bestehenden Befristungsmöglichkeiten in erheblichem Umfang in Anspruch genommen (Employment Trends Aug. 1991). Insgesamt kann daher davon ausgegangen werden, daß die Unternehmen in Großbritannien bis zu Beginn der 90er Jahre individualistische Managementtheorien wie das *Human Resource Management* oder die *Flexible Firm* zwar nicht als umfassende Konzepte verwirklichten, aber durchaus einzelne Elemente davon umsetzten.

Der Dachverband der Arbeitgeber und seine Ziele

Die Verlautbarungen des Dachverbandes der britischen Arbeitgeber, der *Confederation of British Industry*, spiegelten 1979 noch kaum die in den neuen Managementtheorien aufgezeigten Ziele wider. In der Verbandsveröffentlichung „Pay: The Choice ahead. CBI Proposals for Reforming Pay Determination" (1979) wurden vielmehr Lösungen für spezifisch britische Probleme wie die Fragmentierung der Lohnverhandlungen angestrebt, die nicht zuletzt beim Scheitern des *Social Contract* zu Tage getreten waren. Der CBI forderte daher, „... we must aim for better attitudes, better structures and a better balance between power and responsibility" (CBI 1979:13). Zur Verbesserung dieser „Attitudes" wurde vorgeschlagen, ein nationales ökonomisches Forum zu etablieren, das Informationen bezüglich der britischen Öko-

---

[131] Atkinson und Meager (1986) ermitteln sogar, daß neunzig Prozent der britischen Unternehmen in der verarbeitenden Industrie die funktionale Flexibilität erhöhen wollten. Doch wie auch bei der Einführung neuer Technologien, die in engem Zusammenhang mit dem Wandel der Arbeitsorganisation oder der Qualifizierung von Mitarbeitern steht, wird eine konsistente Strategie in den meisten britischen Unternehmen vermißt (Jones 1988:437).

nomie zur Verfügung stellt sowie die Folgen verschiedener Optionen bei den Lohn-verhandlungen öffentlich diskutiert (CBI 1979:14/15). Damit wollte man dazu bei-tragen, „realistische Erwartungen" als Basis für die Lohnverhandlungen zu schaffen, um eine stärkere Orientierung der Lohnerhöhungen an den Produktivitätssteigerun-gen zu erreichen (CBI 1979:15). Daher sollten auch bei zentralen Tarifverhandlungen keine festen „Normen" formuliert werden, sondern den Unternehmen Flexibili-tätsspielräume bei der Lohnsetzung belassen werden (CBI 1979:16)[132].

Darüber hinaus formulierte der CBI stellvertretend für die Unternehmer allgemeine Forderungen für die 80er Jahre, wie die Wiederherstellung des „Machtgleichge-wichts zwischen Unternehmer und Gewerkschaften", womit de facto eine Einschrän-kung gewerkschaftlicher Macht zu Gunsten der Unternehmer gemeint war. Oftmals wurde dies auch mit der Forderung „Get back the Right to Manage" umschrieben. Diesem Aufruf lag die unternehmerische Einschätzung zugrunde, daß die gewerk-schaftlichen Vertreter in den Betrieben in den 70er Jahren Rationalisierungs- und Modernisierungsprozesse behindert hatten, also beispielsweise die Einführung neuer Technologien oder die Umgestaltung von Produktionsprozessen (CBI 1979:4). Zur Verbesserung des gewerkschaftlichen „Verantwortungsbewußtseins" unterstützte der CBI unter anderem Gesetze, welche die Streikfähigkeit der Gewerkschaften ein-schränkten. Zudem wurde die Einführung von gewerkschaftlichen Urabstimmungen vor Streiks und zur Wahl von Gewerkschaftsführern gefordert (CBI 1979:23).

Im Laufe der 80er Jahre veränderte sich die weitgehend auf ein zentralisiertes, sozi-alpartnerschaftliches Tarifmodell abzielende Position des CBI jedoch erheblich. Als Folge der tendenziell angestrebten Individualisierung des Arbeitsprozesses und der direkten Verhandlungen mit individuellen Arbeitnehmern wünschen die Arbeitge-bervertreter nunmehr eine veränderte Rolle der Gewerkschaften. Diese werden als kollektive Interessenvertretung und Tarifvertragspartner in Frage gestellt. Die Funk-tionen, die ihren Charakter als intermediäre Organisationen zwischen Arbeitnehmer und Arbeitgeber ausmachen, werden jetzt als weitgehend überflüssig betrachtet. Die anvisierte Rolle der Gewerkschaften wird auf eine Art Dienstleistungsorganisation für die Arbeitnehmer beschränkt:

---

[132] Darüber hinausgehende CBI-Vorschläge hinsichtlich einer Strukturveränderung zielten vor allem auf die Reform des fragmentierten Tarifverhandlungssystems ab und befürworteten eine stärkere Formalisierung und Koordination bei den Tarifverhandlungen. Dazu gehörten eine genaue Kom-petenzverteilung zwischen den verschiedenen Verhandlungsebenen in bezug auf verschiedene Verhandlungsgegenstände, so daß bestimmte Elemente nur noch auf jeweils einer Verhand-lungsebene verhandelt würden (CBI 1979:17). Es wurde für parallel verlaufende Lohnrunden in verschiedenen Sektoren sowie für die Einführung von *Single Table* Verhandlungen, d.h. gemein-same Lohnverhandlungen der verschiedenen Gewerkschaften in einem Unternehmen, plädiert (CBI 1979:17).

*„Employers do perceive a role for trade unions, but it is not their old traditional role.
... Employers want to deal with their employees on a one to one basis. ... Britain was
extremely fat in respect of labour in the 70ies. So there was a lot of demanning. The last
recession 1981-83 cost a lot of skilled and semi-skilled and unskilled jobs. The current
recession 1989-93 has seen stripping out of a lot of managerial jobs, largeley the result
of new technology.*

*Partly a result of this process is the increase of responsibility of those who remain. So
you can't have that, increasing individual power, and talk to them collectively. You
have to talk to them as individuals. You have to communicate to them.*

*In the old days communication was by trade unions. Now employers have to talk to
their employees individually. Individualisation of pay, performance related pay has
gone along with this process. So the collective sort of bargaining is no more appro-
priate with the employers' perspective. This leaves trade unions with their other roles"*
(Interview CBI 13.09.93).

Entsprechend werden die verbleibenden Aufgaben der Gewerkschaften im „Dienst
am Individuum" gesehen. Gewerkschaften sollen Aufgaben in den Bereichen des
Arbeitsschutzes, bei der Berufsbildung sowie bei individuellen Arbeitskonflikten und
deren Schlichtung übernehmen. Im Bereich der Lohnpolitik werden ihre Aufgaben
nunmehr darauf beschränkt gesehen, den Individuen zu helfen, eine Art individuelles
„Paket" aushandeln zu können (Interview CBI 13.09.93).

2.5. Handlungsvoraussetzungen der Arbeitgeber

Mit der Analyse der britischen Unternehmens- und Managementstrategien sowie der
organisationsstrukturellen Merkmale Fragmentierungsgrad, interne Verpflichtungsfähigkeit und Organisationsgrad der britischen Arbeitgeberverbände kann gezeigt
werden, daß hier Ursachen für die geringen Handlungsressourcen der Arbeitgeberseite hinsichtlich der Durchsetzungsfähigkeit von dezidierten Strategien zur Umgestaltung der Arbeitsbeziehungen lagen und liegen. Während der 80er und Anfang der
90er Jahre gingen aber gerade von der organisatorischen Schwäche der Arbeitgeberverbände negative Effekte für die Gewerkschaften aus, z.B. indem diese mit zur Dezentralisierung von Tarifverhandlungen beitrug.

Ineffizienz der Unternehmensstrukturen und des Managements

Die britische Unternehmensstruktur war und ist von „großen" Firmen geprägt. Vor
allem in der verarbeitenden Industrie war der Anteil mittelständischer Unternehmen
(100 bis 4999 Beschäftigte) mit nur 16 Prozent Mitte der 90er Jahre relativ gering[133]
(The Ecomonist, Mai 1994:76). Ende der 70er und zu Beginn der 80er Jahre wurden
in der verarbeitenden Industrie allein von den hundert größten Firmen 41,1 Prozent
des Netto-Outputs produziert (Walshe 1991:341). Die meisten großen britischen

---

[133] In Kontinentaleuropa waren es im Vergleich durchschnittlich dreißig Prozent (ebd.).

Firmenkonglomerate entstanden nicht durch die Erweiterung der Betriebsgrößen, sondern durch Fusionen bzw. durch Übernahme bestehender Firmen[134]. Im Anschluß an die Fusionen bzw. Übernahmen wurden die Firmenkonglomerate oftmals nicht ausreichend reorganisiert und integriert, weshalb die Konzentration der Produktion nicht optimal ausgenutzt werden kann[135] (Hall 1986:42; Pollard 1994:268). Beispielsweise wird die in den 60er Jahren in britischen Unternehmen ohnehin relativ spät eingeführte dezentrale und multidivisionale Organisationsform als ineffektiv eingeschätzt, weil sie weitgehend ohne Produktionsrationalisierung und verwaltungstechnische Zentralisierung stattfand (Best 1990:102). Die Integration verschiedener Abteilungen wie Verkauf, Produktion und Einkauf in den Betrieben wird zudem als nur gering ausgeprägt wahrgenommen (Lane 1989:50)[136].

Im Zusammenhang damit steht, daß die „bürokratische Kontrolle" durch das Management in Großbritannien dominiert, so daß die finanzielle Planung und Kontrolle am stärksten ausgeprägt sind, wogegen die Leistungskontrolle des Arbeitsprozesses im allgemeinen nur gering entwickelt ist (Lane 1989:54;136). Auch während der 80er und Anfang der 90er Jahre wurde deutlich, daß die Funktion „Management von Personal- und Gewerkschaftsangelegenheiten"[137] in britischen Unternehmen nur in geringem Maße ausdifferenziert ist. Ein Indikator dafür ist beispielsweise, daß in der verarbeitenden Industrie 1990 nur 22 Prozent aller Unternehmen einen speziellen Manager für Personalangelegenheiten (*Personal Manager*) hatten, und in nur weiteren 15 Prozent der Unternehmen einer der Manager u.a. explizit mit Personal- und Gewerkschaftsangelegenheiten betraut war (Millward et al. 1992:32; vgl. auch Hyman 1987:33).

Ferner wird von generellen Defiziten des Managements in den britischen Unternehmen auf verschiedenen Führungsebenen ausgegangen (vgl. Williams et al. 1989:84). Nur 54 Prozent der *Personal Manager* verfügten 1990 beispielsweise über formale Qualifikationen in ihrem Aufgabenbereich (Millward et al. 1992:37). Die Defizite der technischen Ausbildung von Managern werden zur Erklärung der geringen Innovationsfähigkeit und der geringen Risikobereitschaft bei der Einführung neuer Tech-

---

[134] Walshe nimmt aufgrund der Analyse verschiedener Studien zum industriellen Konzentrationsprozeß an, daß mindestens die Hälfte der Zunahme der Unternehmenskonzentration zwischen 1950 und 1960 auf „Übernahmen" zurückzuführen sind (Walshe 1991:343/344). Zu Beginn der 70er Jahre und Mitte der 80er Jahre ereignete sich jeweils eine Welle von Unternehmensübernahmen in Großbritannien, so daß in den Jahren 1972 und 1973 sowie in den Jahren 1987 und 1988 über Tausend Übernahmen registriert wurden (Walshe 1991:350).

[135] 1972 gehörten den hundert größten Unternehmen in Großbritannien durchschnittlich 72 Niederlassungen, in denen jeweils „nur" 430 Personen beschäftigt waren (Walshe 1991:346).

[136] Bis in die 80er Jahre hinein wurde die mangelnde Integration verschiedener Einheiten großer Firmen als Grund für ihre im Vergleich oftmals geringe Profitabilität gesehen (Hall 1986:43).

[137] Dies schließt Aufgaben wie Lohnverhandlungen, Einstellungen, Eingruppierungen, Personalplanung, Vertretung des Unternehmens bei individuellen und kollektiven Arbeitskonflikten sowie die Planung von Aus- und Weiterbildungsplanung ein.

nologien und der Vermarktung neuer Produkte herangezogen (vgl. Lane 1989:182). An der Schnittstelle zwischen (betriebswirtschaftlichem) Management und Produktion in den Betrieben erschwerte vor allem die durch das Ausbildungssystem bedingte strikte Trennung von weitgehend durch *Apprenticeship* ausgebildeten Technikern in der Produktion und bürokratisch orientierten Managern mit *Oxbridge*-Ausbildungen den Informationsfluß und die Zusammenarbeit dieser beiden Gruppen (Hall 1986:43). *„Es war einfach nachzuweisen, daß in Großbritannien weit weniger Entscheidungsträger der Industrie technische oder naturwissenschaftliche akademische Grade haben als in anderen Ländern. Die meisten wurden (wie die leitenden Beamten) in schöngeistigen Fächern ausgebildet ... Sie sind daher weniger fähig, den Wert technischer Innovationen zu erkennen und die Wahrscheinlichkeit, daß sie selbst welche entwickeln, ist noch geringer"* (Pollard 1994:174f).

Mangelnde Qualifikation wird vor allem auch für die mittlere Führungsebene in britischen Unternehmen beklagt (vgl. Williams et al. 1989:84). Britische *Supervisor* (entspricht in Deutschland der „Meister"-Ebene) verfügen kaum über technisches *Know-How* (Patridge 1989:204). Damit kristallisieren sich auch Probleme für das britische Management u.a. an der scharfen Trennung von Aufgabenfeldern zwischen verschiedenen Berufsgruppen: *„In Britain high horizontal differentiation between operators and maintenance, staff and line, production and technical services is the outstanding feature"* (Lane 1989:48).

Die offenbar geringe strukturelle Integration und die damit zusammenhängende „geringe" Kontrolle des britischen Managements stellen zusammen mit der geringen Ausdifferenzierung von Managementfunktionen sowie den Ausbildungsdefiziten von Managern in weiten Bereichen Restriktionen für die Strategiefähigkeit der großen Firmen dar. Dies trifft insbesondere in bezug auf das Personalmanagement, die betriebliche Aus- und Weiterbildung, die Planung und Durchführung komplexer technischer Innovationen sowie den Umgang mit Gewerkschaften in Großbritannien zu. Zudem ergeben sich Restriktionen für den flexiblen Einsatz des Personals und die innerbetriebliche Kommunikation durch die von den Ausbildungssystemen aufgebauten Schranken.

Starke Fragmentierung der Arbeitgeberverbände

Die Arbeitgeberverbände in Großbritannien waren und sind wie auch die Gewerkschaften in hohem Maße fragmentiert. Das gilt sowohl für die Dachverbände als auch für die Branchenverbände. Die *Confederation of British Industry* wurde erst 1965 als Dachverband durch die Fusion von drei Einzelorganisationen der Metallarbeitgeber gegründet. Eines der Motive der Arbeitgeber in einer Epoche des konzertierten Politikstils war das Bedürfnis, über eine Organisation zu verfügen, welche die Arbeitgeber in zentralen tripartistischen Gremien vertrat und es ermöglichte, engere Beziehungen mit dem TUC einzugehen (vgl. Grant 1987:134). In seinen Funktionen wird der CBI daher weitgehend als *Pressure Group* wahrgenommen (Edwards et al. 1992:21). Zentrale Tarifverhandlungen wurden durch den CBI ohnehin nicht geführt, da nur die einzelnen Branchenverbände und die Firmen tariffähig sind. Im allgemeinen stand der CBI der konzertierten Politik positiv gegenüber. Der Einfluß des CBI, den er über die Repräsentation der Arbeitgeber in den tripartistischen Institutionen hatte, nahm jedoch im Laufe der 80er Jahre mit deren Marginalisierung und Auflösung ab. Zudem sieht sich der CBI in seiner Monopolstellung als Repräsentant aller britischen Arbeitgeber in der politischen Arena einer zunehmenden Konkurrenz durch das *Institute of Directors* (IoD) ausgesetzt[138].

Das 1903 gegründete IoD organisiert vorwiegend „Manager", aber keine Firmen oder gar Branchenverbände. Daher besteht kein Problem für eine Doppelmitgliedschaft in CBI und IoD. In den 70er Jahren wurde das IoD zum populären Sprachrohr für Unternehmer, die den CBI wegen seiner weitgehenden Kooperation bei der tripartistischen Politik der Regierung kritisierten (Crouch 1990b:342). Es wird angenommen, daß das IoD auch massiven Einfluß auf die Arbeitsgesetzgebung der konservativen Regierung hatte (Grant 1987:128). Dreißig Prozent der Manager glaubten daher Mitte der 80er Jahre, daß das IoD mehr Einfluß auf die Regierungspolitik habe als der CBI (Grant 1987:129). Damit erscheint das „Vertretungsmonopol" des CBI auf zentralstaatlicher Ebene „bedroht" und die kollektive Vertretung der Arbeitgeber auch bei den Spitzenverbänden fragmentiert.

Die Fragmentierung britischer Arbeitgeberverbände auf Branchenebene blieb im Laufe der 80er Jahre bestehen. Die verschiedenen branchenorientierten Unternehmerverbände wurden bereits zum Ende des 19. Jahrhunderts in den verschiedenen Industrien zumeist als Reaktion auf den steigenden Einfluß der Gewerkschaften gegründet (Gospel/Palmer 1993:77) und erfüllten auch Lobbyfunktionen gegenüber der Regierung. Die einzelnen Organisationen variieren sehr stark nach Einfluß und Größe. Zu den wichtigsten Arbeitgeberverbänden gehören die *Engineering Employers' Federation* (EEF) und die *Building Employers' Confederation* (BEC). Im öffentlichen Sektor repräsentiert das *Local Government Management Board* die mei-

---

138 Mit fast 500 Mitgliedern und über sechs Millionen Pfund Mitgliedsbeiträgen jährlich (entspricht etwa über das Dreifache an Einkommen und auch Personal des IoD) war der CBI Ende der 70er Jahre im Vergleich zum IoD deutlich die ressourcenstärkere Organisation (vgl. Grant 1987:129). Finanzielle Probleme bedingten jedoch einen massiven Personalabbau von mehr als hundert Angestellten im CBI zu Beginn der 80er Jahre. Dennoch ist nicht anzunehmen, daß das IoD bisher den Vorsprung des CBI bei den personellen oder den finanziellen Ressourcen aufgeholt hat (vgl. Grant 1987:129).

sten lokalen Arbeitgeber bei den Verhandlungen mit den Gewerkschaften (Gospel/Palmer 1993:85). Daneben gibt es in vielen Industrien zahlreiche kleine Organisationen, die teilweise nur zwischen zehn und hundert Mitglieder haben (Gospel/Palmer 1993:85). Die Branchenverbände vertreten ihre Mitglieder im allgemeinen bei den branchenweiten oder *Multi-Employer* Verhandlungen. Der *Certification Officer for Trade Unions and Employers' Associations* und auch der CBI bestätigten, daß es noch 1990 insgesamt mehr als 250 Arbeitgeberorganisationen (einschließlich sektoralen Organisationen) gab (zit. nach Edwards et al. 1992:20). Die hohe Fragmentierung ist damit einer der Erklärungsfaktoren für die allgemeine Schwäche der britischen Arbeitgeberverbände als kollektiver Akteur.

Geringe interne Steuerungsfähigkeit

Diese traditionell hohe Fragmentierung der Arbeitgeberverbände geht einher mit einer ebenfalls gering entwickelten internen Verpflichtungsfähigkeit ihres Dachverbandes, des CBI. Die Interessen der im CBI organisierten Firmen sind sehr unterschiedlich. Differenzen bestehen vor allem zwischen kleinen und großen Firmen in verschiedenen Industrien. Die heterogenen Interessen der Mitgliedschaft werden als Ursache dafür gesehen, daß die Unternehmer im allgemeinen nicht bereit sind, eine gemeinsame Politik zu verfolgen oder dem CBI eine bedeutende Rolle zuzuschreiben (Palmer/Gospel 1993:87). *„Business rarely acts as an entity. Although there has been speculation that the CBI has become a Confederation of British Business in all but name ... , in reality it falls short of that aspiration* (Grant 1987:180). Dies drückt sich beispielsweise dadurch aus, daß 1983 nur zwei von zwanzig interviewten Managern angaben, daß sie sich für die Unternehmer insgesamt über *„the definition of national goals and of strategies for achieving them"* Gedanken machten (Leys 1985:19, zit. nach Grant 1987:180). Keiner von ihnen dachte daran, eine zentrale Rolle bei der Formulierung oder Vertretung der gemeinsamen Interessen der Unternehmer einzunehmen (ebd.).

Die Fähigkeit der Koordination der Mitglieder bei kollektiven Aktionen durch den Dachverband war und ist entsprechend schwach. Eine der wenigen erfolgreichen Kampagnen des CBI fand 1965 gegen die Einführung eines Mitbestimmungsgesetzes statt. Die relative Schwäche des CBI bzw. die geringe Verpflichtungsfähigkeit gegenüber seinen Mitgliedern wurde dagegen an weitaus mehr Beispielen deutlich. Zum Ende der 70er Jahre war der CBI nicht in der Lage, einen Streikfonds als eine Art „kollektive Streikversicherung" zu etablieren. Auch ein Boykottaufruf des CBI gegen die Einkommenspolitik der Regierung konnte in dieser Zeit nur über etwa fünf Wochen aufrechterhalten werden. Danach setzten sich die einzelnen Unternehmen über die Empfehlungen des CBI hinweg und schlossen Verträge mit der Regierung ab, obwohl diese Klauseln beinhalteten, welche die einzelnen Unternehmen verpflichteten, die Tarifverhandlungen im Rahmen der von der Regierung vorgegebenen Leitlinien abzuschließen (Grant 1987:121f).

Die geringe interne Verpflichtungsfähigkeit des CBI wurde auch 1980 am Scheitern der bilateralen Verhandlungen zwischen CBI und TUC zum Entwurf einer Vereinbarung über die Einführung neuer Technologien offenbar. Das Abkommen wurde als erster Schritt hin zu einem breiteren Abkommen über den industriellen Wandel durch neue Technologien angesehen. Es scheiterte jedoch am fehlenden Implementationswillen der Mitglieder des CBI. Diese sahen die eigene Handlungsautonomie bei der Einführung neuer Technologien durch ein Abkommen zwischen TUC und CBI auf zentraler Ebene eingeschränkt und lehnten es daher ab (Grant 1987:136). Die Strategiefähigkeit der britischen Arbeitgeberverbände, also deren Fähigkeit, Ziele zu formulieren und diese über einen längeren Zeitraum hinweg durch eine konsistente Politik zu verfolgen, war und ist damit aufgrund der organisationsstrukturellen Merkmale und der geringen, an Beispielen aufgezeigten, internen Verpflichtungsfähigkeit des CBI eher als gering einzuschätzen.

Sinkender Organisationsgrad der Arbeitgeberverbände

Der CBI organisiert sowohl Branchenverbände als auch einzelne Unternehmen in allen Branchen (Gospel/Palmer 1993:85). Aufgrund des Beitritts vor allem von kleineren Firmen nahmen die Mitglieder des CBI von unter 12.000 1972 auf 18.000 Firmen 1982 zu[139] (Grant 1987:120). Für die 80er und den Beginn der 90er Jahre wird der Organisationsgrad des CBI von einem CBI Vertreter als stabil bezeichnet. Da der CBI primär eine Lobbyorganisation ist und auch so wahrgenommen wird, sei er von den massiven Mitgliederverlusten, welche die Branchenverbände im Laufe der 80er und zu Beginn der 90er Jahre erfuhren, nicht betroffen (Interview CBI 13.09.93). Die Angabe, der CBI sei nicht von den Mitgliederverlusten betroffen, erscheint angesichts der geringen Anzahl von Unternehmen, die überhaupt noch eine Mitgliedschaft in einem Arbeitgeberverband aufrechterhalten, allerdings unwahrscheinlich. Waren laut WIRS 1980 noch etwa ein Viertel der Firmen Mitglied in einem Arbeitgeberverband, gaben 1990 nur noch 13 Prozent an, Mitglied zu sein. Die höchste Organisationsbereitschaft der Arbeitgeber war 1990 noch in der metallverarbeitenden Branche und in der Baubranche zu verzeichnen. Die *Engineering Employers' Federation* hatte einen Organisationsgrad von 32 Prozent, und die

---

[139] Danach werden keine Daten über die Mitgliedschaft mehr veröffentlicht (Interview CBI 13.09.93; vgl. auch Grant 1987:120).

127

Buildings Employers' Confederation erreichte mit 75 Prozent[140] sicherlich den höchsten Organisationsgrad der Arbeitgeber in Großbritannien. Dies wird im WIRS im Zusammenhang mit den in diesen Sektoren während der 80er Jahre weiterhin bestehenden industrieweiten Tarifverhandlungen gesehen (Millward et al. 1992:45f). Der geringe Repräsentationsgrad der Arbeitgeberorganisationen zeigt sich daran, daß vor allem viele der großen multinationalen Unternehmen in Großbritannien nicht Mitglieder einer Arbeitgeberorganisation sind. Beispielsweise ist keiner der großen Autoproduzenten wie *Ford, Peugeot-Talbot* oder *Vauxhall* Mitglied in der *Engineering Employers' Federation* (Edwards et al. 1992:21).

Eine der wichtigsten Ursachen für den traditionell geringen Organisationsgrad der britischen Arbeitgeberverbände liegt in der geringen Zentralisierung der Tarifverhandlungen. Diese nahm im Laufe der 80er Jahre noch weiter ab, wodurch auch zu einem großen Teil die anhaltenden Mitgliederverluste der Arbeitgeberverbände erklärt werden. Die Dezentralisierung und Verbetrieblichung von Tarifverhandlungen entzog der primären Motivation der Unternehmen für die Mitgliedschaft in einem Unternehmerverband, nämlich Tarifverhandlungen (auf sektoraler oder zentraler Ebene) an den Verband delegieren zu können, den Boden (Interview CBI 13.09.93). Zudem verlor das ohnehin geringe Dienstleistungsangebot der britischen Arbeitgeberverbände für die Mitglieder im Laufe der 80er Jahre an Bedeutung, so daß auch dieser Anreiz für die Mitgliedschaft abnahm: Konsultierten 1980 immerhin noch zwölf Prozent der Unternehmen bei Problemen Arbeitgeberorganisationen, waren es 1990 nur noch zwei Prozent (Millward et al. 1992:47).

Der hohe Fragmentierungsgrad, die geringe interne Verpflichtungsfähigkeit, die hohen Mitgliederverluste und der abnehmende Repräsentationsgrad der Arbeitgeberverbände bzw. des CBI stehen für deren geringe Strategiefähigkeit während der 80er und Anfang der 90er Jahre. Damit waren die Voraussetzungen politische oder tarifpolitische Ziele durchzusetzen, relativ schlecht. In diesem Fall gingen daher nicht von der Politik der Arbeitgeberverbände, sondern vielmehr von deren „Unfähigkeit" zur Politik massive Einflüsse auf den Wandel der Arbeitsbeziehungen und die Schwächung der Gewerkschaften aus. Durch deren Mitgliederverluste wurde der Bedeutungsverlust zentraler Tarifverhandlungen verstärkt und die Dezentralisierung der Tarifverhandlungen beschleunigt bzw. unwiderrufbar. Für die Gewerkschaften löste sich damit ein adäquater Verhandlungspartner bzw. ein überbetriebliches Verhandlungsforum in der Tarifpolitik auf. Dies schränkte die strategischen Optionen

---

[140] Diese Daten werden auch weitgehend von Gospel/Palmer (1993) bestätigt, die angeben, daß die *Building Employers' Confederation* (BEC) etwa Dreiviertel der Arbeitgeber repräsentierte und mit 9.000 (Firmen-) Mitgliedern ebenso zu den großen Sektororganisationen gehört wie auch die *Engineering Employers' Federation* (EEF), die zu Beginn der 90er Jahre 5.000 Unternehmen mit insgesamt mehr als 800.000 Arbeitnehmern organisierte (Gospel/Palmer 1993:85).

der Gewerkschaften zunehmend und nachhaltig ein. Infolgedessen ist anzunehmen, daß sich die ohnehin in Großbritannien nur annähernd bestehende „Einheitlichkeit" von Arbeitsbedingungen und Lohnerhöhungen im Privatsektor noch weiter auflöste. Die Politik der einzelnen Unternehmen bzw. die kumulierenden Effekte ihrer Entscheidungen gewannen damit im Laufe der 80er Jahre bei der Gestaltung der Arbeitsbeziehungen zunehmend an Bedeutung.

2.6. Zwischenresümee und Schlußfolgerungen aufgrund der „erklärenden" Variablen

Im vorangegangenen Kapitel wurden die allgemeinen Rahmenbedingungen für die britischen Akteure im Laufe der 80er und Anfang der 90er Jahre erläutert sowie die Ziele von Regierung und Arbeitgebern einschließlich deren Handlungsvoraussetzungen dargestellt. Zusammen mit der Analyse der gewerkschaftlichen Organisationsvoraussetzungen und der Regulierung der Arbeitsbeziehungen in Kapitel II.1. lassen sich damit die Einflüsse auf die Gewerkschaften und die Entwicklung ihrer strategischen Optionen skizzieren.

Die als „Contestation" charakterisierte Regulierung der Arbeitsbeziehungen (also die voluntaristischen, dezentralen und auch - in gewisser Weise - die konfliktiv geprägten Arbeitsbeziehungen) stellte für die Verwirklichung der regierungspolitischen Ziele weitgehende Handlungsressourcen bereit. Die geringe rechtliche Regulierung der britischen Arbeitsbeziehungen ermöglichte durch eine Kombination des Belassens von bestehenden „Regulierungslücken" (hinsichtlich garantierter Vertretungsrechte in den Betrieben) und der restriktiven Neu-Regulierung (vor allem des Streikrechts) eine weitgehende Einschränkung der gewerkschaftlichen Handlungsmöglichkeiten. Die Dezentralisierung im öffentlichen Sektor befand sich im Einklang mit bereits bestehenden Praktiken im privaten Sektor. Die zunehmende Ablehnung der gewerkschaftlichen Militanz durch die Bevölkerung trug mit dazu bei, die „Streikwaffe" im Laufe der 80er und Anfang der 90er Jahre zu schwächen und die anti-gewerkschaftliche Politik zu legitimieren. Das „schlechte" Funktionieren tripartistischer Institutionen, u.a. aufgrund der konfliktiv-partikularistischen Politik der Gewerkschaften, vereinfachte deren Auflösung.

Die Handlungsressourcen, welche der konservativen Regierung vor allem im Laufe der 80er Jahre die Einführung neo-liberaler Steuerungsstrategien, die damit verbundene Marginalisierung der Gewerkschaften in zahlreichen Verhandlungsnetzwerken, die Verrechtlichung der Arbeitsbeziehungen und die Einschränkung der gewerkschaftlichen Handlungsmöglichkeiten erlaubten, waren relativ groß. Das britische Regierungssystem beinhaltete allgemein nur wenige Restriktionen für umfassende

Reformen durch die Zentralregierung. Die machtpolitischen Voraussetzungen der konservativen Regierung waren durch stabile parlamentarische Mehrheiten, eine gespaltene, schwache Opposition und eine hohe ideologische Überzeugungskraft relativ groß. Der situative Kontext wirkte sich nur begrenzt negativ auf die Handlungsmöglichkeiten der Regierung in den Arbeitsbeziehungen aus. Die negativen wahlpolitischen Effekte, die durch die hohe Arbeitslosigkeit hätten erwartet werden können, wurden weitgehend durch deren ungleiche Verteilung „neutralisiert".

Die zielorientierte Gestaltung der Arbeitsbeziehungen durch die Arbeitgeber stellte sich wegen deren organisationsstruktureller Schwächen (sowohl in einzelnen Unternehmen als auch in den Verbänden) als eher gering entwickelt dar. Doch gerade die „Schwäche" der Arbeitgeber bot „Ressourcen" zur Durchsetzung vieler der in den individualistischen Managementstrategien genannten Ziele. Die geringe Repräsentativität der Arbeitgeberverbände beinhaltete kaum Restriktionen oder Widerstände für eine umfassende Dezentralisierung der Tarifverhandlungen und die Flexibilisierung der Lohnstruktur. Die Regulierung der Arbeitsbeziehungen und die Entwicklung der Rahmenbedingungen boten britischen Arbeitgebern nicht ausschließlich aber - im Hinblick auf eine Umgestaltung der Arbeitsbeziehungen in den Unternehmen - doch überwiegend Handlungsressourcen.

Die numerische und zeitliche Flexibilisierung der Arbeitsbeziehungen wurde durch die geringe rechtliche Regulierung der Arbeitsbeziehungen nicht eingeschränkt. Die Zunahme der Teilzeitarbeitskräfte sowie die hohe Arbeitslosigkeit boten dazu ebenfalls gute Voraussetzungen, da sie dazu beitrugen, daß ein großes, zeitlich flexibel einsetzbares Arbeitskräfteangebot zur Verfügung stand. Lediglich bei der funktionalen Flexibilisierung der Arbeitskräfte gab es Restriktionen. Es gab in Großbritannien kein großes, umfassend qualifiziertes Facharbeitskräfteangebot, so daß sich dadurch bei der Einführung neuer Technologien bzw. deren Bedienung Probleme ergaben und die Verfolgung von Produktionsstrategien, die auf die Herstellung von Qualitätsgütern abzielten nur schwer möglich waren. Aus der Perspektive der Unternehmen erschienen in diesem Zusammenhang auch die konfliktiv geprägten Arbeitsbeziehungen als Restriktion, da sie oftmals die kooperative und effektive Umgestaltung der Arbeitsorganisation verhinderten. Gleichzeitig boten die geringe rechtliche Regulierung sowie die Entwicklung der allgemeinen Rahmenbedingungen (z.B. die zunehmenden Möglichkeiten der Verlagerung von Arbeitsplätzen und das daraus erwachsende Drohpotential) erhebliche Möglichkeiten, die Gewerkschaften zur Kooperation zu „verpflichten", oder aber aus der betrieblichen Verhandlungsarena auszuschließen und unitaristische Institutionen der Arbeitnehmerpartizipation aufzubauen bzw. die Arbeitsbeziehungen zu individualisieren.

Die von der Regierung und den Unternehmen angestrebten institutionellen Reformen zielten damit alle mehr oder weniger darauf ab, den gewerkschaftlichen Einfluß und vor allem die konfliktiven strategischen Optionen der Gewerkschaften in der tarif-politischen Arena und auch bei einzelnen *Policies* erheblich einzuschränken. Damit waren die konfliktiv-partikularistischen Strategien der Gewerkschaften in den 70er Jahren - als Grund für diesen Angriff - Bedingungen für ihren Machtverlust in den 80er Jahren. Zudem schwächten verschiedene Entwicklungen der Rahmenbedingun-gen (Arbeitslosigkeit, Internationalisierung) die gewerkschaftliche Konfliktfähigkeit. Dies traf die britischen Gewerkschaften besonders stark, da ihr Einfluß überwiegend auf ihrer Blockademacht basierte.

Negative Effekte für den Repräsentationsgrad der Gewerkschaften konnten sich in Großbritannien besonders stark niederschlagen, da die geringe rechtliche Regulie-rung für Gewerkschaften wenig „Schutz" vor gewerkschaftlicher Ausgrenzung in den Betrieben bot. Die Regulierung der britischen Arbeitsbeziehungen ebenso wie die gewerkschaftlichen Organisationsstrukturen beinhalteten damit unter den Rahmen-bedingungen der 80er Jahre für die Gewerkschaften starke Handlungsrestriktionen. Zudem waren ihre Machtressourcen durch die Schwäche der *Labour-Party* stark ein-geschränkt. Die fragmentierten und dezentralen Organisationsstrukturen sowie die dadurch bedingte partikularistische Handlungsorientierung der britischen Gewerk-schaften erschwerten gemeinsame Aktionen (beispielsweise als Protest gegen die anti-gewerkschaftliche Regierungspolitik). Die traditionell konfliktiv-partikulari-stisch geprägten Strategien erschienen immer weniger erfolgversprechend. Neue Handlungsressourcen für die Gewerkschaften ergaben sich lediglich in geringem Umfang durch die Europäische Integration. Die wenigen in der Europäischen Union vereinbarten und umgesetzten Minimalregulierungen in den Arbeitsbeziehungen be-inhalteten aus britischer Perspektive bereits eine Verbesserung von Arbeitnehmer-rechten.

Insgesamt kann man damit das Zwischenresümee ziehen, daß Regierung und Arbeit-geber die kollektiven Vertretungsmöglichkeiten der Gewerkschaften in der tarifpoli-tischen und der politischen Arena maßgeblich einschränken wollten. Die allgemeine Entwicklung der Rahmenbedingungen, die Regulierung der britischen Arbeitsbezie-hungen und ihre jeweils spezifischen institutionellen und machtpolitischen Voraus-setzungen beinhalteten - alles in allem - überaus große Handlungsressourcen, dieses Ziel zu realisieren. Für die Gewerkschaften waren die spezifischen Handlungsres-sourcen gering. Vor allem aber verschlechterten sich in den 80er Jahren die Bedin-gungen für die Realisierung konfliktiver Strategien, mit denen sie den Angriff von Regierung und Arbeitgebern hätten parieren können.

III. WANDEL UND KONTINUITÄT VON INSTITUTIONEN UND STRATEGIEN

In diesem Kapitel wird die Entwicklung der verschiedenen Aspekte der Regulierung der britischen Arbeitsbeziehungen bis zum Beginn der 90er Jahre dargestellt und geprüft, ob ein „neuer" Regulierungstyp entstanden ist. Danach werden die organisationsstrukturellen und machtpolitischen Handlungsvoraussetzungen der Gewerkschaften untersucht. Abschließend wird die Frage beantwortet, ob dies zu einem Wandel der allgemeinen gewerkschaftlichen Strategien beigetragen hat.

1. Die Regulierung der Arbeitsbeziehungen seit 1979

In diesem Abschnitt wird dargelegt, daß die Regierung die von ihr angestrebten Ziele hinsichtlich der Schwächung der Gewerkschaften sowie der Einschränkung deren Handlungsmöglichkeiten weitgehend verwirklichen konnte. Auch die Arbeitgeber waren partiell erfolgreich. Die Regulierung der britischen Arbeitsbeziehungen erfuhr in fast allen Bereichen im Laufe der 80er und zu Beginn der 90er Jahre Veränderungen: Die rechtliche Regulierung nahm zu, der Zentralisierungsgrad der Tarifverhandlungen verringerte sich, die Arbeitskonflikte nahmen ab. Durch die genannten Veränderungen haben sich die einzelnen Regulierungsmerkmale so gewandelt, daß die britischen Arbeitsbeziehungen mittlerweile nichtmehr dem Typ der „Contestation" entsprechen. Sie sind jedoch auch nicht durch die Typen „Pluralist Collective Bargaining" oder „Neo-Corporatism" bzw. „Generalized Political Exchange" zu charakterisieren. Die Entwicklung in Großbritannien deutet daher auf die Entstehung eines qualitativ „neuen" Typus der Regulierung der Arbeitsbeziehungen hin.

1.1. Deregulierung durch Verrechtlichung

Betrachtet man die Beschränkung der Handlungsmöglichkeiten sowie die Desorganisation der Gewerkschaften und die Diskreditierung der von ihnen vertretenen Werte wie Gerechtigkeit, Verantwortung und Solidarität als „Deregulierung" (vgl. Offe 1990:112), dann trug der Verrechtlichungsprozeß während der 80er und zu Beginn der 90er Jahre in Großbritannien eindeutig die Charakterzüge von Deregulierung. Gegenstand der Gesetzgebung war vor allem die Einschränkung der gewerkschaftlichen Organisations- und Konfliktfähigkeit. Dabei wurde der Weg einer schrittweisen Reform durch mehrere Gesetze gewählt. Insgesamt können drei Gesetzgebungsphasen unterschieden werden: Eine erste Phase (1980-1988), in der einige grundlegende Gesetze verabschiedet wurden; eine zweite Phase (1988-1993) in der weitere Gesetze die gleichen *Issues* erneut aufgriffen und restriktiver regulierten und eine dritte Phase

(seit 1993), die durch ein weiteres grundlegendes Gesetz, den *Trade Union Reform &
Employment Rights Act* (TUR&ERA), geprägt ist.

Die erste Phase: 1980-1988

Aufgrund der Erfahrungen der *Heath*-Regierung mit dem bereits genannten *Industrial Relations Act* 1971, der massiven Protest der Gewerkschaften auslöste und
schließlich von der nachfolgenden *Labour*-Regierung zurückgenommen wurde
(Soskice 1984; Dorey 1993; Auerbach 1993), verabschiedete die konservative Regierung zu Beginn der 80er Jahre nicht ein einzelnes, umfassendes Gesetz zur Neu-Regulierung der Arbeitsbeziehungen. Zunächst wurde vielmehr mit dem *Employment
Act* (EA) 1980 ein eher „zaghafter" Reformversuch gemacht. Als der gewerkschaftliche Widerstand nach dessen Verabschiedung sehr gering ausfiel, sah die *Thatcher*-
Regierung den Weg frei für eine Fortführung der arbeits- und tarifrechtlichen Reform
als Teil ihrer Politik zur Einschränkung der gewerkschaftlichen Handlungsmöglichkeiten (Marsh 1991:80). Es folgten zahlreiche weitere Gesetze zur direkten
Regulierung der kollektiven Arbeitsbeziehungen, die von anderen Gesetzen im Bereich der Sozialpolitik oder der Gleichstellungspolitik begleitet wurden.

Der erste *Employment Act 1980* bildete zwar den Auftakt für die konservative Gesetzgebung (Marsh 1992:65), wird selbst als relativ milde gesetzliche Reform interpretiert (Auerbach 1993:40f). Die Verringerung der Repräsentations-, Organisations-
und Streikfähigkeit von Gewerkschaften durch gesetzliche Regulierungen fiel hier
noch relativ gemäßigt aus. Das Gesetz enthielt erste Einschränkungen für Sympathiestreiks, sogenannte *Secondary Actions*. Diese sollen nur noch dann legal sein,
wenn dadurch ausschließlich Zulieferer und Kunden eines ursprünglich bestreikten
Unternehmens betroffen sind, andernfalls können die Gewerkschaften für durch den
Streik entstehende Kosten haftbar gemacht werden. Gleichzeitig wurde das Recht auf
Streikposten, *Picketing*, verschärft, indem nur noch eine bestimmte Zahl von Streikposten erlaubt und Streikposten bei Zulieferern usw., also *Secondary Picketing*, ver-
boten wurden[141]. Der *Closed Shop* wurde insofern eingeschränkt, als erstmals ein-
zelne Arbeitnehmer gegen *Closed Shop* Vereinbarungen klagen konnten, wenn bei
Abstimmungen nicht mindestens achtzig Prozent der Belegschaft für die Einführung
stimmten. Ferner wurden Ausnahmeregelungen von *Closed Shop* Abkommen für
Arbeitnehmer eingeführt, die aus Gewissensgründen, z. B. aus religiösen Gründen,
Gewerkschaften nicht beitreten wollen (MacInnes 1987:54f).

---

[141] Ergänzt wurden diese Regulierungen 1980 durch weitere Maßnahmen in Form einer gesetzlichen
Veränderung der Leistungsberechtigung für Sozialhilfe bei Angehörigen von Streikenden. Die
Einkommensersatzleistungen für Ehefrauen und Kinder von Streikenden wurden um vier Pfund
wöchentlich gekürzt. Für Streikende ohne Angehörige wurden die Leistungsansprüche ganz ge-
strichen (Coates 1989:125).

Für den Erfolg der Regierungspolitik wird der geringe und gemäßigte Widerstand der Gewerkschaften gegen die Arbeitsgesetzgebung zu Beginn der 80er Jahre mit als Voraussetzung angesehen. Dieser wiederum hatte unterschiedliche Ursachen. Die Berufung des gemäßigten *James Prior*[142] als *Secretary of Empolyment*, der u.a. während des Gesetzgebungsprozesses Kontakt zu den Gewerkschaften suchte, und versprach, keine weiteren, schärferen Reformen durchzuführen, konterkarierte die anti-gewerkschaftlichen Äußerungen anderer wichtiger Vertreter des *Thatcherismus* und trug dazu bei, die Gewerkschaften „in Sicherheit zu wiegen". Der Versuch, ihn im Amt zu halten, wird daher als einer der Gründe für eine gemäßigte gewerkschaftliche Politik gesehen (Marsh 1992:66). Zudem hatten auch die Gewerkschaftsführer noch deutlich das Scheitern der *Heath*-Regierung 1976 vor Augen und vertrauten weitgehend darauf, daß es der *Thatcher*-Regierung ähnlich erginge, wenn sie harte gesetzliche Veränderungen zum Nachteil der Gewerkschaften einführen würde (MacIlroy 1988:53). Man hoffte daher auf die baldige Wiederwahl einer *Labour*-Regierung, und die Maßnahmen gegen die Gesetzgebung wurden dahingehend abgewogen, ob sie der konservativen Regierung tatsächlich Schaden zufügen konnten, oder aber negative Konsequenzen für einen erneuten Sieg von *Labour* beinhalteten (MacIlroy 1988:53). Da u.a. die öffentliche Meinung gegen die Gewerkschaften gerichtet war, empfohl sich eher eine „Stillhaltepolitik" als eine Politik der gewerkschaftlichen Konfrontation mit der Regierung.

Die Gewerkschaften mobilisierten daher nicht zu massivem Widerstand (vgl. Marsh 1992:68). Als Reaktion auf den ersten *Employment Act* riefen sie zu eher symbolischen Aktionen auf wie einer Demonstration am 9. März 1980 und einem *„Day of Action"* am 14. Mai 1980. Diese Aktionen erhielten jedoch nur wenig Unterstützung und zeigten keine nennenswerten Effekte (vgl. Marsh 1992:68). Die Spaltung der Gewerkschaftsbewegung zum Beginn der 80er Jahre und ihre Unfähigkeit, sich auf eine einheitliche Strategie zu einigen, galt daher als weitere Erklärung für die relativ gemäßigte und erfolglose gewerkschaftliche Opposition gegenüber der Regierungspolitik (Soskice 1984:321). Danach verhinderten Differenzen zwischen Gewerkschaften im öffentlichen und privaten Sektor effektive gemeinsame Aktionen, so daß beispielsweise der ursprünglich geplante eintägige Generalstreik nicht konsequent realisiert wurde und in dem wenig erfolgreichen „Aktionstag" mündete (Soskice 1984:321). Zudem waren EETPU und AUEW, deren weitgehend qualifizierte Mitglieder kaum von Entlassungen betroffen waren, nicht bereit, an großen Streiks ge-

---

[142] *Prior* zählt zu den „Wets", also dem gemäßigten Flügel in der *Conservative Party*. Er verfolgte eine gemäßigte Reform der rechtlichen Regulierung britischer Arbeitsbeziehungen. *Prior* beteuerte beispielsweise Ende der 70er Jahre, daß eine konservative Regierung keine grundlegenden Reformen im Arbeitsrecht verabschieden würde, und daß am Prinzip der gewerkschaftlichen Konsultation festgehalten werden sollte (The Times, 28. Januar 1978, zit. nach MacInnes 1987:50).

gen Massenentlassungen teilzunehmen. Dagegen wurden die Reaktionen vor allem
der *Shop Stewards* der TGWU, die als *General Union* überwiegend ungelernte oder
angelernte Arbeitnehmer vertritt, die sehr stark von Entlassung betroffen waren, zunehmend militant und erschwerten damit einen Dialog mit Regierung oder Arbeitgebern (Soskice 1984:321).

Die insgesamt gemäßigte gewerkschaftliche Reaktion und die Unterstützung der
Arbeitgeber[143] ließen die radikalen Reformer in der konservativen Partei daher auf
den Erfolg weiterer, strengerer Regulierungen in den Arbeitsbeziehungen vertrauen.
Zu dieser Einschätzung trug auch ein Treffen der Premierministerin mit den
Gewerkschaftsführern am 25. Juni bei, das die Uneinigkeit der Gewerkschafter im
Umgang mit den konservativen Regierungsvertretern deutlich machte. Unter diesem
Eindruck gewannen die Vertreter von radikalen anti-gewerkschaftlichen Positionen
in der *Conservative Party*, die auch von *Margaret Thatcher* unterstützt wurden, an
Einfluß. Bei der Regierungsumbildung 1981 wurde *James Prior* als *Secretary of
Employment* abgelöst. *Thatchers* Reformpläne hinsichtlich der Arbeitsgesetzgebung
schlugen sich dabei in der Ernennung von *Norman Tebbit*, einem „Hardliner" in der
Gewerkschaftspolitik, nieder (Marsh 1992:69/70). Unter dessen Leitung wurden die
beiden zentralen Gesetzeswerke der konservativen Arbeitsgesetzgebung erarbeitet,
der *Employment Act* 1982 und der *Trade Union Act* (TUA) 1984.

Der 1982 verabschiedete *Employment Act* beinhaltet starke Einschränkungen der
Organisations- und Streikfähigkeit der Gewerkschaften. Dabei wurde festgelegt, daß
vor der Einführung und auch für die Beibehaltung von *Closed Shops* eine Abstimmung stattfinden muß, wobei mindestens achtzig Prozent der Belegschaft den *Closed
Shop* befürworten müssen[144]. Abstimmungen wurden auch für die Einrichtung von
Fonds für die *Labour Party* eingeführt. Für briefliche Abstimmungen bot die Regierung finanzielle Unterstützung an (Hyman 1987:97). Die Kriterien für „legale"
Streiks wurden enger definiert bzw. die bestehenden „Immunities" (Strafverfol-
gungsfreiheit) wurden für zahlreiche Gelegenheiten (wie beispielsweise Behinderung
oder Blockaden von Streikbrechern) aufgehoben (Hyman 1987:97). Konflikte wegen
der Privatisierung von Unternehmen wurden als politische Streiks definiert und damit
für unzulässig erklärt. Sympathiestreiks und Streiks zur Durchsetzung von *Closed
Shops* sind nun verboten. Auch Konflikte, die aus inner- und zwischengewerkschaft-
lichen Rivalitäten entstehen, gelten seither als ungesetzlich und können bestraft wer-

---

[143] Die Arbeitgeberverbände begrüßten die neue Gesetzgebung (Marsh 1992:72). Eine neu gegründete „*Balance of Power Steering Group*" innerhalb des CBI unterstützte zu Beginn der 80er Jahre
die schrittweise und gemäßigte Reform des Arbeitsrechts durch die *Thatcher*-Regierung (Grant
1987:135f).

[144] Arbeitnehmer, die aufgrund „illegaler" *Closed Shop* Regelungen entlassen werden, können nun
auf Entschädigungszahlungen klagen.

den. Die Haftung von Gewerkschaften für Verdienstausfälle von Arbeitgebern, (z. B. bei Nichtbefolgung einer von Gerichten angeordneten Streikunterbrechung), wurde ebenso ausgeweitet wie die Haftung für alle von offiziellen Gewerkschaftsfunktionären ausgerufenen Aktionen (Coates/Topham 1988:320). Die Fälle, bei denen Arbeitgeber Entschädigungen wegen illegaler Entlassungen während Streiks zahlen müssen, wurden dagegen eingeschränkt. Die Unternehmer erhielten ferner das Recht, Streikende zu entlassen, sofern alle Streikenden gleich behandelt werden. Nach drei Monaten sind Wiedereinstellungen so entlassener Mitarbeiter möglich, wobei dann der Zwang zur Gleichbehandlung entfällt. Damit wurde die Organisationsfähigkeit und die Konfliktfähigkeit der Gewerkschaften bereits in dieser ersten Phase stark eingeschränkt.

Der *Trade Union Act* wurde *1984* verabschiedet. Das neue Gesetz zielte auf die innere Demokratisierung der Gewerkschaften ab und griff stark in deren innere Verfassung ein. Es wurde festgelegt, daß zur Bestimmung des Vorstands (alle drei Jahre), vor allen Streiks, zur Einrichtung politischer Fonds zur Unterstützung der *Labour Party* (alle zehn Jahre) und vor politischen Aktionen (z. B. zur Unterstützung politischer Parteien, gegen Kürzungen sozialer Dienstleistungen, Privatisierung usw.) regelmäßige und geheime Abstimmungen unter den betroffenen Gewerkschaftsmitgliedern stattfinden müssen. Postalische Abstimmungen wurden im Gesetz bevorzugt und durch finanzielle Unterstützung des Staates gefördert.

Darüber hinaus konnte mit Slogans wie *,Democratizing the Trade Unions'* und *,Handing them back to their Members'* breite öffentliche Unterstützung auch bei Gewerkschaftsmitgliedern für diese Reformen zur innergewerkschaftlichen Demokratisierung gefunden werden (vgl. ausführlich Dorey 1993; Auerbach 1993:42; Marsh 1992:114). Nicht zuletzt aus diesem Grund blieben die gewerkschaftlichen Reaktionen auf die verschärfte Gesetzgebung weiterhin moderat. Auf dem *TUC-Congress* 1982 wurde zwar ein Beschluß verabschiedet, der den gewerkschaftlichen Widerstand gegen die konservative Gesetzgebung ausdrückte. Es wurden Kampagnen gegen die Gesetzgebung beschlossen; die Mitgliederabstimmungen und die von der Regierung dafür bereitgestellten finanziellen Mittel wurden ausdrücklich abgelehnt (Kessler/Bayliss 1992:169). Der generell praktizierte politische Konsens der Gewerkschaften ging jedoch von einer Befolgung der Gesetze aus (Marsh 1992:72). Spätestens mit der Wiederwahl der Konservativen 1983 wurde auch die Hoffnung auf eine baldige Wiederwahl von *Labour* aufgegeben und versucht, kooperative Beziehungen mit der konservativen Regierung aufzubauen. Im darauffolgenden Jahr wurde auf dem *TUC-Congress* vereinbart, erneut Gespräche mit dem Arbeitsministerium zu eröffnen (ebd.), das seit 1983 von *Tom King* geführt wurde.

Zudem zeichneten sich gewerkschaftsinterne Diskrepanzen zwischen eher kooperativ orientierten Gewerkschaften wie der AEU bzw. der EETPU und stärker konfliktorientierten Gewerkschaften wie der TGWU ab. Erstere wollten die staatlichen Fonds für die gewerkschaftlichen Urabstimmungen beantragen; sie erhielten bei Mitgliederbefragungen überwältigende Mehrheiten für diese Politik. Daraufhin wurde auf einem außerordentlichen *TUC-Congress* 1986 schließlich der Boykott der staatlichen Fonds zur Finanzierung der Urabstimmungen aufgegeben (Marsh 1992:72) und damit wurden auch die gesetzlich vorgeschriebenen Urabstimmungen faktisch akzeptiert. Dies wird als definitiver Abschied von jeglicher Politik des Widerstandes gegen die neue Arbeitsgesetzgebung interpretiert (McIlroy 1988:91).

1986 legte der neu benannte *Secretary of Employment, Lord Young*, seine Vorstellungen bezüglich der gesetzlichen Regulierung der Arbeitsbeziehungen in dem *White Paper „Building Business ... not Barriers"* dar (Auerbach 1993:43). Seine Reformbestrebungen richteten sich weniger auf das kollektive Arbeits- und Gewerkschaftsrecht und stärker auf die Deregulierung und Flexibilisierung individueller Arbeitsschutzbestimmungen bzw. der Mindestlohnregelungen. Während der Amtszeit von *Lord Young* wurden primär die Möglichkeiten befristeter Beschäftigung ausgedehnt, indem die legale Vertragsdauer für befristet Beschäftigte auf ein Jahr angehoben wurde (Deakin 1986:239). Der Beschäftigungszeitraum, der zur Klage gegen illegale Entlassungen berechtigt, wurde auf zwei Jahre verlängert (Auerbach 1993:43). Dies kommt de facto einer Verlängerung der Probezeit (in der eine fristlose Kündigung ohne Angabe von Gründen legal ist) für die entsprechende Dauer gleich (Longstreth 1988:417)[145].

Weitere gesetzliche Maßnahmen unter *Lord Young* bezogen sich auf eine Flexibilisierung verschiedener Regelungen zur Sicherung von Mindestlöhnen. Im Rahmen des *Wages Act 1986* wurde die tarifliche Absicherung von Niedriglohngruppen aufgeweicht. Jugendliche, d. h. Beschäftigte unter 18 Jahren, können seit 1986 von der in einigen Branchen durch die *Wages Councils* unter Beteiligung der Gewerkschaften vereinbarten Mindestlohnregelung ausgenommen werden (Coates 1989:124; Auerbach 1993:43; ausführlich siehe Kapitel IV.1.). Dies wurde flankiert durch eine gesetzliche Veränderung der Anspruchsberechtigung beim Bezug von Arbeitslosenunterstützung, welche die Akzeptanz für Niedriglohn-Beschäftigungen bei Jugendlichen und Arbeitslosen erhöhen sollte (Coates 1989:147). Alles in allem ist damit die Flexibilisierung der individuellen Arbeitsbeziehungen durch die konservative Regierung bis zu diesem Zeitpunkt relativ geringfügig.

---

145 In diesem Zusammenhang ist auch die Aufhebung von Arbeitszeitbeschränkungen für Frauen sowie die Einschränkung des Mutterschaftsurlaubs im Rahmen des *Sex Discrimination Act* 1986 zu nennen (vgl. Thurman et al. 1993:164/167).

Die Arbeitsgesetzgebung der konservativen Regierungen scheint in den 80er Jahren nicht langfristig und detailliert geplant gewesen zu sein. Die genannten Gegenstandsbereiche wurden erst mit der Zeit immer detaillierter und - aus Sicht der Gewerkschaften - restriktiver geregelt. Die Gesetzgebung hatte damit den Charakter von ad hoc Reformen auf inkrementaler Basis (vgl. Dorey 1993; ebenso Auerbach 1993; Marsh 1992). Dies wurde insbesondere in der zweiten Phase deutlich.

Zunächst folgte mit dem *Employment Act* (EA) von 1988 ein eher unbedeutendes Gesetz, welches mit dem Ziel der „Stärkung der individuellen Rechte" von Gewerkschaftsmitgliedern deren Klagemöglichkeiten gegen die Gewerkschaftsorganisationen erweiterte, sofern die Gewerkschaften die in den vorhergehenden Gesetzen beschriebenen Regelungen nicht einhielten. Außerdem wurde die Kontrolle der Mitglieder im Hinblick auf die gewerkschaftliche Finanzierung erweitert. Sanktionen von Gewerkschaften gegenüber Mitgliedern, die nicht an Streiks teilnehmen, wurden verboten. Neu eingeführt wurde ein Ombudsman zur Sicherung der Rechte der Gewerkschaftsmitglieder.

Der *Employment Act* von 1989 beinhaltete weitreichende institutionelle Veränderungen bei tripartistischen Einrichtungen wie der *Manpower Service Commission*[146]. Hinsichtlich der Flexibilisierung des Arbeitsrechtes ist er jedoch als gemäßigt einzuschätzen (im Detail: Mackie 1988). Mit der Begründung, geschlechtsspezifisch diskriminierende Regulierungen aufzuheben, wurden noch bestehende Arbeitszeitbeschränkungen für die Beschäftigung von Frauen abgebaut. Andere Deregulierungsmaßnahmen bezogen sich auf bisherige Einschränkungen für Nachtarbeit, Überstunden usw. bei der Beschäftigung von Jugendlichen. Staatliche Arbeitszeitregelungen blieben lediglich für einige wenige Berufsgruppen erhalten (vgl. Thurman et al. 1993:164/167). Ferner wurden Rechte von *Shop Stewards* zur Freistellung für gewerkschaftliche Tätigkeiten und deren Rechte auf finanzielle Unterstützung durch die Arbeitgeber eingeschränkt (Kessler/Bayliss 1992:75f). Erste *Wages Councils* wurden abgeschafft (Campbell 1991:153).

Auch mit dem *Employment Act 1990* des durch *John Major* neu ernannten *Secretary of Employment*, *Michael Howard*, wurde die bereits eingeführte gesetzliche Regulierung innergewerkschaftlicher Abstimmungen lediglich weiter detailliert. Entscheidend ist hier jedoch, daß Solidaritätsstreiks nun explizit verboten wurden. Die Mög-

---

[146] Diese wurde daraufhin zur *Training Commission* umbenannt und später abgeschafft. Die Reform zielte auf eine Erweiterung des Vorstandes ab, um die Zahl der Arbeitgeberrepräsentanten zu erhöhen (Mackie 1988:265). Die weitere Entwicklung siehe in Kapitel (IV.2.).

lichkeiten von Arbeitnehmern, gegen „Nicht-Einstellungen" aufgrund von *Closed Shop* Regelungen zu klagen, wurden so stark ausgedehnt, daß dies einer de facto Auflösung des *Closed Shop* gleich kommt (Auerbach 1993:44). Ferner wurden die Möglichkeiten der Haftbarmachung von Gewerkschaften für Streiks auf alle Streiks ausgedehnt, an denen irgendwelche gewerkschaftlichen Funktionäre beteiligt sind (vgl. Kessler/Bayliss 1992:78f). Mit dem *Trade Union Labour Relations (Consolidation) Act* (TULR(C)A) 1992 wurden zudem die individuellen Klagerechte sowohl von Mitgliedern als auch von Arbeitgebern gegenüber den Gewerkschaften ausgeweitet. Ferner wurde die Offenlegung der finanziellen Angelegenheiten der Gewerkschaften durch das Gesetz detailliert geregelt (TUC 1993: Guide to the Trade Union Reform & Employment Rights Act 1993). Die gewerkschaftlichen Proteste beschränkten sich zu diesem Zeitpunkt bereits auf kritische Kommentare in den Medien und die Verurteilung der Regierungspolitik auf den Gewerkschaftskongressen. Zu Aktionen oder Gegenmaßnahmen wurde nicht mobilisiert, was auf die zu diesem Zeitpunkt bereits eingetretene, massive Schwächung der Arbeitnehmerorganisationen hindeutet.

Die dritte Phase: Seit 1993

Das Vorgehen der konservativen Regierung in der Arbeitsgesetzgebung wird sehr pointiert auch *„Guerilla Warfare Approach"* genannt (Dorey 1993:26). Je schärfer die jeweils neuen gesetzlichen Regulierungen die Handlungsmöglichkeiten der Gewerkschaften einschränken, um so mehr können sie darauf vertrauen, daß deren Widerstandspotential durch die vorherige Gesetzgebung wie auch durch die steigende Arbeitslosigkeit und die allgemeine Verringerung der gewerkschaftlichen Organisationsfähigkeit im Zuge des strukturellen Wandels bereits verringert wurde. Dies zeigte sich auch bei der Verabschiedung des stark restriktiven *Trade Union Reform & Employment Rights Act* 1993. Die lange Regierungszeit der Konservativen bildete damit, insbesondere im Bereich der Arbeitsgesetzgebung, eine wichtige Voraussetzung für die Verwirklichung weitreichender Veränderungen auf der Basis von schrittweisen Reformen.

Der *Trade Union Reform & Employment Rights Act* 1993 stellte einen erneuten massiven Angriff auf die finanziellen Ressourcen der Gewerkschaften, ihre Streikfähigkeit und ihre Repräsentationsfähigkeit dar[147]. Die finanzielle Unterstützung von gewerkschaftlichen Abstimmungen mit öffentlichen Mitteln, die durch den *Employ-*

---

[147] Die folgenden Informationen sind entnommen aus dem *Guide to the Trade Union Reform & Employment Rights Act*, herausgegeben vom TUC 1993. Da der TULR&ERA 1993 die neueste gesetzliche Regulierung darstellt, können seine Auswirkungen auf die Entwicklung der britischen Arbeitsbeziehungen noch nicht bei der empirischen Analyse berücksichtigt werden.

ment Act 1980 eingeführt worden war, wurde mit dem neuen Gesetz schrittweise zurückgenommen. Die sogenannten *Check-Offs*, das heißt der automatische Abzug der gewerkschaftlichen Mitgliedsbeiträge vom Gehalt, ist seitdem nur noch dann legal, wenn Arbeitnehmer eine „Einzugserlaubnis" alle drei Jahre erneuern. Die Definition von „legalen" Streiks wurde nochmals eingeschränkt, die gesetzliche Regulierung des Streikverlaufs weiter detailliert, wogegen die Möglichkeiten der Unternehmer, gegen Streiks zu klagen oder Entschädigungszahlungen einzufordern, erweitert wurden. Im Rahmen einer Ausweitung der „Citizens Rights" kann jeder Bürger, der sich durch „illegale" Streiks geschädigt fühlt, Entschädigungsleistungen von der betreffenden Gewerkschaft einklagen. Die Strategiefähigkeit der Gewerkschaften bei Streiks wird dadurch geschwächt, daß der Arbeitgeber fortan bereits eine Woche vor der Abstimmung darüber informiert werden muß, daß und wie diese Abstimmung geplant ist; eine Woche vor Beginn eines Streiks muß er über Verlauf und Umfang desselben informiert werden (Labour Research August 1993:13). Ferner wird Arbeitgebern nun erlaubt, Arbeitnehmer zu entlassen, die sich nicht auf *„Personal Contracts"*, also individuell verhandelte Verträge, einlassen und stattdessen weiterhin auf Verhandlung ihrer Arbeitsbedingungen im Rahmen von Kollektivvereinbarungen bestehen.

Ein wesentlicher Einschnitt wurde auch im Bereich der Mindestlohnregelungen vorgenommen. *Kenneth Clarke*, einer der Kabinettsmitglieder, argumentierte bereits 1987, daß zentrale Tarifverhandlungen und Mindestlohnregelungen restriktiv seien und langfristig Arbeitsplätze zerstörten (Clarke 1987, zit. nach MacInnes 1987:58). 1993 wurden daher die noch bestehenden 26 *Wages Councils* aufgelöst. Fortan gibt es nun keine Institutionen zur Festlegung von Mindestlöhnen mehr, und der Flexibilisierung der Löhne nach unten sind keine institutionellen Grenzen mehr gesetzt. Die Sozialpartner wurden bei der Erarbeitung und Verabschiedung des TUR&ERA 1993 von der Regierung erst gar nicht mehr konsultiert (TUC 1993: Wages Councils and Abolition:11).

Der CBI unterstützte dennoch 1993 die konservative Arbeitsgesetzgebung deutlich und offen: *„ The legislation was needed. We had gone too far in the direction of trade union power. Unions had got very close to the heart of the government. Hard to say, they run the country. Some things had been to be adressed like secondary picketing. Unions have not particularly been democratic. The immunities have had to be reduced"* (Interview CBI 13.09.93). Dabei wurde verschwiegen, daß die britische Arbeitsgesetzgebung den Arbeitgebern nunmehr eine ungeahnte Fülle von Möglichkeiten eröffnet, Gewerkschaften in ihren Unternehmen nicht anzuerkennen, traditionelle gewerkschaftliche Organisations- und Repräsentationsmöglichkeiten einzuschränken,

Streiks auszusetzen oder für illegal erklären zu lassen. Für die einzelnen Gewerkschaftsorganisationen stellt allein die Existenz zahlreicher Regelungen (wie z. B. die Verpflichtung zu Entschädigungszahlungen für durch Streiks entstandene Schäden) eine potentielle Existenzbedrohung dar. Wie sich die neue Gesetzgebung im einzelnen auswirkt, wird in den folgenden Kapiteln noch differenzierter dargestellt.

Thatcher und *Major* führten den Verrechtlichungsprozeß in den britischen Arbeitsbeziehungen fort, der bereits in den 70er Jahren sowohl unter konservativen Regierungen als auch unter *Labour*-Regierungen begann. Der *Thatcherismus* stellte bezüglich der Verrechtlichung der Arbeitsbeziehungen daher keine „Watershed-Situation" dar. Bemerkenswert ist allerdings die eindeutig anti-gewerkschaftliche Zielsetzung des Regulierungsprozesses, der sich weitgehend auf das kollektive Arbeitsrecht beschränkte und vor allem tradierte Handlungsressourcen britischer Gewerkschaften (wie den *Closed Shop*, das umfassende Streikrecht) massiv beschnitt. In diesem Zusammenhang ist auch die Auflösung der Verhandlungen über Mindestlöhne zu nennen, durch welche die Gewerkschaften durchaus Einfluß auf die Löhne auch in nicht organisierten Sektoren nehmen konnten (siehe ausführlich Kap. IV.1.2.). Eine Erweiterung gewerkschaftlicher Handlungsressourcen in anderen Bereichen, z.B. die Gewährung gewerkschaftlicher Repräsentationsrechte auf Betriebsebene, wurde dagegen nicht eingeführt.

Das individuelle Arbeitsrecht, das in Großbritannien Ende der 70er Jahre kaum reguliert war, wurde nur geringfügig verändert, so daß das „Hire and Fire"-Prinzip weitgehend erhalten blieb und es auch weiterhin kaum Regelungen zum Schutz der Arbeitnehmer gibt (nur eingeschränkter Kündigungsschutz, kaum Nachtarbeitsverbote usw.).

Bis Mitte der 90er Jahre entstand als „Ergebnis" des Verrechtlichungsprozesses in Großbritannien daher kein umfassend, sondern nur ein **partiell** verrechtlichtes System der Arbeitsbeziehungen. Gerade diese partielle Verrechtlichung der britischen Arbeitsbeziehungen hat aber gravierende negative Auswirkungen für die Gewerkschaften, da traditionelle Handlungs- und Konfliktmöglichkeiten massiv eingeschränkt wurden, ohne daß ihnen oder ihrer Klientel neue Handlungsmöglichkeiten durch staatliche Regulierungen eröffnet wurden. Was mögliche „Verpflichtungen" der Arbeitgeber gegenüber den Arbeitnehmern angeht (z.B. Anerkennungs- bzw. Verhandlungspflicht mit den in den Betrieben vertretenen Gewerkschaften), blieb man dem staatlichen Voluntarismus weiterhin treu.

1.2. Dezentralisierung der Tarifverhandlungen

Die Entwicklung des Tarifverhandlungssystems im öffentlichen und im privaten Sektor verlief sehr unterschiedlich, wie auch die bereits aufgezeigten Ausgangsbedingungen sehr verschieden waren. Im öffentlichen Sektor wurde durch die Umstrukturierung von Verwaltungseinheiten durch die Regierung die Dezentralisierung bzw. Flexibilisierung der bis dahin zentralisierten Tarifverhandlungen vorangetrieben, so daß die lokale bzw. dezentrale Verhandlungsebene an Bedeutung gewann, allerdings ohne daß die zentralen Tarifverhandlungen aufgelöst wurden. Im privaten Sektor kam es dagegen zu einer weitgehenden Auflösung der sektoralen Tarifverhandlungsstrukturen, da sich immer mehr Unternehmen von den branchenweiten Tarifverhandlungen zurückzogen. Diese waren ohnehin von nur begrenzter Repräsentativität bzw. eingeschränkter Bedeutung. Insgesamt nahmen weder die befristete Beschäftigung noch die Flexibilisierung der Arbeitszeiten im Laufe der 80er Jahre maßgeblich zu. Durch die traditionell geringe gesetzliche Regulierung individueller Arbeitsbeziehungen bestand hier für die Arbeitgeber ohnehin weitgehende Flexibilität, die auch in Anspruch genommen wurde.

Der öffentliche Sektor

1990 wurden die Löhne für gewerbliche Arbeitnehmer noch von 58 Prozent der öffentlichen Arbeitgeber auf sektoraler Ebene verhandelt und für nicht-gewerbliche Arbeitnehmer von 67 Prozent (Tabelle 3)[148]. Die berufsständische Vertretung der Krankenschwestern, die Gewerkschaften des universitären Mittelbaus (*Lecturers*) und auch die Angestellten (*White-Collar*) der Gemeinden (*APTC Grades*) konnten sich gegen Versuche der Auflösung zentraler Lohnverhandlungen erfolgreich zur Wehr setzen (Kessler/Bayliss 1992:118/153). Bestrebungen der Regierung, die Löhne bei *British Rail* 1989 unilateral festzusetzen, konnten durch Streikaktionen abgewehrt werden, so daß auch hier die zentralen Tarifverhandlungen weiterhin intakt blieben (Kessler/Bayliss 1992:126/153). Aufgelöst wurden zentrale Tarifverhandlungen nur vereinzelt, beispielsweise 1985 für die Beschäftigten der *National Bus Company*, die später privatisiert wurde (Beaumont 1992:111), oder für die Dockarbeiter 1989 (Kessler/Bayliss 1992:154). Der Rückzug einzelner Kommunen von nationalen Lohnverhandlungen nahm sehr stark zu, führte aber bislang noch nicht zum Zusammenbruch nationaler Abkommen. Bis 1993 waren vierzig *Local*

---

[148] Dies beinhaltet, daß zentrale Tarifverhandlungen 1990 noch für 92 Prozent der gewerblichen und neunzig Prozent der nicht-gewerblichen Arbeitnehmer im öffentlichen Sektor geführt wurden (Millward et al. 1992:233).

Authorities, darunter zwei *County Councils*, von den zentralen Tarifverhandlungen für die Angestellten ausgeschert (Beatson 1993:407)[149].

Hinter dem weitgehenden Fortbestehen zentraler Tarifverhandlungen im öffentlichen Sektor verbirgt sich allerdings deren Aushöhlung durch die Zunahme des *Supplementary-Bargaining* (Beaumont 1992:104f). In einer Studie von NALGO wurde ermittelt, daß für mittlere und höhere Angestellte der Kommunen die Löhne nur noch für etwa ein Viertel, für gewerbliche Arbeitnehmer für etwa ein Drittel ausschließlich im Rahmen zentraler Tarifabkommen verhandelt werden. Für jeweils mehr als die Hälfte aller dieser Beschäftigten werden die zentralen Abkommen lokal variiert. Für etwa 19 Prozent der mittleren und höheren Angestellten und für etwa 16 Prozent der gewerblichen Arbeitnehmer sind die lokalen Verhandlungen ausschlaggebend für ihre Lohnerhöhungen (Beaumont 1992:113).

Die Ursachen für die Dezentralisierung der Tarifverhandlungen in Form der Zunahme des *Two-Tier-Bargaining* liegen in der Umstrukturierung des öffentlichen Sektors begründet. Um eine Verbesserung der Effektivität des öffentlichen Sektors und dessen Orientierung an Marktmechanismen zu erreichen, leitete die *Thatcher*-Regierung dessen Umgestaltung nach dem Vorbild der Managementtheorien im privaten Sektor ein. Es wurde sowohl die Dezentralisierung von Verwaltungseinheiten als auch ein stärker an Effizienzkriterien orientiertes Management angestrebt. Vor allem durch die Senkung der Personalkosten (einer der größten Budgetposten in allen Bereichen des öffentlichen Sektors) sollte eine Kostensenkung erreicht werden. Über die Dezentralisierung der Verwaltungseinheiten wurde daher auch Druck in Richtung einer Dezentralisierung der Lohnverhandlungen und Flexibilisierung der Löhne im öffentlichen Sektor ausgeübt (vgl. IRS Employment Trends 499; 1991:7). Der Vorteil dezentraler Verhandlungen liegt demnach darin, auch die Löhne im öffentlichen Dienst den Bedingungen lokaler Arbeitsmärkte anpassen zu können (Brown/Walsh 1991). Gleichzeitig wurde jedoch die Kontrolle der Zentralregierung über die Budgets der einzelnen staatlichen Arbeitgeber seit Beginn der 80er Jahre erhöht. U. a. wurden damit die Voraussetzungen für eine von der Zentralregierung angestrebte, indirekt „gesteuerte" Politik der Senkung der Lohnkosten geschaffen (vgl. IRS Employment Trends 499; 1991:7). Die Reformen unter den genannten Vorzeichen fan-

---

[149] Das *Opting Out* muß nicht zwangsläufig mit einer Lohnflexibilisierung nach „unten" einhergehen. Es kann auch bedeuten, daß die öffentlichen Arbeitgeber übertarifliche Löhne bezahlen, um freie Stellen, vor allem für wissenschaftliches und technisches Personal, besetzen zu können, da sich die Kommunen zunehmend personellen Rekrutierungsproblemen gegenüber gestellt sehen. Als Beispiele sind hier *Kent County Council* und *Buckinghamshire* zu nennen, die 1989 aus diesem Grund das nationale Abkommen mit APTC kündigten (Kessler/Bayliss 1992:118; Beaumont 1992:113).

den u. a. im öffentlichen Dienst, dem staatlichen Gesundheitswesen, den Kommunen und den Schulen statt:

- Die *Thatcher*-Regierung löste beispielsweise 1981 das *Civil Service Department* auf, das bis dahin für die Arbeitsbeziehungen im *Civil Service*[150] verantwortlich war. Die Kompetenzen in bezug auf die Kontrolle der Ausgaben des *Civil Service* wurden dem Finanzministerium (*Treasury*) übertragen. Dies beinhaltete u. a. die Kontrolle des Beschäftigungsvolumens und der Löhne in diesem Bereich. 1987 wurden dem Finanzministerium dann auch noch Managementfunktionen wie die Kostensenkung, die Effizienzbewertung und die Personalrekrutierung überantwortet (Fredman/Morris 1989:22/23). Im *Efficiency Unit Report 1988*, herausgegeben von der Regierung, wurde vorgeschlagen, den *Civil Service* in Form von dezentralen, halbautonomen *Agencies* neu zu organisieren. Jede *Agency* soll über ein eigenes Budget verfügen und stark marktorientiert arbeiten. Das Management der *Agencies* schließt auch die Personalkosten mit ein, d. h. sowohl die Festlegung der Lohnsysteme als auch der Lohnerhöhungen, allerdings im Rahmen der weiterhin zentralstaatlich festgelegten oder kontrollierten Budgets. Bis 1990 entstanden 33 solcher *Agencies* mit über 80.000 Beschäftigten. Eine der größten davon ist der *Employment Service* mit mehr als 35.000 Beschäftigten und über 2.000 Niederlassungen. Insgesamt ist die Einrichtung weiterer *Agencies* für etwa die Hälfte des öffentlichen Dienstes geplant (Kessler/Bayliss 1992:115).

- Im *National Health Service* wurde 1982 eine Verwaltungsreform eingeleitet, die auf eine stärkere finanzielle Kontrolle der lokalen Arbeitgeber durch die Zentralregierung in diesem Bereich[151] abzielte. Weil das Gesundheitswesen weitgehend aus Steuermitteln finanziert wird, kann die Zentralregierung, vertreten durch den *Secretary of State*, über die Zuweisung der finanziellen Mittel weitreichenden Einfluß auf die Lohn- und Personalpolitik der dezentralen Ebenen ausüben (Fredman/Morris 1989:27). Ende der 80er Jahre wurden dann in einigen Bereichen *Directly Managed Units* im Gesundheitssekor eingeführt. In Form von *NHS-Trusts* konnten vor allem Krankenhäuser nunmehr als direkte Arbeitgeber spezifische Arbeitsbedingungen mit

---

[150] Der *Civil Service* wird insofern von den Kommunen differenziert, als hier die Zentralregierung über die direkte finanzielle Kontrolle verfügt und auch als Verhandlungspartner bei den Tarifverhandlungen auftritt (Public Finance Foundation 1992:33). Die Löhne der Beamten (*Civil Servants*) werden jedoch z.T. von der Zentralregierung und z.T. von den Kommunen mit den entsprechenden Gewerkschaften verhandelt (ebd.:36). *Civil Servants* sind „*Servants of the Crown, other than holders of political or judical offices, who are employed in a civil capacity and whose renumeration is paid wholly and directly out of moneys voted by Parliament*" (Report of the Committee on the Civil Service, Cmnd 3638, 1968; zit. nach Fredman/Morris 1989:21).

[151] Bis Ende der 80er Jahre gab es nur drei „Arten" von Arbeitgebern im Gesundheitssektor: *District Health Authorities*, welche vorwiegend Angestellte in Krankenhäusern beschäftigen; *Regional Health Autorhorities*, welche u.a. Verwaltungspersonal in diesem Bereich beschäftigten, und *Family Practitioner Committees*, die keine eigentlichen Arbeitgeber im eigentlichen Sinne sind, sondern die Arbeitsbedingungen von selbständigen Allgemeinmedizinern, Zahnärzten, Pharmazeuten usw. regulierten (Fredman/Morris 1989:26).

ihren Angestellten aushandeln. Bis 1991 entstanden 57 solcher *Trusts* und 113 weitere sind geplant (IRS Employment Trends 499; 1991:6).

- Organisatorische Veränderungen gab es auch in den Gemeindeverwaltungen, den *Local Authorities*[152]. Während der 80er Jahre wurden unter anderem einige große *Counties*, beispielsweise der *Greater London Council*, aufgelöst und in kleinere Verwaltungseinheiten aufgespalten (Fredman/Morris 1989:28). Damit erhöhte sich auch auf kommunaler Ebene die Anzahl der Arbeitgeber. Gleichzeitig wurden die Handlungsspielräume der kommunalen Arbeitgeber verändert, indem die Regierung durch die Gewährung von Zuschüssen, Planvorgaben, Sanktionen bei Budgetüberschreitungen und durch Steuergesetze eine immer stärkere finanzielle Kontrolle über die Gemeinden ausübte (Kessler/Bayliss 1992:116). Mit der Einführung der *Poll-Tax*, einer Art Kopfsteuer, die von den Gemeinden erhoben werden darf, sowie einer einheitlichen Gewerbesteuer (*Business Rate*), die vorher von den einzelnen Kommunen selbständig festgelegt werden konnte, sind nunmehr etwa zweidrittel der Einnahmen der Gemeinden durch Regierungsentscheidungen bestimmt.

- Eine Veränderung ergab sich auch in der Organisation des schulischen Erziehungswesens. Traditionell unterstanden die Schulen in Großbritannien (nicht die Universitäten) den *Local Authorities* (Fredman/Morris 1989:31). Seit 1988 müssen die Kommunen jedoch Finanzierungspläne beim *Secretary of State* einreichen und den einzelnen Schulen dann Budgets zuweisen (*Delegated Budgets*). Die Schulen können sich der kommunalen Kontrolle durch „*Opting Out*" jedoch auch ganz entziehen, wenn alle Eltern sowie die Zentralregierung dem zustimmen. Dann wird der jeweiligen Schule ihr Budget direkt vom *Secretary of State* zugeteilt (Fredman/Morris 1989). Bei Schulen mit *Delegated Budgets* werden das Gehalt und die Arbeitsbedingungen der Lehrkräfte von der Zentralregierung verhandelt. Bei Schulen, die vom *Opting Out* Gebrauch machen, werden die Löhne und Arbeitsbedingungen aller Beschäftigten von den Schulen selbst verhandelt (Fredman/Morris 1989:36).

All diesen Veränderungen ist gemeinsam, daß sie den um ein vielfaches vermehrten einzelnen staatlichen Arbeitgebern die Möglichkeiten geben, die Löhne der Beschäftigten entsprechend ihrer jeweiligen budgetären Möglichkeiten unter Berücksichtigung der Bedingungen lokaler Arbeitsmärkte zu verhandeln. Die Verwaltungsreform führte daher zur Dezentralisierung und Flexibilisierung der Tarifverhandlungsstrukturen im öffentlichen Sektor. Eine Fortschreibung dieses Trends im Rahmen der noch

---

[152] *Local Authorities* werden von Fredman/Morris definiert als „*elected bodies which exercise functions delegated to them by central government within a defined geographical area*" (1989:28).

weiter fortschreitenden Dezentralisierung und Ausdifferenzierung der Managementstrukturen im Erziehungswesen, im Gesundheitssektor sowie durch das Entstehen der *Agencies* im öffentlichen Dienst ist zu erwarten (Metcalf 1991:27). Für die Gewerkschaften bedeutet die Auflösung der zentralen Tarifverhandlungsstrukturen, daß sie auch im öffentlichen Sektor in Zukunft zunehmend auf lokale Verhandlungsnetzwerke angewiesen sein werden, wobei das Fortbestehen der zentralen Verhandlungen immerhin noch Rahmenregelungen erlaubt. Die durch eine Dezentralisierung bedingte Einschränkung von strategischen Optionen der Gewerkschaften im öffentlichen Sektor ist damit noch begrenzt.

Der private Sektor

In den 80er Jahren nahm die Bedeutung zentraler Tarifverhandlungen im Privatsektor in Großbritannien massiv ab, da sich die Unternehmer zunehmend von zentralen Tarifverhandlungen zurückzogen und sich auf die Verhandlungen auf Unternehmens- oder Konzernebene beschränkten. Der Anteil der Unternehmen in der privaten verarbeitenden Industrie, die sich an überregionalen Kollektivverhandlungen beteiligen, sank bis 1990 auf 16 Prozent für gewerbliche und sieben Prozent für nicht-gewerbliche Arbeitnehmer (siehe Tabelle 3)[153].

Beispiele für die Auflösung der industrieweiten Verhandlungen in der zweiten Hälfte der 80er Jahre gab es viele wie z.B. die Druckindustrie, die Zementindustrie, die Stahlindustrie, die Autoindustrie usw.. Oftmals zogen sich dabei einzelne große Unternehmen aus den Arbeitgeberverbänden oder den industrieweiten Verhandlungen zurück, was dann zur Auflösung des industrieweiten Tarifabkommen führte (Purcell 1991:35f). Als Beispiele sind hier der Austritt der *Midland Bank* 1986 und der Austritt der *High Street Banks* 1988 aus der Arbeitgebervereinigung *Federation of London Clearing Banks* zu nennen, was zum Zusammenbruch der sektoralen Tarifverhandlungen für 200.000 Arbeitnehmer in dieser Dienstleistungsbranche führte (Beatson 1993:406). Die zentralen Tarifverhandlungen der Fernsehgesellschaften lösten sich 1989 in Folge des Rückzugs zweier unabhängiger Fernsehgesellschaften auf (weitere Beispiele siehe Purcell 1991:36f). Die Kündigung des Abkommens zwi-

---

[153] Die Daten auf der Basis von Arbeitnehmerumfragen in allen Unternehmen in der privaten verarbeitenden Industrie bestätigen den Trend zur weiteren Dezentralisierung der Tarifverhandlungen. Wurden 1984 noch für 24 Prozent der gewerblichen und für acht Prozent der nicht-gewerblichen Arbeitnehmer die Lohnvereinbarungen bei branchenweiten Verhandlungen (national oder sektoral) festgelegt, sanken die entsprechenden Anteile 1990 auf 19 Prozent für gewerbliche und auf sechs Prozent für nicht-gewerbliche Arbeitnehmer (Millward et al. 1992:223). In Multi-Establishment-Unternehmen hat neben der Betriebsebene in den 80er Jahren allerdings die Konzernebene für Kollektivverhandlungen zunehmend an Bedeutung gewonnen (Millward et al. 1992:355; Brown 1993:195). Aber auch dort, wo weiterhin zentrale Verhandlungen geführt werden, machen die Arbeitgeber deutlich, daß mehr Flexibilität auf dezentraler Ebene gewährleistet sein muß (vgl. Employment Trends 440;1989:7).

schen der *Engineering Employers' Federation* und der *Confederation of Shipbuilding and Engineering Union* (CSEU) für 600.000 Arbeitnehmer 1989 erfolgte dagegen in Folge der Auseinandersetzung um die Verkürzung der Wochenarbeitszeit (Beatson 1993:406). Die EEF reagierte dabei mit der Kündigung des branchenweiten Abkommens auf die gewerkschaftliche Strategie der Schwerpunktstreiks in Schlüsselindustrien: *„In December 1989 the calculated gamble of the heart of the CSEU's strategy was exposed by the EEF's unilateral termination of all substantive national agreements, a decision which effectively ended a procedural regime founded in 1898 which became the template for much of British industrial relations. While this development was not entirely unexpected it did dramatically narrow the CSEU's strategic options"* (McKinlay/McNulty 1992:210).

Insgesamt kann man zum Beginn der 90er Jahre im britischen Privatsektor von einer nur noch marginalen Bedeutung zentraler Tarifverhandlungen sprechen. Die Dezentralisierung der Tarifverhandlungen im privaten Sektor kann in Zusammenhang mit internationalen Trends zum Wandel von Organisations- und Unternehmensstrukturen gestellt werden. Die Auflösung korporativer Verantwortlichkeit vor allem in großen Firmen beinhaltete die Verlagerung der Verantwortlichkeit für die Kostenkontrolle auf die Ebene von Unternehmenseinheiten, Profit- oder Produktzentren. *„Business policy of the 1980s has generally been to emphasize bottom-line performance, profit responsibility, and general management skills at a lower level than was previously the case. Strategic business units have tougher requirements to meet in terms of performance but are freer to choose the policies they require to meet performance targets"* (Purcell 1991:38). Um die Lohnentwicklung stärker mit diesen dezentralen Unternehmenseinheiten zu koppeln, erschien auch die Dezentralisierung der Lohnverhandlungen notwendig (Employment Trends 464/1989:10 und 457/1990:6; ebenso Interview CBI 13.09.93). Damit gelten die Strategien zur Organisation des Unternehmens auch für die Gestaltung der Arbeitsbeziehungen als ausschlaggebend: *„the dominant force for change in industrial relations in the 1980s is to be found beyond the traditional boundaries of the subject. It is the development of business policies and corporate strategies concerned with the structure, shape, and control systems of the firm which have forced personnel and industrial relations managers, often reluctantly, to restructure collective bargaining"* (Purcell 1991:38).

In Großbritannien stellte dabei die traditionell geringe Repräsentativität zentraler Tarifverhandlungen im privaten Sektor bzw. die weitgehende Beschränkung auf das Verhandeln von Mindeststandards auf dieser Ebene, die durch die betrieblichen Verhandlungen beim *Two-Tier Bargaining* ergänzt werden (Purcell 1991.35) ebenso wie die geringe Repräsentativität der Unternehmerverbände (Brown 1993:198) eine nur

„niedrige" institutionelle Hemmschwelle für den Rückzug einzelner Unternehmer von zentralen Verhandlungen dar. Die Vorteile, die zentrale Lohnverhandlungen bieten, konnten hier ohnehin nie voll genutzt werden. Zudem entstand in einzelnen Sektoren durch den Rückzug einzelner Unternehmen aus den Arbeitgeberverbänden oder von den zentralen Verhandlungsnetzwerken eine Art Dominoeffekt, der letztlich zur Auflösung der zentralen Verhandlungen führte.

Für die Gewerkschaften bedeutet die Auflösung der zentralen Tarifverhandlungen im Privatsektor eine Einschränkung ihrer Handlungsoptionen, da nun die Durchsetzung solidarischer Strategien, die auf die Aufrechterhaltung eines allgemein hohen Lohn-niveaus oder eine Vereinheitlichung der Lohn- und Beschäftigungsbedingungen ab-zielen, vollkommen unrealistisch erscheinen. In Verbindung mit den Austritten aus den Unternehmerverbänden entfallen zudem die Möglichkeiten, begrenzte Abkom-men oder Rahmenregelungen zu vereinbaren oder mittelfristig zu zentralen Tarifver-handlungen zurückzukehren. Damit wurden im Laufe der 80er und zu Beginn der 90er Jahre die betriebliche Verhandlungsebene für die Gewerkschaften noch wichti-ger als vorher. Ihre „Abhängigkeit" von den Entscheidungen einzelner Unternehmer, vor allem hinsichtlich ihrer Anerkennung als Tarifpartner, wuchs, da sich nunmehr die Tarifpolitik fast ausschließlich auf die Unternehmensebene konzentrierte.

1.3. Veränderung der Verhandlungsmuster

Durch die Entwicklung der Verhandlungsmuster in den britischen Arbeitsbeziehun-gen wird deutlich, daß Regierung und zahlreiche Arbeitgeber eine Exklusion oder Marginalisierung der Gewerkschaften anstrebten. Im einzelnen zeigt sich dies in der allgemeinen Auflösung neo-korporatistischer Verhandlungsnetzwerke bzw. triparti-stischer Institutionen. In den Betrieben nahm die Nicht-Anerkennung der Gewerk-schaften massiv zu. Die Zahl der *Shop Stewards* und auch konsultative Institutionen, die auf starker gewerkschaftlicher Partizipation beruhen, wie *Joint Consultation Committees* auf Betriebsebene, nahmen ab. Zudem deutet sich eine Marginalisierung der *Shop Stewards* als Arbeitnehmervertreter durch sogenannte neue Partizipations-formen an. Außerdem wurden und werden die vielfältigen Möglichkeiten der neuen Arbeitsgesetzgebung zur Einschränkung der gewerkschaftlichen Streikaktivitäten von Regierung und Arbeitgebern genutzt, um Arbeitskonflikte zu „gewinnen". Ein-zelne Arbeitskonflikte wie der Bergarbeiterstreik (1984/85) und der Konflikt in der Druckindustrie (1986/87) zeigten, wie durch die Arbeitsgesetzgebung konfrontative Strategien der Arbeitgeber unterstützt wurden, indem die gewerkschaftlichen Hand-lungsmöglichkeiten bei Arbeitskonflikten maßgeblich eingeschränkt wurden. Vor diesem Hintergrund deutet die Abnahme der Arbeitskonflikte insgesamt in den 80er

Jahren eher die Schwächung der gewerkschaftlichen Blockademacht an, als die Etablierung kooperativer Arbeitsbeziehungen.

Ende neo-korporatistischer Steuerung

Die *Thatcher*-Regierung bevorzugte in verschiedenen Politikfeldern „am Markt" orientierte Steuerungsstrategien. Dies war und ist gleichzeitig Ursache und Voraussetzung für eine breit angelegte Politik der *„Union-Exclusion"* (Crouch 1985; Crouch 1990b:339), worunter das Ablehnen der Konsultation von Gewerkschaften als Gesprächspartner bei „allgemeinpolitischen" bzw. „gesamtökonomischen" Fragen verstanden wird: *„Die Regierung kündigte an, die Gewerkschaften zukünftig nicht mehr als Interessenorganisationen zu betrachten, deren Repräsentanz in öffentlichen Gremien, die über Angelegenheiten von allgemeinem Intresse beraten, erforderlich sei. Ihr Rat solle einzig und allein zu Fragen eingeholt werden, die unmittelbar ihre Rolle als Vertreter der Beschäftigten betreffen"* (Crouch 1985:260).

Bereits in den ersten Jahren der *Thatcher*-Regierung nahmen die Spitzengespräche zwischen Premierministerin und Gewerkschaften ab. Die Anzahl der Kontakte auf anderen Politikebenen blieb konstant bzw. nahm leicht zu, was aber weitgehend auf das verstärkte *Lobbying* des TUC sowie dessen zunehmende Proteste gegen die Regierungspolitik zurückging. Die „Erfolgsquote" der gewerkschaftlichen Regierungskontakte nahm daher ab. Die Kontakte in Quangos tendierten gegen null (Mitchell 1987:513; Marsh 1992:112f)[154].

Im Rahmen der monetaristischen Wirtschaftspolitik war die Regierung nicht weiter auf die Kooperation der Gewerkschaften angewiesen. Da die Beseitigung bzw. die Senkung der Arbeitslosigkeit meist eine von Gewerkschaften in neo-korporatistischen Tauschnetzwerken gestellte Forderung (als Gegenleistung für Lohnzurückhaltung zur Senkung der Infaltion) war, entfiel für die Regierung nun einer der Anreize, eine solche Politik zu verfolgen. Vielmehr konnten jetzt gerade eine hohe Arbeitslo-

---

[154] Mitchell (1987) belegt dies ausführlich mit Daten auf der Basis der jährlichen *TUC-Congress-Reports* von 1979-84. Diese Daten werden bis 1988 von Marsh (1992:113) ergänzt. 1979 wurden sechzig Kontakte zwischen Regierung und Gewerkschaften auf Initiative des TUC vermerkt. Diese stiegen bis 1984 auf siebzig an, um für 1988 erneut auf sechzig zu fallen. Auf Initiative der Regierung wurden 1979 unter *Labour* 17 Kontakte verbucht. Diese gingen auf **sechs** 1984 zurück und stiegen 1988 wieder auf 17 an. Bezeichnend war dabei, daß die Kontakte im Rahmen von Quangos auf zentralstaatlicher Ebene von 22 im Jahr 1979 auf 15 im Jahr 1982 fielen, 1984 kurz auf 21 anstiegen und sich schließlich 1988 auf **einen** reduzierten (Marsh 1992:113).
Die prozentuale Verteilung der Kontakte auf verschiedenen Ebenen zeigt, daß unter der *Labour*-Regierung in den 70er Jahren neun Prozent der Regierungs-Kontakte zwischen TUC und dem Premierminister stattfanden, während es 1984 nur noch **zwei** Prozent waren (Mitchell 1987:513). Die „Erfolgsquote" der gewerkschaftlichen Regierungskontakte, also die Aufnahme gewerkschaftlicher Positionen in Regierungsbeschlüssen, fiel deutlich von durchschnittlich etwa zwanzig Prozent in den 70er Jahren auf durchschnittlich acht Prozent während der ersten Jahre der *Thatcher*-Regierung (Mitchell 1987:515).

sigkeit und die schärfere Konkurrenz auf den Produktmärkten, mehr noch als die Vorgaben zur Geldmengensteuerung, von der Regierung eingesetzt werden, um die Verhandlungen zwischen Arbeitgebern und Gewerkschaften einem „New Realism" anzupassen (MacInnes 1987:69). Damit waren in diesem Zusammenhang entsprechend der Wirtschaftslage niedrige oder gemäßigte Lohnabschlüsse der Tarifpartner gemeint, bei denen die Senkung der Inflationsrate und auch die Sicherung der Wettbewerbsfähigkeit der Wirtschaft berücksichtigt wird.

Durch das Wegfallen des politischen „Tauschs" bei der neo-korporatistischen Einkommenspolitik verringerte sich entsprechend das gewerkschaftliche Einflußpotential direkt hinsichtlich der Möglichkeiten, auf eine Senkung der Arbeitslosigkeit hinzuwirken[155]. Indirekt verringerten sich wegen der hohen Arbeitslosigkeit allgemein die gewerkschaftlichen Möglichkeiten, hohe Lohnerhöhungen durchzusetzen. Beobachter gehen in diesem Zusammenhang davon aus, daß die Entscheidung der Regierung, der Beseitigung der Arbeitslosigkeit in der Wirtschaftspolitik in Großbritannien keine Priorität einzuräumen, die Gewerkschaften und ihre Handlungsmöglichkeiten vieleicht ebenso geschädigt haben wie andere, gezielt anti-gewerkschaftliche Maßnahmen (vgl. Crouch 1990:330; Hall 1986:130): *„Conservative industrial relations policies can be usefully divided into two broad themes. The first has involved the use of deflationary macro-economic policy to control inflation and undercut union organization and bargaining strength through higher levels of unemployment"* (Longstreth 1988:416).

Das neo-liberale Credo der konservativen Regierung in Großbritannien beinhaltete auch die konsequente Aufgabe des neo-korporatistischen Politikstils in zahlreichen weiteren Politikfeldern und damit die Abschaffung tripartistischer Institutionen, in denen sich der Politikstil sozusagen „materialisiert" hatte. Beispielhaft ist hier die Entwicklung des 1962 gegründeten *National Economic and Development Council*

---

[155] Im Zusammenhang mit der vergleichenden Analyse der regierungspolitischen Entscheidungen für keynesianische oder monetaristische Wirtschaftspolitik in den 70er Jahren, hat Fritz Scharpf bereits festgestellt, wie elementar sich die Machtressourcen der Gewerkschaften verändern, je nachdem, ob die Regierung eine keynesianische oder eine monetaristische Wirtschaftspolitik verfolgt. Anhand einer spieltheoretischen Analyse zeigt Scharpf, daß der Spieler „Staat" nur im keynesianischen Spiel versucht, das für die Gewerkschaften wichtige Ziel der Vollbeschäftigung zu erreichen, während im monetaristischen Spiel der Inflationsbekämpfung seine oberste Präferenz gilt. Bei einer keynesianischen Wirtschaftspolitik ergibt sich die relative „Machtposition" der Gewerkschaften einerseits aus der im allgemeinen damit einhergehenden Vollbeschäftigungspolitik und andererseits aus der Abhängigkeit des Erfolgs der Regierungspolitik von der lohnpolitischen Zurückhaltung der Gewerkschaften sowohl in bezug auf die Vollbeschäftigung als auch in bezug auf die Inflationskontrolle.
Die Beteiligung und Kooperation der Gewerkschaften in neo-korporatistischen Institutionen verliert für die Regierung aber ihre Bedeutung, wenn sie auf eine monetaristische Wirtschaftspolitik einschwenkt. Das damit einhergehende Tolerieren der ansteigenden Arbeitslosigkeit durch die Regierung „zwingt" die Gewerkschaften zum Lohnverzicht. Die These, die Scharpf daraus ableitet, lautet, daß „Gewerkschaftsmacht" unter den ökonomischen Rahmenbedingungen der siebziger Jahre in erster Linie eine Funktion der Regierungspolitik war (Scharpf 1988:21). Dies kann auch auf die 80er Jahre übertragen werden.

(NEDC), der in den 70er Jahren eine der zentralen und wichtigen neo-korporatistischen Institutionen für die Wirtschafts-, Industrie- und Einkommenspolitik war. Der
NEDC blieb während der 80er Jahre zwar bestehen, verlor aber seine zentrale Aufgabe und Bedeutung vor dem Hintergrund der von der Regierung verfolgten angebotsorientierten Wirtschaftspolitik. Für diese Zeit wird der NEDC als regelmäßiges,
aber relativ einflußloses und ineffektives tripartistisches Forum beschrieben[156]. 1992
wurde der NEDC schließlich als eine der letzten tripartistischen Institutionen auf
zentralstaatlicher Ebene aufgelöst und nicht durch eine direkte Nachfolgeorganisation
ersetzt, worin „*the end of any pretence of a corporatist union role at government
level*" (Purcell 1993:9) gesehen wird. Der Abschaffung des NEDC ging die Aufgabe
des konzertierten Politikstils in zahlreichen weiteren Politikfeldern voraus. Vor allem
in der zweiten Hälfte der 80er Jahre waren die tripartistischen Institutionen des neo-
korporatistischen *Policy-Making* Gegenstand der Reformen der konservativen Regierungen (Grant 1989). So wurden beispielsweise tripartistische Institutionen wie die
Boards of Nationalised Industries, die *Regional and District Health Authorities*
(Kessler/Bayliss 1992:168) oder die tripartistischen Institutionen in der Berufsbildungspolitik aufgelöst (siehe Kapitel IV.2.).

Die neu entstandenen *para-governmental Organisations* oder *Agencies* beruhen auf
der Quasi-Selbstregulierung und auf Quasi-Marktstrategien bei der Implementation
von *Policies* sowohl auf der Makro-Ebene als auch auf der Meso-Ebene. Ein Bericht
der *Charter 88*, einer *Pressure Group* zur Verfassungsreform, zählte unter Berücksichtigung der neuen para-staatlichen Institutionen im Gesundheitswesen und im
Erziehungsbereich 5.521 solcher ausführender Quangos[157] (The Economist, August
1994:31). Die ausführenden Organe der neuen *Agencies* sind jedoch nicht tripartistisch besetzt und oft nicht einmal gesetzlich dazu verpflichtet, auch nur **einen** Gewerkschaftsrepräsentanten in ihren Aufsichtsrat aufzunehmen. Die Gewerkschaften
haben damit keine formalisierten Mitbestimmungsrechte mehr und die Kompromiß-
findung mit den Gewerkschaften ist für die konservativen Regierungen auch in diesen Institutionen und Politikfeldern obsolet geworden. Dies ist der Grund, weshalb es

---

[156] 1984 boykottierte der TUC den NEDC zeitweilig wegen des Verbots der gewerkschaftlichen
Organisierung der Angestellten des britischen Nachrichtendienstes (Crouch 1985:260). Nach dem
Ende des Boykotts wurde von TUC und CBI ein gemeinsames Papier zur Reform des NEDC
erarbeitet (Grant 1987:137), das jedoch ohne weitere Folgen blieb.
[157] Die Regierung, konkret das *Cabinet Office*, gibt an, daß sich die Anzahl der *Quangos* von 2.167
1979 auf 1.389 1993 verringert hat (The Economist, August 1994:31). Dabei werden jedoch
neue, ausführende *Agencies*, die beispielsweise aus dem öffentlichen Sektor ausgegliedert wurden, sogenannte *Trusts* im Gesundheitswesen, selbstverwaltete Schulen oder aber aber die neuen
Organisationen in der Berufsbildung nicht gezählt. Aber obwohl die Regierung nicht die Ernennung der Aufsichtsräte dieser Organisationen bestimmt, erteilt sie diesen Körperschaften den
Auftrag zur Ausführung ihrer Politik und zur Bereitstellung von Dienstleistungen. Sie werden
über den staatlichen Haushalt finanziert und der Gesetzgeber kann sie auflösen (ebd.). Schließt
man daher auch diese Organisationen bei der Zählung von *Quangos* ein, kommt man zur entsprechend höheren Zahl.

zum Ende der 80er Jahre zwischen Gewerkschaften und Regierungsvertretern im Rahmen von *Quangos* kaum mehr Kontakte gab. Die *Health and Safety Commission* und der *Advisory, Conciliation and Arbitration Service* gehören neben den *Industrial Tribunals*, einer Art von Arbeitsgerichten, zu den wenigen tripartistischen Institutionen, die weiter bestehen blieben (Marsh 1992:114; Kessler/Bayliss 1992:169)[158]. Damit ist der Tripartismus in Großbritannien nunmehr weitgehend aufgelöst bzw. auf einzelne Institutionen beschränkt, für die er nahezu als „konstitutiv" zu betrachten ist, d.h. die kaum anders als auf tripartistischer Basis vorstellbar sind (Kessler/Bayliss 1992:169).

Auch wenn die neo-korporatistische Politik in Großbritannien während der 70er Jahre weder als besonders effektiv noch als besonders stark eingeschätzt wird, so gilt doch *„tripartite contacts are institutionalized, not impromptu, and inherently less susceptible to partisan or ideological change than bipartite contacts, as long as tripartite institutions themselves survive"* (Mitchell 1987:514). Es kann daher davon ausgegangen werden, daß die Auflösung der tripartistischen Institutionen den Einfluß von Gewerkschaften und auch die Repräsentation von Gewerkschaften im politischen Bereich in Großbritannien stark einschränkte.

Verringerung der Anerkennung von Gewerkschaften als Tarifpartnern in den Unternehmen

Im Laufe der 80er Jahre nahm die *Union Derecognition*, d.h. die Nicht-Anerkennung von Gewerkschaften und ihrer Vertreter als Verhandlungspartner für Tarifverhandlungen im Betrieb[159] stark zu. Betroffen von der *Union Derecognition* können alle Gewerkschaften eines Unternehmens, Gewerkschaften einzelner Unternehmensniederlassungen oder auch nur Gewerkschaften für einzelne Arbeitnehmergruppen sein. 1990 wurden nur noch von 53 Prozent aller Arbeitgeber eine oder mehrere Gewerkschaften als Verhandlungspartner anerkannt (siehe Tabelle 2). Die Abnahme der *Union Recognition* fand und findet noch immer in allen Sektoren der Wirtschaft statt. Im öffentlichen Sektor sank der Anteil der staatlichen Arbeitgeber, die Gewerkschaften anerkennen, auf 87 Prozent, in der verarbeitenden Industrie auf 44 Prozent und im privaten Dienstleistungssektor auf 36 Prozent (Tabelle 2). Im privaten Sektor wurden nur noch für weniger als die Hälfte aller Arbeitnehmer die Lohn- und Arbeitsbedingungen durch Gewerkschaften verhandelt[160]. Dabei war die Aner-

---

[158] Weitere Institutionen mit rechtlich regulierter gewerkschaftlicher Vertretung sind die *Equal Opportunites Commission* und die *Commisssion for Racial Equality* (Bassett/Cave 1993:17).
[159] In Betrieben, die Gewerkschaften nicht als Verhandlungspartner bei Lohnverhandlungen anerkennen, können Gewerkschaftsfunktionäre lediglich repräsentative Funktionen z.B. bei Fragen des Arbeitsschutzes oder bei disziplinarischen Problemen übernehmen.
[160] In der Periode von 1984 bis 1990 sank der Anteil der Arbeitnehmer, die insgesamt durch Tarifvereinbarungen abgedeckt sind, dramatisch von 71 auf 54 Prozent. In der verarbeitenden Indu-

kennung der Gewerkschaften für gewerbliche Arbeitnehmer noch etwas höher als die für nicht-gewerbliche Arbeitnehmer. Insgesamt ist die Zunahme der *Union Dereco-gnition* damit als eine der wesentlichen Entwickungen zu sehen, durch die der Einfluß von Gewerkschaften auf die Lohnerhöhungen im öffenlichen Sektor eingeschränkt und im privaten Sektor drastisch reduziert wurde[161] - und damit der gewerkschaftliche Einfluß überhaupt.

Die Abnahme der gewerkschaftlichen Anerkennung im öffentlichen Sektor lag in der von der *Thatcher*-Regierung neu interpretierten Rolle des Staates als Modellarbeitgeber begründet. Wurde diese Rolle in den 70er Jahren noch als „pro-gewerkschaftlich" verstanden und die gewerkschaftliche Anerkennung von staatlichen Arbeitgebern gefördert, belegte die *Thatcher*-Regierung die Rolle des Staates als Modellarbeitgeber mit einem gewerkschaftsfeindlichen Impetus. Exemplarisch für diese extreme Haltung staatlicher Arbeitgeber in den 80er Jahren waren zwei Fälle, in denen die Regierung die gewerkschaftliche Organisation der Arbeitnehmer verbot bzw. das Vertretungsrecht der Gewerkschaften bei Kollektivverhandlungen nicht anerkannte. 1984 wurde das Organisations- und Verhandlungsrecht der Gewerkschaften für etwa 8.000 Beschäftigte bei der Zentrale des britischen Geheimdienstes, dem *Government Communications Headquarters* (GCHQ), durch die Regierung verweigert, obwohl die Gewerkschaften sich entgegenkommend zeigten und ein Abkommen zum Streikverzicht anboten (Mailly et al. 1989.267; Kessler Bayliss 1992:170). Wenn dieses Verbot auch quantitativ (in bezug auf die Anzahl der vertretenen Arbeitnehmer) nur geringe Auswirkungen auf den Repräsentationsgrad der Gewerkschaften hatte, so ist ihm doch ein großer symbolischer Wert beizumessen (vgl.Kessler/Bayliss 1992:114). Die betroffenen Gewerkschaften konnten die Maßnahme weder durch Anrufung der Gerichte (welche der Wahrung der nationalen Sicherheit den Vorrang vor der Organisationsfreiheit der Arbeitnehmer einräumten) noch durch einen eintägigen Warnstreik verhindern. Auch der Schiedsspruch der *International Labour Organisation* (ILO), die das Organisationsverbot verurteilte, blieb ohne Folgen. Die quantitative Reduzierung[162] der gewerkschaftlichen Anerkennung im öffentlichen Sektor erklärt sich weitgehend durch die Aufkündigung von Kollektivverhandlungen mit den Ge-

---

strie fiel der Repräsentationsgrad der Gewerkschaften im entsprechenden Zeitraum von 64 auf 51 Prozent, im privaten Dienstleistungssektor von 41 auf 33 Prozent und im öffentlichen Sektor von 95 auf 78 Prozent (Millward et al. 1992:94).

[161] Die *Union Derecognition* wird aufgrund von Daten Mitte der 80er Jahre und wegen der Konzentration in einzelnen Industrien, Regionen und bei Firmenneugründungen noch als nicht zu verallgemeinernder Trend der Unternehmensstrategien beurteilt: *„while derecognition is likely to become more widespread it will be piecemeal and possibly temporary. Derecognition is probably an extreme reflection of a much wider shift in the frontier of control within collective bargaining rather than a sign of a systematic movement for its rejection"* (Claydon 1989:222). Diese Einschätzung kann Mitte der 90er Jahre nicht mehr geteilt werden, da seit Mitte der 80er Jahre die Nicht-Anerkennung von Gewerkschaften stark zunahm.

[162] Gemeint ist die Anzahl der durch Gewerkschaften bei Kollektivverhandlungen vertretenen Arbeitnehmer.

werkschaften der Lehrer der Grund- und Mittelstufen in England und Wales 1987 von Seiten der Regierung (Millward et al. 1992:71). Sie war eine Folge der Konflikte um Gehaltserhöhungen und eine Verbesserung der Arbeitsbedingungen. Die gewerkschaftsfeindliche Einstellung der Regierung förderte durch die staatliche Vorbildrolle auch die anti-gewerkschaftliche Haltung im Privatsektor (Lewis 1991:73).

Im Privatsektor kam es am häufigsten bei Unternehmensübernahmen oder bei neu gegründeten Unternehmen, den *Green Fields*, zur generellen *Union Derecognition*[163]. Eine Studie der Regierung von 1988 zeigte, daß von dreihundert neuen Unternehmensniederlassungen ausländischer Firmen 56 Prozent keine Gewerkschaften haben (Guest 1989:48). Wie oben bereits aufgezeigt, ist dies z.t. eine Folge davon, daß ausländische Unternehmen versuchten und weiterhin versuchen, in ihren britischen Niederlassungen Arbeitsbeziehungen nach den Vorbildern in ihren Heimatländern zu etablieren. Eine der Erklärungen für die *Union-Derecognition* ist daher an der jeweiligen Unternehmenskultur orientiert: *„A firm's pattern of union recognition is determined by many things including its history and the circumstances of its constituent parts. A company which has grown through merger and acquisition, for example, may inherit the recognition arrangements of its various subsidiaries"* (Edwards/Marginson 1988:130).

Der generellen *Union-Derecognition* in einem Unternehmen, das Gewerkschaften die bereits gewährte Anerkennung entzieht, gehen zumeist ein niedriger gewerkschaftlicher Organisationsgrad, eine schwache Organisationsstruktur und häufige Konflikte voraus (Claydon 1989:221). Vom CBI wird generell auf die Verringerung des gewerkschaftlichen Organisationsgrades in vielen Unternehmen als Ursache für die *Derecognition* verwiesen (Interview CBI 13.03.93). So gilt beispielsweise der geringe gewerkschaftliche Organisationsgrad von Angestellten als Grund dafür, daß die gewerkschaftliche Vertretung für diese Gruppe in den Unternehmen am häufigsten in Frage gestellt wird (Claydon 1989:221). Für den Zusammenhang von *Union Derecognition* und gewerkschaftlichem Organisationsgrad spricht auch, daß die gewerkschaftliche Anerkennung in Unternehmen mit Gewerkschaftsmitgliedern 1990 mit insgesamt 83 Prozent überdurchschnittlich hoch war[164] (siehe Tabelle 2).

Eine der grundsätzlichen Voraussetzungen der dargestellten *Union Derecognition* muß jedoch nach wie vor in der fehlenden rechtlichen Regulierung der betrieblichen Arbeitnehmervertretung gesehen werden. Zudem haben die konservativen Regierun-

---

[163] Auch *Grade Specific Union Derecognition*, erfolgt meistens im Zusammenhang mit dem Wechsel der Eigentümer, einer Veränderung des Managements oder einer Reorganisation des Unternehmens (Claydon 1989:218).
[164] Dabei werden keine näheren Angaben gemacht, ab welcher Anzahl von Gewerkschaftsmitgliedern eine *Union-Recognition* wahrscheinlich ist.

gen die traditionellen Möglichkeiten der Gewerkschaften, ihre Anerkennung zu „erzwingen", durch die Verschärfung der Streikgesetzgebung eingeschränkt: *„In the current legal climate if an employer decides to de-recognize, the union is almost impotent"* (Metcalf 1991:25). Somit tragen die „Regulierungslücke" in Verbindung mit der restriktiven Neu-Regulierung des Streikrechts mit dazu bei, daß sich der Repräsentationsgrad von Tarifverhandlungen und damit auch der Einfluß von Gewerkschaften in Großbritannien massiv verringern. Wegen der oben genannten Ursachen der *Derecognition* in Unternehmen wird als gewerkschaftliche „Gegenstrategie" kooperatives Verhalten sowie verschärfte Mitgliederrekrutierung empfohlen: *„Clearly Unions must maintain a co-operative but robust presence where they are recognized: if density decays or is confined to a limited group the union may face derecognition"* (Metcalf 1991:26). Die drohende *Union Derecognition* ist damit auch eine der wesentlichen Faktoren bei der Reduzierung von Arbeitskonflikten bzw. der Entwicklung kooperativer Strategien von Seiten der Gewerkschaften.

Veränderung der Partizipationsformen in den Betrieben

Auch in den Unternehmen, die Gewerkschaften noch anerkennen, ergaben sich im Laufe der 80er Jahre strukturelle Veränderungen der gewerkschaftlichen „Mitbestimmung": durch die leichte Abnahme der *Shop Stewards*, durch konsultative Partizipationsformen (den *Joint Consultative Committees*) und durch sogenannte „Neue" Partizipationsformen. Insgesamt verringerte sich die Anzahl der Unternehmen, die Gewerkschaften anerkennen und mindestens einen *Shop Steward* im Unternehmen haben, von 82 Prozent 1984 auf 71 Prozent 1990[165]. Dabei spiegelte sich der Rückgang der Gewerkschaftsmitglieder bzw. der Rückgang der *Shop Stewards* insbesondere in kleinen Unternehmen wider. Die Anzahl der vorwiegend großen Unternehmen, in denen es Vollzeit-*Shop Stewards* gibt, blieb dagegen mit einem Fünftel aller Unternehmen, die Gewerkschaften anerkennen, konstant. Die Unterstützung der *Shop Stewards* durch das Management (z.B. durch das Überlassen von Büros, Schreibmaschinen oder Computern sowie durch die Gewährung von Freistellungen für Personalvertretungsaufgaben) blieb ebenfalls weitgehend gleich (Millward et al. 1992:117f).

Als eine Art Ergänzung traditioneller Kollektivverhandlungen zwischen Unternehmen und Gewerkschaften haben sich seit Mitte der 70er Jahre in britischen Unter-

---

[165] Nach Sektoren stellt sich dies unterschiedlich dar: Von 1984 bis 1990 fiel der Anteil der Unternehmen, die Gewerkschaften anerkennen, mit mindestens einem *Shop Steward* von 98 auf 90 Prozent in der verarbeitenden Industrie, von 67 auf 57 Prozent in den privaten Dienstleistungsunternehmen und von 84 auf 73 Prozent im öffentlichen Sektor (Millward et al. 1992:111/112). In Unternehmen, die Gewerkschaften als Verhandlungspartner anerkennen, aber keine *Shop Stewards* haben, werden die Gewerkschaftsmitglieder durch Gewerkschaftsfunktionäre gegenüber dem Management vertreten.

nehmen *Joint Consultative Committees* (JCC) etabliert (Employment Trends Sept. 1990). In *Joint Consultative Committees* werden im allgemeinen keine konkreten Maßnahmen verhandelt. Sie haben primär beratende Funktion (Bühle/Kaplonek 1980:152) bzw. dienen dazu, Informationen vom Management an Arbeitnehmervertreter weiter zu geben[166] (Marginson/Sisson 1988:112). Dabei stehen sogenannte *Single Issues* im Vordergrund. 1990 wurden in JCCs vorwiegend einzelne Themenkomplexe wie Produktion (18 Prozent), Beschäftigung (zwölf Prozent), veränderte Gesetzgebung vor allem in Unternehmen des öffentlichen Sektors (neun Prozent) sowie Bezahlung, Arbeitsschutz und Arbeitspraktiken (jeweils acht Prozent) behandelt[167] (Millward et al. 1992:158). Die allgemeine Bedeutung von JCCs wird deshalb folgendermaßen charakterisiert: „*Thus, the main purpose of these committees would seem to be the consideration of matters of a broadly industrial relations nature. Fewer Committees were concerned with the broader canvas of corporate plannning and performance, despite the widespread participation of senior line managers*" (Marginson/Sisson 1988:114).

JCCs sind in britischen Unternehmen weit verbreitet. 1990 hatten 29 Prozent der Unternehmen JCCs[168] (Millward et al. 1992:151), was einen leicht abnehmenden Trend widerspiegelt[169]. Die Besetzung der JCCs durch Gewerkschaftsvertreter ist hoch. 36 Prozent der Manager gaben 1990 an, daß alle Arbeitnehmerrepräsentanten in JCCs von Gewerkschaften bestimmt wurden. Weitere 17 Prozent gaben an, daß einige der Arbeitnehmerrepräsentanten von Gewerkschaften bestimmt wurden[170] (Millward et al. 1992.157). Die Verbreitung der *Joint Consultative Committees* eröffnet den Gewerkschaften in beratenden Funktionen zusätzliche Einflußmöglichkeiten auf Betriebsebene. Mit den JCCs haben sich damit in begrenztem Umfang bei den „*Single Issue Areas*" konsensual kooperative Beziehungen zwischen Unternehmern und Gewerkschaften auf Betriebsebene etabliert.

---

166 Die Gestaltung und Funktion von *Joint Consultative Committees* ist in den verschiedenen Unternehmen sehr unterschiedlich. Die folgenden Charakterisierungen können daher nur eine annähernde Beschreibung bieten.

167 In einzelnen Unternehmen gibt es mehrere JCCs, was durch die Spezialisierung einzelner *Joint Consultative Committees* auf *Single Issues* wie beispielsweise Arbeitsschutz erklärt wird (vgl. dazu Böhle/Kaplonek 1979).

168 In der verarbeitenden Industrie waren es 23 Prozent, im privaten Dienstleistungssektor 19 Prozent und im öffentlichen Sektor 49 Prozent (Millward et al. 1992:151).

169 1980 hatten noch etwas mehr als ein Drittel aller Unternehmen JCCs. Die leichte Abnahme wird vorwiegend auf die Veränderung von Unternehmensstrukturen, nicht aber auf die Veränderung von Unternehmensstrategien zurückgeführt (Millward et al. 1992:153).

170 Für die starke Penetration der JCCs durch Gewerkschaften spricht auch, daß 1990 37 Prozent der Unternehmen, die Gewerkschaften anerkennen, JCCs einrichteten, wogegen nur 19 Prozent der Unternehmen, die Gewerkschaften nicht anerkennen, JCCs einrichteten. Diese Daten korrespondieren mit denen von Marginson und Sisson (1988:114), die feststellen, daß in weniger als der Hälfte der *Joint Consultative Committees* keine Gewerkschaftsvertreter partizipieren.

Der gewerkschaftlichen Partizipation eher abträglich scheinen dagegen sogenannte „neue" Partizipationsformen für Arbeitnehmer, die im Rahmen des *Human Resource Management* entwickelt wurden. Sie haben mittlerweile in den meisten britischen Unternehmen ihren Einzug gehalten. Gemäß Millward et al. (1992:167) nutzten 1990 sechzig Prozent der befragten Unternehmen *Management Chains*, 48 Prozent hatten *Briefing Groups* (regelmäßige Treffen zwischen *Junior Managers* oder *Supervisors* und den ihnen zugeteilten Arbeitnehmern), ebenfalls 48 Prozent hatten regelmäßige Treffen zwischen *Senior Managern* und allen Arbeitnehmern des Unternehmens und 41 Prozent verfügten über regelmäßige *Newsletters*. *Quality Circles*, also Qualitätszirkel, in denen sich Führungspersonal und Arbeitnehmer z.B. aus der Fertigung gemeinsam um Qualitätsverbesserungen bemühen, gab es in 35 Prozent der Unternehmen. Informationen, die im Rahmen dieser neuen „Kommunikationsformen" vom Management an die Arbeitnehmer weitergegeben werden, bezogen sich auf die Beschäftigungsbedingungen (62 Prozent der Unternehmen), Personalpläne (33 Prozent), auf Investitionspläne (19 Prozent) und auf die finanzielle Situation des Unternehmens bzw. Konzerns (28 bzw. 30 Prozent) (Millward et al. 1992:172). Die Gewerkschaften haben kein Informationsrecht bezüglich dieser *Issues* und damit auch nicht mehr unbedingt einen „Informationsvorsprung" gegenüber ihren Mitgliedern, die an diesen neuen Partizipationsformen teilnehmen. Sind Gewerkschaften bzw. deren Repräsentanten jedoch nicht mehr die primären Ansprechpartner der Arbeitgeber, werden sie aus Sicht der Arbeitnehmer als kollektive Interessenvertretung zunehmend ineffektiv bzw. überflüssig.

Diese Entwicklung wird durch Ergebnisse der Fallstudien von Marchington und Parker (1990) ebenso wie von Storey (1992:248) angedeutet. Es wird angenommen, daß Gewerkschaften als Arbeitnehmerrepräsentanten durch die Einführung neuer Partizipationsformen bzw. das veränderte Verhalten des Managements zunehmend marginalisiert werden: „*union representatives were marginal to workplace employee relations, either because they no longer represented the dominant channel of communication with the workforce following the growth of direct EI [Employee Involvement; die Verfasserin], or because management was less willing to deal with individual union representatives on personality grounds*" (Marchington/Parker 1990:236). Die Marginalisierung der Gewerkschaften wird dabei unabhängig davon festgestellt, ob das Management in den (untersuchten) Unternehmen explizite anti-gewerkschaftliche Strategien verfolgt (ebd.); sie erscheint damit als langfristiger Effekt der Einführung alternativer Kommunikationskanäle zwischen Arbeitnehmern und Unternehmensleitung in Großbritannien[171]. Die britischen Gewerkschaften haben dabei eine weitge-

---

[171] Dies erklärt möglicherweise auch die konträren Untersuchungsergebnisse der quantitativen Unternehmensumfragen Mitte der 80er Jahre von Marginson und Sisson (1988). Diese stellen

hend ablehnende Haltung gegenüber diesen neuen Partizipationsformen, die in ihrer traditionellen Ablehnung der Einbeziehungen in die Logik des Managements begründet liegt (Terry 1994:241). Dadurch sind sie kaum in der Lage, die neuen Partizipationsformen sozusagen gewerkschaftlich zu „besetzen" und zur Verstärkung der gewerkschaftlichen Informations- und Mitbestimmungsmöglichkeiten zu nutzen:

> „In Britain, with a much stronger union presence in the workplace, the new techniques have also been viewed by unions with undisguised suspicion as a key element of a coordinated policy of deunionisation such as has occured in the United States, and as a clear threat to the unions' monopoly over the channelling of managerial information and worker opinions and interests. If the overall policy of unions has been to shift away from opposition to grudging acceptance (...), this is partly from lack of choice and partly a recognition that in at least some workplaces quality circles allow workers to make contributions previously denied them through collective bargaining. Quality circles and the like also raise issues of the organization of production, working patterns, and so on, which British workplace unions have not been used to handling" (Terry 1994:240).

Die Verbreitung von Qualitätszirkeln in immerhin etwa einem Drittel der Unternehmen erscheint damit langfristig als potentielle Gefahr für die Gewerkschaftsvertreter, weil sie deren Marginalisierung in den Unternehmen Vorschub leisten könnte.

Verringerung der Arbeitskonflikte

Insgesamt gingen die Arbeitskonflikte und die Konfliktbereitschaft in Großbritannien während der 80er und zu Beginn der 90er Jahre enorm zurück. Die Zahl der Arbeitsniederlegungen verringerte sich 1992 auf nur noch 253 im Jahr. Die Zahl der Arbeitstage, die durch Streiks verlorengingen, sank im gleichen Jahr auf 528. Die Anzahl der beteiligten Arbeitnehmer betrug 1992 nur noch 148 (siehe Tabelle 4). Eine Ausnahme stellte lediglich das Jahr 1984 dar. Bedingt durch den Bergarbeiterstreik wurde mit 27.135 Streiktagen pro Jahr fast die Rekordmarge vom *Winter of Discontent* erreicht[172]. Es wird davon ausgegangen, daß in den 80er Jahren alle großen Arbeitskonflikte „offiziell" waren (Coates/Topham 1988:259), d.h. von den Gewerkschaftszentralen ausgerufen wurden, und lokale, nicht angemeldete Streiks an Bedeutung verloren: „Numerically most strikes still begin and end independently of the machinery of trade unionism outside the workplace; but the number of disputes in which outside union committees and officials are implicated has increased consi-

---

nämlich einen deutlich positiven Zusammenhang bei der Einrichtung von Qualitätszirkeln und der Anerkennung von Gewerkschaften fest. Qualitätszirkel werden demnach häufig gerade in gewerkschaftlich gut organisierten Unternehmen eingeführt. Ihre Funktion wird daher von Marginson/Sisson eher als Instrument „for winning hearts and minds in highly unionized workplaces" gesehen (Marginson/Sisson 1988:111), denn als „formales" Substitut für gewerkschaftliche Organisation.

[172] Eine Verzerrung der statistischen Angaben ergibt sich dabei, weil die *Thatcher*-Regierung sogenannte inoffizielle Streiks nichtmehr registriert (Crouch 1990b).

derably, and it is strikes of this kind which have been of key political and economic significance in recent years" (Hyman 1989:189).

Die Verringerung des Umfangs der Konflikte ist auch auf das veränderte Streikverhalten zurückzuführen. Kurze Streiks wurden in den 80er Jahren weit häufiger als lange Streiks eingesetzt[173]. Die Streikhäufigkeit nach Industrien hatte sich in den 80er Jahren nur wenig verändert, wobei ein leichter Trend zur breiteren Streuung von Streiks auf mehrere Industrien zu erkennen ist (Hyman 1989:192). Insgesamt waren die Arbeitskonflikte im öffentlichen Sektor in den 80er Jahren höher als im privaten. Von den 13 großen Streiks in den 80er Jahren fanden elf im öffentlichen Sektor statt (Kessler/Bayliss 1992:211). Hier sind u.a. der Streik der Stahlarbeiter 1980, der Arbeitnehmer des *National Health Service*, der Lehrer 1985-86, der Beamten des *Civil Service* 1987, der Postarbeiter 1988 und der Gemeindearbeiter 1989 und 1991 und 1992 zu nennen (Kessler/Bayliss 1992:211). Während der 80er Jahre konzentrierten sich wegen der Konflikte um Grubenschließungen noch immer etwa ein Drittel aller Arbeitskonflikte im Bergbau (Hyman 1989:193). Zu Beginn der 90er Jahre zeichnete sich eine leichte Zunahme der Streiks in öffentlichen und privaten Dienstleitungssektoren ab (Employment Gazette 1993:200).

Die meisten Arbeitskonflikte in Großbritannien wurden traditionell um Lohnerhöhungen ausgetragen[174]. Seit Beginn der 80er Jahre verringerte sich deren Anteil jedoch auf etwa dreißig Prozent aller Streiks (vgl. Hyman 1989:194). Anfang der 90er Jahre zeigten die Streiks wegen Arbeitsplatzabbau, für bessere Arbeitsbedingungen sowie gegen die Reorganisation der Arbeitsorganisation steigende Tendenz (Coates/Topahm 1988:252ff; Employment Gazette 1993:204). Während die Arbeitskämpfe um Lohnerhöhungen in den 80er Jahren bis zu einem gewissen Grad als erfolgreich gewertet werden[175] (Coates Topham 1988:281), tendieren Streiks wegen Arbeitsplatzabbau, Privatisierung und anderen Regierungs- bzw. Arbeitgeberaktivitäten aber dazu, als Niederlage für die Streikenden zu enden (Coates/Topham 1988:261).

Die Verringerung der Arbeitskonflikte wegen Lohnerhöhungen während der vergangenen Dekade wird daher auf den *Thatcherismus*, die ihn begleitenden gesetzlichen

---

[173] Bis 1987 stieg die Anzahl von kurzen Streiks auf 43,3 Prozent aller Arbeitskonflikte an, während die Zahl der langen Streiks bis 1987 auf 22,9 Prozent sank (Hyman 1989:191). Die Anzahl der großen Arbeitskonflikte (mehr als 50.000 betroffene Arbeitnehmer) nahm in den 80er Jahren ebenfalls ab (Hyman 1989:192) und bis Mitte der 90er Jahre ist es bislang noch zu keinem größeren Streik gekommen (Employment Gazette 1993:199).
[174] Da Arbeitskämpfe meist mit mehr als einem „Ziel" geführt werden, sind Einordnungen von Streiks „nach Gründen" nur mit Vorbehalten zu interpretieren.
[175] Einzelne Beispiele sind hier der Steik der Eisenbahner 1989 und der Streik der Krankenwagenfahrer 1989-90, die beide als „Sieg" der Gewerkschaften mit dem Zugeständnis von erheblichen Lohnerhöhungen endeten (Edwards et al. 1992:57).

Restriktionen, die Wirtschaftskrise und die Veränderung der Beschäftigungsstruktur zurückgeführt[176] (Hyman 1989:212). Hyman spricht in diesem Zusammenhang für den Beginn der 80er Jahre von „coercive pacification" (Hyman 1989:222), also von zwangsweiser Pazifizierung. Die wirtschaftliche Umstrukturierung und der damit verbundene Arbeitsplatzabbau haben zwar zu harten Arbeitskonflikten wie dem Bergarbeiterstreik geführt, aber das gewerkschaftliche Widerstandspotential konnte nun, mit Hilfe der gesetzlichen Restriktionen, im Gegensatz zu Konfliktfällen in den 70er Jahren, gebrochen werden. So wie in den 70er Jahren der Erfolg eines Streiks den nächsten nach sich gezogen hatte, so ergab sich dann durch die „Niederlagen" ein umgekehrter „Demonstrationseffekt" (Hymann 1989:226).

Inanspruchnahme der neuen Arbeitsgesetzgebung und exemplarische Arbeitskämpfe

Die den Arbeitgebern durch die neue Gesetzgebung eröffneten Handlungsmöglichkeiten wurden in den 80er Jahren breit genutzt (Hyman 1987:98). Die erweiterten Klagemöglichkeiten bei Streiks führten zu einer Zunahme der Verfahren vor den Arbeitsgerichten (Coates/Topham 1988:323). Zwischen 1980 und 1984 wurde aufgrund der neuen Gesetzgebung von den Unternehmen monatlich durchschnittlich eine Klage auf Erlaß einer einstweiligen Anordnung zur Unterlassung von „illegalen" Streikaktionen bei den Gerichten eingereicht. Nach der Verabschiedung des *Trade Union Act* von 1984 verdoppelte sich bis 1987[177] die Zahl der einstweiligen Anordnungen. Die Zahl der Schadensersatzforderungen gegen die Gewerkschaften, die von den Unternehmen zwischen 1980 und 1988 vor Gericht eingeklagt wurden, wird mit insgesamt 13 angegeben, von denen allerdings nur vier mit der Beschlagnahmung von Gewerkschaftsvermögen Erfolg hatten (Marsh 1992:86). Die Anrufung der Gerichte aufgrund der neuen Streikgesetzgebung diente damit offensichtlich vorwiegend der aktuellen Unterbindung von Streikaktionen (Kessler/Bayliss 1992:79).

---

[176] Ein weiterer wichtiger Faktor, der das Streikverhalten der Gewerkschaften beeinflußt, ist sicherlich auch die negative Einstellung der Bevölkerung gegenüber Streiks. Die Arbeitskonflikte vor allem in den 70er Jahren hatten viele negative Auswirkungen auf nicht direkt vom Streik betroffene Arbeitnehmer und Bürger, z.B. in Form von Aussperrung oder gestörten öffentlichen Dienstleistungen. Bürger fühlten sich daher oftmals als „Opfer" von Arbeitskonflikten. Die *Thatcher*-Regierung unterstützte dieses Bild in den Medien, als Verteidiger des öffentlichen Interesses und des Rechts der Konsumenten. So kam es zu einer allgemeinen Ablehnung und intoleranten Haltung gegenüber Streiks - außer man gehörte selber zu den Streikenden (Hyman 1989:231). Seit Mitte der 80er Jahre nahm die Popularität von Gewerkschaften bei Meinungsumfragen allerdings wieder zu, was - in Übereinstimmung mit Hymans These - als Folge der Verringerung von Streiks und Inflation interpretiert wird (Edwards/Bain 1988).

[177] Dabei konzentrierten sich aber 77 Prozent der Unterlassungsverfügungen auf drei Sektoren, nämlich die Druckindustrie, den Transportsektor und den öffentlichen Sektor. Über sechzig Prozent der Anträge wurden dabei von kleinen und mittelständischen Firmen gestellt (Marsh 1992:88/89/90).

Die Anrufung der Gerichte wurde zwar nur von wenigen Arbeitgebern in Anspruch genommen[178], etwa ein Drittel der Arbeitgeber drohte jedoch während Tarifverhandlungen mit der Inanspruchnahme der neuen Gesetzgebung bei Streiks (Labour Research 1990:11/12). Damit wird deutlich, daß die neuen Gesetze enorme Handlungsressourcen für die Arbeitgeber beinhalten, während sie die Handlungsmöglichkeiten der Gewerkschaften bereits im Vorfeld von potentiellen Konflikten einschränken. Gewerkschaftsführer müssen zudem ihre Streiktaktik stärker als früher abwägen, um nicht gegen Gesetze zu verstoßen (Edwards et al. 1992:16). Das Risiko, wegen der Nicht-Befolgung einzelner Gesetze zu Entschädigungszahlungen verurteilt zu werden, bedroht die Existenz vieler Gewerkschaften (Kessler/Bayliss 1992:90). Durch die vorgeschriebenen Urabstimmungen wird der Streikbeginn verzögert, was in Einzelfällen zum Mißerfolg von Arbeitskampfmaßnahmen beitragen kann (Marsh 1992:109). Die überwiegende Mehrzahl der Urabstimmungen über die Durchführung von Steiks ergab jedoch die erforderlichen Mehrheiten; nur bei einzelnen Urabstimmungen wurden die geplanten Arbeitskonflikte durch die Gewerkschaftsmitglieder abgelehnt, so daß es nicht zum Streik kam[179].

Erfolgreiche Urabstimmungen können allerdings von den Gewerkschaften auch genutzt werden, um die Stärke und Konfliktfähigkeit der Arbeitnehmer gegenüber den Arbeitgebern zu dokumentieren, ohne dann tatsächlich in den Streik treten zu müssen. Viele Arbeitgeber lenkten nach positiven Urabstimmungen ein und gaben den gewerkschaftlichen Forderungen nach (vgl. Edwards et al. 1992:16). Die Gewerkschaften wissen daher mittlerweile die Bestätigung von Streikdrohungen durch Urabstimmungen zu schätzen (Crouch 1991:328). Alles in allem hatte die Gesetzgebung der 80er und Anfang der 90er Jahre damit eine pazifizierende Wirkung auf die Gewerkschaften.

Für die Arbeitgeber erwiesen sich die spezifischen Bedingungen der 80er Jahre dagegen oftmals als Versuchung, eine Konfrontation mit den Gewerkschaften zu provozieren. Der öffentliche Sektor hatte dabei durchaus Modellfunktionen wie am Beispiel des Bergarbeiterstreiks 1984-85 deutlich wird. *„But underlying this strike, and many others in the public sector, was the willingness of the government to confront*

---

[178] Die nur punktuelle Inanspruchnahme der neuen Möglichkeiten des britischen Arbeitsrechts wird im Zusammenhang mit den traditionell etablierten Arbeitsbeziehungen in einzelnen Unternehmen erklärt: *„ Overall, it is clear that in most sectors the large majority of companies, and particularly the larger companies, prefer not to take legal action. A combination of pragmatism and a continuing commitment to existing bargaining procedures and the, often informal, 'rules of the game', seems to indicate that this will remain the usual response of most employers. At the same time, some employers, particularly in industries marked by a history of poor industrial relations, have used, and will continue to use, the new legislation ruthlessly as a key element in their industrial relations strategy"* (Marsh 1992:89).
[179] Von den in einer Umfrage des ACAS in den Jahren 1987, 1988 und 1989 ermittelten 951 Urabstimmungen wurden 91 Prozent positiv beantwortet (Edwards et al. 1992:16).

industrial action" (Edwards 1992:57). In diesem Konfliktfall beruhte die konfrontative Haltung der Regierung auf einer ausgeklügelten Taktik, mit welcher die Kraft der Gewerkschaft gebrochen werden sollte. Die Ursachen für die Regierungspolitik bei diesem Bergarbeiterkonflikt lagen z.T. in früheren Erfahrungen begründet. Bei Konflikten zwischen konservativen Regierungen und den Bergarbeitern in den 70er Jahren (1972 und 1973-74), aber auch beispielsweise bei Konflikten zwischen der *Labour*-Regierung und den Gewerkschaften im öffentlichen Sektor 1979 waren die Gewerkschaften als „Sieger" hervorgegangen (Coates 1989:127). Um ähnliche „Niederlagen" zu vermeiden und die Veto-Macht der Gewerkschaften zu brechen, wurden bereits im *Ridley Report* 1978, einem konservativen Strategiepapier, Vorschläge für das Vorgehen einer zukünftigen konservativen Regierung bei zu erwartenden Arbeitskonflikten im öffentlichen Sekor gemacht. *Ridley* unterschied zwischen Industriezweigen im öffentlichen Sektor, in denen die Regierung antizipierte Arbeitskämpfe gewinnen konnte, und in denen sie voraussichtlich den Gewerkschaften nicht gewachsen war und daher Konzession machen sollte. Entsprechend wurde vorgeschlagen, sich zunächst nur auf solche Konfrontationen mit den Gewerkschaften einzulassen, die man auch gewinnen konnte. Ferner entwickelte *Ridley* dezidierte Vorschläge für die Vorbereitung auf erwartete Arbeitskonflikte im Bergbau, die dann auch weitgehend befolgt wurden (Coates 1989:128).

Wie im *Ridley*-Papier empfohlen, ließ die *Thatcher-* Regierung sich beim ersten Streik der Minenarbeiter 1981 wegen Zechenschließungen nicht auf einen langwierigen Konflikt ein, sondern gab den Streikforderungen nach (Gamble 1988:103). Bis Mitte der 80er Jahre wurden dann Kohlevorräte angelegt. Die schlechte wirtschaftliche Situation und die Verabschiedung der ersten Gesetze zur Regulierung der Arbeitsbeziehungen hatte bereits die Organisations- und Handlungsbedingungen der Gewerkschaften verschlechtert, so daß sich die Regierung 1984 einem Arbeitskampf mit der Bergarbeitergewerkschaft NUM gewachsen sah. Ein großes Polizeiaufgebot und die unnachgiebige Haltung der Regierung als Verhandlungspartner zeigten, daß die Regierung eine durchaus konfliktorientierte Strategie gegenüber der Bergarbeitergewerkschaft verfolgte. Es wurde massiver Gebrauch von der neuen Gesetzgebung gemacht, um Streikende zu kriminalisieren. Schätzungen gehen davon aus, daß fast 10.000 Arbeitnehmer in England und Wales sowie 1.500 in Schottland verhaftet wurden. Davon wurden 81 bzw. 67 Prozent wegen Vergehen wie Störung des Friedens, Behinderung der Polizei, Sachbeschädigung oder Nötigung auf den Autobahnen verurteilt (Kessler/Bayliss 1992:84).

Die neue Gesetzgebung zur Verhinderung von Solidarstreiks bzw. von Arbeitsstörungen durch Streikende (*Secondary Picketing*) wurde dagegen beim Bergarbeiterstreik eher inkonsequent und vereinzelt genutzt. Zum Beginn des Bergarbeiterstreiks im März 1984 beantragte beispielsweise das *National Coal Board* (NCB) gegen die NUM in *Yorkshire* eine einstweilige Anordnung zur Unterlassung von Streikaktionen. Diese erreichte einstweilige Anordnung wurde vom NCB jedoch nicht umgesetzt (obwohl sich die NUM der Anordnung widersetzte, wurde der Streik weder mit Polizeigewalt beendet noch auf Entschädigung geklagt), weil *Peter Walker*, damaliger *Secretary of State for Engergy*, und seine Kollegen dadurch das Aufkommen einer Sympathiewelle für die Bergarbeiter befürchteten[180]. „Durchgesetzt" wurde 1985 jedoch eine Klage gegen die NUM in *South Wales* von der *Read Transport* (einem Transportunternehmen, das einen Vertrag mit *Talbot Steelworks* hatte), weil die streikenden Bergarbeiter die Arbeit von *Read* behinderten. Die NUM folgte der Unterlassungsaufforderung jedoch nicht, woraufhin sie zu einer Strafe von 50.000 Pfund verurteilt wurde, die durch Beschlagnahmung des Gewerkschaftsvermögens eingezogen wurde (Kessler/Bayliss 1992:84).

Die angstrebte Niederlage der Bergarbeitergewerkschaft wurde schließlich erreicht. Nach einem fast einjährigen Streik kehrten die Arbeiter an ihre Arbeit zurück, ohne bessere Bedingungen als zu Beginn des Streiks durchgesetzt zu haben. Nicht zuletzt dieser von der Regierung mit unnachgiebiger Härte geführte Arbeitskampf gilt ebenso wie der von *British Coal* nach 1985 eingeführte Managementstil als „*Macho-Management*" im öffentlichen Sektor (vgl. Kessler/Bayliss 1992:125). Für die NUM führte der Konflikt zu einer katastrophalen Niederlage und zum Verlust ihrer Macht- und Vetoposition gegenüber der Regierung. Die Abspaltung der „rechten" *Union of Democratic Mineworkers* dokumentiert diesen Niedergang in seiner letzten Konsequenz. Die Niederlage der NUM steht damit auch für eine Niederlage der radikalen, konfliktiven Gewerkschaftsposition im TUC.

Beim Streik in der Druckindustrie in *Wapping* 1986/87 wurden vom Arbeitgeber, dem Pressemogul *Mordoch*, die neuen Möglichkeiten der Gesetzgebung strategisch genutzt, um umfangreiche arbeitsrechtliche Sanktionen wegen „illegaler" gewerkschaftlicher Aktionen gegen die Arbeitnehmer zu verhängen (Hartmann 1991:61; Lewis 1991:70). Gegenstand des Konfliktes war die Einführung neuer Technologien in einer neuen Niederlassung in *Wapping*. Als die Verhandlungen zwischen *Mordochs News International* und der Druckergewerkschaft *National Graphical Association* (NGA) scheiterten, gründete *News International* eine Reihe von eigenständigen aber assoziierten Firmen, die als „Puffer" zwischen der Gewerkschaft und der Mutterfirma wirken sollten. Streiks gegen die „Pufferfirmen" gelten gemäß der

---

[180] Aus den gleichen Gründen klagten auch *British Rail* und *British Steel*, die ebenfalls von Streikaktionen betroffen waren, nicht vor den Gerichten.

neuen Gesetze nämlich als Solidaritätsstreiks und sind damit illegal. Als nach der Produktionsverlagerung von *The Times*, der *Sun* und anderer Blätter nach *Wapping* die Gewerkschaften die Arbeitnehmer der Mutterfima in der *Fleet Street* zum Streik aufriefen, konnten 5000 Arbeiter mit der Begründung entlassen werden, daß Arbeitnehmer, die „illegal" streiken, ihren Arbeitsvertrag verletzen (Marsh 1992:99/100). Für die Arbeitgeber entfallen in dieser Situation jegliche Entschädigungszahlungen.

Die hier dokumentierte Inanspruchnahme der Arbeitsgesetzgebung zeigt einen relativ konfrontativen Umgang der Arbeitgeber mit den Gewerkschaften. Die strategisch geplante, volle Ausschöpfung der Arbeitsgesetzgebung durch den Arbeitgeber wie beim *Wapping*-Konflikt blieb in dieser Form jedoch ein Einzelfall. Dennoch stellt die Gesetzgebung in jedem Fall eine Verringerung gewerkschaftlicher Handlungsressourcen dar und kann mit als Ursache für die Verringerung von Streikaktivitäten angesehen werden.

1.4. Ein neuer Typ der Regulierung in den britischen Arbeitsbeziehungen?

Die britischen Arbeitsbeziehungen, wie sie sich bis zum Ende der 70er Jahre herausgebildet hatten, wurden als nur gering verrechtlicht charakterisiert. Typisch waren bis dahin dezentrale und nur in geringem Umfang monopolisierte Tarifverhandlungen, eine vorwiegend konfliktive Orientierung der Tarifpartner sowie schwache neo-korporatistische Institutionen. Ich ordnete daher die britischen Arbeitsbeziehungen dem Regulierungtyp der *Contestation* zu (siehe Kapitel II.1.2.; II.1.5.). Bis zum Beginn der 90er Jahre haben sich infolge der Arbeitsgesetzgebung der Konservativen, der Dezentralisierungsbestrebungen der Arbeitgeber, der Auflösung tripartistischer Institutionen und der zunehmenden Schwäche der Gewerkschaften bei Arbeitskonflikten die einzelnen Ausprägungen der genannten Merkmale verändert. Sie entsprechen jetzt jedoch weder dem Regulierungstyp der *Contestation* noch den Typen *Pluralist Collective Bargaining* oder *Neo-Corporatism* bzw. *Generalized Political Exchange*. Es deutet sich vielmehr das Entstehen eines grundsätzlich „neuen" Regulierungstyps an:

- Bei der Beurteilung der skizzierten Reformen im britischen Arbeitsrecht, die während der 80er und zu Beginn der 90er Jahre stattfanden, wird deutlich, daß sich die „Anti-Gewerkschaftsgesetze" weitgehend auf Regulierungen beschränken, die kontinentaleuropäischen Standards bei der Regulierung der Arbeitsbeziehungen entsprechen (vgl. Dorey 1993; Hyman 1987; Auerbach 1993). Der konservativen Gesetzgebung fielen vorwiegend spezifische Errungenschaften britischer Gewerkschaften wie die *Closed Shop*-Regelung oder die gesetzlich nahezu vollkommen ungezügelte gewerkschaftliche Konfliktfähigkeit „zum Opfer". Die anti-gewerkschaftliche Tendenz der Gesetzgebung ergibt sich insgesamt jedoch daraus, daß den Gewerkschaften für den Wegfall dieser spezifisch britischen Organisationshilfen oder Aktionsmöglichkeiten keine neuen, positiven „Rechte" als Ausgleich zugestanden wurden. Regulierungen, welche auch die Arbeitgeber binden könnten, fehlen weitgehend. Das gilt sowohl für formalisierte betriebliche Mitbestimmungsrechte der Arbeitnehmer als auch für individuelle Arbeitnehmerrechte wie den Kündigungsschutz (siehe oben und Towers 1988:182)[181]. Da die aktuelle britische Arbeitsgesetzgebung diese „Regulierungslücken" aufweist, entstand trotz der Zunahme der Regulierung der Arbeitsbeziehungen ein nur **partiell verrechtlichtes System** der Arbeitsbeziehungen.

- Der Trend zur Dezentralisierung der britischen Tarifverhandlungen im Privatsektor setzte sich im Laufe der 80er und 90er Jahre verstärkt fort und führte zur weitgehenden Auflösung überbetrieblicher Verhandlungsarenen. Im öffentlichen Sektor blieben die zentralen Verhandlungen noch erhalten. Die massive Umstrukturierung der staatlichen und para-staatlichen Verwaltungsstrukturen bewirkte aber auch hier durch die Verstärkung des *Two-Tier Bargaining* bzw. der Verhandlungen mit einzelnen öffentlichen Arbeitgebern eine Dezentralisierung der Tarifverhandlungsstrukturen. Die gewerkschaftlichen Strategiemöglichkeiten sind damit nun auch im öffentlichen Sektor stärker auf solche beschränkt, die in dezentralen Verhandlungen zu realisieren sind.

- Die Verringerung der Arbeitskonflikte in Großbritannien beinhaltet nicht „automatisch" die Herausbildung wirklich kooperativer Arbeitsbeziehungen. Die Ursache für den Rückgang der Streiks liegt vielmehr in einer radikalen Veränderung der Kräfteverhältnisse, welche vor allem die Streikfähigkeit der Gewerkschaften einschränkte. Arbeitgeber und Regierung verfügen dagegen weiterhin über verschiedene Varianten der Konfrontation. Eine Form der „Konfrontation" seitens Regierung und Arbeitgebern war und ist die Exklusion und Marginalisierung der Gewerkschaften in den Verhandlungsnetzwerken sowohl im para-staatlichen Bereich als auch in der Tarifpolitik. Letzteres geschieht über die verstärkte Nicht-Anerkennung von Gewerkschaften in den Unternehmen. Damit wurde die bereits geringe Monopolisierung des britischen Tarifverhandlungssystems, die weitgehend auf fehlende, rechtliche Regulierung bezüglich der Allgemeinverbindlichkeit von Tarifverhandlungen zurückzuführen ist, weiter reduziert. Die verschärfte Arbeitsgesetzgebung der 80er Jahre bot den Gewerkschaften kaum Möglichkeiten, gegen diese Art „struktureller" Konfrontation vorzugehen. Hinweise auf eine zunehmende Marginalisierung der Gewerkschaften in den Betrieben, in denen sie weiterhin anerkannt werden, sind die leichte Verringerung der Zahl der *Shop Stewards* und der *Joint Consultative Committees*

---

[181] Solche positiven Arbeitnehmerrechte wurden in anderen Ländern wie z.B. der Bundesrepublik als eine Art Ausgleich für die Beschneidung gewerkschaftlicher Konfliktfähigkeit beispielsweise in Form ausgeprägter „Friedenspflichten" eingeführt.

sowie die massive Zunahme der neuen Partizipationsformen ohne gewerkschaftliche Beteiligung. Eine Weitere Form der Konfrontation ist das volle Ausschöpfen der legalen Sanktionsmöglichkeiten gegenüber den Gewerkschaften (bzw. das Drohen damit) bei Arbeitskonflikten. Die gewerkschaftlichen Niederlagen während der 80er Jahre wirkten daher für die Gewerkschaften demotivierend, bei späteren Konflikten ihrerseits die Konfrontation zu suchen. Die Möglichkeiten der Arbeitgeber, sich auf Konfrontationen einzulassen, wurden dagegen nicht beschnitten, vielmehr wurden ihre Chancen erhöht, Konflikte zu gewinnen.

Die deutlich anti-gewerkschaftlichen Züge der Arbeitsgesetzgebung sowie die zunehmende Nicht-Anerkennung der Gewerkschaften durch die Arbeitgeber haben damit primär durch die Schwächung der gewerkschaftlichen Organisations-, Repräsentations- und Konfliktfähigkeit dazu beigetragen, daß die Arbeitskonflikte abnahmen. Kooperative Arbeitsbeziehungen konnten dadurch jedoch nicht entwickelt werden. Dies wird von Beobachtern 1991 angesichts der Veröffentlichung des grünen Papiers *„Industrial Relation in the 1990s"* bestätigt:

> *„...few could regard the big disputes of the Eighties, in which the law played a prominent role, as attractive models of industrial relations. Until the Government's legal proposals accept these realities, there is little prospect they will make any positive contribution to a harmonious and constructive framework for industrial relations in the Nineties, which Britain's unions, employers and citizens so badly need"* (The Independent 6.September 1991).

Der „neue" Regulierungstyp kann als „gewerkschaftliche Marginalisierung" bezeichnet werden. Dieser Typ zeichnet sich generell durch ein Rechtssystem aus, das zwar die Vereinigungsfreiheit garantiert und damit die Organisation von Gewerkschaften sowie deren kollektive Vertretungsrechte allgemein sichert. Es fehlen jedoch gesetzliche Regelungen, welche kollektive Vertretungsrechte der Arbeitnehmer in den Betrieben unterstützen, wie z.B. die gesetzliche Verpflichtung, Betriebs- oder Personalräte einzurichten oder mit Gewerkschaften kollektiv über Löhne zu verhandeln. Die gesetzliche Regulierung von Arbeitskonflikten schränkt jedoch gleichzeitig die Möglichkeiten ein, die gewerkschaftliche Anerkennung in den Unternehmen zu „erstreiten". Die Repräsentation und Mitbestimmung der Gewerkschaften in parastaatlichen Institutionen wird zurückgenommen, wenn nicht sogar ganz aufgehoben. Dezentralisierte Verhandlungssysteme beschränken die gewerkschaftliche Einflußsphäre in der Tarifpolitik weitgehend auf die Betriebsebene. Die Einflußmöglichkeiten der Gewerkschaften auf die Tarifpolitik überhaupt hängen damit weitgehend von den Entscheidungen einzelner Unternehmer ab. Diese können relativ frei entscheiden, ob und welche gewerkschaftlichen Vertreter sie als Verhandlungspartner anerkennen wollen. Dadurch nimmt einerseits die gewerkschaftliche Marginalisierung in der Tarifpolitik zu und der Deckungsgrad von Tarifverhandlungen insgesamt sinkt. Andererseits hängt gewerkschaftliche Anerkennung in den Unternehmen zunehmend vom gewerkschaftlichen „Wohlverhalten" ab. Niedrige Streikraten werden daher nicht durch kooperative Verhandlungsmuster, sondern vor allem durch die von Hyman als *coercive pacification* (zwangsweise Pazifizierung) beschriebene Entwicklung (siehe oben) erreicht. Diese steht synonym für den Machtverlust von Gewerkschaften in prinzipiell konfrontativ geprägten Regulierungstypen der Arbeitsbeziehungen.

Inwiefern diese Machtverschiebung bzw. die partiellen institutionellen Veränderungen und die zunehmende Marginalisierung und Konfrontation von seiten der Regierung und der Arbeitgeber zu Reformen gewerkschaftlicher Organisationsstrukturen und Strategien beitragen, wird im nächsten Kapitel geklärt.

2. Entwicklung der britischen Gewerkschaften während der 80er und Anfang der 90er Jahre

Die Gewerkschaften reagierten auf den aufgezeigten Wandel u.a. mit einer partiellen Veränderung ihrer Organisationsstrukturen, ihrer Mitgliederrekrutierung und ihrem Verhältnis zur *Labour Party*. Im folgenden wird dargestellt, daß der Fusionsprozeß der britischen Gewerkschaftsorganisationen sich in den 80er Jahren und zu Beginn der 90er Jahre verstärkt fortsetzte, so daß sich die Herausbildung von drei sogenannten „Super"-Unions abzeichnet. Dies hat jedoch keine Effekte im Hinblick auf eine Verringerung der „Konkurrenz" verschiedener Gewerkschaften bei Tarifverhandlungen gezeigt. Die Spannungen innerhalb des TUC nahmen dadurch eher zu. Die Dezentralisierung innerhalb der einzelnen gewerkschaftlichen Organisationen blieb bestehen. Neue Mitglieder-Klientele wurden von den Gewerkschaften zwar angeworben, wegen der Mitgliederverluste aufgrund des raschen beschäftigungsstrukturellen Wandels und der Arbeitslosigkeit konnte das Sinken des gewerkschaftlichen Organisationsgrades jedoch nur eingeschränkt, nicht aber vollkommen aufgehoben werden. Die wahlpolitische Schwäche der *Labour Party* während der 80er Jahre konnte u.a. durch die Zustimmung der Gewerkschaften zu deren innerparteilichen Reformen bis zum Beginn der 90er Jahre teilweise überwunden werden, wenn auch zu dem Preis, daß der direkte gewerkschaftliche Einfluß auf die Partei dadurch schwächer wurde. Ferner propagierte der TUC aufgrund der zunehmenden Ausgrenzung der Gewerkschaften kooperativ-solidarisch orientierte Strategien, schlug eine stärkere Koordinierung des Tarifverhandlungssystems vor und befürwortete die europäische Integration in der Hoffnung, dadurch eine gewerkschaftsfreundlichere Gesetzgebung zu beeinflussen. Die Realisierungschancen dieser Strategie durch die Einzelgewerkschaften blieben allerdings gering, da die gewerkschaftliche Fraktionierung und die geringe Strategiefähigkeit ihrer Organisationen weiterhin fortbesteht.

2.1. Gewerkschaftliche Fusionen

Gewerkschaftsfusionen, die sogenannten „Mergers", bezeichnen den Zusammen-schluß von verschiedenen Gewerkschaftsorganisationen. Sie stellen meistens eine Reaktion auf Mitgliederverluste und die allgemeinen finanziellen Probleme einzelner Gewerkschaften dar (Metcalf 1991:24)[182]. Der Prozeß der Gewerkschaftsfusionen findet bereits seit 1920 statt[183] (Metcalf 1991:24), verstärkte sich aber während der 80er und zu Beginn der 90er Jahre sehr stark. 1991 gab es in Großbritannien noch 275 Gewerkschaften, wobei achtzig Prozent aller Gewerkschaftsmitglieder den 22 größten Organisationen angehörten (vgl. Tabelle 8). Die Anzahl der im TUC orga-nisierten Gewerkschaften hat sich durch die Fusionen seit dem Ende der 70er Jahre bis 1993 um etwa ein Drittel auf nur noch 71 Einzelgewerkschaften verringert. Diese organisierten insgesamt 7,8 Millionen Arbeitnehmer (TUC Directory 1993; eig. Be-rechnungen). Drei Viertel davon werden nun von vier der größten und mächtigsten Gewerkschaften im TUC repräsentiert, nämlich von UNISON, TGWU, AEEU und GMB. Eine Fusion von TGWU und GMB ist geplant[184]. Die dann entstehenden drei Mega-Gewerkschaften deuten auf die Herausbildung von drei Blöcken sogenannter *Super Unions* innerhalb des TUC hin. Sie unterscheiden sich durch ihre ideologische Ausrichtung, ihre Organisationsbasis sowie durch ihre Ziele:

1. Die AEEU, hervorgegangen aus der Fusion von AEU und EETPU 1992, steht für den *New Realism* oder *Business Unionism*. Damit wird eine reformistische und ko-operative Haltung gegenüber dem Management bezeichnet, welche die Unterzeich-nung von *Single Union Deals* (alleiniges Organisationsrecht für eine Gewerkschaft in einem Betrieb) oft im Tausch für *Strike Free Abkommen* (Streikverzichtsabkom-men) einschließt[185]. Beide Gewerkschaften waren ursprünglich *Craft Unions* und organi-sieren überwiegend qualifizierte Arbeitnehmer.

---

[182] Der Erfolg dieser Maßnahme muß allerdings dahingehend relativiert werden, daß Gewerk-schaftsfusionen zwar den „Marktanteil" an Mitgliedern einer Organisation vergrößern, aber nicht zur Erhöhung des gewerkschaftlichen Organisationsgrades insgesamt beitragen, da keine neuen Mitglieder rekrutiert werden. Zudem sind die Fusionen britischer Gewerkschaften oftmals „föderal", d.h. der bürokratische Apparat der neuen Gesamt-Organisation wird nicht reduziert und „rationalisiert", so daß keine wesentlichen Kosteneinsparungen erreicht werden (Metcalf 1991:24).

[183] Damals wurde der absolute Rekord der Anzahl von Gewerkschaften in Großbritannien mit 1.384 Organisationen registriert (Metcalf 1991:24).

[184] Falls die Fusion von TGWU und GMB zustande kommt, wird die neue Organisation ein Viertel aller TUC Mitglieder repräsentieren und alleine neun der 46 Sitze im *TUC-Congress* innehaben (Labour Research 1993).

[185] Von Vertretern der AEEU wurde die kooperative Strategie ihrer Organisation folgendermaßen beschrieben: „*In firms with Single Union Deals, we do cooperate with the management. Speeches*

2. Spätestens mit der Gründung von UNISON 1993 (aus NUPE, NALGO und COHSE) ist eine Art *Public Sector Union* in Großbritannien entstanden, d.h. eine Gewerkschaft, deren Organisationsschwerpunkt im öffentlichen Sektor liegt[186]. UNISON ist ideologisch dem „linken" Gewerkschaftsflügel zuzuordnen[187] und steht daher TGWU und GMB nahe, obwohl sie teilweise mit ihnen konkurriert. Sie hat einen hohen Frauenanteil sowie einen hohen Organisationsanteil bei qualifizierten und unqualifizierten *White-Collar* Arbeitnehmern. Faktoren wie die *White-Collar* Organisationsbasis, zentralisierte Verhandlungs- und Konfliktstrukturen sowie die Reformpolitik der Regierung im öffentlichen Sektor können zukünftig prägend für die Strategien von UNISON im Hinblick auf allgemeinpolitische Ziele im Zusammenhang mit dem öffentlichen Sektor und dem Wohlfahrtsstaat sein.

3. Der *New Unionism*, den die ebenfalls eine Fusion planenden GMB und TGWU propagieren, ist in seiner Organisationsstruktur stark partizipatorisch definiert (die Kontrolle der gewerkschaftlichen „Exekutive" durch die nebenamtlichen Funktionäre ist traditionell stark). Bei den Mitgliedern dominieren ungelernte und angelernte Arbeitnehmer sowie Arbeitnehmer des peripheren Arbeitsmarktes, z.B. Teilzeitarbeitskräfte und befristet Beschäftigte (Labour Research Sept. 1993). Der Grund dafür liegt in dem Ursprung beider Organisationen als *General Unions*[188], d.h. als Gewerkschaften für un- und angelernte Arbeitnehmer.

Das Entstehen der genannten drei Blöcke macht deutlich, daß sich der Fusionsprozeß überwiegend an politischer und ideologischer Kompatibilität orientierte, jedoch kaum an der Beschäftigungsstruktur oder der industriellen Struktur (McIlroy 1988:29; Metcalf 1991:24). Nur selten, wie im Fall der Verbindung der *Electricians* (EETPU) und der *Engineers* (AEU), wird durch die Fusion auch der Veränderung von Qualifikationsprofilen (in diesem Fall durch Abbau der Qualifikationsunterschiede von Mechanikern und Elektrikern durch das *Multi-Skilling*), und der daraus

---

that Bill Jordan has made, show that there should be a partnership between the workforce and the management. And they should work together for the greater success of the company. When we have a strike, in the union we would regard that our job has failed. We would much rather have a peaceful and harmonious relationship with employers. And we get criticized for that because other unions look at it that we are not standing up to employers. But you know a strike hearts everybody that is why a lot of our publicity hints at cooperating with the employers" (Interview AEEU 22.09.93).

[186] Dies basiert u.a. auf einer Charakterisierung, die von Vertretern der Organisation genannt wurde: *„We would consider UNISON to be an industrial trade union, because it's primarily a public service union. I mean, it is not publicly owned because some of those public services have been privatised like gas, electricity, water. But there is still a service to the public and we wouldn't be interested in going to manufacturing or organizing retail or in areas outside the public services"* (Interview UNISON 29.09.93).

[187] Auch dies wurde durch die Charakterisierung von Vertretern von UNISON bestätigt: *„In political terms we would certainly be seen as fairly leftist, fairly militant and fairly progressive"* (Interview UNISON 29.09.93).

[188] Bei der GMB gibt es zudem eine Tradition, verstärkt marginalisierte Arbeitnehmergruppen zu organisieren.

erwachsenen verstärkten Konkurrenz zwischen den Gewerkschaften bei der Mitgliederrekrutierung Rechnung getragen. Trotz des Konzentrationsprozesses der britischen Gewerkschaften entstanden daher keine monopolistisch organisierten Industriegewerkschaften. Vielmehr bleibt die traditionell komplexe Organisations- und Verhandlungsstruktur weitgehend erhalten. „*Often based upon political compatibility rather than the logic of the industrial structure, the amalgamations of the 1980s have not qualitatively diminished the complexity of British trade unionism*" (McIlroy 1988:29).

Der *Multi-Unionism* in den Betrieben, d.h. die Vertretung der Arbeitnehmerschaft durch mehrere Gewerkschaften, und damit auch die Fragmentierung der betrieblichen Verhandlungsstrukturen wird durch die *Mergers* nicht verringert oder aufgelöst. Auch zum Beginn der 90er Jahre gab es in acht Prozent aller privaten Unternehmen und bei 33 Prozent der staatlichen Arbeitgeber mehr als vier Gewerkschaften[189] (Millward et al. 1992:81). Dabei blieb insbesondere die getrennte Organisation von gewerblichen und nicht-gewerblichen Arbeitnehmern erhalten. Die weiterhin gewerkschaftspluralistische Struktur beeinflußt noch heute maßgeblich die Strategien der Einzelgewerkschaften und provoziert Konflikte zwischen den Gewerkschaften.

2.2. Fortbestehen der innergewerkschaftlichen Dezentralisierung

Für die Umsetzung gewerkschaftlicher Strategien ist die innergewerkschaftliche Organisation bzw. die Verpflichtungsfähigkeit der gewerkschaftlichen Verhandlungsführer von großer Bedeutung. Während der 80er und Anfang der 90er Jahre kann weitgehend von der Kontinuität einer starken Dezentralisierung gewerkschaftlicher Organisationsstrukturen und der traditionell bestehenden Autonomie der *Shop Stewards* auf Betriebsebene ausgegangen werden. Neuere Studien von Kelly und Heery[190] verweisen auf einen „Bruch" zwischen der „Strategieformulierung" durch die Gewerkschaftszentralen und der Umsetzung dieser Politik im Betrieb an der Schnittstelle zwischen Gewerkschaften und betrieblicher Interessenvertretung, bei den sogenannten *Union Officers*: „*a critical division in unions may run above and not below the local FTO*" (Heery and Kelly 1990:85).

---

[189] Durchschnittlich kamen auf einen Arbeitgeber im privaten Sektor 1,7 Gewerkschaften und auf einen Arbeitgeber im öffentlichen Sektor 3,3 Gewerkschaften (Millward et al. 1992:81).

[190] Obgleich fast alle Autoren auf die fehlende Zentralisierung der britischen Gewerkschaften als Ausdruck für deren Schwäche verweisen, gibt es kaum empirische Analysen zu diesem sensiblen Punkt innergewerkschaftlicher Organisation. Im Folgenden beziehe ich mich vorwiegend auf die Aufsätze von Kelly u. Heery (1989) und Heery und Kelly (1990), weil diese über die neuesten Daten zum Verhältnis von *Shop Stewards* und *Union Officers* verfügen. Die Datenbasis der genannten Artikel sind Interviewdaten zwischen 1985-87 mit *Full-Time Union Officers* in den großen Gewerkschaften. Details siehe dort.
Mit *Full-Time Union Officer* (FTO) sind im folgenden synonym die *Local Full-Time Officers*, die mit den *Shop Stewards* in Verbindung stehen, gemeint.

Union Officers sind hauptamtliche, von den Gewerkschaften bezahlte Funktionäre, die vor Ort arbeiten. In ihrem Bezirk betreuen, schulen und beraten sie die betrieblichen Gewerkschaftsvertreter (Kelly u. Heery 1989:200). Während die Aufgabe der *Shop Stewards* darin besteht, betriebliche Tarifverhandlungen zu führen und als Vertreter ihrer Gewerkschaft auch Mitglieder zu werben, sind die *Full-Time Officers* zuständig für überbetriebliche Verhandlungen und Kontakte, d.h. für Verhandlungen auf Sektorebene oder für die Vertretung der Arbeitnehmer bei den Arbeitsgerichten sowie für die Repräsentation der Gewerkschaften in staatlichen und para-staatlichen Institutionen (Heery u. Kelly 1990).

Die Rolle der *Union Officers* bei der Umsetzung gewerkschaftlicher Strategien ist sehr wichtig. Bei einer Befragung gaben fast sechzig Prozent der *Union Officer* an, daß es zum größten Teil von ihnen abhängt, ob nationale Politiken der gewerkschaftlichen Zentrale implementiert werden (Kelly u. Heery 1989:203). Der stärkste Einfluß der *Union Officers* in den Betrieben wird bei der Empfehlung von Strategien und beim Aufwerfen neuer Verhandlungsthemen für betriebliche Verhandlungen konstatiert, also im Rahmen ihrer Beratungsfunktion gegenüber den *Shop Stewards* (Heery u. Kelly 1990:100f).

Die *Union Officers* bilden damit eine Art Schnittstelle zwischen den Gewerkschaftszentralen und der gewerkschaftlichen Basis in den Betrieben. Die *Union Officers*, die formal gegenüber den höheren Funktionären und Gewerkschaftsausschüssen verantwortlich sind, betonten einerseits, ihre Aufgabe darin zu sehen, ihren Gewerkschaften gegenüber loyal zu sein und akzeptierten die Notwendigkeit, deren Politik an der Basis umzusetzen (Kelly u. Heery 1989:203). Gleichzeitig fühlte sich eine deutliche Mehrheit der *Union Officers* aber stark den *Lay Committees* ihrer Gewerkschaften, also der Basis in den Betrieben, verbunden. Die meisten (etwa 90 Prozent) hatten selbst Erfahrung als *Shop Steward* gesammelt (Heery u. Kelly 1990:87). Die mögliche Diskrepanz zwischen den Zielen der Gewerkschaftszentralen und den Erwartungen der Basis werden - nach den Angaben der *Union Officers* - oftmals dahingehend gelöst, daß die Strategien der Zentralen nicht umgesetzt werden. Die befragten *Union Officers* gaben zum Teil zu, manchmal selbst skeptisch gegenüber den Werten oder der Relevanz der Politik der Gewerkschaftszentralen zu sein und diese auch zu mißachten (Heery und Kelly 1990:85).

Die starke Verbundenheit der *Union Officers* mit der Basis zeigt sich auch daran, daß diese zwar ein bislang unverändertes Problem bei der Umsetzung gewerkschaftlicher Politik in der Autonomie der *Shop Stewards* sehen (Heery und Kelly 1990:84), aber der Autonomie der *Stewards* dennoch positiv gegenüberstehen und diese sogar unterstützen. „*Steward activism was repeatedly described as the hallmark of a democratic union*" (Heery u. Kelly 1990:87). Trotz der Hürde, welche die *Shop Stewards* für die Umsetzung gewerkschaftlicher Politik darstellen, trat keiner der interviewten *Union Officers* für eine stärkere Kontrolle der *Shop Stewards* ein (Heery/Kelly 1990:84). Als Begründung wurden von den *Union Officers* vorrangig utilitaristische Argumente angeführt, die im Zusammenhang damit standen, daß sie von dem Funktionieren der *Shop Steward*-Organisationen sowohl bei der Mitgliederrekrutierung als auch bei den Verhandlungen[191] abhängig sind. Daneben wurde auch ein prinzipielles Bekenntnis zu einer basisdemokratisch orientierten Gewerkschaftsorganisation genannt (Heery/Kelly 1990:87).

Die Haltung und Einstellungen der *Union Officers* scheinen exemplarisch für die Möglichkeit der Distanzierung der gewerkschaftlichen Basis gegenüber der Politik der Gewerkschaftszentralen. Dadurch wird letztlich das Fortbestehen einer starken Autonomie der betrieblichen Gewerkschaftsvertreter bestätigt, und die Kontrolle der Gewerkschaftszentralen über betriebliche Verhandlungen erscheint entsprechend gering[192]. Dies wird auch von Kelly und Heery eingeräumt, obwohl sie die (basis-) demokratischen Züge britischer Gewerkschaften und die eher konfliktive Orientierung der *Union Officers* positiv bewerten: „*The analysis of FTOs job content and goals, their networks of relationships and union control and reward systems has generated important insights into the difficulties faced by unions in policy implementation*" (Kelly u. Heery 1989:211). Die Interviews von Kelly u. Heery zeigen, daß vor allem ein Problem bei der Umsetzung kooperativ orientierter gewerkschaftlicher Strategien erkennbar ist. Kellys und Heerys Forschungsergebnisse deuten an, daß *Union Officers* nicht auf die explizite Kooperation oder „Inkorporierung" der *Shop Stewards* im Rahmen der betrieblichen Mitbestimmung und der Verhandlungen mit dem Management hinwirken, sondern häufig die Militanz der Basis unterstützen: „*... FTO frequently encourage the steward network to develop an adversarial relation-*

---

[191] Die *Union Officers* sind auf die *Shop Stewards* zur Umsetzung der von ihnen vertretenen Gewerkschaftspolitik angewiesen, wie das Zahlenverhältnis *Union Officers*/Mitglieder belegt. Dieses war beispielsweise bei der AEU 1:4314, bei GMB 1:3306, bei der EETPU 1:2804, bei NALGO 1:3270, bei NUPE 1:3688 und bei TGWU 1:2868 (Heery u. Kelly 1990:86). Das Verhältnis von *Shop Stewards* und Mitgliedern dagegen lag bei 1:20 und blieb über die 80er Jahre weitgehend stabil (Millward et al. 1992:116).

[192] Die Kontakte der *Union Officers* und den *Shop Stewards* nahmen in den 80er Jahren laut WIRS insgesamt zu. Etwa drei Viertel der Repräsentanten von gewerblichen Arbeitnehmern und fast siebzig Prozent der Repräsentanten von nicht-gewerblichen Arbeitnehmern hatten im Laufe des (dem Befragungszeitpunkt) vorangegangenen Jahres einen *Officer* ihrer Gewerkschaft konsultiert (Millward et al. 1992:129). Außerdem hatte immerhin etwas mehr als ein Drittel aller *Shop Stewards* im Laufe der 80er Jahre an einer Fortbildung teilgenommen (Millward et al. 1992:119). Der Grund für die Zunahme der Kontakte wird im allgemeinen darin gesehen, daß die betrieblichen Vertreter stärker Informationen über gesetzliche und berufsbildungspolitische Maßnahmen sowie über wissenschaftliche Untersuchungen bei ihren Gewerkschaften nachfragen. Zum Teil wurden aber auch zentrale Gewerkschaftsrepräsentanten bei Konflikten in großen Unternehmen stärker direkt involviert (Millward et al. 1992:144). Eine stärkere Anbindung der Basis an die Gewerkschaftszentralen ist daraus nicht abzuleiten.

ship with management, in which there is a keen appreciation of opposing interests and a preparedness to engage in conflict" (Heery/Kelly 1989:88)[193].

Die fehlende autoritäre und funktionale Koordination der dezentralen Verhandlungsführer durch die Gewerkschaftszentralen zeichnet sich damit an der Rolle und der Einstellung der *Union Officers* deutlich ab. Eine der Konsequenzen daraus ist, daß sich die Politik gewerkschaftlicher Vertreter in den Betrieben in Großbritannien weitgehend auf Ziele und Forderungen beschränkt, die sich vorwiegend aus betrieblichen Kontexten ergeben und lokal verhandelbar sind. Das sind vor allem die Eingruppierung der Mitarbeiter sowie allgemein quantitative *Issues* der Lohnpolitik. Die aus dezentralen Verhandlungen kummulativ erwachsenden Effekte können durch die geringe Koordination und Dezentralisierung in den Gewerkschaften nicht berücksichtigt werden und auch nicht als strategische Ziele oder Drohungen eingesetzt werden. Bei Forderungen, die ein zentrales, koordiniertes und strategisches Vorgehen erfordern, sind daher die Erfolge gewerkschaftlicher Politik in Großbritannien relativ gering. Die Entwicklungen in den 80er Jahren haben diese Defizite der gewerkschaftlichen Strategiefähigkeit noch verstärkt. Durch die zunehmende Dezentralisierung des Tarifverhandlungssystems gewann die betriebliche Ebene noch mehr an Bedeutung. Die neuen gesetzlichen Regulierungen der konservativen Regierung zur Förderung innergewerkschaftlicher Demokratie erhöhten die Kontrolle der Basis gegenüber den Gewerkschaftszentralen. Es kann daher davon ausgegangen werden, daß die Dezentralisierung und die daraus resultierende geringe interne Steuerungsfähigkeit der gewerkschaftlichen Organisationen wesentlich dazu beitrugen, daß Strategien der Gewerkschaftszentralen während der 80er und Anfang der 90er Jahren zu einem gewissen Grad „leerliefen", also nicht umgesetzt wurden.

2.3. Verringerung des gewerkschaftlichen Organisationsgrades

Im Laufe der 80er und zu Beginn der 90er Jahre verringerte sich der gewerkschaftliche Organisationsgrad in Großbritannien beträchtlich. Monokausale Erklärungsansätze für dieses Phänomen erweisen sich dabei als defizitär. In Anlehnung an Metcalf (1991) muß die Entwicklung des gewerkschaftlichen Organisationsgrades als Ergebnis des Zusammenwirkens von verschiedenen, interdependenten Faktoren interpretiert werden. Dazu gehören die wirtschaftliche Entwicklung, der beschäftigungsstrukturelle Wandel, die Politik der Gewerkschaften selbst, die staatliche Politik sowie die Entscheidungen und Strategien der Arbeitgeber.

---

[193] Damit wird einer Einschätzung Diane Watsons (1988) widersprochen, die *Union Officers* als *„Managers of Discontent"* sah und ihnen eine vermittelnde Rolle in dem Konflikt zwischen Arbeitnehmer- und Unternehmerinteressen zuschrieb.

Für die Zeit von 1979 bis 1991 wird ein Mitgliederverlust in Höhe von 3,7 Millionen verbucht[194]. Die Gesamtzahl der Gewerkschaftsmitglieder fiel damit auf 9,6 Millionen (siehe Tabelle 8). Damit lag der Organisationsgrad in Großbritannien 1991 bei 33 Prozent (siehe Tabelle 9). Mitgliederverluste gab es insbesondere in der verarbeitenden Industrie und im Bausektor. Der Organisationsgrad in der verarbeitenden Industrie ging auf 36 Prozent zurück. Noch stärkere Desorganisationstendenzen sind im Bausektor sowie im Landwirtschaftssektor zu verzeichnen, wo der Organisationsgrad auf 19 respektive 15 Prozent sank. Vergleichsweise gering fiel der Rückgang im Dienstleistungssektor aus, wo 1991 noch 33 Prozent der Arbeitnehmer organisiert waren. Das ist insbesondere auf die hohen Organisationsraten im Bereich öffentlicher Dienstleistungen zurückzuführen (siehe Tabelle 9).

Zudem spiegeln sich generelle Trends der Entwicklung des gewerkschaftlichen Organisationsgrades verschiedener Personengruppen, Altersgruppen, Betriebsgrößen sowie nach unterschiedlichem Beschäftigungsstatus und Sektoren auch in Großbritannien wider: Männer organisieren sich stärker als Frauen, so daß der Organisationsgrad der Männer 1991 bei 36 Prozent und der von Frauen bei dreißig Prozent lag. Vollzeitbeschäftigte (Organisationsgrad insgesamt 42 Prozent) sind mit doppelter Wahrscheinlichkeit als Teilzeitbeschäftigte (Organisationsgrad insgesamt 22 Prozent) organisiert, wobei der Anteil von Frauen bei den Teilzeitbeschäftigten sehr hoch ist (vgl. Tabelle 9). Der Organisationsgrad steigt mit dem Alter. Jugendliche in der Altersgruppe von 16-24 Jahren sind mit zwanzig Prozent am schwächsten organisiert. Der gewerkschaftliche Organisationsgrad ist in kleinen Unternehmen niedriger als in großen. Gewerbliche Arbeiter sind stärker organisiert als nicht-gewerbliche, und der Organisationsgrad in der verarbeitenden Industrie ist höher als in anderen Sektoren (Beatson et al. 1993). Der vergleichsweise hohe Organisationsgrad im britischen Dienstleistungssektor kommt durch den hohen Organisationsgrad im öffentlichen Sektor zustande. Er lag 1987 bei 81,7 Prozent. In den privaten Dienstleistungsbereichen waren zu diesem Zeitpunkt nur 14,4 Prozent der Arbeitnehmer gewerkschaftlich organisiert (Waddington 1991:296).

---

[194] In den TUC Gewerkschaften waren 1993 insgesamt 7,8 Millionen Arbeitnehmer organisiert (TUC Directory 1993). Metcalf gibt für die Periode von 1979 bis 1988 den Mitgliederverlust der TUC Gewerkschaften mit 3,2 Millionen an (ohne Verluste durch Ausschluß der EETPU 1988). Damit zeigt die Differenz, daß die nicht TUC Gewerkschaften eine deutliche Zunahme an Mitgliedern verzeichneten (Metcalf 1991:19/20). Darauf kann jedoch nicht weiter eingegangen werden, da aktuelle Daten zur Mitgliederstruktur ausschließlich für die britischen Gewerkschaften insgesamt zur Verfügung stehen. Im folgenden Abschnitt wird daher auf den Organisationsgrad britischer Gewerkschaften insgesamt Bezug genommen.
Die Daten zur Gewerkschaftsmitgliedschaft und zum Organisationsgrad sind je nach Quelle sehr unterschiedlich. Die Daten im *Employment Gazette* basieren auf dem *Labour Force Survey* vom Herbst 1992. Der Organisationsgrad bezieht sich auf das Verhältnis von Gewerkschaftsmitglieder/Beschäftigte.

Carruth und Disney (1988) nehmen an, daß sich in Großbritannien vor allem hohe Arbeitslosigkeitsraten bei gleichzeitig starkem Reallohnwachstum negativ auf den gewerkschaftlichen Organisationsgrad auswirkten[195]. Wäre der Wirtschaftszyklus jedoch der ausschließliche Faktor zur Erklärung von Organisationsraten, hätte der wirtschaftliche Boom in Großbritannien zwischen 1988 und 1990, der mit einer Verringerung der Reallöhne und sinkender Arbeitslosigkeit einherging, zu erhöhten Gewerkschaftsbeitritten führen müssen. Diese Entwicklung ist jedoch nicht eingetreten (Metcalf 1991:22). Wirtschaftlichen Indikatoren wie der Rezession und dem Beschäftigungsrückgang kommt daher nur eine partielle Erklärungskraft für den Rückgang der gewerkschaftlichen Organisationsstärke in Großbritannien seit den 70er Jahren zu.

Der beschäftigungsstrukturelle Wandel verschiedener Sektoren und Arbeitnehmergruppen stellt einen weiteren wichtigen Erklärungsfaktor für die gewerkschaftlichen Mitgliederverluste in Großbritannien dar (Waddington 1991:302). Aber auch dieser kann allein nicht als ausreichender Erklärungsfaktor für den gewerkschaftlichen Mitgliederverlust während der 80er und zu Beginn der 90er Jahre herangezogen werden, da im beschäftigungsstrukturellen Wandel eine Langzeitentwicklung zu sehen ist, die danach bereits in den 70er Jahren negative Auswirkungen auf den gewerkschaftlichen Organisationsgrad hätte haben müssen. In dieser Periode stiegen aber die Mitgliederzahlen in Großbritannien noch an (Kelly 1990).

Bei einigen Untersuchungen treten die politischen Einflüsse der 80er und Anfang der 90er Jahre auf den Organisationsgrad der Gewerkschaften in den Vordergrund, z.B. das gewerkschaftsfeindliche Klima in den Arbeitsbeziehungen und die aktuelle Politik von Regierung und Arbeitgebern (Kelly 1990). Freeman und Pelletier (1990) wollen die Mitgliedereinbußen der Gewerkschaften in den 80er Jahren fast vollständig durch die geänderte Gesetzgebung erklären. Trotz der Anwendung eines elaborierten Rechenmodells läßt diese These allerdings Zweifel aufkommen. Am Beispiel des *Closed Shop* und seiner Wirkungen auf den gewerkschaftlichen Organisationsgrad wird vielmehr die ambivalente Wirkung der Gesetzgebung auf die gewerkschaftliche Organisationsfähigkeit deutlich. Da viele Arbeitgeber von der gesetzlichen Reform der *Closed Shop*-Regelungen Gebrauch machten, indem sie die betriebsweiten Vereinbarungen aufkündigten bzw. zur Abstimmung stellten, gab es 1990 nur noch in vier Prozent der Unternehmen *Closed Shop*-Vereinbarungen für gewerbliche Arbeitnehmer und in einem Prozent für nicht-gewerbliche Arbeitnehmer

---

[195] Damit lehnen sie sich an die *Business-Cycle* Theorie an, welche die Entwicklung des gewerkschaftlichen Organisationsverhaltens vorwiegend in Abhängigkeit von der Höhe der Arbeitslosigkeit, der Lohn- und Preissteigerung interpretiert (ebd.).

(Millward et al. 1992:97)[196]. Auf den gewerkschaftlichen Organisationsgrad hatte die gesetzliche Neuregelung des *Closed Shop* aber eine nur begrenzte Wirkung. In Unternehmen, in denen die gewerkschaftliche Organisationsdichte 1984 99 Prozent betrug, fiel sie bis 1990 lediglich auf 93 Prozent (Millward et al. 1992:100). Hier konnten die „starken" gewerkschaftlichen Organisationen auch in Abwesenheit eines „Organisationszwangs" die Mitglieder weitgehend von den Vorteilen der gewerkschaftlichen Mitgliedschaft überzeugen. Lediglich bei neu gegründeten Unternehmen ist anzunehmen, daß es den Gewerkschaften hier durch das Fehlen des *Closed Shop* als „Organisationshilfe" wesentlich schwerer fällt einen hohen Organisationsgrades zu erreichen als vor der Gesetzesreform[197].

Die Verringerung des gewerkschaftlichen Organisationsgrades insgesamt kann daher nur durch die Verbindung von Erklärungsfaktoren wie der wirtschaftlichen und strukturellen Entwicklung sowie der Strategien der Akteure in den Arbeitsbeziehungen einschließlich der Gewerkschaften erklärt werden. So wurden beispielsweise die negativen Effekte auf die gewerkschaftliche Organisationsstärke, die von dem beschäftigungsstrukturellen Wandel ausgehen, teilweise durch die Organisationsstrategien der Gewerkschaften aufgefangen. Betrachtet man die Gewerkschaftsmitglieder insgesamt entsprechend deren Beschäftigung nach Sektoren oder nach Beschäftigtengruppen, dann zeigt sich, daß die britischen Gewerkschaften bereits erfolgreich auf die aufgezeigten beschäftigungsstrukturellen Trends reagiert haben und nicht mehr nur eine Organisation der Industriearbeiter sind: Traditionelle *Blue Collar* Arbeiter (z.B. *Plant & Machine Operators*; *Craft & related Personal*) stellen nur noch etwa vierzig Prozent der Gewerkschaftsmitglieder. Etwas mehr als die Hälfte aller Gewerkschaftsmitglieder sind keine gewerblichen Arbeitnehmer mehr, sondern Angestellte; viele arbeiten in Dienstleistungsbereichen (*Sales Occupations*; *Personal and Protective*; *Clerical & Secretarial*). Mehr als ein Drittel arbeitet sogar in leitenden Positionen (*managerial, professional*) (vgl. Abbildung 3). Nur noch knapp

---

[196] 1984 hatten noch zwanzig Prozent der Unternehmen *Closed Shop* Vereinbarungen für gewerbliche Arbeitnehmer und neun Prozent für nicht-gewerbliche Arbeitnehmer. Dies entspricht insgesamt einem Rückgang der Arbeitnehmer, die über *Closed Shops* abgedeckt werden, um 4,5 Millionen zwischen 1980 und 1990 (Millward et al. 1992:98f). Der Rückgang der *Closed Shop* Regelungen im privaten Sektor ist unter anderem darauf zurückzuführen, daß Unternehmen mit *Closed Shops* überproportional stark in Krisenindustrien zu finden waren und damit bislang stärker von den strukturell bedingten Betriebsschließungen betroffen waren als andere Unternehmen (Millward et al. 1992:99). Außerdem ist eine Verringerung der *Closed Shop* Abkommen bei den ehemals staatlichen Unternehmen zu nennen, die nun weitgehend privatisiert sind. Der Entzug gewerkschaftlicher Organisationshilfen fand meist noch durch staatliche Arbeitgeber statt und ging mit dem allgemeinen Entzug von gewerkschaftlichen Organisationshilfen im öffentlichen Sektor kongruent (Beaumont 1992:81). Bei Unternehmensneugründungen in den 80er Jahren wurden keine *Closed Shop* Vereinbarungen mehr abgeschlossen (Millward et al. 1992:98f).

[197] Die Auflösung des *Closed Shop* als einer der traditionellen Institutionen des *Collective Bargaining* in Großbritannien durch den Gesetzgeber hatte auch eine hohe symbolische Bedeutung. Außerdem wurde die gewerkschaftliche Einflußnahme bei Einstellung und Nichteinstellung von Arbeitnehmern in Unternehmen und damit gewerkschaftliche Kontrollmöglichkeiten verringert.

ein Viertel der Gewerkschaftsmitglieder insgesamt sind im verarbeitenden Sektor beschäftigt. Deutlich ist allerdings noch die Konzentration von vierzig Prozent aller Gewerkschaftsmitglieder in Dienstleistungsbereichen des öffentlichen Sektors[198] (vgl. Abbildung 5).

Durch die Wirtschaftskrise bzw. den industriestrukturellen Wandel sind vorwiegend Unternehmen von Krisen oder vom Arbeitsplatzabbau betroffen, die traditionell stark gewerkschaftlich organisiert waren und Gewerkschaften Repräsentationsrechte zugestanden haben (vgl. Metcalf 1991:25/27). Die Mitgliederverluste in den traditionellen Hochburgen der Gewerkschaften und bei der traditionellen Klientel der „männlichen Kernarbeiterschaft", beispielsweise in der überproportional stark vom Beschäftigungsabbau betroffenen verarbeitenden Industrie, sind nur schwer auszugleichen (vgl. Batstone 1988). Die Organisationsanstrengungen der Gewerkschaften in den anwachsenden Beschäftigungsfeldern bzw. bei „neuen" Beschäftigungsgruppen (z.B. Frauen bzw. Teilzeitbeschäftigte) sind zwar erfolgreich, können aber bislang nicht mit deren steigendem Anteil an der Beschäftigung mithalten[199].

Einzelne britische Gewerkschaftsorganisationen starteten im Laufe der 80er und zu Beginn der 90er Jahre Kampagnen zur Mitgliederrekrutierung, die auf die selektive Rekrutierung bestimmter Beschäftigtengruppen abzielten, wie etwa Frauen und Beschäftigte im peripheren Arbeitsmarkt. Beispielsweise hat die TGWU 1985 im Rahmen ihrer „Living Wage Campaign" zur Verbesserung der Löhne von Beschäftigten in Niedriglohngruppen versucht, diese als Mitglieder zu werben. Die GMB zielte 1986 mit Forderungen wie „Fair Laws and Rights in Employment" auf die Rekrutierung der „neuen Dienstleistungsklasse" von Teilzeitbeschäftigten in Niedriglohngruppen in den Dienstleistungsbereichen ab (Kelly/Heery 1989:198). Eine der Organisationsprinzipien von UNISON ist „Fair Representation", womit die Quotierung bestimmter, normalerweise unterrepräsentierter Gruppen in den Exekutivorganen der Gewerkschaften selbst angestrebt wird. Um ihre Organisation für „marginale" Arbeitnehmergruppen attraktiver zu machen, gibt es eine Quote für Teilzeitarbeitskräfte und für Frauen im Vorstand (Labour Research Sept. 1993:13).

Andere Gewerkschaftsorganisationen verstärkten allgemein die selektiven Anreize für die Mitgliedschaft. Eine Vielzahl von Gewerkschaften gewähren Mitgliedern eine

---

[198] Dies steht in scharfem Kontrast dazu, daß dieser nur noch einen Beschäftigungsanteil von etwa 27 Prozent hat.

[199] Obwohl beispielsweise bei „Privaten Dienstleistungen" die Zahl der Gewerkschaftsmitglieder steigt, ist die Steigerung nicht proportional zum Beschäftigungszuwachs in diesem Sektor, weshalb dort der gewerkschaftliche Organisationsgrad insgesamt fällt. Ähnlich verhält es sich mit den Organisationserfolgen bei Frauen. Obgleich der Anteil weiblicher Mitglieder in den Gewerkschaften zunimmt, ist auch hier die Organisationserfolge nicht proportional zum steigenden Beschäftigungsanteil von Frauen. Teilzeitkräfte stellten 1993 28 Prozent der Beschäftigten, aber nur 16 Prozent der Gewerkschaftsmitglieder (Labour Research 1993:11).

Kombination finanzieller Vorteile bei Versicherungen, Hypotheken und Krediten sowie Einkaufsrabatt bei bestimmten Produkten wie Autos, Ferienreisen, Kreditkarten usw. (Employment Trends 457 1990:6). Angebote für die berufliche Weiterbildung, die auch als Anreize für die Mitgliederrekrutierung dienen, haben EETPU, AEU und NALGO entwickelt (siehe Kapitel IV.2.).

In diesem Zusammenhang müssen die durch die Gesetzgebung neu eröffneten Möglichkeiten und die Strategien der Arbeitgeber angeführt werden, welche u.a. den Erfolg der Organisationsanstrengungen der Gewerkschaften beeinflussen können. Einer der wichtigen Faktoren zur Erklärung, ob ein Arbeitnehmer in Großbritannien zu einer Gewerkschaft gehört oder nicht, ist die jeweilige Managementstrategie, d.h. die Entscheidung der Arbeitgeber, die gewerkschaftliche Organisation zu fördern und zu unterstützen oder nicht (Metcalf 1991:25). Dies wird nicht zuletzt an der Entwicklung im öffentlichen Sektor in Großbritannien deutlich, wo der Organisationsgrad u.a. aufgrund der gewerkschaftsfreundlichen Haltung staatlicher Arbeitgeber während der 70er Jahre nahezu umfassend war, nun aber zurückgeht, da die Organisationshilfen zurückgezogen werden.

Die Anerkennung der Gewerkschaften durch die Unternehmen ist ein wichtiger Faktor für die Entwicklung des gewerkschaftlichen Organisationsgrades, da angenommen werden kann, daß eine der wesentlichen Motivationen von Arbeitnehmern, einer Gewerkschaft beizutreten, in deren Präsenz im Unternehmen sowie in der Verhandlung der Arbeits- und Lohnbedingungen durch die Gewerkschaften gesehen wird. In diesem Sinne ist die sinkende Repräsentanz der Gewerkschaften durch die Dezentralisierung der Tarifverhandlungen und die abnehmende Anerkennung der Gewerkschaften als Tarifpartner durch die Arbeitgeber mit als Ursache für den rückläufigen gewerkschaftlichen Organisationsgrad zu sehen (vgl. Metcalf 1991:25). Die Arbeitgeber wiederum führen den geringen gewerkschaftlichen Organisationsgrad als Grund an, die gewerkschaftliche Nicht-Anerkennung zu legitimieren. Vor allem das Fehlen gesetzlich garantierter gewerkschaftlicher Repräsentationsrechte in den Unternehmen trägt damit in Großbritannien dazu bei, daß sich Mitgliederkrise und Repräsentationskrise der Gewerkschaften gegenseitig verstärken können.

2.4. Gewerkschaften und Labour

Im Laufe der 80er und zu Beginn der 90er Jahre gab es verschiedene Bestrebungen, das historisch begründete, enge Verhältnis zwischen der *Labour Party* und den Gewerkschaften zu lockern. Zentral ist dabei die Politik von *Labour*, welche auf eine stärkere Trennung von Partei und Gewerkschaften abzielte. Der Angriff der Regierung auf die Allianz von Gewerkschaften und Partei durch die gesetzlichen Restrik-

tionen hinsichtlich der Einführung oder Beibehaltung politischer Fonds der Gewerkschaften zur finanziellen Unterstützung von *Labour* ist dagegen gescheitert.

Der wesentliche Grund für die Reformen der *Labour Party* nach dem Machtverlust
1979 ist in der Suche nach neuen politischen Mehrheiten zu sehen. Einen Anlaß für
den innerparteilichen Wandel der *Labour Party* stellte daher vor allem das extrem
schlechte Abschneiden bei den Wahlen 1983 dar (Seyd 1992:71; siehe Tabelle 7).
Dem gingen zu Beginn der 80er Jahre heftige Flügelkämpfe in der Partei voraus, die
u.a. durch die Abspaltung der *Social Democratic Party* und durch den Konflikt um
die Kandidatur *Tony Benns* (ein Vertreter der traditionellen Linken) um den Vize-
Parteivorsitz 1981 (Seyd 1992:71) symbolisiert werden und *Labour* in starken Miß-
kredit bei den Wählern brachten. Als Reaktion auf diese Konflikte konnte sich
schließlich eine „Koalition der Mitte" durchsetzen (Gamble 1987:197). Mit *Neil
Kinnock*, der als Vertreter eines modernen linken Flügels galt, und seinem
„Schattenkanzler" *Roy Hattersley*, der eher dem rechten Parteiflügels nahestand,
wurde auf dem Parteitag 1983 ein „Dream Team" gewählt, das versuchte, eine erneute Einheit und eine programmatische Erneuerung der Partei zu erreichen (Seyd
1992:72). Da *Neil Kinnock* nach zwei aufeinanderfolgenden Wahlniederlagen vom
Parteivorsitz zurücktrat (Butler/Kavanagh 1992:278), setzten seine Nachfolger *John
Smith* (1993) und *Tony Blair* (seit 1994) den Reformprozeß fort. Die programmatische Erneuerung wie auch die organisatorischen Veränderungen zum Ende der 80er
Jahre weisen dabei deutlich auf die Eindämmung der gewerkschaftlichen Macht in
der Partei hin.

Programmatische Reformen

Ende der 80er Jahre wurden von der *Labour Party* für die Gewerkschaften relevante
symbolische Programmpunkte aufgegeben. Mit dem Ziel, eine breitere wahlpolitische Unterstützung zu erlangen, veränderten sich nach der Wahlniederlage 1987 beispielsweise die Positionen von *Labour* hinsichtlich ihrer wirtschaftspolitischen Strategie und ihrer Position zur Arbeitsgesetzgebung. Dies wurde weitgehend in der
Programmschrift *„Meet the Challenge, Make the Change"* von 1989 dokumentiert.

Wirtschaftspolitisch wird seitdem weitgehend das Modell einer sozialen Marktwirtschaft angestrebt. Das Bekenntnis zur Verstaatlichung von Industrien (außer für sogenannte natürliche Monopole wie beispielsweise „Wasser") wurde aufgegeben (vgl.
Seyd 1992:77). Die Position zur Arbeitsgesetzgebung veränderte sich dahingehend,
daß die komplette Rücknahme der Arbeitsgesetzgebung der konservativen Regierung

nicht mehr angestrebt wird[200]. Gemäß „*Meet the challenge, Make the Change*" soll die Arbeitsgesetzgebung aber durch zahlreiche Regelungen zur Sicherung und zum Schutz von Arbeitnehmerrechten (auch im Einklang mit Vorschlägen der Europäischen Kommission) erweitert werden, z.b. durch Anti-Diskriminierungsgesetze, durch die Anerkennungspflicht von Gewerkschaften, sofern diese genügend Unterstützung im Unternehmen vorweisen können, sowie durch eine Reform der Arbeitsgerichte. Die in diesem Zusammenhang ebenfalls geäußerte Absicht, einen gesetzlich festgelegten Minimallohn einzuführen, erweist sich laut Meinungsumfragen sogar als äußerst beliebt[201]. Ferner wurde ein Verzicht auf staatliche Einkommenspolitik erklärt und versprochen, die *Europäische Sozialcharta* zu verabschieden (Employment Trends 466, Juni 1990:2).

Diese Vorschläge wurden in „*Meet the Challenge, Make the Change*" als „*new constructive framework of industrial relations law*" bezeichnet (Meet the Challenge, Make the Change 1989). Die genannten Elemente wurden in dem Programmpapier „*Looking to the Future*" 1990 erneut aufgenommen und auf dem *Labour*-Parteitag 1990 bestätigt (Marsh 1992:161). Die programmatische Wende von *Labour* wird folgendermaßen kommentiert:

> „*By 1990 Labour increasingly resembled a social democratic party on Swedish or German lines. The leadership maintained regular contacts with European Community officials in Brussels and with other West European socialist parties. There was much talk of Labour's policy review being the equivalent of the German Social Democrats' conversion at Bad Godesberg in 1959. But it had been done gradually - particularly the major shifts on defence and Europe. The party had become more sympathetic to the market as a means of creating wealth, to labour laws that gave rights to workers rather than unions, and to measures to protect the environment*" (Butler/Kavanagh 1992:61).

Dieser Positionswechsel von Labour befand sich weitgehend im Einklang mit der offiziellen Position des TUC, der auf seinem Kongreß 1990 die parteipolitischen Ziele hinsichtlich der Reform der Arbeitsbeziehungen bei mehreren Abstimmungen mehrheitlich unterstützte. Hinter dieser Unterstützung verbarg sich allerdings eine weitgehende Spaltung der TUC-Gewerkschaften; nicht alle Mitgliedsgewerkschaften befürworteten die von *Labour* angestrebte Verrechtlichung der Arbeitsbeziehungen. Getragen wird die Unterstützung für *Labour* in diesem Punkt weitgehend von AEU, GMB, NUPE, USDAW, *Union of Communication Workers* (UCW) und der *National Union of Teachers* (NUT). Einige der anderen großen TUC-Gewerkschaften

---

[200] Einzelne gesetzliche Regulierungen, wie beispielsweise die Abstimmungen vor Streiks, die Wahl der Gewerkschaftsfunktionäre, die Restriktionen hinsichtlich Solidarstreiks und Streikposten sowie die Einschränkung des *Closed Shop* sollen auch unter einer zukünftigen *Labour*-Regierung beibehalten werden (Kessler/Bayliss 1992:171).

[201] Umfrageergebnisse vor dem *Labour* Parteitag 1991 zeigten, daß 76 Prozent aller Wähler und auch 69 Prozent der konservativen Wähler die Einführung eines Minimallohns in Höhe von 3,40 Pfund die Stunde unterstützten (Financial Times 5.9.1991).

(TGWU, MSF, NALGO, NGA und NUM) stimmten auf diesem Kongreß weiterhin für eine vollständige Rücknahme der konservativen Gesetzgebung (The Sunday Times 2.9.1990; Marsh 1992:161).

Einen weiteren Schritt zur parteilichen Erneuerung, insbesondere in bezug auf die wirtschaftspolitische Strategie, stellte der Parteitag 1994 mit dem bezeichnenden Motto „New Labour, New Britain" unter Führung von Tony Blair dar. Blair betonte, daß die wirtschaftspolitische Strategie von Labour weder anti-marktorientiert noch gegen die Unternehmer gerichtet sei. Das traditionelle Bekenntnis der britischen Arbeiterpartei zur keynesianischen Wirtschaftssteuerung und zu Verstaatlichungen wurde von der Parteiführung aufgegeben. Anstatt auf staatliche Stützung der Nachfrage und auf Steuererhöhungen zur Finanzierung des Wohlfahrtsstaates wird nunmehr auf ökonomisches Wachstum gesetzt (Financial Times 3.10.1994). „Economic growth rather than increased public spending would provide the route to a more cohesive, fairer society" (Financial Times 28.9.1994). Die zu geringen Investitionen gelten auch Labour als Grund für die ökonomische Krise Großbritanniens. Die vom Schattenkanzler Gordon Brown vorgeschlagenen Maßnahmen zielen daher auf die Förderung von Ausbildung und Investitionen ab:

> „We are looking at the merits of an employer rebate/levy scheme to encourage training. We are looking at how we can regear industrial and regional incentives so that they have a far bigger component for investment in skills. We are looking at the idea of individual training accounts and at major reforms of National Insurance in terms of the benefits people could expect for the same contributions" (Financial Times 3.10.1994).

Dabei mutet es fast paradox an bzw. verweist auf die Persistenz traditioneller Werte und Kräfte in der Labour Party, daß trotz dieses eindeutigen Bekenntnisses zur Marktwirtschaft und trotz der Propagierung einer angebotsorientierten Steuerungsstrategie von einer Mehrheit der Delegierten am Bekenntnis zum Sozialismus in den Parteistatuten festgehalten wurde (Financial Times 7.10.1994). Dennoch kann der Parteitag 1994 als Erfolg für die „Modernisierer" in der Labour Party gewertet werden, sowie als Zeichen für deren unumstößlichen Willen zum Wandel. Dies wird durch den Appell des Vize-Parteivorsitzenden John Prescott ausgedrückt: „stop speaking the language of the past and start practising the politics of the future" (Financial Times 9.10.1994).

Die Gewerkschaften unterstützten auch hier weitgehend die „neue" ökonomische Strategie von Labour, insbesondere die angestrebten Reformen im Hinblick auf die Ausbildungssteuer. Konflikte ergaben sich dagegen, weil sich die Parteispitze bei der Wiedereinführung des von den Konservativen abgeschafften Mindestlohns nicht auf eine genaue Definition dessen Höhe festlegen will (Financial Times 4.10.1994). Auf

dieser Forderung bestehen aber die TGWU und die GMB ebenso wie auf der Beibehaltung des Vollbeschäftigungsziels.

Institutionelle Reformen

Die institutionellen Reformen innerhalb der *Labour Party* zielten u.a. darauf ab, die
zentrale Position der Gewerkschaften, insbesondere der TGWU, zu brechen (Bassett
1991:320ff). Höhepunkt der institutionellen „Emanzipation" der *Labour Party* von
den Gewerkschaften war der Prozeß, der zur Abschaffung des gewerkschaftlichen
Block-Votes, also des kollektiven Stimmrechtes der Gewerkschaftsvertreter (für ihre
Mitglieder, die Kollektivmitglieder in der *Labour Party* waren)[202], bei wichtigen
Entscheidungen der Partei führte. Dabei wurden Forderungen nach innerparteilicher
Demokratisierung durch Anträge zur stufenweisen Einschränkung des *Block-Vote*
Prinzips zu Gunsten des „*One-Member-One-Vote*" Prinzips seit 1987 unterstützt.
Zunächst wurden für die Wahl der Parlamentskandidaten in den Wahlkreisen Wahl-
kommittees eingerichtet, bei denen der Einfluß der lokalen Gewerkschaftsaktivisten
auf höchstens vierzig Prozent verringert wurde[203]. Auf dem Parteitag 1990 wurde
dann die gewerkschaftliche Block-Vertretung für weitere Entscheidungen auf siebzig
Prozent verringert zu Gunsten der stärkeren Gewichtung der Wahlkreisdelegierten.

John Smith setzte auf dem Parteitag 1993 den endgültigen Wandel der *Labour Party*
zu einer Massenpartei mit individueller Mitgliedschaft durch. Die Abstimmung auf
dem Parteitag für die Einführung des *One-Member-One-Vote* Prinzips als aus-
schließliches Verfahren bei der Wahl von Parlamentskandidaten fiel mit 47,5 Prozent
positiver Stimmen gegenüber 44,3 Prozent ablehnender Stimmen knapp aus und
wurde letztlich nur durch die kurzfristig gewährte Unterstützung der Gewerkschaft
Manufacturing, Science & Finance (MSF) gesichert (Financial Times 30.9.93). Zudem wurde das gewerkschaftliche *Block-Vote* auf den jährlichen Konferenzen nunmehr gänzlich durch ein System der individualisierten Wahl ersetzt. Der institutionalisierte Einfluß der Gewerkschaftsorganisationen auf Parteitagen und bei der Wahl
des Parteiführers wurde dadurch maßgeblich verringert[204].

---

[202] Noch 1991 hatte die *Labour Party* nur 261.000 individuelle Parteimitglieder im Vergleich zu fünf
Millionen Kollektivmitgliedern. Die Gewerkschaften stellten davon den größten Teil.

[203] Die Stimmen der individuellen Mitglieder, die über briefliche Befragung erhoben wurden, ge-
wichtete man mit sechzig Prozent oder mehr (Seyd 1992:87). Die Wahlkreisdelegierten brachten
dann die Entscheidung ihres Wahlkreises auf dem Parteitag ein. Damit wurde der gewerkschaftliche Einfluß maßgeblich reduziert, da vorher beispielsweise die NUM in zahlreichen
Wahlkreisen der Bergarbeiter die Wahl der Parteikandidaten dominieren konnte.

[204] Gewerkschaftsmitglieder repräsentieren durch die Kollektivmitgliedschaft der Gewerkschaften in
der Partei weiterhin über siebzig Prozent aller Stimmen, die sie nun individuell abgeben können
(Financial Times 30.9.93): „*The unions lose their right to influence selection, but union members
would be able to vote as individuals by paying a reduced party membership fee*" (Financial Times
23.9.1993).

Wenn diese Reform auch durch eine „Mehrheit" der Gewerkschaften ermöglicht wurde, ist die Ablehnung der Reformen durch verschiedene gewerkschaftliche Organisationen jedoch ebenfalls erheblich. Die TGWU, eine der stärksten finanziellen Förderer von *Labour*, erfuhr in ihrer Opposition gegen die Abschaffung des *Block-Votes* eine nicht unerhebliche Unterstützung. Ihr Vorsitzender, *Bill Morris*, kündigte eine Fortsetzung des Widerstandes seiner Organisation gegen die Fortführung der innerparteilichen Reformen an. Und auch *John Edmonds*, Vorsitzender der GMB, ebenfalls eine der Gewerkschaften, von denen *Labour* finanziell abhängig ist, sprach sich gegen eine weitere Reduzierung des gewerkschaftlichen Einflusses aus (Financial Times 30.9.1993).

Weiterer Ausdruck sowohl für den institutionellen Wandel als auch für die programmatische Modernisierung der *Labour Party*, welche die Lockerung der Partei-Gewerkschaftsbeziehungen signalisieren, ist das „Einschlafen" des *TUC Party Liaison Committees*, in dem in den 70er Jahren weitgehend der *Social Contract* entworfen wurde. Ohne formal aufgelöst zu sein, spielt das *Liaison Committee* seit Ende der 80er Jahre (1989 fand das letzte Treffen statt) faktisch keine Rolle mehr im Willensbildungs- und Entscheidungsprozeß zwischen Partei und Gewerkschaften (Degen 1992:163; Taylor 1987:118). Seit 1990 werden die neuen Programmentwürfe der *Labour Party* durch verschiedene Programmkommissionen, unter anderem mit Hilfe von *Marketing- und Public-Relations*-Strategien, erarbeitet. Die Legitimation erhalten die Programme nunmehr allein durch Abstimmung auf den *Labour*-Parteitagen (Degen 1992:164).

Die politischen Fonds

Im Zusammenhang mit der Gesetzgebung zu den politischen Fonds zur Unterstützung von *Labour* im Rahmen des *Trade Union Act* 1984 konnten die Gewerkschaften in verschiedener Hinsicht Erfolge verzeichnen. Ursprünglich war eine *„Contracting In"*-Option im Gesetz geplant, d.h. jedes Gewerkschaftsmitglied hätte seine explizite Zustimmung geben müssen, auch für den politischen Fonds der jeweiligen Gewerkschaft Beiträge entrichten zu wollen. Der TUC fürchtete, daß eine solche Regelung die finanzielle Unterstützung für die politischen Fonds dramatisch verringern würde, da viele Gewerkschaftsmitglieder *Labour* bei den Wahlen nicht unterstützt hatten. Nach einem Gespräch im Oktober 1983 mit *Tom King, Secretary of Employment*, versprach dieser, die alte *„Contracting Out"*-Option beizubehalten, d.h. die Gewerkschaftsmitglieder, die *Labour* durch Beitragszahlungen zu den politischen Fonds nicht unterstützen wollen, müssen dies explizit erklären. Im Gegenzug erklärte sich der TUC bereit, den Mitgliedern mehr Informationen über diese Möglichkeit zukommen zu lassen und auch die Abrechnung der politischen Fonds stärker zu kontrollieren (Marsh 1992:116). Die Vermeidung einer erneuten Sympathiewelle für *Labour* und die Gewerkschaften wird dabei als eine der Erklärungen für die in diesem Punkt revidierte und gemäßigte Gesetzgebung angenommen (vgl. Marsh 1992:117f)[205].

Der Versuch der konservativen Regierung durch die gesetzliche Einführung einer Abstimmung über politische Fonds der Gewerkschaften, die starke finanzielle Unterstützung der *Labour Party* durch die Gewerkschaften zu unterbinden, wirkte sich als eine Art „Eigentor" für die Konservativen aus (Grant 1987). Die finanzielle Unterstützung von *Labour* durch die Gewerkschaften nahm dadurch eher zu. Bei den Abstimmungen wurden alle bestehenden Fonds bestätigt und 17 weitere Fonds eingeführt (Leopold 1988:286). Seitdem verfügen zwei Drittel aller britischen Gewerkschaften über politische Fonds (Leopold 1988:292).

Die Bestätigung der politischen Fonds legitimiert die politische Rolle der Gewerkschaften durch die Basis und stellt ein Beispiel dafür dar, wie die erwarteten negativen Auswirkungen der Gesetzgebung durch die Mobilisierung der Gewerkschaften verhindert und sogar in eine Art „Sieg" umgewandelt werden konnten. Wegen der Art, wie die Kampagne geführt wurde, kann die Zustimmung der Gewerkschaftsmitglieder zu den politischen Fonds jedoch nur bedingt als eine Legitimation der Bindung der Gewerkschaften an *Labour* gewertet werden. In der gewerkschaftlichen Kampagne, die den Abstimmungen vorausging, wurde die Relevanz der politischen Rolle der Gewerkschaften herausgestellt, während die damit verbundene direkte Unterstützung von *Labour* in den Hintergrund gedrängt wurde (Marsh 1992:155)[206].

Für die *Labour Party* blieb damit ihre finanzielle Abhängigkeit von den Gewerkschaften erhalten; in dieser Hinsicht substituieren die Gewerkschaften die fehlende Massenbasis der Partei auch weiterhin (Taylor 1991:234). Die von den Gewerkschaften erhobenen Mitgliedsbeiträge machten 1990 zwei Drittel der gesamten Einnahmen der Partei aus (Labour Research Oktober 1992). Ferner werden noch mehr als die

---

[205] Der sinkende Anteil von Befragten bei Meinungsumfragen, die angaben, daß „Gewerkschaften zu viel Macht haben", wird dabei u.a. als handlungsleitend für die Regierung angenommen: „*This trend worried the government because it relied on high levels of union unpopularity, especially amongst trade unionists, in order to implement its legislation successfully*" (Grant 1987:62). Die Regierung sei ferner darauf bedacht gewesen mit ihrer Gesetzgebung hinsichtlich der politischen Fonds, nicht den „Bankrott" der *Labour Party* mit zu verursachen, weil dadurch die von ihr gefürchtete Allianz von *Labour* und den Gewerkschaften hätte verstärkt werden können (vgl. Grant 1987:62; Taylor 1987:215).

[206] Den Hintergrund für diese Strategie bildete eine Befragung der Mitglieder von 15 TUC-Gewerkschaften im November 1983. Die Befragungsergebnisse machten deutlich, daß die Gewerkschafter bezüglich der politischen Rolle ihrer Organisation gespalten waren. Eine Mehrheit sprach sich gegen die Affiliierung der jeweiligen Gewerkschaften und *Labour* aus, wobei gleichzeitig die finanzielle Unterstützung von Parlamentsabgeordneten positiv bewertet wurde (Marsh 1992:155; Taylor 1987:211f).

Hälfte der *Labour*-Abgeordneten (1991 exakt 155 von 230) direkt finanziell von einzelnen Gewerkschaften unterstützt (Evening Standard 3. 9. 1991).

Gründe für die Reformen der Labour Party und Konsequenzen des Wandels

Die Auflösung der allzu engen Bindung der *Labour Party* an die Gewerkschaften hatte verschiedene Ursachen. Auch in Großbritannien setzte bereits in den 70er Jahren ein langfristiger, sozialstruktureller Wandel ein, der von der Erosion des traditionellen Milieus der *Labour Party* und auch der Gewerkschaften begleitet wird. Entsprechend wird zwischen einer traditionellen und einer „neuen" Arbeiterklasse unterschieden[207]. Bis Mitte der 80er Jahre spiegelten die Ziele der *Labour Party* weitgehend die Interessen der „alten" Arbeiterklasse wider. Zu diesen Zielen gehörten die Verstaatlichung der Industrie, der Ausbau des sozialen Wohnungsbaus, keynesianisches Nachfragemanagement einschließlich einer Erhöhung der Steuern für die Besserverdienenden, die Fortsetzung des staatlichen Voluntarismus in der Arbeitsgesetzgebung (was eine uneingeschränkte Streikmacht der Gewerkschaften beinhaltete) sowie eine Politik der Vollbeschäftigung und Maßnahmen zu Gunsten der sozial Benachteiligten (Coxall/Robins 1991:243/4)[208]. Die Anhängerschaft von *Labour* zwischen 1979 und 1983 wird daher folgendermaßen beschrieben: *„ blue-collar trade unionists, the declining inner cities, the public sector, the unemployed, racial minorities and declining industries "* (Taylor 1987:251).

Die „neue" Arbeiterklasse aber fühlte sich von dieser traditionellen Politik *Labours* nicht mehr angesprochen. Dagegen konnte die *Social Democratic Party* in der Allianz mit den Liberalen einen Teil der Stimmen der „neuen" Arbeiterklasse gewinnen. 1983 wählten beispielsweise fast die Hälfte aller Facharbeiter/Meister und Angestellten konservativ, etwa ein Viertel wählte die *Liberale Allianz* und ebenfalls ein Viertel entschied sich für *Labour* (Coxall/Robins 1991:271). Die „Krise" von *Labour* entzündete sich also nicht an der Auflösung der Loyalität der „alten" Arbeiterklasse, als vielmehr an deren abnehmendem Anteil an der Wählerschaft insgesamt und der Unfähigkeit von *Labour* die „neue" Arbeiterklasse zu gewinnen: *„Labour had come to represent the declining fragment of the traditional working class whilst failing to attract the more affluent and expanding working class of the high-tech and service*

---

[207] Von Ivor Crewe wird die „alte" Arbeiterklasse entsprechend der folgenden Merkmale definiert: Lebt in Schottland/im Norden, in *Council*-Häusern (Sozialwohnungen), Gewerkschaftsmitglied, arbeitet im öffentlichen Sektor. Die „neue" Arbeiterklasse ist im einzelnen charakterisiert durch: Lebt im Süden, Hausbesitzer, Nicht-Gewerkschaftsmitglied, arbeitet im privaten Sektor (zit. nach Coxall/Robins 1991:270).
[208] Die großen und einflußreichen Gewerkschaften in der *Labour Party*, so die TGWU oder der GMB, vertreten ebenfalls die „alte" Arbeiterklasse und unterstützten entsprechend die traditionellen Ziele von *Labour*.

economy" (Coxall/Robins 1991:269). Selbst die Unterstützung der Gewerkschaftsmitglieder für *Labour* ging drastisch zurück[209].

Die Nähe zu den Gewerkschaften stellte sich für *Labour* in unterschiedlicher Hinsicht als Problem dar. In der britischen Wählerschaft gab es eine deutliche Opposition bzw. eine Abneigung gegen die Gewerkschaften, spätestens seit dem *Winter of
Discontent*. Das Image der *Labour Party*, eine Gewerkschaftspartei zu sein, kostete
sie daher Stimmen bei der „neuen" Arbeiterklasse: *„The survey material also repor-
ted that most Labour voters in 1987 had voted out of habit and that defence, the
'loony left' and union domination were major negatives for the rest of the electorate"*
(Butler/Kavanagh 1992:46). Ziele wie die Rücknahme der konservativen Gewerkschaftsgesetzgebung fanden kaum Unterstützung bei der britischen Wählerschaft, da
hier die Einschätzung „die Gewerkschaften sind zu mächtig" bis Anfang der 80er
Jahre dominierte[210].

Die Abschaffung des gewerkschaftlichen *Block-Vote* wurde deshalb auch von einer
Mehrheit der Mitglieder der *Labour Party* unterstützt. Bei einer Mitgliederumfrage
der *Labour Party* 1990 kritisierten über siebzig Prozent das gewerkschaftliche *Block-
Vote* und über achtzig Prozent traten für die Einführung des *One-Member, One-Vote*
Prinzips ein. Über vierzig Prozent der *Labour*-Mitglieder stimmten zu, daß Gewerkschaften zu viel Macht in der Partei hätten (Seyd 1992:93/94). Damit ist - aus der
Retrospektive - relativ deutlich, daß *Labour*, um erneut mehrheitsfähig zu werden,
eine neue Politik entwickeln „mußte", welche u.a. die Wähler aus der „neuen" Arbeiterklasse überzeugt.

Die Gewerkschaften blieb nichts anderes übrig als die wahltaktischen Kalküle der
Partei zu berücksichtigen, wenn sie erreichen wollten, daß die Partei erneut regie-
rungsfähig wird, d.h. die Mehrheit der Wähler gewinnen kann. Daher wurde die
Notwendigkeit einer weitgehenden Unabhängigkeit der Partei von den Gewerkschaften anerkannt: *„The unions recognise Labour's electoral activity depends on the con-
stituency activist, overt use of union power might damage this commitment and that
Labour's image as a union party costs votes"* (Taylor 1991:15).

Die neuen programmatischen Ziele der *Labour Party* sowie deren institutionelle
Veränderungen zeigten 1994 erste Erfolge. Bei der MORI-Umfrage kurz vor dem
Labour-Parteitag 1994 gaben 52 Prozent der Wähler an, bei den nächsten Wahlen für

---

[209] Wählten 1979 noch 51 Prozent der Gewerkschaftsmitglieder *Labour*, waren es 1983 nur noch 29
Prozent. 31 Prozent der Gewerkschaftsmitglieder stimmten für die Konservativen und zwanzig
Prozent für die *Liberale Allianz* (Taylor 1987:242).
[210] 1979 gaben 69 Prozent der Befragten bei der MORI-Umfrage an, daß Gewerkschaften „zu
mächtig" sind. Obwohl dieser Anteil auf 31 Prozent 1987 (Edwards/Bain 1988:323) sank, blieben
doch Vorbehalte bei der Ausweitung gewerkschaftlicher Rechte (siehe unten).

Labour stimmen zu wollen, während die Unterstützung für die Konservativen auf 25 Prozent sank. Zwei Drittel der Befragten stimmten der Auffassung zu, daß sich *Labour* zum Positiven gewandelt hat (The Economist Okt. 1994:47-49). Damit wird die Möglichkeit einer zukünftigen *Labour* Regierung zunehmend wahrscheinlich.

Für die britischen Gewerkschaften kann damit die „Rechnung" weitgehend aufgehen. Da die Verwirklichung gewerkschaftlicher Ziele im politischen Bereich während der 80er und Anfang der 90er Jahre mehr denn je daran geknüpft schien, daß die konservative Vorherrschaft gebrochen und *Labour* erneut in die Regierung gewählt würde, haben die Gewerkschaften eine Art „Tausch" akzeptiert. Prinzipiell wird die Verringerung des eigenen Einflusses innerhalb der Partei und damit auch auf die spätere Regierungspolitik von einer Mehrheit der Gewerkschaften toleriert, um die Wiederwahlchancen von *Labour* zu erhöhen.

Der Behauptung Bassetts (1991:308), das Ergebnis der von *Neil Kinnock* eingeleiteten Reformen habe das Abhängigkeitsverhältnis der Partei von den Gewerkschaften mittlerweile umgekehrt, kann in dieser Schärfe allerdings nicht zugestimmt werden. Es besteht weiterhin eine starke finanzielle Abhängigkeit der *Labour Party* von den Gewerkschaften, und von der Partei werden auch weiterhin pro-gewerkschaftliche Reformpunkte - beispielsweise hinsichtlich einer „ausgeglichenen Arbeitsgesetzgebung" - vertreten. Dennoch ist nicht zweifelhaft, daß der gewerkschaftliche Einfluß auf *Labour* Mitte der 90er Jahre wesentlich geringer ist als noch in den 70er Jahren.

Der aufgezeigte Wandel des Verhältnisses von *Labour Party* und Gewerkschaften sowie die programmatische Reform der Partei machen deutlich, daß der generelle Einflußgewinn bei einer zukünftigen *Labour*-Regierung für die Gewerkschaften wesentlich geringer wäre als früher. Auch eine *Labour*-Regierung wäre in den 90 Jahren wegen des Verzichts auf eine keynesianische Wirtschaftssteuerung sowie wegen des allgemeinen Macht- und Einflußverlustes der Gewerkschaften in der tarifpolitischen Arena wesentlich unabhängiger von der gewerkschaftlichen Kooperation als früher. Die traditionelle Erwartung der Gewerkschaften, daß „ihre" Partei an der Regierung die nachteiligen Effekte früherer konservativer Politiken rückgängig machen wird (Johnson 1987:152), wird in Zukunft wohl nur noch in geringem Umfang eingelöst werden. Dennoch erscheint es unzweifelhaft, daß die Handlungsbedingungen der Gewerkschaften unter einer zukünftigen *Labour* Regierung erheblich besser wären als momentan.

2.5. Gewerkschaftliche Strategien

Die veränderten Rahmenbedingungen, die aufgrund der Politik von Regierung und Arbeitgebern partiell veränderte Regulierung der Arbeitsbeziehungen und die Entwicklung der gewerkschaftlichen Machtressourcen zeigen, daß ein erheblicher Einflußverlust der Gewerkschaften in den 80er Jahren stattgefunden hat. Zusammen mit der zunehmenden Erfolglosigkeit von Arbeitskonflikten führte dies zu einem partiellen Wandel gewerkschaftlicher Strategien.

Bei der Wahl der Strategie, mit dem durch zahlreiche - bereits dargestellte - Faktoren verursachten gewerkschaftlichen Einflußverlust umzugehen, werden Unterschiede und Konflikte zwischen den verschiedenen Fraktionen innerhalb des TUC deutlich. Die vom TUC formulierten Ziele zu Beginn der 90er Jahre signalisieren einen Wandel hin zu einer stärker kooperativen und solidarischen Politik auf der Basis eines sozialpartnerschaftlich orientierten Gewerkschaftsmodells. Dieser Wandel läßt sich anhand von drei Etappen beschreiben. Die erste Phase zwischen 1979-1984 zeigte zunächst eine abwartende Haltung der Gewerkschaften, die - nach der Wiederwahl *Thatchers* 1983 - in einer Analyse der „neuen" Situation endete. In der zweiten Phase zwischen 1984 und 1988 wurde die unterschiedliche Politik der verschiedenen Fraktionen innerhalb des TUC anhand des Bergarbeiterstreiks 1984/85 und des Ausschlusses der EETPU vom TUC 1988 deutlich. Die dabei sich bereits entwickelnde kooperative Strategie des TUC wurde in der darauffolgenden dritten Phase seit 1988 u.a. durch die Hinwendung zu „Europa" und die Befürwortung eines rechtlich regulierten betrieblichen Mitbestimmungsmodells konsolidiert.

Erste Phase 1979-1984: Von einer „Wait and See" - Politik zum „New Realism"

Nach der Wahl der konservativen Regierung 1979 ließ die Politik der TUC-Führung alles in allem nicht erkennen, daß angenommen wurde, mit *Margaret Thatcher* als Regierungschefin sei eine neue Ära für die Gewerkschaften angebrochen. Das 1980 veröffentlichte Strategiepapier des TUC *„The Organisation, Structure and Services of the TUC"* hatte die Reform der Organisation des TUC selbst zum Gegenstand. Es wurde 1981 vom TUC-Kongress verabschiedet und führte zum *TUC Development Programme*, das unter anderem darauf abzielte, die *TUC Industry Committees* sowie seine regionalen Organisationen zu stärken. Weitreichende strategische Entscheidungen wurden zu diesem Zeitpunkt nicht getroffen. Die Reaktionen der Gewerkschaften auf die Gewerkschaftsgesetzgebung beschränkten sich vorwiegend auf verbale Proklamationen auf verschiedenen Konferenzen und den TUC-Kongressen sowie einzelne, eher symbolische Aktionen wie Demonstrationen oder Aktionstage, die zudem wenig Unterstützung der Basis fanden (vgl. Kapitel III.1.1.).

Die Politik des TUC lief de facto darauf hinaus, Konflikte mit der konservativen Regierung zu vermeiden. Dazu gehörte, die neue Gesetzgebung anzuerkennen und zu „befolgen" (Kessler/Bayliss 1992:170). Es wurden keine Aktionen realisiert, welche gemäß der neuen Gesetzgebung illegal waren und zur Verurteilung des TUC oder seiner Mitgliederorganisationen durch die Gerichte hätten führen können (Coates/Topaham 1988:124). Beim *Wapping*-Konflikt 1983 lehnte *Murray*, der damalige Vorsitzende des TUC, unter Rückendeckung des *General Council* des TUC, aus den genannten Gründen den Antrag der *National Graphical Association* auf Unterstützung bei der Ausdehnung des Streiks auf die gesamte Zeitungsbranche ab (Kessler/Bayliss 1992:170; Coates/Topahm 1988:317).

Die erneute Bestätigung der Konservativen in der Regierung (1983) ließ jedoch eine Fortsetzung der bloßen *„ Wait and See "*-Politik nicht mehr zu. Das wurde auf dem TUC-Kongreß 1983 von einer Mehrheit so gesehen und in der Begrüßungsrede von *Len Murray* zum Ausdruck gebracht:

> *„They have voted, and we respect that. We cannot talk as if the trade union movement is some sort of alternative government, Brother Bonnie Prince Charlie waiting to be summoned back from exile. We are representative organisations, and being representative means knowing and respecting what our members want and expect from their unions - not the Government's unions, not the Labour Party's unions, not even our unions, but the members' unions "* (TUC Annual Report 1983).

Der TUC-Kongreß 1983 stand damit in deutlichem Kontrast zu vergangenen Jahren. Das Klima des Kongresses wird als nüchtern und analytisch beschrieben: *„That year, the TUC ran his way: revolutionary vanguardism was rejected; sober reflection, cool analysis, sophisticated theory were embraced"* (Bassett 1986:46). Die Reden waren geprägt von einer „realistischen" Bestandsaufnahme der gegenwärtigen Situation der britischen Gewerkschaften. Sowohl der industrielle und beschäftigungsstrukturelle Wandel, die neuen Technologien, neue Arbeitnehmerqualifikationen als auch die Folgen der erneuten Wahl der konservativen Regierung für die Gewerkschaften wurden thematisiert (Bassett 1986:46f; TUC Annual Report 1983). *Murray* wurde sowohl von den gemäßigten Gewerkschaften wie der AEU und der GMB, der als „rechts" geltenden *Civil and Public Services Association* (CPSA) sowie der EETPU, dem britischen „Prototyp" des *Business Unionism* unter dem Vorsitz von *Eric Hammond*, unterstützt (McIlroy 1988). Diese „Fraktion" und ihre Politik der gewerkschaftlichen Erneuerung dominierten den TUC-Kongress 1983 in *Blackpool*. Ein Antrag von *Alistair Graham*, dem Vorsitzenden der CPSA, trat im Sinne des *New Realism* für eine Erneuerung der Gewerkschaften ein. Diese sollten ihre Politik stärker an den Vorstellungen und Bedürfnissen der Mitglieder orientieren, so daß diese sie auch wieder stärker unterstützten:

*„We need to change attitudes. We need to change policies. We need to restor idealism
to our movement, which is why the motion suggests a statement of principles on modern
trade unionism. Let's face it, in the last general election there was a massive credibility
gap. On the one hand, we wanted to foist radical prescriptions on many groups of
people, involving change for many British institutions. Yet on the other hand, the public
perceived us to be timid and conservative about reforming ourselves. Where we were
involved in unpalatable commitments, such as the income side of the National
Economic Assessment, we tended to use weasel words to fudge that commitment so that
the electorate had to be theologians to understand what it all meant. We must approach
a review of principles, policies and the determination of priorities that this motion
involves with a genuine humility, with a readiness to listen to our members as well as
our activists. The policies have to have an impact on our members' lives in a way that
they will support"* (TUC Annual Report 1983).

Der Antrag wurde mit 5,8 Millionen Stimmen angenommen. Vier Millionen Ge-
genstimmen signalisierten jedoch, daß es auch eine deutliche Opposition gegenüber
dem *New Realism* innerhalb des TUC gab (TUC Annual Report 1983).

Len Murray zeigte, wie sich der TUC die Verwirklichung einer solchen Strategie im
einzelnen vorstellte. *Murray* erklärte die konfliktive Politik Ende der 70er Jahre -
nicht zuletzt durch die Wiederwahl einer konservativen Regierung - für gescheitert
und verfolgte eine Politik der gewerkschaftlichen Mäßigung. Er hielt jedoch an der
Befürwortung einer „neo-korporatistischen" Strategie fest[211] und strebte eine Kooperation mit der *Thatcher*-Regierung und den Unternehmern an (McIlroy 1988:54).
Diese Haltung wurde unter anderem in *„TUC Strategy"* (1984), einem Informations-
papier des TUC, das von *Murray* mitverfaßt ist, dargestellt (vgl. Kessler/Bayliss
1992:157/8). Das Papier wird folgendermaßen zusammengefaßt:

*„Whilst it reasserted TUC opposition to Conservative legislation, it also stressed the
utility of trade unions to employers in increasing efficiency. Strikes were harmful.
Trade unions accepted 'the need to sustain the enterprise as a thriving concern'. Employers and government, in their turn, 'have to take note of unions because they are the
vehicle for winning the consent of individuals, as workers, for policies employers and
governments wish to pursue and that they need the co-operation of workers if they are
to succeed"* (McIlroy 1988:55).

Die hier formulierte Position des TUC, das Angebot der Zusammenarbeit mit der
Regierung und den Arbeitgebern, war von den verschiedenen Lagern innerhalb des
TUC ebenso der Kritik ausgesetzt wie die Ablehnung der neuen Gewerkschaftsgesetzgebung. Beispielhaft für den linken Gewerkschaftsflügel, zu dem die TGWU
zählte, war das Festhalten an der Behauptung, daß die Regierung die Hauptursache

---

[211] Die der neo-korporatistischen Politik gegenüber positive Haltung des TUC wird z.T. als Eigen-
interesse der Dachorganisation interpretiert: *„Seeking to protect the TUC's role as the movement's
interlocutor with the state, the media, and the public, TUC officers have found that integration
into policy networks provides the confederation with a convenient source of institutional
legitimacy. Participation in decision-making processes was also viewed as having enhanced the
TUC's position vis-á-vis individual unions and its critics in the labour movement and beyond"*
(Worcester 1991:48).

für die Gewerkschaftskrise sei[212]. Wie bereits aufgezeigt, konterkarierten die „rechten" Gewerkschaften wie die EETPU und die AUEW dagegen die TUC-Be-schlüsse, indem sie die von der Regierung im Rahmen der neuen Arbeitsgesetzge-bung bereitgestellten Fonds für die Durchführung von Wahlen des Gewerkschafts-vorstandes und von Urabstimmungen bei Streiks in Anspruch nahmen (Kessler/Bayliss 1992:163; siehe auch Kapitel III.1.1.).

Die Suche der TUC-Führung nach einer Art Modus Vivendi mit der Regierung er-fuhr jedoch eine deutliche Absage. Die Regierung zeigte sich nach ihrer Wiederwahl nun deutlich anti-gewerkschaftlich, was beispielsweise durch die Nicht-Anerkennung der gewerkschaftlichen Vertretungs- und Organisationsrechte beim britischen Ge-heimdienst GCHQ ausgedrückt wurde (siehe Kapitel III.1.3.). Daraufhin verweigerte der TUC zeitweilig seine Mitarbeit im NEDC. *Len Murray*, der sich mit einer koope-rativen Politik der Gewerkschaften auch im Rahmen dieses Konfliktes stark identi-fiziert hatte, trat kurz darauf als Vorsitzender des TUC zurück (Kessler/Bayliss 1992:17). Das Scheitern seiner Politik drückte er selbst so aus: „*We have been trying to find out, albeit in a limited area, whether we can build with the Government some relationship of trust and confidence. All that has now been called into question*" (Financial Times, 2.2.1984; zit. nach Bassett 1986:61).

Zweite Phase 1984-1988: Die Entwicklung einer kooperativen Strategie des TUC zwischen „Militants" und „Business Unionism"

In den nächsten Jahren wurden die Spannungen zwischen den verschiedenen Flügeln der britischen Gewerkschaftsbewegung immer deutlicher und lösten offene Konflikte im TUC aus. Für die beiden Extrempositionen stand einmal die Bergarbeitergewerk-schaft NUM und der von ihr vertretene *Militarism*, und zum anderen die EETPU und der von ihr vertretene *Business Unionism*.

Die als *Militants* bezeichnete Richtung steht der gewerkschaftlichen Partizipation in politischen Entscheidungs- und Implementationsprozessen eher kritisch gegenüber. Die *Militants* sehen ihre ideologischen Wurzeln im Syndikalismus oder im Trotz-kismus. Klassenpolitik wird hier noch als konfliktive, agitatorische Politik einer so-zialen Bewegung mit dem Ziel der Überwindung des Kapitalismus verstanden. Vorbilder der Politik aus der jüngsten Vergangenheit waren die Agitation und die

---

[212] Die TGWU drückte dies folgendermaßen aus: „*The introduction of the document presupposes that there is a crisis (or at least serious problems) in the union movement because of declining membership, reduced bargaining power, a poor public image and status, the widening gap bet-ween the union and individual members and a poor relationship with Government. Some of this is true, some is exaggerated, but whatever the case it should be made crystal clear that the cause of these problems is not the internal structure of trade unions. It is the result of the economic slump and the hostility of Government*" (unveröffentlichte Erwiderung der TGWU 1984 als Kommentar zu '*TUC Strategy*'; zit. nach Bassett 1986:54).

Streiks der 70er Jahre. Für die 80er Jahre wurde eine Strategie der Mobilisierung von Mitgliedern und Bündnispartnern vorgeschlagen, um eine anti-*Thatcher* Kampagne und eine anti-kapitalistische Kampagne zu verbinden. *Arthur Scargill*, der Präsident der *National Union of Mineworkers*, war und ist einer der prominentesten Vertreter der traditionell orientierten *Militants* (Worcester 1991:49). Nach dem Vorbild der Bergarbeiterstreiks der vergangenen Dekaden forderte *Scargill* die Regierung 1984 mit einem umfassenden Arbeitskampf heraus und versuchte sie dadurch zu destabilisieren (vgl. Sheldrake 1991:90).

Der TUC, mittlerweile unter Führung von *Norman Willis*, wurde erst relativ spät in den Konflikt der Bergarbeiter involviert, da *Arthur Scargill* erst auf dem Kongreß 1984 den TUC im Rahmen einer mitreißenden Rede um Unterstützung bat. Die entsprechende Resolution wurde mit einer überwältigenden Mehrheit emphatisch verabschiedet (TUC Annual Report 1984). Die tatsächlich gewährten Hilfsmaßnahmen der Einzelgewerkschaften beschränkten sich aber weitgehend auf die moralische Unterstützung und die Einrichtung eines Notfonds (Kessler/Bayliss 1992:170).

Bereits im Laufe der Debatte machten zahlreiche Gewerkschaftsführer deutlich, daß sie keine Unterstützung durch Streikaktionen gewähren wollten, die nicht im Rahmen legaler Möglichkeiten lagen (vgl. Kessler/Bayliss 1992:170). Noch auf demselben Kongreß drückte *Eric Hammond*, Vorsitzender der EETPU, aus, was das bedeutete, nämlich daß die Zusage der Unterstützung des Bergarbeiterstreiks durch den TUC unter diesen Bedingungen unrealisierbar und damit „unehrlich" sei: „...*at the annual TUC Congress, while the strike was in full swing, Hammond articulated what most knew, what almost all refused to say, and what proved to be entirely correct: that the TUC's promise of physical support for the strike was dishonest, because it was knowingly unrealisable"* (Bassett 1986:82). Neben der bereits aufgezeigten dezidierten Strategie der Regierung, den Widerstand der NUM zu brechen, trug daher auch die mangelnde Unterstützung der anderen Gewerkschaften zur Niederlage der NUM 1985 bei.

Die Erfolglosigkeit des Bergarbeiterstreiks und die Niederlage der NUM wirkten sich letztlich vernichtend für diese selbst aus sowie demoralisierend für andere, der Militanz zugeneigten Gewerkschaften. Der Bergarbeiterstreik war damit ein Ereignis, welches indirekt die Entwicklung gewerkschaftlicher Strategien in Richtung organisatorischer Reform und verstärkter Kooperation mit beförderte, weil er das Scheitern konfliktiver Strategien unter den gegebenen Umständen symbolisierte.

Im Gegensatz zur NUM versuchte die EETPU seit Beginn der 80er Jahre nach amerikanischem Vorbild, eine Art *Business Unionism* als Form einer kooperativen Gewerkschaftspolitik in Großbritannien zu etablieren. Die EETPU emanzipierte sich daher vollkommen von der Rhetorik des Klassenkampfes ebenso wie von dem traditionell konfliktiven Stil britischer Gewerkschaften[213] (vgl. Sheldrake 1991:89). Ihrer Politik lag die Annahme zugrunde, daß Arbeitgeber und Arbeitnehmer ein gemeinsames Interesse am Erfolg des Unternehmens haben und deshalb Interessenkonflikte primär durch Verhandlungen und Überzeugung und nicht durch Streiks gelöst werden sollten (Kelly 1988:264). Die Möglichkeiten der neuen Technologien und des industriellen Wandels sollen zum Vorteil der Gewerkschaften und ihrer Mitglieder genutzt werden (vgl. Sheldrake 1991:90). In einer Hochglanz-Werbeschrift der EETPU mit dem Titel *„The Union for Your Future"* hieß es 1984: *„Traditional union attitudes, based on perpetual strife, are damaging, particularly in industries subjected to rapid technological change. That outdated and counter-productive behaviour is not for us. Our approach is new, different, even unconventional"*. Diese Art von *Business Unionism* fand sogar die Zustimmung der Regierung. Die Broschüre enthält Grußworte von *Tom King*, dem damaligen Arbeitsminister, und *Kenneth Baker*, dem damaligen Industrieminister (vgl. Bassett 1986:67/8). Primär diente die Broschüre *„The Union for Your Future"* aber dazu, bei den Arbeitgebern für die EETPU zu werben. Auf über 500 Seiten wurden die Vorteile der gewerkschaftlichen Organisation durch die EETPU in den Betrieben für die Arbeitgeber hervorgehoben. Einen der Höhepunkte der gewerkschaftlichen „Verkaufsstrategie" der EETPU markierte die Teilnahme des Vorsitzenden *Eric Hammond* an dem CBI-Kongress 1984 und sein dort gemachter Vorschlag, die EETPU wolle sich als Mitglied im CBI bewerben. Dies wurde vom CBI-Vize-Vorsitzenden, *Kenneth Edwards*, allerdings abgelehnt.

Der Konflikt der EETPU mit dem TUC entzündete sich schließlich an deren Mitgliederrekrutierungspolitik. Diese basierte auf der Konkurrenz der Gewerkschaften untereinander um Mitglieder und Organisationsbereiche. Praktisch schlug sich das darin nieder, daß die EETPU forciert sogenannte *Single Union Deals* oder *Single Union Agreements* abschloß. *Single Union Deals* entstanden vor dem Hintergrund des für Großbritannien typischen *Multi-Unionism*. Die *Single Union Deals* verleihen einer Gewerkschaft das alleinige Organisations- und Vertretungsrecht in einem Betrieb. Der Arbeitgeber wählt die Gewerkschaft, die er anerkennen will, durch einen Wettbewerb der verschiedenen Gewerkschaften, einen sogenannten *Beauty Contest*, aus. Die Entscheidungsgrundlage beim *Beauty Contest* sind Angebote für *Package Deals*, bei denen die Gewerkschaften als „Tausch" für das Recht der alleinigen Or-

---

[213] Die alte ideologische Rhetorik von Klasseneinheit, Klassenkonflikt und Klassenkampf sollte zu Gunsten eines flexiblen Ansatzes, der die Wettbewerbslogik des internationalen Wirtschaftssystems berücksichtigt, fallengelassen werden (Worcester 1991:50).

ganisation oder Partizipationsrechte im Unternehmen (z.T. im Rahmen eines *Company Councils*, also einer Art Betriebsrat) Zugeständnisse beispielsweise in Form von *Strike Free Agreements*, also Streikverzichtsabkommen[214], machen. Andere gewerkschaftliche „Gegenleistungen" sind Zugeständnisse hinsichtlich Flexibilisierungsforderungen oder in bezug auf einen einheitlichen Arbeitnehmerstatus für Arbeiter und Angestellte (Employment Trends 523/1992)[215]. Ihre kooperative Strategie, die sie offensiv vermarktet, verschaffte der EETPU vor allem in vielen japanischen Firmen das Alleinvertretungsrecht für die Arbeitnehmerschaft (Interview AEEU 22. 09. 93).

Innerhalb der Gewerkschaftsbewegung ergaben sich dabei aber massive Probleme zwischen den einzelnen Organisationen. Der gewerkschaftliche Wettbewerb um die Anerkennung in den einzelnen Unternehmen fördert konkurrierende Beziehungen und damit Konflikte zwischen einzelnen Gewerkschaftsorganisationen, z.B. hinsichtlich der zu legitimierenden Zugeständnisse im Rahmen der Streikverzichtsabkommen. Stärker konfliktiv orientierte Gewerkschaften, darunter die TGWU, kritisierten die EETPU deswegen sehr stark[216]. Der Konflikt zwischen EETPU und TUC steht daher exemplarisch für - zumindest ideologisch und rhetorisch betonte - unterschiedliche Strategien der Mitgliederrekrutierung und Verhandlungsstrategien der Einzelgewerkschaften auf betrieblicher Ebene.

Ausschlaggebend für den Ausschluß der EETPU bei dem TUC Kongreß 1988 war daher auch, daß die EETPU durch *Single Union Deals* in Widerspruch mit den seit über hundert Jahren geltenden *Bridlington*-Regeln des TUC geriet (vgl. Bassett 1986:80). Diese regulieren die Beziehungen zwischen den Gewerkschaften bei der Mitgliederrekrutierung, um die zwischengewerkschaftliche Konkurrenz in einem hochfragmentierten Gewerkschaftssystem einzuschränken und Konflikte zu vermeiden. Die Verweigerung der Anerkennung der diesbezüglichen Entscheidungen des

---

214 *Strike Free Agreements* sind nicht direkt als gewerkschaftliche Zusicherungen des Steikverzichts zu verstehen, sondern eher als eine Art Friedenspflicht während der Tarifverhandlungen sowie als Vereinbarung, sich Schlichtungsmechanismen zu unterwerfen. Sie sind legal nicht einklagbar. Wenn alle Verhandlungen scheitern, ist es auch möglich im Rahmen dieser Abkommen zu streiken.

215 Alles in allem versprechen sich Unternehmer von *Single Union Deals* stärker konsensual und kooperativ orientierte Arbeitsbeziehungen in den Unternehmen sowie das Vermeiden von Konflikten in Unternehmen durch *Multi Unionism* (Employment Trends 463/1990:7; Labour Research 1993:14).

216 Bereits wegen ihres Verhaltens beim *Wapping*-Konflikt war die EETPU scharfer Kritik ausgesetzt. Nachdem der Zeitungsmogul *Ruppert Murdoch* die gesamte Arbeitnehmerschaft in den alten Niederlassungen des Konzerns entlassen hatte, ermöglichte unter anderem die EETPU mit von ihr organisierten Arbeitnehmern das Erscheinen der Tageszeitungen, die von *News International* herausgegeben wurden. Die anderen Gewerkschaften in der Druckindustrie SOGAT und NGA beantragten die Disziplinierung der EETPU auf dem Kongreß 1988. Aufgrund dieses Vorfalls wurde die EETPU durch den TUC jedoch lediglich gerügt (TUC Annual Report 1988:440).

TUC Disputes Committee (Keßler/Bayliss 1992:164) gab schließlich den Ausschlag, die EETPU aus dem TUC auszuschließen (Gall 1993)[217].

Als Reaktion auf die Mitgliederrekrutierungsstrategie der EETPU und deren Propagieren von *Single Union Deals*, aber auch als Reaktion auf die zunehmende Nicht-Anerkennung von Gewerkschaften durch die Unternehmer begann der TUC auf dem Kongreß 1988 auch eine eigene, betont kooperative Strategie für die Neugestaltung der Arbeitnehmervertretung in den Betrieben zu entwickeln. Diese wurde in den Positionspapieren „*Meeting the Challenge*" (1988) und „*Organizing for the 1990s*" (1989) aufgezeigt[218]. Darin wurden die vom Management bevorzugten kooperativen Verhandlungsstrukturen in den Betrieben ohne gewerkschaftliche Beteiligung, die z.T. im Rahmen von *Human Resource*-Praktiken entstehen, die Dezentralisierung von Verhandlungsstrukturen und die gewerkschaftlichen Mitgliederverluste als zunehmender Druck auf die gewerkschaftlichen Organisationen wahrgenommen (TUC 1988:5f). Es wurde daher empfohlen, daß der TUC eine Politik vorantreibt, welche auf die Verbesserung der Organisationsstruktur der einzelnen Gewerkschaften, die Ausdehnung gewerkschaftlicher Organisation und Anerkennung in den Betrieben sowie die Verbesserung der individuellen Dienstleistungen für die Mitglieder abzielt (TUC 1988:1/7).

In einem Bericht des *Review Bodies* wurde die gewerkschaftliche Anerkennung in den Betrieben und die Bevorzugung von rationellen bzw. homogenen Verhandlungsstrukturen anstelle des *Multi-Unionism* durch die Unternehmer als Problem für die Weiterentwicklung der Gewerkschaftsstrukturen diskutiert:

> „*The problems of obtaining recognition on new sites can be related to the industrial relations structures of existing plants. New plants are often seeking to establish a comparative edge over existing ones, and the employers, where they are prepared to recognise unions insist on single union agreements to contribute to this, seeing the opportunity to avoid the process of dealing separately with individual unions*" (TUC 1989:Paragraph 94).

Single Union Deals wurden dabei ausdrücklich nicht als zukünftige Organisationsstrategie für TUC-Gewerkschaften empfohlen, da sie die Konkurrenz zwischen den Einzelgewerkschaften zu sehr verstärkten und zu einem „Ausverkauf" von elementaren Gewerkschaftsrechten führten. Der *Special Review Body* kam vielmehr zu dem Ergebnis, daß das Abschließen von *No Strike Agreements* zu von den Unternehmen

---

217 Trotz des Ausschlusses der EETPU aus dem TUC und ihres wenig erfolgreichen Versuchs, einen zweiten gewerkschaftlichen Dachverband in Konkurrenz zum TUC zu gründen (Keßler/Bayliss 1992:164), fand in den folgenden Jahren kein „Organisationskrieg" zwischen EETPU und TUC-Gewerkschaften statt (Metcalf 1991:29).

218 „*Meeting the Challenge*" und „*Organizing for the 1990s*" waren das „Ergebnis" eines *Special Review Bodies*, der bereits auf dem Kongreß 1987 eingerichtet wurde und verschiedene zentrale Themen gewerkschaftlicher Organisation und Strategie untersuchte.

gesetzten Bedingungen, die oftmals Bestandteil solcher Abkommen bzw. das Ergebnis der *Sweetheart Deals* sind, „geächtet" werden sollten.

Eine entscheidende Rolle des TUC selbst wurde dabei u.a. in der Lösung der zunehmenden Konflikte zwischen den Gewerkschaften sowie in der Kooperation mit den Arbeitgeberorganisationen gesehen (TUC: Meeting the Challenge 1988:1/7). Dem Dachverband wurde eine Vermittlerrolle bei Konflikten zwischen Gewerkschaften um die alleinige Anerkennung in einem Unternehmen zugeschrieben:

> „*Unions, when making recognition agreements, must not make agreements which specially remove, or are designed to remove, the basic democratic lawful rights of a trade union to take industrial action. This is not meant to deter unions using arbitration, pendulum or otherwise, at the request of one or both parties.*
> *Unions must not make any agreements which remove, or are designed to remove, the basic democratic lawful rights of a trade union to take industrial action in advance of the recruitment of members and without consulting them. If faced by circumstances where procedures are insisted on which remove the basic democratic right to take industrial action, the union should consult the TUC at the earliest opportunity*" (TUC 1988:19)[219].

Der Aufbau von Industriegewerkschaften zur Vereinfachung der tariflichen Verhandlungsstrukturen in Großbritannien wurde ebenso wie der „Mitgliedertausch" zwischen verschiedenen Gewerkschaften zum Erreichen einer vereinfachten, betrieblichen Verhandlungsstruktur als illusorisch betrachtet. Gleichzeitig wurden die gewerkschaftlichen Fusionen nicht als Lösung der Probleme der zwischen-gewerkschaftlichen Konkurrenz oder des *Multi-Unionism* gesehen. Vielmehr wurde davon ausgegangen, daß das Entstehen von großen Gewerkschaftsorganisationen sogar eine Verstärkung der Konkurrenz um Mitglieder beinhalten könnte (TUC 1988:13).

Der TUC favorisiert als Alternative zu den *Single Union Deals* daher das sogenannt *Single Table Bargaining* oder *Single Table Agreements*, um die Verschärfung der Konflikte zwischen den Gewerkschaften wegen *Single Union Deals* zu vermeiden[220]:

> „*The available option is to make the best of our existing structures by developing strong, single channnel bargaining at company and plant level; company level committees which can take decisions on matters relevant to that company, and joint union machinery for particular sectors (either TUC industry committees or federations) which can shape policy and take decisions for those sectors*" (TUC 1988:22).

---

[219] Diese Änderung der Regelung der zwischen-gewerkschaftlichen Konflikte wurde auf dem Kongreß 1988 angenommen, sollte aber nach sechs Monaten erneut überprüft werden. Bis 1989 gab es nur drei entsprechende Konflikte zwischen Gewerkschaften, so daß die Probezeit der Neuregelung verlängert wurde (Keßler/Bayliss 1992:162).

[220] Damit wurde an bereits seit den 60er Jahren in wenigen Unternehmen entstehende *Single Table Agreements* angeknüpft, nachdem die Strategie der „*Membership Swaps*", einer Art Mitgliedertausch zwischen verschiedenen Gewerkschaften in den Unternehmen zur Etablierung einer einzigen Gewerkschaft in einem Unternehmen zu Beginn der 80er Jahre fehlschlug (Metcalf 1991:26).

Single Table Bargaining bedeutet, daß alle Verhandlungen in einem Unternehmen mit den gewerkschaftlichen Vertretern der verschiedenen Beschäftigtengruppen zusammen geführt werden. Das beinhaltet gemeinsame Tarifverhandlungen zwischen den Gewerkschaften der gewerblichen und der nicht-gewerblichen Arbeitnehmer und den Arbeitgebern (Metcalf 1991:26). Aus gewerkschaftlicher Sicht fördern *Single Table Agreements* die Koordination verschiedener Gewerkschaften, insbesondere im Hinblick auf die Einführung neuer Technologien. Eine der erwarteten Folgen von *Single Table Agreements* ist daher auch die Annäherung des Arbeitnehmerstatus von Arbeitern und Angestellten, der in Großbritannien noch sehr ausgeprägt ist. Gewerkschaften können durch *Single Table*-Verhandlungen z.T. mehr Ansprüche auf unternehmerische Mitbestimmung stellen. Von einigen Gewerkschaften werden darin auch Nachteile gesehen, weil sie Funktionen, die früher das Management hatte, beispielsweise in bezug auf die Einstufung und Bewertung bestimmter Arbeitnehmergruppen, dann mit übernehmen müssen (Employment Trends 463/1990:11)[221].

Die Verbreitung sowohl der *Single Union Deals* als auch der *Single Table Agreements* ist insgesamt marginal: *Single Union Deals* wurden vereinzelt bereits seit den 60er Jahren abgeschlossen. Zwischen den Jahren 1985 und 1990 wurden insgesamt 118 *Single Union Deals* registriert (Gall 1993:73)[222], insbesondere bei Firmenneugründungen und bei ausländischen Unternehmen. Mit zehn im Jahr 1991 geschlossenen Abkommen und zwei weiteren 1992 deutet sich in den letzten Jahren eher ein abnehmender Trend an. Der Löwenanteil der *Single Union Deals* entfällt auf die EETPU mit 66 und die AEU mit 57. Doch auch *Single Union Deals* „kritisch" gegenüberstehende Gewerkschaften wie die TGWU und die GMB schlossen immerhin ebenfalls 25, respektive 19 *Deals* ab (Gall 1993:73). In Relation zum Beschäftigungsumfang oder zur Zahl der Gewerkschaftsmitglieder sind diese Abkommen noch immer kaum relevant, da weniger als 100.000 Arbeitnehmer von *Single Union Deals* betroffen sind (Metcalf 1991:26). *Single Table Bargaining* nahm in den 80er und insbesondere Anfang der 90er Jahren zu, ist aber erst in etwas mehr als fünfzig größeren Firmen eingeführt[223]. Die quantitative Relevanz des *Single Table Bargaining* ist damit also ebenfalls relativ begrenzt.

---

[221] Unternehmer versprechen sich dadurch eine Rationalisierung der Verhandlungen, die vorher mit allen Gewerkschaften auf verschiedenen Unternehmensebenen separat geführt werden mußten, sowie mehr Kooperation und mehr Flexibilität auf Marktveränderungen reagieren zu können, z.B. durch die Einführung von Produktivitäts- oder Flexibilitätsabkommen. Seit den 70er Jahren wurden *Single Table*-Verhandlungen daher oftmals etabliert, um die durch die Einführung neuer Technologien notwendige Veränderung der Arbeitsorganisation umzusetzen (vgl. Marginson/Sisson 1990:46f; Labour Research 1993:13; Employment Trends 463/1990:11).

[222] Es ist schwierig, die genaue Anzahl von *Single Union Deals* zu ermitteln, da sie nicht registriert sind. Die genannten Zahlen sind daher als Annäherungswerte einzuschätzen.

[223] Vor 1990 wurden zwanzig Firmen mit *Single Table* Verhandlungen genannt, seit 1990 sind 17 weitere dazugekommen. Bei acht Firmen ist man sich über das Einführungsdatum unsicher, und

Die Effekte der *Single Union Agreements* wie auch des *Single Table Bargaining* sind vorwiegend in der Veränderung des Verhandlungsklimas im Hinblick auf die Etablierung kooperativer Arbeitsbeziehungen sowie in der Rationalisierung des Verhandlungsprozesses durch die Gewerkschaften zu sehen. Sie stellen eine Reaktion der Gewerkschaften auf die konfrontative Haltung von Regierung und Arbeitgebern dar, die sich in der Verschärfung der Arbeitsgesetzgebung hinsichtlich der Streiks und in der zunehmenden Nicht-Anerkennung der Gewerkschaften in den Unternehmen zeigt. Für die Gewerkschaften sind die *Single Table Agreements* oder auch *Single Union Deals* oftmals die einzige Möglichkeit beispielsweise in den *Green Fields* (also in neu gegründeten Unternehmen) Anerkennung zu finden:

> „*There are two possible approaches to getting and sustaining recognition. Either the employer can be given the carrot of orderly industrial relations and flexibility in the use of labour in return for recognition. Or costs can be imposed on non-union employers ... In the absence of statutory recognition procedures, and in the face of laws which make industrial action to enforce recognition difficult, unions have tended to adopt the carrot rather than the stick in the 1980s*" (Metcalf 1991:25).

Das grundsätzliche Bekenntnis des TUC zum Tripartismus als Teil einer kooperativ orientierten Strategie wurde immer wieder sowohl in den genannten Strategiepapieren als auch in den jährlichen Kongreßberichten[224] erneuert:

> „*It will continue to be important for the TUC to contribute vigorously though sometimes selectively, to the continuing debates about policy particularly on key economic, industrial and social questions. It is also important to seek as wide support for the trade union view as possible*" (TUC 1988:25).

Unterstützung erhielten die britischen Gewerkschaften aus „Europa", so z.B. auf dem TUC-Kongreß 1988 durch die Teilnahme von *Jaques Delors*, dem damaligen Vorsitzenden der Europäischen Kommission. *Delors* bot den britischen Gewerkschaften eine Art „Anti-*Thatcher*" Forum, um deren Blockade der europäischen Sozialpolitik anzuprangern (Macshane 1991). War bis dahin die Einschätzung sicherlich zutreffend, daß für den TUC die nationalen Probleme und politischen Veränderungen absolute Priorität hatten und die europäische Ebene eher vernachlässigt wurde: „*The TUC for the most part has been lukewarm on European affairs, giving minimum attention to Community social and labour initiatives*" (Brewster/Teague 1989:151)[225],

---

von drei weiteren Firmen wurde die Einführung von *Single Table* Verhandlungen erwartet (Labour Research 1993:14).

[224] Beispielsweise forderte der TUC 1988 die Regierung im NEDC auf, erneut tripartistische Gespräche zur Wirtschaftssteuerung zu etablieren (TUC Annual Report 1988:251).

[225] Die Erkenntnis über die geringen Einflußmöglichkeiten der Gewerkschaften innerhalb der EG-Institutionen sorgte dafür, daß nach dem britischen Beitritt zur Europäischen Gemeinschaft die erste Europa-Euphorie der britischen Gewerkschaften bald einer Desillusionierung wich. In den 80er Jahren hatten deshalb die Gegner des Beitritts Mehrheiten im TUC und wirkten auf ein erneutes Referendum zur Begründung des Austritts aus der EG hin (vgl. ausführlich Teague 1989). Diese wechselnde bzw. gespaltene Haltung der Gewerkschaften gegenüber der europäischen Einigung bis zum Ende der 80er Jahre erklärt Teague (1989) erstens mit deren national orientierter Einstellung in bezug auf die Wirtschaftspolitik und zweitens mit der fehlenden gewerk-

änderte sich nun die Haltung der britischen Gewerkschaften gegenüber der europäischen Einigung

Die dritte Phase seit 1988: Bekenntnis zu Europa und das Befürworten eines Betriebsratsmodells durch den TUC

Ende der 80er Jahre nahm die Europäische Einigung sowie deren Folgen und Chancen für britische Gewerkschaften zunehmend Raum in der gewerkschaftlichen Diskussion ein. Dies wurde unter anderem deutlich anhand einer Flut von Veröffentlichungen zur europäischen Einigung[226]. In den folgenden Jahren unterstützte der TUC alle sozialpolitischen Initiativen der EG wie z.B. die *Sozialcharta* und das *Social Action Programme*.

Auf dem TUC-Kongreß 1990 in Blackpool wurde ein Antrag von *John Edmonds*, dem Vorsitzenden der GMB, angenommen, der auf die Veränderung der gewerkschaftlichen Verhandlungsstrategien und die Entwicklung einer neuen Agenda in der Tarifpolitik abzielte. Dies war ein weiterer Schritt, die bis dahin weitgehend reaktive Politik der britischen Gewerkschaften zu beenden und auf dem Wege der Modernisierung eine neue Rolle und Identität zu finden. Die TUC-Mitgliederorganisationen wurden durch die von *Edmonds* formulierten Ziele angehalten, zukünftig verstärkt über Ausbildungsfragen, Investitionen in neues Produktionsequipment, neue Arbeitnehmer-Eingruppierungen, neue Arbeitsorganisation, die Abschaffung diskriminierender Regulierungen, die Verbesserung der Umweltschutzmaßnahmen sowie des Arbeitsschutzes, die Ausweitung von Informations- und Konsultationsrechten und die Sicherung der Chancengleichheit am Arbeitsplatz zu verhandeln. Zudem sollte eine Studie erstellt werden, welche die Bedingungen für die Entwicklung eines stärker koordinierten, zentralen Tarifverhandlungssystems untersucht, bei dem die jährlichen Verhandlungen auf der Grundlage der ökonomischen Prognosen der Sozialpartner geführt werden (TUC Annual Reports 1990:402/3).

Der Vorschlag hinsichtlich einer stärkeren Zentralisierung und zeitlichen Koordinierung der Tarifverhandlungen sowie die notwendige Fokussierung von langfristigen Zielen ging auf eine Kampagne der GMB und der *Union of Communication Workers* (UCW) 1990 zurück (GMB/UCW: A New Agenda. Bargaining for Prosperity in the

---

schaftlichen Perzeption des europäischen Projekts und seiner Auswirkungen auf die Arbeitsbeziehungen. Kurzum, den britischen Gewerkschaften fehlte jegliche kohärente Strategie gegenüber den neuen Herausforderungen durch Europa.

43 Veröffentlichungen des TUC zur europäischen Einigung bzw. zum Binnenmarkt sind *„Maximising the Benefits, Minimising the Costs"* (1988), *„Europe 1992: Catching up on Europe"* (1988), *„Europe 1992: 1992 and Local Government. A Checklist for Trade Union Negotiators"* (1988), *„Europe 1992: A Trade Union Checklist"* sowie *„Europe 1992: Progress on Trade Union Objectives"* (1989) oder *„Unions' Europe in the 1990s. Trade Unions and the European Community - a TUC Perspective"* (1991).

1990s; Employment Trends 471; Sept. 1990). Der Antrag wurde daher auch von *John Edmonds*, dem Vorsitzenden der GMB, begründet:

> „*The new agenda should concentrate more on improving the long-term prospects of our members.*
> *We should talk a little bit less about today's pay packet and a lot more about creating tomorrow's opportunities package. Training, opportunities, quality.*
> *They should be the key item on our new agenda. And then we look at the more controversial bit, our outmoded system of collective bargaining, and ask if it can ever deliver the sort of prosperity that we want in the 1990s.*
> *What happens, as you all know, is that we have a myriad pay negotiations going on all over the country every week of the year and in each one we try to get a little bit more than the last settlement that was negotiated the week before.*
> *Someone ought to say it:*
> *Britain's negotiating structure is a ramshackle mess.*
> *It soaks up our resources; it builds up and then frustrates the expectations of union members; and it ensures that the industrial relations focus never moves off the pay issue. A few important changes - not very many would make all the difference.*
> *Let us try to concentrate the key settlements in the first few months of each year.*
> *Let us begin the new bargaining season with a Government-led debate about economic prospects and economic priorities. That debate will not - people have difficulty with this word so I repeat it - will not lay down a pay norm, but it will spell out how the Government will respond in the budget to particular levels of settlement*" (TUC Annual Reports 1990:404).

Doch auch bei dem Ziel einer stärkeren Koordinierung der Tarifverhandlungen standen und stehen sich weitgehend zwei Lager innerhalb des TUC gegenüber. Gewerkschaftsführer wie *Bill Jordan* und *Gavin Laird* von der AEU, *Ken Gill* von der *Manufacturing, Science and Finance* (MSF) sowie *Eric Hammond* von der EETPU lehnen alles ab, wodurch das *Free Collective Bargaining* gestört werden könnte (Employment Trends 485; April 1991:7). Ferner wird weder von der GMB noch vom TUC konkretisiert, wie eine stärkere Zentralisierung und Koordinierung der Tarifverhandlungen durchgesetzt werden könnte (vgl. Employment Trends 471; Sept. 1990:3).

Der starke Einfluß der Verfahrensweisen in anderen westeuropäischen Ländern, insbesondere der Bundesrepublik, auf die britischen Gewerkschaften wird am Motto des TUC-Kongresses 1991 in Glasgow „*TUC Towards 2000*" mit dem Thema „*Social Partnership at Work*" deutlich. Bis dahin standen die britischen Gewerkschaften (auch der Dachverband) dem Betriebsratsmodell nach deutschem Vorbild kritisch gegenüber, weil sie davon ausgingen, daß die Arbeitgeber diese als eine Art Ersatz für die gewerkschaftliche Vertretung „mißbrauchen" würden. Mit der Hoffnung auf eine zukünftige europäische Arbeitsgesetzgebung, welche den britischen Gewerkschaften neue Repräsentationsrechte zugestehen könnte, veränderte sich diese Position. Auf dem TUC-Kongreß 1991 wurde einstimmig beschlossen, ein Betriebsratsmodell sowie die „Sozialpartnerschaft" auch in Großbritannien zu unterstützen.

Die Bedeutung dieser Entscheidung für die britischen Arbeitsbeziehungen bzw. den dahinterliegenden Wandel der Gewerkschaftspolitik dokumentieren folgende Kommentare: Für *John Edmonds*, Vorsitzender des GMB und überzeugter Anhänger des deutschen Betriebsratsmodells, signalisierte die Propagierung dieses sozialpartnerschaftlichen Modells in Großbritannien: *„the end of the cold war in the workplace"* (The Times 3.9.1991). *Tony Blair*, damaliger „Schatten-Arbeitsminister" von *Labour* sagte, *„that such a move would have been unthinkable by the TUC a decade ago and clearly demonstrated the union's commitment to the future, and to new ways of operating"* (The Times 3.9.1991). Die Progpagierung eines Betriebsratsmodells in Großbritannien wird damit allgemein als ein Zeichen der Aufgabe der konfliktiven Strategie der Gewerkschaften und deren Bestreben, ihre Vertretungsrechte auch zukünftig zu sichern, wahrgenommen: *„The old adversarial approach is gradually dying away and the TUC is attempting to ensure that unions - and not simply employees - will have places at the round table"* (Independent 7.9.1991)[227]. Dennoch ist dieser Beschluß auch nicht zu überschätzen. „Linke" Gewerkschaften wie die TGWU pflegen ihre Vorbehalte gegen das Betriebsratsmodell weiterhin, da sie beispielsweise durch französisch-japanisch geprägte Mitbestimmungsmodelle eine Marginalisierung der Gewerkschaften fürchten. Und sogar *Gavin Laird*, Vorsitzender der AEEU, drückte gegenüber dem deutschen Betriebsratsmodell sein Mißtrauen aus: *„I'm convinced we need a change, ... but I'm not yet convinced the German model is the alternative"* (Financial Times 3.9.1991).

1993 wurde *John Monks* zum TUC-Generalsekretär gewählt. Die ersten beiden von ihm geführten TUC-Kongresse zeigten eine Kontinuität der bisher eingeschlagenen Politik. Sowohl seine Begeisterung für die amerikanischen Gewerkschaften (Financial Times 6. 9. 1993) als auch sein Einsatz für die Wiederaufnahme der EETPU in den TUC 1993[228] (Financial Times 12. 11. 1993), zeichnen ihn als Modernisierer im Sinne des *New Realism* aus. *Monks* initiierte verschiedene Kampagnen zur Stärkung von Arbeitnehmerrechten wie Gesundheit und Sicherheit am Arbeitsplatz, Mutterschutz, Renten, Wiedereinführung des Mindestlohnes, Verbesserung der Arbeitsbedingungen sowie, zentral für die Gewerkschaften, eine Stärkung der gewerkschaftlichen Repräsentation in den Unternehmen (Süddeutsche Zeitung

---

[227] Daß der „Mainstream" der TUC-Gewerkschaften bereits zu einer kooperativen Politik tendiert, wurde auch in der Ablehnung eines Antrags von *Arthur Scargill* auf Zurücknahme der gesamten konservativen Arbeitsgesetzgebung als offizielle TUC-Forderung deutlich. *Bill Jordan*, Vorsitzender der AEU, entgegnete auf *Scargills* Antrag: *„Look east, Arthur. Real people power is sweeping away yesterday's people, yesterday's ideas"* (Evening Standard 3.9.1991). Die großen Gewerkschaften wie AEU, TGWU usw. lehnten *Scargills* Antrag daher mehrheitlich mit 5,8 Millionen Stimmen ab, dieser konnte aber immerhin noch 2,2 Millionen Stimmen erreichen (ebd.).

[228] Die 1988 vom TUC ausgeschlossene EETPU fusionierte 1992 mit dem TUC-Mitglied AEEU und wurde auf diesem Wege ebenfalls wieder in den TUC aufgenommen.

5.9.1994). Alles in allem befindet sich der TUC damit auf dem Weg, ein kooperativ orientiertes Gewerkschaftsmodell zu propagieren und die traditionell konfliktiven Arbeitsbeziehungen aufzugeben.

2.6. Wandel oder Kontinuität?

Als Konsequenz der spezifischen Politik der britischen Regierung (Arbeitsgesetzgebung und zunehmende gewerkschaftliche Marginalisierung), der gewerkschaftlichen Nicht-Anerkennung durch die Arbeitgeber und der Schwäche der Arbeitgeberverbände, die sich für eine Politik zentralisierter Tarifverhandlungen als hinderlich erweist, kam es im Laufe der 80er und zu Beginn der 90er Jahre zu einer immer stärkeren Verringerung gewerkschaftlicher Einflußmöglichkeiten und Machtressourcen. Die Einschränkung ihrer Handlungsmöglichkeiten und Machtressourcen durch die Regierungspolitik konnten die Gewerkschaften nur in wenigen Punkten, wie z.B. bei der Regulierung politischer Fonds, verhindern. Die Ursachen dafür sind in der Verbindung von verschiedenen Faktoren zu sehen. Zu Beginn der 80er Jahre verfügte die Regierung über erhebliche Machtressourcen, wogegen die Gewerkschaften aufgrund ihrer fragmentierten und dezentralen Organisationsstrukturen mit ihren traditionell konfliktiv-partikularistischen Strategien angesichts veränderter Rahmenbedingungen eher geringe Handlungsressourcen hatten.

Neben der Arbeitsgesetzgebung trugen der beschäftigungsstrukturelle Wandel und die hohe Arbeitslosigkeit wie auch die gewerkschaftliche Nicht-Anerkennung in den Betrieben zu einer Verringerung des gewerkschaftlichen Organisationsgrades bei. Die Blockierung keynesianischer Steuerung und die Verringerung traditioneller Arbeitermilieus wie auch die konfliktive Politik der Gewerkschaften in den 70er Jahren schränkten zudem auch die wahlpolitische Unterstützung von *Labour* ein.

Z.T. konnten und können die für die Gewerkschaften entstandenen negativen Effekte durch die gewerkschaftliche Politik verringert werden. Die gewerkschaftlichen Fusionen bündeln die finanziellen und organisatorischen Mittel und lassen wiederum mitgliederstarke Großorganisationen entstehen. Gezielte Strategien zur Organisierung neuer Mitglieder in expandierenden Beschäftigungsbereichen konnten bislang den Mitgliederschwund teilweise eindämmen. Mit der Zustimmung zu den Reformen in der *Labour Party* und der Erhöhung deren Wiederwahlchancen konnten die britischen Gewerkschaften indirekt positiv auf ihre Machtressourcen einwirken. Aufgrund des programmatischen und organisatorischen Wandels von *Labour* verringerte sich zwar der gewerkschaftliche Einfluß auf die Partei, aber letztlich erschien es besser, eine mehrheitsfähige und damit regierungsfähige *Labour Party* zu haben, als eine Partei, die gewerkschaftliche Ziele apodiktisch vertritt, ohne jemals an die Macht zu kommen. Die genannten Aspekte bezeichnen damit einen partiellen Wandel der britischen Gewerkschaften hinsichtlich der Organisationsstrukturen, ihrer Mitgliederbasis und ihrer Machtressourcen aufgrund der gewerkschaftlichen Politik.

Das Umschwenken des TUC auf stärker kooperativ-solidarische Strategien signalisierte ebenfalls einen Wandel in der britischen Gewerkschaftspolitik und erscheint geeignet, der weiteren Marginalisierung der Gewerkschaften entgegenzutreten. Ferner waren die verschiedenen Angebote der „Kooperation", wie sie vom TUC seit 1988 sowohl gegenüber den Arbeitgebern als auch gegenüber der Regierung gemacht wurden, auch eine Konsequenz aus dem Scheitern des Bergarbeiterstreiks. Dieser machte deutlich, daß konfliktive gewerkschaftliche Strategien in Großbritannien unter den veränderten ökonomischen und politischen Rahmenbedingungen seit den 80er Jahren nicht mehr erfolgreich sein konnten[229].

Die Umsetzung dieser Strategie in Form einer allgemeinen Kooperation der Gewerkschaften mit Unternehmen und Regierung bzw. das Verfolgen solidarischer Ziele in einzelnen Politikfeldern ist allerdings nicht realistisch: Der Wille zur Kooperation innerhalb der Einzelgewerkschaften ist noch sehr unterschiedlich ausgeprägt. Die partikularistische Orientierung der Einzelgewerkschaften aufgrund der weiterhin fragmentierten Organisationsstruktur besteht fort und die in Großbritannien nur gering entwickelte gewerkschaftliche Strategiefähigkeit aufgrund der Dezentralisierung gewerkschaftlicher Organisationen wird durch die Reformen nicht verbessert. Damit zeichnet sich die Entwicklung der britischen Gewerkschaften während der 80er und Anfang der 90er Jahre durch Elemente des Wandels und der Kontinuität aus. Es fand ein ideologischer Wandel hin zu einer stärkeren Kooperationsorientierung statt, während die grundsätzlichen Merkmale der gewerkschaftlichen Organisationsstrukturen trotz Reformversuche nicht verändert werden konnten.

---

[229] Ihr militantes Image in der Öffentlichkeit konnten die britischen Gewerkschaften bislang nur begrenzt abschütteln: 1990 stimmten noch 43 Prozent der Befragten bei der MORI-Umfrage dem Statement zu, daß die meisten Gewerkschaften eine militante Führung haben (The Sunday Times 2.9.1990).

IV. WANDEL UND KONTINUITÄT IN POLITIKFELDERN

In diesem Kapitel werden die Lohnpolitik und die Berufsbildungspolitik während der 80er und Anfang der 90er Jahren untersucht. Dabei wird analysiert, welche Faktoren ausschlaggebend für die *Outcomes* bzw. die Entwicklung der gewerkschaftlichen Einflußmöglichkeiten bei diesen spezifischen *Policies* sind. Darauf aufbauend werden die Strategien der Gewerkschaften in diesen Politikfeldern detailliert untersucht.

1. Die Lohnpolitik während der 80er und Anfang der 90er Jahre[230]

Die Lohnentwicklung in Großbritannien weist während der vergangenen Dekade insgesamt deutliche Reallohnzuwächse auf. Dahinter verbirgt sich allerdings eine starke Zunahme der Einkommensdifferenzen zwischen den oberen Einkommensgruppen und den Niedriglohnempfängern. Beide Entwicklungen sind auf eine Kombination von verschiedenen Faktoren zurückzuführen. Dazu gehören die Veränderung allgemeiner lohnpolitischer Regulierungen (die Auflösung der *Wages Councils*) und die beschäftigungsstrukturelle Entwicklung (Zunahme peripherer Beschäftigungsverhältnisse). Ferner ist die Lohnpolitik der Regierung zu nennen, die mittels Beschäftigungsreduzierung und Privatisierung sowie der Veränderung der Lohnsetzungsmechanismen eine Senkung der Lohnkosten im öffentlichen Sektor anstrebte. Lohnsteigerungen der im öffentlichen Sektor weiterhin Beschäftigten konnten allerdings aufgrund der zwar eingeschränkten, aber doch noch weiterbestehenden Verhandlungsmacht der Gewerkschaften nur begrenzt, nicht aber gänzlich verhindert werden. Im Privatsektor bewegten vor allem enorme Produktivitätserhöhungen sowie der Facharbeitermangel die Arbeitgeber dazu, Lohnerhöhungen zu gewähren. Trotz der zunehmenden Marginalisierung der Gewerkschaften bei den Tarifverhandlungen setzte sich die Fragmentierung des Tarifverhandlungssystems und die negative Koordination der Verhandlungen fort. Diese institutionellen Mechanismen trugen hier - mehr als die noch verbliebene Verhandlungsmacht der Gewerkschaften - zu den Lohnsteigerungen im Privatsektor bei. Neben dem Ziel, die maximal möglichen Lohnerhöhungen zu erreichen, werden dezidierte Strategien von den britischen

---

[230] Die allgemeine Entwicklung der Lohnpolitik während der 80er und 90er Jahre ist äußerst schlecht dokumentiert. Vor allem die Lohnpolitik im privaten Sektor und die konkreten Strategien einzelner Akteure sind kaum untersucht und wurden im allgemeinen in den neueren Veröffentlichungen über britische Gewerkschaften in den 80er Jahren ausgespart bzw. auf einige Vermerke zur Veränderung lohnpolitischer Institutionen reduziert. Lohnsetzungsmechanismen und die aggregierte Lohnentwicklung reduziert (vgl. McIlroy 1988; Marsh 1992). Die wenigen Studien, die sich explizit der britischen Lohnentwicklung widmen, basieren weitgehend auf aggregierten Daten zur Lohnentwicklung (vgl. Kessler/Bayliss 1992: 191-207; Ingram 1991a; Brown/Walsh 1991). Im folgenden kann daher ebenfalls nur auf Untersuchungen zur aggregierten Lohnentwicklung im öffentlichen und privaten Sektor und auf weitgehend allgemeine Erklärungen zur Lohnentwicklung Bezug genommen werden. Dabei erscheint der Hinweis notwendig, daß Daten aus unterschiedlichen Quellen nicht notwendigerweise exakt (rechnerisch) kompatibel sind.

Gewerkschaften in der Lohnpolitik kaum entwickelt bzw. nur in begrenztem Rahmen umgesetzt.

1.1. Die lohnpolitischen Outcomes

Der *Thatcherismus* hat das Problem der steigenden Löhne in Großbritannien nicht gelöst. Die Einkommensstatistiken zeigen, daß die Nominallöhne in Großbritannien insgesamt zwischen 1979 und 1990 für Männer um fast den dreifachen Nominalwert von 101,4 auf 295,6 Pfund und für Frauen um mehr als den dreifachen Nominalwert von 63,0 auf 201,5 Pfund anstiegen. Dieser Anstieg der Nominallöhne spiegelt allerdings vor allem zu Beginn und zum Ende der Dekade einen starken Anstieg in der Inflationsrate wider (vgl. Tabelle 10). Die hohen Nominallohnsteigerungen übertrafen jedoch in fast allen Jahren die Preissteigerung, so daß auch die Reallöhne der britischen Arbeitnehmer in den 80er Jahren um insgesamt 27 Prozent für Männer und 39 Prozent für Frauen anstiegen (siehe Tabelle 10), insbesondere 1983 und zwischen 1986 und 1988 (siehe Tabelle 11)[231]. Anfang der 90er Jahre setzte sich der Trend steigender Reallöhne fort. Beispielsweise zeigt die Auswertung von 350 Lohnabkommen des Jahres 1992 im Privatsektor eine durchschnittliche Steigerung der Löhne um 3,2 Prozent (vgl. Labour Research July 1993). Das durchschnittliche Lohnniveau der britischen Arbeitnehmer war jedoch (aufgrund des niedrigen „Ausgangsniveaus") auch zum Beginn der 90er Jahre relativ niedrig (vgl. Tabelle 12)[232].

In den 70er Jahren hatte die zentrale Einkommenspolitik, die zum Teil Lohnerhöhungen durch Festbeträge beinhaltete, noch zur Verringerung der Lohndifferentiale beigetragen (Ingram 1991b:96; Marsden/Silvestre 1990:25). 1979 hatte das untere Zehntel der Männer immerhin noch 66 Prozent des durchschnittlichen Einkommens (Median) verdient, während das obere Zehntel 157 Prozent desselben hatte. Bei den Frauen waren es entsprechend 69 Prozent und 159 Prozent (Kessler/Bayliss 1992:196). Die allgemeine Steigerung der Reallöhne in den 80er Jahren ging jedoch mit einer Zunahme der Einkommensdifferenzen einher. Insbesondere die Empfänger von Niedrigeinkommen profitierten vom allgemeinen Anstieg des Lohnniveaus weniger als die Bezieher von höheren Einkommen, so daß sich die Einkommensschere

---

[231] Anhand der OECD-Daten zur Reallohnsteigerung in der verarbeitenden Industrie zwischen 1979 und 1990 kann gezeigt werden, daß diese in Großbritannien mit jährlich durchschnittlich 2,3 Prozentpunkten deutlich über dem europäischen Durchschnitt von 1,3 Prozentpunkten lagen (OECD: Historical Statistics 1991). Daten auf der gleichen Erhebungsbasis liegen für Anfang der 90er Jahre noch nicht vor.

[232] Mitte der 80er Jahre wurden die Lohnkosten pro Stunde (ohne Lohnnebenkosten) in der verarbeitenden Industrie in der Bundesrepublik mit 135 und in Frankreich mit 98 im Vergleich zu 100 in Großbritannien angegeben. Einschließlich der Lohnnebenkosten hatte Großbritannien deutlich die niedrigsten Kosten, nämlich 100 im Vergleich zu 178 in Deutschland und 131 in Frankreich (Brown/Walsh 1991:47).

kontinuierlich ausweitete. Das am niedrigsten verdienende Zehntel der männlichen Arbeitnehmer bekam 1990 nur noch 58 Prozent des durchschnittlichen Einkommens, während das am besten verdienende Zehntel 181 Prozent des durchschnittlichen Einkommens erhielt. Bei den Frauen waren die Einkommensdifferenzen etwas geringer, verschärften sich im Laufe der 80er Jahre aber ebenfalls. Das am wenigsten verdienende Zehntel der erwerbstätigen Frauen erhielt 1990 nur 63 Prozent des durchschnittlichen Einkommens, während das obere Zehntel 179 Prozent desselben hatte (Kessler/Bayliss 1992:196 u. Tabelle 13).

Die *Outcomes* der britischen Lohnpolitik haben damit stark partikularistischen Charakter, d.h. bestimmte Gruppen von Arbeitnehmern können offenbar weiterhin eine Verbesserung ihres Einkommensniveaus erreichen, während andere unter dem internationalen Wettbewerbsdruck der Industrie und dem dadurch bedingten Tendenzen zur Lohnsenkung leiden, und viele sogar arbeitslos sind. Ursachen für die einkommensdifferenzierenden Effekte sind die Veränderung allgemeiner lohnpolitischer Regulierungen durch die Regierung sowie die Zunahme prekärer Beschäftigungsverhältnisse, die u.a. auf die Privatisierungspolitik der Regierung zurückzuführen ist. Ursachen für die Lohnsteigerungen müssen anhand der Lohnpolitik im öffentlichen und privaten Sektor getrennt diskutiert werden.

1.2. Allgemeine lohnpolitische Regulierungen und beschäftigungsstrukturelle Entwicklungen

Die konservative Regierung hat durch verschiedene gesetzliche Reformen zur Flexibilisierung der Löhne und durch geringe Regulierung individueller Beschäftigungsverhältnisse dazu beigetragen, daß eine starke Lohndifferenzierung stattfinden konnte. Besonders relevant zur Erklärung der zunehmenden Einkommensdifferenzen sind die (1) Einschränkung bzw. die Auflösung der *Wages Councils*, in denen unter Beteiligung der Gewerkschaften eine Art Mindestlohn verhandelt wurde. Ferner ist in diesem Zusammenhang die (2) allgemeine Ausweitung der befristeten Beschäftigung durch die Arbeitgeber im öffentlichen und privaten Sektor zu nennen.

(1) Abschaffung der *Wages Councils*

Die konservative Regierung sah in den *Wages Councils* Institutionen, welche ein Hindernis für die Flexibilisierung der Löhne darstellten und die Schaffung von Arbeitsplätzen verhinderten: *„Wages Councils interfere with the freedom of employers to offer, and jobseekers to accept jobs at wages that would otherwise be acceptable. This restricts job opportunities, particularly for young people"* (Department of Employment Consultative Paper on Wages Councils 1985; zit. nach TUC, Wages

Councils and Abolition 1993:10). Gegen die von der Regierung angestrebte Abschaffung der *Wages Councils* opponierte der TUC bereits 1982 mit einem Protestschreiben (Blackburn 1988:132). Aber auch der CBI, die *Chambers of Commerce* (die britischen Handelskammern) und das *Institute of Management* lehnten deren Abschaffung ab. Die Gründe der Arbeitgeber, dargelegt vom CBI, bestanden darin, daß man durch die Abschaffung der *Wages Councils* u.a. eine Verschlechterung der Tarifbeziehungen befürchtete sowie einen Auftrieb der Diskussion um die Einführung eines staatlichen Mindestlohns. Ferner wurde betont, daß auch zahlreiche Arbeitgeber die Verhandlungen im Rahmen der *Wages Councils* gegenüber dem *Free Collective Bargaining* bevorzugten (Blackburn 1988:132).

Daraufhin entschied sich die Regierung zunächst für eine Reform der *Wages Councils*, die mit dem *Wages Act* 1986 realisiert wurde (siehe Kapitel II.1.1.). Fortan wurde die Entlohnung bei staatlichen Ausbildungs- und Beschäftigungsprogrammen für Jugendliche und Langzeitarbeitslose so festgelegt, daß sie nur leicht höher war als das Arbeitslosengeld, aber deutlich unter dem weiterhin in den *Wages Councils* festgesetzten Niedriglohn für Erwachsene sowie unter der Ausbildungsvergütung im Privatsektor lag (Coates 1989:148; Longstreth 1988:417). Zudem fand eine sukzessive Aushöhlung der Implementations- bzw. Kontrollstruktur der Beschlüsse der *Wages Councils* in den 80er Jahren statt. Die Anzahl der *Wages Inspectors*, welche Unternehmen im Hinblick auf die Einhaltung der vereinbarten Lohnleitlinien untersuchten, wurde von 158 im Jahr 1979 auf 54 im Jahr 1992 verringert (TUC 1993; Wages Councils and Abolition:9). Die wenigen *Wages Inspectors* fanden dennoch mehr als 12.000 Fälle in fast 6.000 Unternehmen, in denen die durch die *Wages Councils* festgelegten Mindestlöhne unterboten wurden, wovon allerdings nur zehn Fälle geahndet wurden (TUC 1993; Wages Councils and Abolition:9).

Trotz der damit nicht gewährleisteten „Einklagbarkeit" der Mindestlöhne, erfüllten die *Wages Councils* bis 1993 die Funktion, „Leitlinien" für Mindestlöhne von immerhin 2,5 Millionen (also elf Prozent) der britischen Arbeitnehmer festzulegen. Achtzig Prozent dieser Arbeitnehmer sind Frauen und ethnische Minderheiten (Labour Research 1993:14). Die regulierten Mindesteinkommen lagen zwischen 104,33 und 123,05 Pfund die Woche (Labour Research Juni 1993) und damit höchstens bei etwa fünfzig Prozent der durchschnittlichen Einkommen (vgl. Tabelle 12). Die 1993 erfolgte Abschaffung der *Wages Councils* als explizite Institutionen zur Setzung von Mindestlöhnen ermöglicht vor allem, die Bandbreite von Löhnen nach unten zu erweitern (Ingram 1991:104) und trägt damit zur weiteren Zunahme der Lohndifferenzen bei.

(2) Ausweitung der befristeten Beschäftigung

Die Auswirkungen der Einschränkung und schließlich der Auflösung der *Wages Councils* treffen vor allem Arbeitnehmer im sogenannten peripheren Arbeitsmarkt, d.h. vor allem befristet Beschäftigte sowie viele Teilzeit-Beschäftigte[233]. Diese setzen sich als „Niedriglohnsegment" deutlich von der „Kernarbeiterschaft" ab:

> *„The most notable success of these policies was their discriminatory effects. ... pay and conditions of employment in the most disadvantaged labour market segments were subjected to the greatest relative degradation with increasing detachment from legal and social protection and the consequent exposure to a greater degree of exploitaition"* (Deakin et al. 1992:27).

Die Anzahl der befristet Beschäftigten stieg bis 1989 auf 1,5 Millionen Arbeitnehmer an, was einem Anteil von 5,7 Prozent aller Beschäftigten entspricht (Employment Trends Aug. 1990)[234]. Die folgenden Daten legen jedoch die These nahe, daß zwar die gesetzlichen Befristungsmöglichkeiten von den Arbeitgebern genutzt werden, aber keine Strategie der „Flexiblen Firma", also eine hohe numerische Flexibilität der Belegschaft durch die Ausweitung von Randbelegschaften (mittels der expliziten Ausweitung der befristeten Beschäftigung) stringent verfolgt wurde (Marginson/ Sisson 1988:95)[235]. Die Daten des WIRS zeigen beispielsweise nur eine leichte Zunahme der Unternehmen, die befristet beschäftigen, von 19 Prozent 1984 auf 22 Prozent 1990. Dabei wird die Zunahme vorwiegend auf eine Ausweitung im öffentlichen Sektor zurückgeführt (Millward et al: 1992:338). Zu ähnlichen Ergebnissen kommt auch Hakim (1990) auf der Basis des Employers' Labour Use Strategies Survey 1987. Hakim stellt zwar eine Zunahme befristeter Beschäftigung fest, findet aber nur eine sehr kleine Minderheit von Unternehmen, etwa fünf Prozent, die eine Strategie der Unterscheidung von Stamm- und Randbelegschaften verfolgt, d.h. einen bestimmten Anteil von Arbeitsplätzen dauerhaft mit befristet Beschäftigten besetzt (Hakim 1990:172). In der Untersuchung von Marginson und Sisson (1988) gaben etwa ein Drittel der befragten Unternehmen an, seit 1980 zunehmend befristet einzu-

---

[233] Eine Bestimmung des Anteils der befristet Beschäftigten, und damit der Veränderung der Zusammensetzung von Kern- und Randbelegschaften in den 80er Jahren ist für Großbritannien aufgrund der ungenauen Definition von befristeten Beschäftigungsformen und dem zum Teil fehlenden Kündigungsschutz schwierig (Lane 1989:282f). Die Inanspruchnahme der Kündigungsschutzregelungen ist sowohl abhängig von der wöchentlichen Arbeitszeit (schließt also bestimmte Teilzeitarbeitnehmer aus) als auch von der Beschäftigungsdauer (Employment Trends April 1990). Je nachdem, ob nun die Teilzeitbeschäftigten zur „prekären" Arbeitnehmerschaft hinzugerechnet werden, ergeben sich auch sehr unterschiedliche Untersuchungsergebnisse bezüglich des angegebenen Umfangs prekärer bzw. befristeter Beschäftigung sowie der Verbreitung der Unternehmensstrategien der *„Flexible Firm"*.

[234] Die Angaben basieren auf der repräsentativen Befragung des *Labour Force Survey* 1989 (Employment Trends, April 1990:7).

[235] Die von einigen Autoren vertretene These, daß ein erheblicher Anteil (44 Prozent) der Unternehmen in der verarbeitenden Industrie, insbesondere große Unternehmen, befristete Beschäftigung im Sinn einer Strategie der „Flexible Firm" einsetze (Atkinson and Meager 1986; Meager 1986:6), wird durch diese Untersuchungen in Frage gestellt.

stellen. Die meisten Unternehmen rechtfertigten die befristete Beschäftigung mit traditionellen oder „ad hoc" Gründen (wie Krankheits- oder Urlaubsvertretung 72 Prozent, Saisonale Beschäftigung 53 Prozent, Übergang während unbefristet Beschäftigte gesucht werden 53 Prozent, Kurzzeitprojekte 45 Prozent; Mutterschaftsurlaub 35 Prozent usw.). Nur acht Prozent der befragten Unternehmen gaben als einen der Gründe für befristete Einstellungen an, die Beschäftigten kurzfristig entlassen zu können, d.h. über ein numerisch flexibles Arbeitskräftepotential verfügen zu können (Employment Trends Aug. 1990)[236].

In diesem Zusammenhang muß jedoch auch berücksichtigt werden, daß die Inanspruchnahme von expliziten Befristungen der Arbeitsverträge in Großbritannien nicht unbedingt notwendig ist, um einen flexiblen Personaleinsatz zu gewährleisten. Die Beschäftigungsdauer, die zur Inanspruchnahme des rechtlich regulierten Kündigungsschutzes qualifiziert, ist in Großbritannien durch die konservative Regierung auf zwei Jahre erweitert worden (siehe Kap. III.1.1.). Teilzeitarbeitnehmer sind großteils vom Kündigungsschutz vollkommen ausgenommen[237]. Die Zahl der Arbeitnehmer in „unsicheren" oder prekären Arbeitsverhältnissen ist damit vermutlich weit größer als die Zahl der explizit befristet Beschäftigten. Insgesamt bot damit die rechtliche Regulierung die Basis für eine Ausweitung prekärer Beschäftigungsverhältnisse, was indirekt auch eine Zunahme der Niedriglohnempfänger beeinflußte.

1.3. Lohnpolitik im öffentlichen Sektor

Die Versuche der Regierung, die Lohnkosten im öffentlichen Sektor insgesamt mittels Beschäftigungsreduzierung und durch Privatisierung staatlicher Industrien und Dienstleistungen zu senken, waren weitgehend erfolgreich. Die weiterhin steigenden, aber im Vergleich zum Privatsektor geringer steigenden Löhne sind auf die abnehmende, aber noch vorhandene Verhandlungsmacht der Gewerkschaften im öffentlichen Sektor zurückzuführen. Daher erzielte die Regierung auch bei der Flexibilisierung der Lohnstruktur und der Lohnsetzungsprinzipien nur Teilerfolge.

Beschäftigungsreduzierung und Privatisierung

Die Privatisierung von Staatsunternehmen hatte z.T. negative Auswirkungen auf die Repräsentation von Gewerkschaften in diesen Unternehmen und beinhaltete eine Fle-

---

[236] Die Untersuchung, die den Daten des Employment Trends zugrundeliegt, basiert auf der Befragung von 61 Unternehmen im privaten und öffentlichen Sektor mit insgesamt 340.000 Beschäftigten (Employment Trends August 1990:5).
[237] Die Arbeitnehmer können beispielsweise keinen Kündigungsschutz beanspruchen, wenn sie weniger als 16 Stunden in der Woche arbeiten, was 1994 für etwa 600.000 Teilzeitkräfte zutraf (The Economist März 1994).

xibilisierung der Lohnstrukturen. Die zu hohen Staatsausgaben galten den Vertretern der *Thatcher*-Regierung als Begründung für die Beschäftigungsreduzierung wie auch für die Privatisierung im öffentlichen Sektor. Als Ursachen der hohen Staatsausgaben wurden die Beschäftigungsexpansion im öffentlichen Sektor in den 70er Jahren (Kessler/Bayliss 1992:111), die relativ hohen Löhne der dort Beschäftigten sowie die Subventionierung verstaatlichter (Krisen-) Industrien zur Sicherung von Arbeitsplätzen in den Unternehmen angeführt (vgl. Soskice 1984:315). Während der *Thatcher*-Ära wurden daher mehr als zwei Millionen Arbeitsplätze abgebaut (Kessler/Bayliss 1992:111). Das entspricht einer Beschäftigungsreduzierung im öffentlichen Sektor um 18,9 Prozent zwischen 1979 und 1990 (vgl. Kesseler/Bayliss 1992:111)[238]. Insbesondere im Beschäftigungsabbau ist daher das Instrument zur Senkung der Lohnkosten im öffentlichen Sektor zu sehen.

Ein starker Beschäftigungsabbau fand beispielsweise durch die Stillegung von Unternehmen in der verstaatlichten britischen Kohleindustrie statt. Hier arbeiteten 1980 232.500 Menschen. Vor allem nach dem Scheitern des Bergarbeiterstreiks wurde die Anzahl der Abbaustätten um mehr als die Hälfte auf 68 reduziert, so daß 1990 nur noch 75.000 Menschen in diesem Industriezweig beschäftigt waren (Kessler/Bayliss 1992:125)[239]. Der Löwenanteil der Beschäftigungsreduzierung im öffentlichen Sektor (etwa die Hälfte) wurde allerdings durch die Privatisierung von Unternehmen erzielt. Dabei gingen der Beschäftigungsabbau sowie die Schließung von Produktionsstätten zahlreichen Privatisierungen staatlicher Unternehmen voraus. Beispielsweise wurde vor der Privatisierung bei *British Steel* die Belegschaft von 230.000 Arbeitnehmern Mitte der 70er Jahre auf 65.000 1985 verringert. Die Reduzierung nach der Privatisierung auf 51.200 Beschäftigte bis 1990 war dagegen relativ gering (Kessler/Bayliss 1992:126/127).

Zwischen 1984 und 1988 wurden *British Telecom, British Gas, British Airways* und *British Steel* privatisiert[240] (vgl. Gamble 1988:116; Kessler/Bayliss 1992:124; ausführlich Beaumont 1992:37ff). Das staatliche Schiffsbauunternehmen *British Shipbuilders* und das staatliche Busunternehmen *National Bus Company* wurden jeweils in verschiedene Einzelunternehmen aufgelöst und dann ebenfalls verkauft (Ferner/

---

[238] Der Anteil des öffentlichen Sektors an der Gesamtbeschäftigung sank von 29 auf 22 Prozent (ebd.). Oxley und Martin (1991:168) geben den Beschäftigungsanteil im öffentlichen Sektor 1979 mit 21,2 und 1989 mit 19,6 Prozent an. Damit liegt er im europäischen Vergleich im mittleren Bereich. Die von Kessler/Bayliss genannten Zahlen werden auch an anderer Stelle (Fleming 1989; In: Beaumont 1992:36) weitgehend bestätigt: Hier wird der Beschäftigungsverlust mit 1,6 Millionen und das Sinken des Beschäftigungsanteils des öffentlichen Sektors an der Gesamtbeschäftigung von 1979 29,8 Prozent (etwa 7,4 Millionen) auf 1989 24,9 Prozent (etwa sechs Millionen) verortet.

[239] Nicht zuletzt aufgrund des Arbeitsplatzabbaus stieg die Produktivität in den staatlichen Bergbauunternehmen zwischen 1983 und 1985 um 21 Prozent. Das gleiche gilt für *British Steel*, wo die Produktivität zwischen 1979 und 1988 jährlich um 12,9 Prozent anstieg (vgl. Crafts 1991:91).

[240] Zum Privatisierungsprogramm und seinem Verlauf in drei Phasen siehe auch Wolfe (1991).

Colling 1991:391). Danach folgte noch die Privatisierung der Wasserversorgungsunternehmen (1989) sowie der Elektrizitätsversorgungsunternehmen (1990) und der Elektrizitätserzeugungsunternehmen (1991) (Wolfe 1991:249; Kessler/ Bayliss 1992:124).

Die über die Entlassungen hinausgehenden Folgen der Privatisierung für die Arbeitnehmer sowie die gewerkschaftliche Repräsentation in den Unternehmen werden aber sowohl für verschiedene Unternehmen als auch für einzelne Belegschaftsgruppen in den Unternehmen unterschiedlich eingeschätzt (vgl. Beaumont 1992:84f). Ein Beispiel für massive Veränderungen der kollektiven Arbeitsbeziehungen nach der Privatisierung ist *British Telecom.* Hier wurden *Personal Contracts,* d.h. nicht von den Gewerkschaften verhandelte Verträge, bei denen die Bezahlung individuell und gewinnabhängig festgelegt wird, für die mittleren u. z.T. auch die unteren Führungskräfte eingeführt. Auch bei gewerblichen Arbeitnehmern wurde ein zunehmender Anteil des Lohns von *British Telecom* gewinnabhängig bezahlt (Beaumont 1992:85). Ferner wurden 1987 die zentralen Tarifverhandlungen aufgelöst, worauf als Reaktion ein zweiwöchiger Streik der Fernmeldehandwerker *(Telecommunications Engineers)* erfolgte. Im Anschluß an den Streik wurde der Umgang des Managements mit den Gewerkschaften moderater. Beispielsweise wurde die tarifliche Neu-Einstufung der Facharbeiter sowie eine Flexibilisierung ihrer Aufgabenbereiche mit den Gewerkschaften verhandelt (Ferner/Colling 1991:392/399).

Die Arbeitsbeziehungen in *British Gas* wurden dagegen nach der Privatisierung zunächst relativ unverändert belassen. Im „Core Business" blieben die alten Arbeitsbeziehungen bestehen und auch der Einfluß der stark organisierten Gewerkschaften wurde nicht in Frage gestellt. Die Flexibilisierung der Löhne war hier relativ unbedeutend, da nur die Gehälter der 25 *Top-Manager* gewinnabhängig sind (Beaumont 1992:85/86), und die zentralen Tarifverhandlungen für die Mehrheit der Arbeitnehmer aufrechterhalten wurden (IRS Employment Trends 499; 1991). Ferner und Colling gehen allerdings davon aus, daß vom Management in den neuen, expandierenden Unternehmensbereichen von *British Gas,* das seine Produktpalette diversifiziert, eine neue „Kultur" der Arbeitsbeziehungen angestrebt wird. Hier wird sich also erst langfristig eine Veränderung der Arbeitsbeziehungen ergeben (Ferner/Colling 1991:405).

Die Privatisierung bzw. die Auslagerung von Teilbereichen öffentlicher Dienstleistungen in den Kommunen und anderen Bereichen des öffentlichen Sektors trugen zur Erweiterung des peripheren Arbeitsmarkts, der Flexibilisierung der Beschäftigungs- und Lohnstrukturen bzw. der Zunahme von Niedriglohngruppen bei. Es wurden mehrere Gesetze[241] verabschiedet, die vor allem auf die Steigerung des Wettbewerbs bei der Ausschreibung dieser Dienstleistungen abzielten. Zentral war dabei der *Local Government Act 1988*, mit dem für immer mehr Bereiche in den Gemeindeverwaltungen das *Compulsory Competitive Tendering* (CCT) oder *Con-tracting Out* eingeführt wurde[242] (ausführlich siehe Foster 1993:49).

Das *Compulsory Competitive Tendering* basiert darauf, daß von den staatlichen Institutionen bestimmte Dienstleistungen, wie z.b. Reinigungsarbeiten, ausgeschrieben werden. Daraufhin treten private Dienstleistungsunternehmen zumeist mit den hauseigenen *Direct Service Organisations* (DSO) in den Preiswettbewerb, um den Auftrag für die ausgeschriebenen Tätigkeiten zu erhalten[243]. Dabei wird angenommen, daß zumeist die Anbieter am erfolgreichsten sind, welche die niedrigsten Personalkosten haben. Eine Senkung der Personalkosten kann jedoch nicht nur durch Stellenabbau, sondern auch durch Verringerung der Lohnnebenkosten (etwa durch den Verzicht auf Lohnfortzahlungen im Krankheitsfall), die Erweiterung der Teilzeitbeschäftigung oder der saisonalen Beschäftigung erreicht werden (Beaumont 1992:63; Foster 1993:53). Die Einschränkung und schließlich die Abschaffung der *Wages Councils* sowie die Auflösung der *Fair Wages Resolution* (1983), welche die öffentlichen Arbeitgeber bis dahin verpflichtete, die Subunternehmen zur Zahlung der branchenüblichen Löhne aufzufordern (Fredman/Morris 1989:153), ermöglicht es seitdem, Niedriglöhne in den entsprechenden Beschäftigungsfeldern zu zahlen. Dem kommt ferner entgegen, daß die privaten Subunternehmen nicht im Gültigkeitsbereich der Tarifverträge des öffentlichen Sektors agieren und in den besagten Dienstleistungsbranchen des Privatsektors kaum industrieweite Tarifverträge oder Abkommen mit einzelnen Gewerkschaften in den Betrieben abgeschlossen wurden oder werden. Es wird daher konstatiert:

„The contracting out of public services to private firms is the most blatant form of wage cutting. In numerous cases the same workers have been re-hired by the subcontracting firms with reduced pay and benefits, more intensive workloads and sometimes on an

---

[241] Der *Local Government Planning and Land Act 1980*, der *Compulsory Competitive Tendering* für Instandsetzungsarbeiten von Gebäuden und Autobahnen einführte, kann als eine Art „Versuchsballon" angesehen werden (Foster 1993:50).

[242] Das gleiche Verfahren wurde auch für den *National Health Service*, den *Civil Service* sowie parastaatliche Organisationen zugelassen (ausführlich siehe Beaumont 1992:62ff).

[243] Der Anteil der ausgeschriebenen Tätigkeiten, der tatsächlich von privaten Unternehmen ausgeführt wurde, ist sehr unterschiedlich. Beispielsweise wurden 1987 84 Prozent aller „Reinigungsverträge" im *Civil Service* an private Unternehmen vergeben. Im NHS dagegen verblieben 85 Prozent der Reinigungsverträge „im Haus", d.h. sie wurden von DSOs ausgeführt. Auch bei den Kommunen war der Anteil der Ausschreibungen, bei denen die DSOs den Zuschlag erhielten, entsprechend hoch (vgl. Beaumont 1992:62/63;67). Einer der Gründe für diese unterschiedlichen Ergebnisse liegt darin, daß die jeweiligen staatlichen oder para-staatlichen Träger unterschiedlich erfolgreich dabei waren, die jeweiligen „Dienstleistungsabteilungen" der staatlichen Unternehmen in quasi-Unternehmen umzuorganisieren, die dann beim *Competitive Tendering* „antreten" konnten. Zu einer solchen Umgestaltung gehört auch die Neuverhandlung der Arbeitsbedingungen im Rahmen der DSOs, also von Beschäftigungsreduzierungen, Flexibilisierung von Arbeitszeiten usw. (Beaumont 1992:67).

explicitly non-union basis, all under the guise of greater efficiency" (Longstreth 1988:417).

Es ist zudem anzunehmen, daß sich infolge des *Competitive Tendering* auch für die Beschäftigten, die im öffentlichen Sektor verblieben, in den entsprechenden Bereichen die Beschäftigungsbedingungen verschlechterten und sich der Verhandlungsspielraum bei Tarifverhandlungen verringerte. Denn durch den Konkurrenzdruck sind nun auch die öffentlichen quasi-Unternehmen auf die Kostensenkung u.a. über Lohnkosteneinsparungen angewiesen (Foster 1993:57). Insgesamt kann daher von einer Verringerung des Beschäftigungsniveaus sowie einer Verschlechterung der Arbeitsbedingungen und der Löhne durch das *Competitive Tendering* ausgegangen werden (Beaumont 1992:63; Deakin 1986:228; Foster 1993:53).

Im Einklang mit diesen Annahmen ermittelte Deakin, daß die Niedriglohnempfänger[244] im öffentlichen Sektor sich überwiegend aus Frauen bzw. Teilzeitarbeitnehmer(inne)n in Dienstleistungsbereichen wie Reinigungsdiensten, Kantinen usw. zusammensetzen, die im Laufe der 80er Jahre privatisiert oder quasi-privatisiert wurden. Für diese Arbeitnehmergruppe sind die durchschnittlichen Löhne zwischen 1979 und 1990 jährlich um etwa zwei Prozent weniger gestiegen als für die anderen Arbeitnehmer im öffentlichen Sektor (Deakin et al. 1992:31).

Budgetkontrolle staatlicher Institutionen

Die Versuche staatlicher Einkommenspolitik sowie die Begrenzung der Lohnsteigerungen der Bediensteten im öffentlichen Sektor durch staatliche Restriktionen haben in Großbritannien eine lange Tradition[245]. Die *Thatcher*-Regierung nahm von der direkten Intervention in Form staatlicher Einkommenspolitik Abstand. Die Regierung versuchte allerdings durch das rigide Einsetzen von *Cash Limits* (Budgetbeschränkungen), die Verhandlungsspielräume der verschiedenen staatlichen Arbeitgeber bei den Tarifverhandlungen stark einzuschränken, um die Ausgaben im öffentlichen Sektor zu verringern (vgl. Marsh 1992:225; Kessler/Bayliss 1992:116). Dies hatte deutlich restriktive Effekte für die Lohnentwicklung, konnte aber Lohnsteigerungen während der 80er und Anfang der 90er Jahre nicht gänzlich verhindern.

Bei den jährlichen Budgetzuweisungen durch die Zentralregierung wurde eine bestimmte Lohnsumme für die Personalkosten der einzelnen staatlichen Arbeitgeber

---

[244] Diese Gruppe wird definiert als das unterstes Zehntel der Einkommensskala, das vom *New Earning Survey* gemessen wird.

[245] Bereits die *Labour* Regierung hatte versucht durch eine staatliche Einkommenspolitik, die allgemeine Erhöhung der Löhne und der Inflation in Großbritannien zu beeinflussen (siehe im Kapitel II.1.3.). Zudem hatte sie sich Maßnahmen wie des „*Cash-Limit-Systems"* (Budgetkontrolle- und Begrenzung) im öffentlichen Dienst und den kommunalen Arbeitnehmern bedient, um die Lohnsteigerung der dort Beschäftigten einzuschränken. Mit Hilfe einer sogenannten „*Manpower Watch"* wurde die Beschäftigung bei den Kommunen reduziert.

vorgesehen. Die „empfohlenen" Lohnsteigerungen berücksichtigte man dabei durch einen sogenannten *Pay Factor*. Vereinbarten einzelne staatliche Arbeitgeber in den Tarifverhandlungen Löhne, die über dem angesetzten *Pay Factor* lagen, mußte die Differenz oftmals durch Entlassungen oder Verschlechterung des Dienstleistungsangebots „eingespart" werden, um mit der im Budget zugewiesene „Lohnmasse" auszukommen. Budgetüberschreitungen wurden von der Zentralregierung u.a. durch „*Rate Caping*", also Kürzungen bei der Bemessung neuer staatlicher Zuweisungen, stark sanktioniert (vgl. Kapitel III.1.2.; Beaumont 1992:168).

Die Angebote der einzelnen Arbeitgeber, die bei den jährlichen Tarifverhandlungen im öffentlichen Dienst zwischen 1981 und 1986 gemacht wurden, spiegelten die jeweiligen *Pay Factors* und Personaleinsparungspläne wider, auf denen die von der Zentralregierung vorgegebenen Budgetzuweisungen basierten (Kessler 1990:200/ 201). Die tariflich vereinbarten Lohnerhöhungen in diesen Jahren überstiegen jedoch den vom *Pay Factor* angegebenen Rahmen. Das Verhältnis von „*Pay Factor*/Lohnerhöhungen laut Tarifabkommen" wird beispielsweise in den *Public Services* zwischen 1981 und 1985 folgendermaßen angegeben: 1981: 6,0/9,5; 1982: 4,0/6,5; 1983: 3,5/5,5; 1984: 3,0/5,5; 1985: 3,0/6,5 (Beaumont 1992:168). Dies ist auf den noch immer hohen gewerkschaftlichen Organisationsgrad und die fortbestehende Verhandlungsmacht der Gewerkschaften in diesen Bereichen des öffentlichen Sektors zurückzuführen. Der Einsatz der Gewerkschaften für weitere Lohnerhöhungen unter den Bedingungen der staatlichen Budgetierungspolitik beinhaltete aber auch, daß sie dadurch indirekt zum Abbau der Beschäftigung im öffentlichen Sektor beitrugen (vgl. Beaumont 1992:168), da ein „Trade Off" (also eine indirekt erzeugte Wechselwirkung) zwischen Lohnerhöhungen und Entlassungen akzeptiert wurde. Die Effekte einer solchen Politik sind hochgradig partikularistisch: es profitierten die (auch weiterhin) Beschäftigten auf Kosten der freigesetzten Arbeitnehmer.

Die Regierung verbuchte die *Pay Factor*-Politik insofern als Erfolg, da die zum Ende der 70er Jahre im öffentlichen Sektor gängigen Tarifabschlüsse von 13 bis zwanzig Prozent auf eine Marge von 4,5 bis 6,5 Prozent „gedrückt" werden konnten (Beaumont 1992:168). Dennoch wurde das Verfahren, die Höhe zentralstaatlicher Zuwendungen an einzelne staatliche Arbeitgeber mit Hilfe eines *Pay Factors* festzulegen, 1986/87 aufgegeben. Die nunmehr stark dezentralisierten Verwaltungseinheiten (siehe Kapitel III.1.2.) verfügten weitgehend über selbstverwaltete Kostenbudgets und konnten somit auch den Anteil für Lohnkosten bzw. die Lohnsteigerungsraten stärker dezentral bestimmen (Kessler/Bayliss 1992:113; Beaumont 1992:169). Eine völlige Unabhängigkeit der einzelnen staatlichen Arbeitgeber von der Zentralregierung ist damit allerdings nicht gegeben, da diese auch weiterhin die finanziellen Ressourcen durch den Haushaltsplan zuweist: *„In the public sector, unlike private firms, there is a ghost at the bargaining table.* Even *if a direct employer like a Health Authority wants to pay more, the sponsoring Ministry lurks in the background with its cash limits. And the Health Ministry looks to the Treasury"* (Guardian 23.2.1990; zit. nach Marsh 1992)[246].

Die trotz der Dezentralisierung der Verwaltungseinheiten weiterhin bestehende Dominanz der Regierung bei den Tarifverhandlungen im öffentlichen Sektor zeigte sich erneut Anfang der 90er Jahre. Mit dem Ziel einer weiteren Senkung der Staatsausgaben wurden im staatlichen Haushaltsplan für den öffentlichen Sektor restriktve Lohnleitlinien festgeschrieben. Im Budget von 1992 wurde eine maximale Lohnerhöhung für alle Arbeitnehmer im öffentlichen Sektor von 1,5 Prozent vorgeschlagen (TUC: Public Sector Pay 1994/95 1993:23). Bei der Planung des Budgets 1994/95 wurde von Premierminister *John Major* sogar gefordert, die Ausgaben für Löhne im öffentlichen Sektor „einzufrieren": *„Departments will be expected to keep running costs, including pay budgets for their own employees, to the 1993-4 level in cash terms"* (zit. nach TUC: Public Sector Pay 1994/95 1993:17). Die einzelnen Arbeitgeber im öffentlichen Sektor, vor allem die Kommunen, waren durch die Regierungspolitik erneut gezwungen, mögliche Lohnerhöhungen einzelner Gruppen durch „Produktivitätsfortschritte" vor allem in Form von Entlassungen in ihren individuellen Budgets auszugleichen und/oder das Niveau bestimmter Dienstleistungen einzuschränken.

Ein TUC Vertreter interpretierte die Einkommenspolitik der Regierung dahingehend, daß diese versuche, *„the best of both worlds"* zu erreichen, nämlich die Kontrolle der Ausgabensteigerung durch die zentrale Entscheidung über den Umfang der „Lohnmasse", und die Flexibilisierung der Löhne durch die Dezentralisierung der Verhandlungsstrukturen im öffentlichen Sektor (Interview TUC 27.09.93). Das Verkünden von restriktiven Lohnleitlinien im öffentlichen Sektor wurde vom TUC daher als *„Unilateral Income Policy"* der Regierung interpretiert, und als Widerspruch zu den von der Regierung ansonsten proklamierten Zielen des *„Free Market Bar-*

---

[246] Eines der Hauptargumente der Kritiker der Dezentralisierung von Lohnverhandlungen im öffentlichen Sektor aus einer an der Effizienz des öffentlichen Sektors orientierten Perspektive ist, daß die Dezentralisierung Ausgangspunkt für sich gegenseitig hochschraubende Lohnforderungen in den verschiedenen dezentralen Verhandlungseinheiten (Leap Frogging) sei (Brown/Walsh 1991), was letztlich inflationstreibend wirke. Eine Dezentralisierung der Lohnstruktur mache ökonomisch zudem nur dann Sinn, wenn die verhandelnden Einheiten tatsächlich budgetär unabhängig sind. Dies ist im öffentlichen Sektor Großbritanniens für Krankenhäuser, Gefängnisse, Schulen, die Polizei usw. nicht der Fall, da hier die Regierung weiterhin die zentrale Budgetkontrolle aufrechterhält bzw. im Laufe der 80er Jahre sogar noch verstärkte. Ferner erscheint den Kritikern der Dezentralisierung eine nationale Lohnstruktur als fundamentale Basis, die Integrität der einzelnen Beschäftigungsgruppen aufrechtzuerhalten. Diese wiederum gilt ihnen als Voraussetzung für die Qualität der staatlichen öffentlichen Dienstleistungen. Die Dezentralisierung der Lohnstruktur und daraus sich ergebende Lohnunterschiede würden die berufliche Integrität untergraben und die Mobilität der Beschäftigten eher unterbinden (Brown/Walsh 1991).

gaining" empfunden (Interview TUC 27.09.93). Den Gewerkschaften im öffentlichen Sektor war es jedoch nur selten möglich, die Arbeitnehmer zu Arbeitskämpfen zu mobilisieren, um das von der Regierung gewährte enge Lohnbudget zu sprengen. Beispielsweise lehnten die Mitglieder von NALGO bei einer Streikurabstimmung 1992 einen Arbeitskampf im öffentlichen Sektor ab, und akzeptierten damit das „niedrige" Lohnangebot der Regierung, obwohl die Gewerkschaftsführung zum Arbeitskampf bereit war (Interview UNISON 29.09.93).

Veränderung der Prinzipien der Lohnsetzung

Im Rahmen der Flexibilisierung der Löhne bzw. der Lohnstrukturen versuchte die Regierung, die Prinzipien der Lohnsetzung zu verändern. Im Mittelpunkt stand dabei die Auflösung des Prinzips der *Fair Comparability*, also der Vergleichbarkeit der Löhne im privaten und öffentlichen Sektor, das der Lohnsetzung im öffentlichen Sektor zugrundelag (vgl. Kapitel III.1.2.). Zunächst schlugen sich allerdings vielfach noch die Empfehlungen der *Clegg Comparability Commission* nieder, die noch im März 1979 von der *Labour*-Regierung eingesetzt worden war. Die *Commission* hatte aufgrund des „Einkommensrückstands" der Beschäftigten im öffentlichen Sektor gegenüber denen im privaten Sektor Lohnerhöhungen empfohlen[247]. Deshalb wurde 1980/81 von der Regierung entsprechend dem Prinzip der *Fair Comparability* ein sogenannter *Catch Up* eingeleitet (vgl. Tabelle 13). Anschließend wurde die *Clegg Commission* von der konservativen Regierung aufgelöst (Public Finance Foundation 1992:39). In den folgenden Jahren konnte die *Thatcher*-Regierung dann erreichen, daß das Prinzip der *Fair Comparability* als Grundlage für Lohnerhöhungen bei einzelnen Beschäftigtengruppen im öffentlichen Dienst eingeschränkt wurde. Wie sich dies im einzelnen gestaltete, wird im folgenden schwerpunktmäßig anhand der Entwicklung der Kollektivverhandlungen für (i) Beamte (Civil Service), (ii) Lehrer und (iii) gewerbliche Arbeitnehmer der Kommunen aufgezeigt.

(i) Civil Service:

Seinen institutionalisierten Ausdruck fand das Prinzip der *Pay Comparability* bei den Lohnverhandlungen für *Beamte (Civil Servants, Executive Grades und White Collar Worker)* vor allem in dem seit 1919 eingerichteten *Whitley Council System* (siehe Kapitel II.1.2.), wo im allgemeinen über eine Art Rahmenabkommen für alle Aspekte der Beschäftigungsbedingungen der genannten Arbeitnehmergruppen, einschließlich

---

[247] Dies bezieht sich auf zahlreiche Bereiche bzw. Beschäftigtengruppen (gewerbliche Arbeitnehmer der Kommunen, Beschäftigte des NHS, Krankenschwestern und Lehrer) (Beaumont 1992:146).

der Löhne, verhandelt wird (Kessler 1990:196/7)[248]. Die konservative Regierung kündigte 1980 das aktuelle, auf Vergleichbarkeit mit dem privaten Sektor basierende Lohnabkommen, um die Lohnfestsetzung stärker an den staatlichen Finanzbudgets zu orientieren. Daraufhin kam es 1981 wegen des niedrigen Arbeitgeberangebots bei den Tarifverhandlungen zu einem 21 Wochen dauernden Streik des *Civil Service* (Marsh 1992:228; Beaumont 1992:146). In dem anschließend vereinbarten Tarifabkommen wurde u.a. beschlossen, das *Megaw Committee* einzusetzen. Dieses *Committee* empfahl in seinem 1983 veröffentlichten Bericht, die Lohnerhöhungen im öffentlichen Sektor zukünftig stärker an regionalen Differenzen zu orientieren, und als Produktivitätsanreiz Gratifikationen in Relation zur Leistung zu berücksichtigen (Marsh 1992:228; Kessler 1990:200), um den öffentlichen Dienst effektiver zu gestalten. Das Prinzip der *Comparability* wurde jedoch auch in der Empfehlung des *Megaw Committees* nicht vollkommen aufgegeben. Vielmehr wurde vorgeschlagen, die Verhandlungen im Rahmen der Spannweite der Einkommens-Quartile der jeweiligen Vergleichsgruppe im privaten Sektor zu führen. Innerhalb dieses Rahmens sollten die Gehälter im öffentlichen Dienst entsprechend der Notwendigkeit *„to recruit, retain and motivate"* festgelegt werden (Kessler/Bayliss 1992:113).

Diese Empfehlungen blieben zunächst, gemessen an der Zahl der betroffenen Arbeitnehmer, relativ erfolglos, da sich die Gewerkschaften der *Civil Servants* weigerten, die neuen Leitlinien anzuerkennen bzw. ein langfristiges Lohnabkommen entlang dieser Leitlinien abzuschließen. Die Regierung konzentrierte sich daher zunächst weiterhin darauf, die Lohnerhöhungen über die *Cash Limits* indirekt zu beeinflussen (Kessler 1990:200). Ferner wurden ad hoc Maßnahmen zur Flexibilisierung der Lohnstruktur eingeleitet wie z.B. die Einführung sogenannter *Special Pay Additions* und leistungsbezogener Elemente bei der Lohnfindung, vor allem für höhere Beamte. Diese Mechanismen sollten die Personalrekrutierungsprobleme der öffentlichen Arbeitgeber für bestimmte Beschäftigtengruppen beseitigen. Durch die im Laufe der 80er Jahre in Relation zum Privatsektor sinkenden Einkommen wurden diese Probleme nämlich immer gravierender (vgl. Civil Service Commission 1987, zit. nach Kessler 1990:211). Bis 1987 war allerdings weniger als ein Sechstel der Beamten/Angestellten im öffentlichen Dienst von dieser Lohnflexibilisierung betroffen (Marsh 1992:230).

Zwischen 1987 und 1989 wurden dann langfristig geltende Rahmentarifabkommen abgeschlossen, bei denen gleichzeitig die Forderungen der Gewerkschaften der

---

[248] In den 80er Jahren nahm die Bedeutung der Rahmenverhandlungen in den *Whitley Councils* ab. Die Gehälter verschiedener Beschäftigtengruppen werden seitdem jeweils direkt zwischen deren Gewerkschaften und dem Finanzministerium verhandelt (Fredman/Morris 1989:158).

White-Collar und *Industrial Civil Servants*[249] nach Beibehaltung der Vergleichbarkeitsprinzipien der Lohnerhöhungen mit dem privaten Sektor wie auch die Forderungen der Regierung nach einer Flexibilisierung der Lohnstruktur berücksichtigt wurden (Kessler 1990:202-203): „*The unions took some time to accept merit pay and local additions as part of the package until the IPCS broke the log jam. In negotiations the government accepted the restoration of comparability albeit augmented by individual and market payments*" (Kessler/Bayliss 1992:113). Dieser Kompromiß, der den Tarifverträgen zwischen Regierung und den Gewerkschaften der *Civil Servants* zugrundelag, zeigt, daß keiner der Akteure seine Vorstellungen hinsichtlich der Prinzipien der Lohnsetzung gegen die Interessen des anderen vollkommen durchsetzen konnte.

Die Lohnrunde 1988, die auf der Basis der in diesen ersten neuen Rahmenabkommen beschlossenen Leitlinien stattfand, zeichnete sich dann ebenfalls durch äußerste Komplexität und große Meinungsverschiedenheiten u.a. zwischen der Gewerkschaft IPCS und der Regierung aus. Das Ergebnis der Tarifverhandlungen zeigte nun allerdings die relative Schwäche der Gewerkschaften. Die Lohnerhöhungen der *Professional Civil Servants* für 1988 und auch in den darauffolgenden Jahren lagen unterhalb der Lohnerhöhungen des niedrigsten Quartils der Vergleichsgruppe im privaten Sektor, die im Rahmenabkommen festgelegt ist (Kessler 1990:206/7; Employment Trends 499;1991:6). Zudem fand eine erhebliche Flexibilisierung der Gehälter statt[250]. Die *Public Sector Pay Unit* ermittelte, daß 1989 die Gehälter von zwei Dritteln der Bediensteten im öffentlichen Sektor u.a. durch leistungsbezogene Elemente bestimmt wurden (zit. nach Beaumont 1992:147).

(ii) Lehrer:

Die Gehälter der Lehrer für Grund- und Mittelstufe (*Primary and Secondary Schools*) wurden seit 1919 im Rahmen der *Burnham Committees*, die ähnlich wie die *Whitley Councils* funktionieren, vereinbart. Einer der wesentlichen Unterschiede war dabei, daß die Verhandlungen über die Gehälter getrennt waren von den Verhandlungen über die Arbeitsbedingungen, wie beispielsweise Arbeitszeit usw.. Dies verhinderte Paketlösungen (z.B. Verringerung der Arbeitszeiten im „Tausch" für mäßige Lohnerhöhungen) bei den Verhandlungen, weshalb die *Burnham*

---

[249] Dies sind die *Institution of Professional Civil Servants* (IPCS), die *Inland Revenue Staff Federation* (IRSF), die *Civil and Public Services Association* (CPSA) und die *National Union of Civil and Public Servants* (NUCPS). Das bahnbrechende Abkommen 1987 wurde von der IPCS abgeschlossen (vgl. Kessler/Baylis 1992:113).

[250] Seit 1989 konnten unterschiedliche Ortszuschläge (bis zu 1.000 Pfund), neue spezielle Gratifikationen (für individuelle Leistungen) sowie unterschiedliche Gratifikationssysteme von den verschiedenen neu eingerichteten *Agencies* vergeben werden (Beaumont 1992:147/8).

Committees sowohl von Seiten der Regierung als auch der Lehrergewerkschaften zu Beginn der 80er Jahre scharf kritisiert wurden (Fredman/Morris 1989:151).

Nachdem die in den *Burnham Committees* vereinbarten Gehälter der Lehrer Anfang der 80er Jahre aufgrund der Empfehlungen der *Clegg Comparability Commission* erheblich anstiegen, stellte sich bereits Mitte der 80er Jahre erneut ein „Einkommensrückstand" gegenüber Vergleichsgruppen im öffentlichen und privaten Sektor ein. Aufgrund eines Schiedsspruches der Schlichtungskommission kam es 1985 zu Lohnerhöhungen von lediglich 5,1 Prozent. In der darauffolgenden Lohnrunde forderten die Lehrergewerkschaften schließlich 12,5 Prozent mehr Gehalt und unterstützten diese Forderung gegenüber einem Arbeitgeberangebot von nur vier Prozent mit Streiks (Kessler/Bayliss 1992:119). Nachdem 1986 - trotz der Vermittlungsversuche einer Schiedskommission - kein vollständiger Kompromiß zwischen den Verhandlungspartnern erreicht werden konnte, kündigte der *Secretary of State* Maßnahmen zur Beendigung des Konfliktes an. Es wurden zusätzliche finanzielle Mittel für Lohnerhöhungen bereitgestellt, gleichzeitig wurde von der Regierung aber eine Veränderung der Lohnstruktur sowie der Lohnfestsetzungsmechanismen eingefordert.

Obwohl die staatlichen Arbeitgeber und die Lehrergewerkschaften daraufhin zu einem Kompromiß kamen, verabschiedete die konservative Regierung nun ohne weitere Konsultation der Lehrergewerkschaften den *Teachers' Pay and Conditions Act 1987*. Damit wurden die Kollektivverhandlungen für Lehrer aufgekündigt und die vom Minister vorgeschlagenen Bedingungen unilateral implementiert (Kessler/ Bayliss 1992:120). Dies konnte unter anderem deshalb durchgesetzt werden, weil die Lehrergewerkschaft durch den langen Streik bereits geschwächt war. 1990 beschloß die Regierung dann, daß die Gehälter der Lehrer für Grund- und Mittelstufe zukünftig durch einen *Pay Review Body* (siehe Kapitel II.1.2.) festgelegt werden[251]. Damit setzte sich in diesem Fall die Regierung sozusagen im Alleingang über den Kompromiß der staatlichen Arbeitgeber und Verhandlungsführer hinweg, marginalisierte die Gewerkschaften im Verhandlungsprozeß und schränkte damit auch das Prinzip der *Comparability* bei der Lohnfestsetzung für die Lehrer maßgeblich ein.

---

[251] Dies gilt nur für die Lehrer in England und Wales, da die schottischen Lehrergewerkschaften die Aufrechterhaltung von Kollektivverhandlungen durchsetzen konnten (vgl. Kessler/Bayliss 1992:121).
Auch die Lohnfestsetzung der Beschäftigten bei Fachhochschulen und Universitäten wurde direkter Regierungskontrolle unterstellt (Brown/Walsh 1991)

(iii) Gewerbliche Arbeitnehmer der Kommunen:

Von den Kommunen werden traditionell vor allem die Löhne von gewerblichen Arbeitnehmern in zentralen Lohnverhandlungen festgelegt. Im Jahr 1980 wurden auch
hier aufgrund der Empfehlungen der *Clegg Commission* signifikante Lohnerhöhungen verhandelt. Danach fielen die Löhne - aufgrund der bereits beschriebenen restriktiven Budgetpolitik der Regierung - bis Mitte der 80er Jahre erneut stark hinter
denen der Vergleichsgruppe im privaten Sektor zurück. Deshalb vereinbarten die
Kommunen mit den hier organisierenden Gewerkschaften, u.a. NALGO, 1987 ein
neues Lohneinstufungssystem, das einzelne Berufsgruppen stark aufwertete, beispielsweise mobiles Pflegepersonal gegenüber der Müllabfuhr. 1989 konnte NALGO
für ihre Mitglieder im kommunalen Bereich einen relativen Sieg erreichen, indem
durch Streik das ursprüngliche Angebot der Arbeitgeber von nur sechs Prozent zu
einem Verhandlungsergebnis von 8,8 Prozent umgewandelt und Flexibilisierungs-
bestrebungen bzw. die Auflösung der zentralen Lohnverhandlungen abgewehrt wurden (Kessler/Bayliss 1992:117/118; Interview UNISON 29.09.93). Aufgrund der
personellen Rekrutierungsprobleme der Kommunen wegen des vergleichsweise geringen Lohniveaus wurden allerdings leistungsbezogene Elemente bei der individuellen Lohnfestsetzung und unterschiedliche Ortszuschläge eingeführt (Beaumont
1992:149). Insgesamt änderten sich aufgrund des gewerkschaftlichen Widerstandes
in diesem Bereich jedoch die Lohnsetzungsprinzipien und auch die Tarifverhandlungsstrukturen kaum.

Damit wird deutlich, daß die Regierung bei der Veränderung der Prinzipien der
Lohnsetzung bislang nur „Teilerfolge" verbuchen konnte. Davon stellt die Aufkündigung der Kollektivverhandlungen für die Lehrer und die Marginalisierung der Lehrergewerkschaften bei der Lohnfindung eine der gravierendsten Veränderungen dar.
Beim *Civil Service* dagegen wurde das Prinzip der *Fair Comparability* weitgehend
beibehalten und auch bei den gewerblichen Arbeitnehmern der Kommunen gab es
kaum Veränderungen. Dies läßt auf die weiterhin bestehende, nicht unbedeutende
Verhandlungsmacht der Gewerkschaften im öffentlichen Sektor während der 80er
und Anfang der 90er Jahre schließen.

Lohndifferenzen einzelner Gruppen

Bei der Einkommensentwicklung verschiedener Beschäftigtengruppen im öffentlichen Sektor fällt auf, daß insbesondere diejenigen, die bei jährlichen Lohnverhandlungen von Gewerkschaften vertreten wurden, wie beispielsweise der universitäre
Mittelbau oder die Lehrer an höheren Schulen, relativ schlecht abschnitten. Das gleiche gilt auch insbesondere für die gewerblichen Arbeitnehmer in den Gemeinden und

den Krankenhäusern. Dagegen erreichten insbesondere die Polizei und die Feuer-
wehrleute, deren Löhne mit Hilfe der noch in den 70er Jahren von den Gewerkschaften vereinbarten *Pay Formula* (siehe Kapitel II.1.2.) ermittelt werden, relativ
hohe Lohnsteigerungen. Gruppen, deren Löhne mit Hilfe von *Pay Review Bodies*
reguliert werden, konnten ebenfalls relativ starke Lohnsteigerungen verzeichnen (IRS
Employment Trends 499;1991:8; Public Finance Foundation 1992:55; Kess-
ler/Bayliss 1992:201).

Eine Aufstellung, welche die Einkommen verschiedener Gruppen im öffentlichen
Sektor als Prozente der durchschnittlichen Einkommen der gesamten Wirtschaft von
1972 ausdrückt, zeigt, daß 89/90 die Einkommen der Lehrer (Grund- und Mittelstufe)
bei einem Index von 79 lagen, die der gewerblichen Arbeitnehmer bei 78 und die der
Civil Servants bei 77. Der Index hat sich bei allen diesen Gruppen im Laufe der 80er
Jahre verschlechtert. Der Einkommensindex der Polizei lag dagegen aufgrund der
Pay Formula bei 113, der von Krankenschwestern, deren Löhne seit 1983 durch
einen *Pay Review Body*[252] festgelegt wurden, bei 114. Diese beiden Gruppen haben
ihr Einkommen offensichtlich in den 80er Jahren gemäß des zugrundeliegenden
Indexes verbessert (Tabelle 14). Auch Anfang der 90er Jahre setzte sich dieser Trend
fort: In Tarifabkommen für den universitären Mittelbau und die Lehrer an höheren
Schulen wurden 1991 beispielsweise Lohnerhöhungen von 6,1 Prozent, für die
gewerblichen Arbeitnehmer in den Kommunen von 6,4 Prozent und für die Ver-
waltungsangestellten im *National Health Service* von 7,9 Prozent vereinbart. Die
Löhne der Polizei stiegen im gleichen Jahr aufgrund der *Pay Formula* jedoch um 8,5
Prozent, die der Krankenschwestern und Hebammen auf der Grundlage der Empfehlung des *Pay Review Bodies* um 9,5 bis 11 Prozent (IRS Employment Trends 499;
1991:7).

Die Lohndifferenzen lassen annehmen, daß die Regierung die Lohnpolitik einerseits
als dezidiertes Instrument einsetzte, die Loyalität der für die Regierung funktional
wichtigen Gruppen wie der Polizei zu erhalten. Andererseits wurde damit offensichtlich kooperatives Verhalten, wie das der Krankenschwestern und Hebammen,
die sich am Streik der Arbeitnehmer im NHS 1983 nicht beteiligten, belohnt. Konfliktorientierte Gewerkschaften bzw. deren Mitglieder dagegen wurden durch die
rigide Lohnpolitik bzw. durch die Marginalisierung der Gewerkschaftsorganisationen
„bestraft". Beispiele sind hier die kommunalen Arbeitnehmer, die im *Winter of
Discontent* 1979 ein erhebliches Konfliktpotential entwickelten, oder die Lehrer.
Daraus kann man schließen, daß das weiterhin bestehende Verhandlungspotentials

---

[252] 1983 wurde die Festlegung der Gehälter der Krankenschwestern und Hebammen aus dem *Collective Bargaining* im staatlichen Gesundheitssektor herausgenommen und ein *Pay Review Body*
eingerichtet (Fredman/Morris 1989:186).

der Gewerkschaften im öffentlichen Sektor im Laufe der 80er und Anfang der 90er Jahre insofern geschwächt war, daß es ihnen nicht mehr möglich war für alle Beschäftigten ähnliche Lohnsteigerungen durchzusetzen wie den von der Regierung bevorzugten Gruppen zugestanden wurden.

Lohnentwicklung im Vergleich zum Privatsektor

Ein weiterer Hinweis darauf, daß die Gewerkschaften - trotz partieller Erfolge - im öffentlichen Sektor an Einfluß verloren, wird auch daran deutlich, daß die Lohnsteigerungen im öffentlichen Sektor insgesamt deutlich niedriger ausfielen als im privaten Sektor. Und dies, obwohl die gewerkschaftliche Repräsentanz bei Kollektivverhandlungen wie auch der gewerkschaftliche Organisationsgrad im Laufe der 80er und Anfang der 90er Jahre im öffentlichen Sektor wesentlich höher waren als im privaten Sektor (vgl. Kapitel III.2.3.).

Die Veränderung der Lohnsetzungsmechanismen führte in Verbindung mit der aufgezeigten Politik der Budgetrestriktionen für staatliche Arbeitgeber insgesamt dazu, daß die Löhne im öffentlichen Sektor deutlich hinter die von Vergleichsgruppen im Privatsektor zurückfielen. In den meisten Jahren lagen die durchschnittlichen Lohnerhöhungen im privaten Sektor über denen im öffentlichen Sektor. Lediglich in den Jahren 1980/81 und 1987/88 kann man sogenannte *„Catch up"* Lohnrunden ausmachen, in denen die Lohnsteigerungen im öffentlichen Sektor deutlich über denen im privaten Sektor lagen (vgl. Tabelle 14 sowie Public Finance Foundation 1992:52). Dabei spiegelten sich 1980/81 noch die Empfehlungen der *Clegg Comparability Commission* wider (vgl. Public Finance Foundation 1992:39). Die Lohnerhöhungen 1987/88 dagegen werden als eine Art Wahlgeschenk interpretiert. Denn bereits die Budgetausweisung für den öffentlichen Sektor war - wahrscheinlich im Hinblick auf die geplante Wahl 1987 - großzügiger ausgefallen als in vorangegangenen Jahren (vgl. Tabelle 14; Public Finance Foundation 1992:41).

Aufgrund der insgesamt vergleichsweise niedrigen Lohnerhöhungen im öffentlichen Sektor wuchsen die Lohndifferenzen zwischen dem öffentlichen und privaten Sektor im Laufe der 80er Jahre. Die aggregierten Lohnsteigerungen zwischen 1981 und 1990 bestätigen allerdings den Trend, der sich auch beim Überblick für die einzelnen Jahre andeutet: Im privaten Sektor fand eine Lohnsteigerung für männliche Vollzeitarbeitnehmer um 120,2 Prozent statt, während im öffentlichen Sektor lediglich eine Steigerung um 93,9 Prozent für diese Gruppe erreicht wurde. Diese Entwicklung beinhaltet, daß nun die durchschnittlichen wöchentlichen Einkommen der Männer im öffentlichen Sektor um etwa 14 Pfund geringer sind als im privaten Sektor. Auch für Frauen waren die Einkommenssteigerungen im privaten Sektor wesentlich höher als im öffentlichen. Aufgrund des - im Vergleich zum privaten Sektor - 1981 relativ hohen Einkommens der Frauen im öffentlichen Sektor blieb im Durchschnitt ein Einkommensvorsprung von über dreißig Pfund die Woche erhalten (Tabelle 12; Kessler/Bayliss 1992:200). Die unterschiedlichen Lohnsteigerungsraten im öffentlichen und im privaten Sektor waren bei den nicht-gewerblichen Arbeitnehmern noch stärker ausgeprägt als bei den gewerblichen, so daß vor allem die Gehälter der männlichen nicht-gewerblich Beschäftigten im öffentlichen Sektor im Laufe der 80er Jahre stark hinter die im privaten Sektor zurückfielen (vgl. Tabelle 12).

1.4. Lohnpolitik im privaten Sektor

Bei der Untersuchung der Lohnentwicklung im britischen Privatsektor kann kein deutlicher Zusammenhang mit der Flexibilisierung der Lohnstrukturen, die von neuen Managementtheorien empfohlenen wird, festgestellt werden. Anhand des bei Unternehmensumfragen[253] identifizierten Einflusses von verschiedenen Faktoren deutet sich folgender Erklärungszusammenhang für die Lohnsteigerungen an. Der zunehmende Wettbewerbsdruck und die verschiedenen Aspekte der wirtschaftlichen Krise wirkten zwar auch in britischen Unternehmen lohnsenkend, haben insgesamt aber schwächere Auswirkungen als die lohnsteigernden Faktoren. Die enormen Produktivitätsfortschritte der britischen Unternehmen in den 80er Jahren wurden an die Arbeitnehmer in Form von Lohnerhöhungen weitergegeben. Institutionelle „Mechanismen" wie die negative Koordination der britischen Tarifverhandlungen blieben auch trotz abnehmender Repräsentanz und Verhandlungsmacht der Gewerkschaften weiterhin wirksam und begünstigten die Lohnsteigerungen.

Maßnahmen zur Flexibilisierung der Löhne

Die britischen Unternehmer strebten während der 80er und zu Beginn der 90er Jahre - wie in den neuen Managementtheorien empfohlen - eine Flexibilisierung der Lohnstruktur an. Damit ist gemeint, die Löhne nicht entlang der in kollektiven Vereinbarungen ausgehandelten Lohnleitlinien, sondern individuell und leistungsbezogen festzulegen[254]. Grundlage der flexiblen Lohnstrukturen ist, daß nicht ausschließlich

---

[253] Ingrams (1991b) Ergebnisse kommen auf der Basis von Informationen aus der CBI Pay-Datenbank zustande, welche Informationen über mehr als 12.000 Lohnabschlüsse von 1.100 bis 1.400 Gruppen von gewerblichen und nicht-gewerblichen Arbeitnehmern in der verarbeitenden Industrie zwischen 1979 und 1989 verbucht. Für etwa ein Drittel dieser *Settlement Groups* wurden die Verhandlungen nicht von anerkannten Gewerkschaften geführt, sondern die Löhne vom Management konzidiert (Ingram 1991b:94).
Bei den jährlich wiederholten Umfragen wird dem Management in der verarbeitenden Industrie u. a. die Frage gestellt „*What were the main factors which you think influenced the level of your settlement?*". Die Ergebnisse dieser Frage sind in Tabelle 15 zusammengefaßt.
[254] Die Flexibilisierung der Löhne wurde damit begründet, daß dies die Schaffung von Arbeitsplätzen erleichtere. *John Hoskyns*, Vorsitzender des *Institute of Directors*, schreibt „*If all companies were freer to pay, subject to contract, what they wanted to whomever they chose, for as long as was needed - just as they are already totally free to hire or not - there would be more jobs on*

die Bezahlung nach „Zeit" zugrundegelegt wird. Vielmehr werden, meist zusätzlich, leistungsbezogene Lohnelemente eingeführt. Mittlerweile haben fast alle großen Unternehmen Arbeitnehmer, die leistungsabhängig bezahlt werden (Millward et al. 1992:261). Es kann allerdings davon ausgegangen werden, daß der leistungsbezogene Lohnbestandteil nur einen geringen Anteil an dem Gesamtlohn eines Arbeitnehmers ausmacht (Marsden/Silvestre 1990:28). Dabei können verschiedene Formen der Flexibilisierung der Löhne gewählt werden, wie (i) *Payment by Results* oder *Merit Pay*, (ii) *Profit Related Payment Schemes* oder *Share Ownership Schemes*.

(i) Die Bezahlung nach *Payment by Results* (PBR) bedeutet meistens, daß etwa zehn bis zwanzig Prozent des Lohnes variieren - je nach dem vom jeweiligen Arbeitnehmer oder seiner Gruppe produzierten *Output* (Brown 1989:261). Diese Form der Verknüpfung von Bezahlung und (individueller) Leistung ist sehr alt und bezieht sich vor allem auf Produktionsarbeiter, bei denen beispielsweise die bearbeitete Stückzahl gemessen wird. Wenn die Leistung als Grundlage für die Bezahlung durch das Urteil eines Vorgesetzten „bemessen" wird, bezeichnet man dies dagegen als *Merit Pay*. 1990 beschäftigten 66 Prozent aller Unternehmen in der verarbeitenden Industrie des Privatsektors Arbeitnehmer, die in der einen oder anderen der genannten Formen leistungsabhängig bezahlt wurden (Millward et al. 1992:261).

(ii) Seit den 80er Jahren wurde zunehmend versucht, den Leistungsbonus auch mit Indikatoren zu verknüpfen, welche die Marktlage des Unternehmens widerspiegelten, damit sich die Arbeitnehmer stärker mit dem „Wohl des Unternehmens" identifizieren sollten:

> „*By linking pay to a measure that fluctuates with external prices (both of raw materials and of product sales) or with company performance, it is felt that the worker is brought into closer contact with the risk and realities of the commercial world in which the company has to survive*" (Brown 1989:262).

Ein Beispiel dafür ist die Beteiligung der Arbeitnehmer am Gewinn des Unternehmens. Dabei haben sich in Großbritannien verschiedene Formen der sogenannten „*Profit-Sharing Schemes*" entwickelt (Millward et al. 1992:262). Dabei handelt es sich um verschiedene Lohn-Flexibilisierungselemente, die dazu dienen, einen Teil der Löhne und Gehälter in Abhängigkeit vom Profit der Unternehmen festzulegen. Insgesamt stieg die Anzahl der Unternehmen, die über eine der Formen der *Profit-Sharing Arrangements* verfügen, von 1984 18 Prozent auf 43 Prozent 1990

---

offer and less inflationary pay pressure" (Labour Research Dez. 1988) Diese Einschätzung wurde von Regierungsvertretern unterstützt. Beispielsweise äußerte auch *Employment Secretary Norman Fowler* auf der CBI Konferenz 1988 seine Ablehnung gegenüber der durch die noch bestehenden sektoralen Tarifverhandlungen entstehenden Lohnleitlinien: „*the going rate is still a powerful influence. The annual pay round shows little sign of disappearing*" (Labour Research Dez. 1988).

(Millward et al. 1992:264). Dazu trug unter anderem auch die Politik der Regierung bei, die durch verschiedene *Finance Acts* 1978, 1980, 1984 und 1987 für verschiedene Typen des *Profit-Related Payments* und *Share Ownership Schemes* Vergünstigungen bei der Einkommenssteuer gewährte (Brown 1989:263). Nach anfänglicher Opposition unterstützten am Ende der Dekade auch die Gewerkschaften diese Formen der Gewinnbeteiligung der Arbeitnehmer (Millward et al. 1992:262).

Die *Profit-Related Payments* oder *Bonus Schemes* sind am weitesten verbreitet. Sie ergänzen die Löhne der Arbeitnehmer durch einen Bonus, der von der Gewinnlage des Unternehmens abhängig ist. Etwa Dreißig Prozent der Unternehmen in der verarbeitenden Industrie und etwa die Hälfte der Dienstleistungsunternehmen verfügen über solche Programme (Millward et al. 1992:262). Eine andere Form ist die Beteiligung der Arbeitnehmer am Profit durch den Erwerb von Aktien des jeweiligen Unternehmens, sogenannte *Share-Ownership Schemes*. Diese Form der Profitbeteiligung betrifft nur etwa zehn Prozent der Arbeitnehmerschaft in der gesamten Wirtschaft, vorzüglich höhere Angestellte. Damit ist die Verbreitung dieser Form der Arbeitnehmerbeteiligung am Gewinn als eher gering einzuschätzen (Millward et al. 1992:263). Es ist anzunehmen, daß die Lohnflexibilisierung in Form von „Anreizstrukturen" auch genutzt wird, um qualifiziertes Personal anzuwerben. Es liegen jedoch keine Daten darüber vor, wie die beschriebene Flexibilisierung der Lohnstruktur die Höhe der Löhne beeinflußt[255].

Allgemeine Einflüsse auf die Lohnentwicklung

Ingram (1991b:101) differenziert die Einflüsse auf die Lohnerhöhungen einerseits nach firmeninternen Effekten wie Profitabilität des Unternehmens, Produktivität und „Fähigkeit zu zahlen", und andererseits nach externen Effekten wie externe Vergleichbarkeit der Löhne, „Risiko der Entlassung" und Inflationssteigerung. Dabei wird nachgewiesen, daß die firmeninternen Effekte den ausschlaggebenden Einfluß auf die Lohnerhöhungen in den Unternehmen ausübten.

Der Wettbewerbsdruck aufgrund der wirtschaftlichen Rezession und der zunehmenden Internationalisierung der Wirtschaft schlug sich auch auf britische Unternehmen nieder und übte einen restriktiven Einfluß auf die Lohnentwicklung aus. Ein konstant wichtiger restriktiver Einfluß ist die „Unmöglichkeit, Preise zu erhöhen" und damit steigende Lohnkosten an die Kunden weiterzugeben. Dies wurde 1981/82 sogar von

---

[255] Die Daten zu den *Flexibility Agreements* bieten hier kaum weiteren Aufschluß: In der Periode zwischen 1979/80 bis 1982/83 wurde in 7,9 Prozent solcher Abkommen mit Gewerkschaften und in 4,4 Prozent solcher Abkommen in Unternehmen ohne Gewerkschaften die Einführung von leistungsbezogenen Lohnsystemen vereinbart. Dieser Anteil blieb für die Periode 1983/84 bis 1988/89 mit 8,2, respektive 4,2 Prozent relativ konstant (vgl. Ingram 1991a:7). Ob dies lohnsteigernd oder lohnsenkend wirkte, bleibt unklar.

52 Prozent aller Befragten und Ende der 80er Jahre immerhin noch von 38 Prozent angegeben (siehe Tabelle 15): *„In the latter half of the decade the influence of cost competition in manufacturing, preventing the passing on of wage increases into prices, represented the largest downward influence on settlements"* (Ingram 1991b:101). Bedingt durch die Rezession haben sich in der ersten Hälfte der 80er Jahre auch die niedrigen oder fallenden Unternehmensprofite sowie die Angst vor Entlassungen „lohnsenkend" ausgewirkt. Mit dem in der zweiten Hälfte der 80er Jahre einsetzenden wirtschaftlichen Aufschwung verringerten diese Faktoren allerdings ihren restriktiven Einfluß auf die Lohnsteigerungen.

Während der gesamten Periode waren insgesamt jedoch die zahlreichen lohnsteigernden Faktoren in britischen Unternehmen dominant. Als Grund für Lohnsteigerungen wurde von den Unternehmen im Privatsektor in allen Jahren am häufigsten der Inflationsdruck genannt. Wachsende Profite wirkten sich zunehmend in der zweiten Hälfte der 80er Jahre lohnsteigernd aus. 1989 wurden sie von zwanzig Prozent der befragten Manager als Faktor für den „Lohndruck" angeführt. Als weiterer wichtiger Faktor, der ebenfalls in der zweiten Hälfte der 80er Jahre an Bedeutung gewann, wurde 1989 von dreißig Prozent der befragten Manager die Notwendigkeit genannt, Arbeitskräfte ans Unternehmen zu binden und/oder neu zu rekrutieren (vgl. Tabelle 16). *„The increase in upward pressures, the factors that inflate employees' expectation of their required supply price, have stemmed from the revival in company profits and the intensification of perceived skill shortages in the labour market"* (Ingram 1991b:101). Arbeitnehmer, für deen Qualifikation ein Mangel besteht, haben eine starke Verhandlungsposition: sie können die Löhne in die Höhe treiben (vgl. Brown/Walsh 1991:51), bzw. sie werden von den Unternehmen hoch bezahlt, um ihre Abwanderung zu vermeiden (McIlroy 1988:207)[256]. Damit erscheinen neben dem Inflationsdruck und dem wirtschaftlichen Aufschwung in der zweiten Hälfte der 80er Jahre, der Mangel an qualifizierten Arbeitnehmern, trotz hoher Arbeitslosigkeit, in Großbritannien wesentliche Ursachen für Lohnsteigerungen zu sein. Ferner wurde auch die Verbesserung der Produktivität als lohnsteigernd empfunden.

Produktivitätssteigerungen und Lohnerhöhungen

Insgesamt stieg im Laufe der 80er Jahre die Produktivität in britischen Betrieben - im Vergleich zu den 70er Jahren wie im internationalen Vergleich - stark an, so daß sogar von einem *„Productivity Miracle"* (Metcalf 1989:10) die Rede ist. Die Ar-

---

[256] Dafür spricht auch, daß die kumulierten Lohnzuwächse der verschiedenen untersuchten Gruppen konsistent relative Verlierer und relative Gewinner ausweisen. D.h. während der 80er Jahre verzeichneten die Gruppen, die in einem Jahr relativ hohe Abschlüsse hatten (trotz einer auch hier erheblichen Varianz) auch im darauffolgenden Jahr mit einer mittleren Wahrscheinlichkeit relativ hohe Abschlüsse (Ingram 1991b:98/99).

226

beitsproduktivität, gemessen am realen *Output* pro beschäftigter Person, erhöhte sich zwischen 1979 und 1988 im privaten Sektor jährlich durchschnittlich um 2,6 Prozent (Crafts 1991:83). Allein in der metallverarbeitenden Industrie Großbritanniens stieg die Produktivität von jährlich ein Prozent zwischen 1973 und 1979 auf jährlich fünf Prozent zum Beginn der 80er Jahre (Ward 1988:67).

Im Vergleich mit den anderen industrialisierten Ländern stieg die Produktivität in Großbritannien zwischen 1979 und 1988 damit überdurchschnittlich. Beispielsweise verzeichnete die Bundesrepublik in diesem Zeitraum nur eine jährliche Produktivitätssteigerung von 1,9 Prozent und die USA von 1,6 Prozent (Crafts 1991:83). Damit hat sich der Produktivitätsrückstand Großbritanniens gegenüber anderen Ländern in der verarbeitenden Industrie deutlich verringert, ist aber noch nicht ganz aufgeholt. Der Produktivitätsvorsprung der Bundesrepublik sank zwischen 1977 bis 1989 von 149 auf 105 und der Produktivitätsvorsprung der USA sank im gleichen Zeitraum von 230 auf 177 im Vergleich zu Großbritannien (= 100) (Metcalf 1993:29). Dieser Trend blieb auch Ende der 80er Jahre bestehen (vgl. Muellbauer 1991).

Die Produktivitätsfortschritte wurden vor allem durch eine Reduzierung der Arbeitnehmerschaft, aber auch durch Reformen bei der Arbeitsorganisation ermöglicht[257].

> „The productivity surge of the 1980s appears to have owed little to greater investment in plant, people, or research and development but to have come primarily from more efficient use of existing factors of production and in effect to have been based on a shake-out of inefficiencies which had accumulated in the earlier decades" (Crafts 1991:94; ebenso Employment Trends Nov. 1991).

Beim sogenannten *Productivity Bargaining* wurden Lohnerhöhungen mit der Einführung von Maßnahmen zur Steigerung der Produktivität[258] verknüpft. Dies zeigte sich u.a. an Lohnabkommen, die immer öfter „Produktivitätsklauseln" enthielten. Eine Untersuchung von Unternehmen der privaten verarbeitenden Industrie dokumentiert, daß zwischen 1979 und 1989 dort kontinuierlich mehr als 25 Prozent aller jährlichen Abkommen über Lohnerhöhungen auch Veränderungen bei der Gestaltung der Arbeitsbedingungen beinhalteten[259].

---

[257] Die Produktivitätssteigerungen in der verarbeitenden Industrie werden weitgehend auf den Abbau von personellen Überkapazitäten in bestehenden Unternehmen, auf die Auflösung nicht mehr rentabler Unternehmen (vgl. Muellbauer 1991:105) sowie auf die Einführung und die Rationalisierungseffekte neuer Technologien zurückgeführt. 1990 wurden von 32 Prozent aller britischen Unternehmen Arbeitsplätze abgebaut, bei zehn Prozent davon über Entlassungen. Insbesondere die Unternehmen der verarbeitenden Industrie gehörten dazu (39 Prozent haben die Belegschaft reduziert, davon 21 Prozent durch Entlassungen) (WIRS 1992:321).

[258] Die Liste umfaßt das Abschaffen von restriktiven Praktiken, die Einführung von Schichtarbeit oder neuer Technologie, Entlassungen, die Einführung leistungsbezogener Lohnsysteme, die Einführung von *Flexibility Agreements* (siehe unten) und andere Maßnahmen zur Verbesserungen der Produktivität (Ingram 1991a:3).

[259] Es wird angenommen, daß Verhandlungen über Produktivitätsfortschritte im Laufe der 80er Jahre zunahmen, da sowohl in Unternehmen mit und ohne Gewerkschaften darüber verhandelt wurde

In Unternehmen, wo Lohnabkommen auch Maßnahmen zur Produktivitätssteigerung beinhalteten, waren im genannten Zeitraum die durchschnittlichen jährlichen Lohnerhöhungen deutlich höher als in der Vergleichsgruppe ohne „Produktivitätsklausel". „*This indicates that settlements where there was a 'productivity bargain' were marginally higher on average than those where this was not the case*" (Ingram 1991a:6). Damit kann davon ausgegangen werden, daß der Kompromiß zwischen Arbeitnehmern und Arbeitgebern über die Einführung von Maßnahmen zur Steigerung der Produktivität mit einer Steigerung der Löhne einherging: „*This reflects not only an implied trade-off between pay and work-place change, but also the use of pay as a managerial tool*" (Ingram 1991a:12). Die Kooperation der Arbeitnehmer bei Maßnahmen zur Steigerung der Produktivität - also auch ihre Akzeptanz des Beschäftigungsabbaus - wurde damit in den 80er Jahren vom britischen Management offenbar durch Lohnerhöhungen „erkauft".

Dies wird auch anhand der *Flexibility Agreements*, das sind Abkommen zwischen Arbeitgebern und Gewerkschaften zur Veränderung der Arbeitsorganisation, deutlich[260] (Marsden/Thompson 1990:86). Zwischen 1980 und 1987 wurden in Unternehmen mit anerkannten Gewerkschaften 137 solcher *Flexibility Agreements* abgeschlossen, von denen etwa 2,3 Millionen Arbeitnehmer betroffen sind (Marsden/Thompson 1990:87)[261]. Die meisten dieser Abkommen wurden in der verarbeitenden Industrie in Unternehmen mit starken gewerkschaftlichen Organisationen abgeschlossen[262] (Marsden/Thompson 1990:88). Der am häufigsten genannte Gegenstand der Abkommen bezieht sich auf die Entlassung von Arbeitnehmern (sechzig Prozent) oder aber die Veränderung der Tätigkeitsbeschreibungen von verschiedenen Berufsgruppen (41 Prozent) sowie die Veränderung der Eingruppierung von Arbeitnehmern (zwanzig Prozent) (Marsden/Thompson 1990:90). Die *Flexibility Agreements* zeigen damit, daß die britischen Gewerkschaften im Privatsektor während der 80er und Anfang der 90er Jahre ihre Verhandlungsmacht in Unternehmen, in denen sie noch vertreten waren, einsetzten, um für die Kooperation bei Maßnahmen zur

---

(genauer Vergleich ist aufgrund fehlender Daten in den 70er Jahren nicht möglich). Auch zwanzig Prozent der Gruppen, die nicht von Gewerkschaften vertreten wurden, verhandelten zwischen 1979 und 1989 über Veränderungen, welche auf die Erhöhung der Arbeitsproduktivität abzielten (Ingram 1991a:4). In Unternehmen, die Gewerkschaften anerkannten, ist dieser Anteil nahezu ein Drittel (Ingram 1991a:4). Während des gesamten Untersuchungszeitraums vereinbarte nur ein Viertel aller befragten Verhandlungseinheiten nie Maßnahmen zur Steigerung der Produktivität (Ingram 1991a:11).

260 Deren Ziel ist „*an improvement in management's ability to obtain variations in the organisation and use of employees' time at work in response to commercial pressures*" zu erreichen (Marsden/Thompson 1990:86).

261 Sieben dieser Abkommen, von denen 1,45 Millionen Arbeitnehmer betroffen sind, wurden allerdings im öffentlichen Sektor abgeschlossen (Marsden/Thompsen 1990:89). Für den privaten Sektor ist daher der Einfluß von *Flexibility Agreements* entsprechend zu reduzieren.

262 63 der Abkommen wurden in den Sektoren *Cars, Engineering (ex.cars)*, und *Other Manufacturing* realisiert. Der durchschnittliche gewerkschaftliche Organisationsgrad in den entsprechenden Unternehmen lag Mitte der 80er Jahre zwischen 53 und 81 Prozent (Marsden/Thompsen 1990:89).

Steigerung der Produktivität lohnpolitische Konzessionen durchzusetzen. Insgesamt kann man damit die hohen Produktivitätsfortschritte als eine der wesentlichen Voraussetzungen für die Lohnerhöhungen in britischen Unternehmen im Laufe der 80er bis Mitte der 90er Jahre ausmachen.

Die Beteiligung von Gewerkschaften an den Lohnverhandlungen

Im allgemeinen konnten Gewerkschaften im Privatsektor im Laufe der 80er Jahre keine höheren Löhne durchsetzen als die Arbeitgeber den nicht-gewerkschaftlich vertretenen Arbeitnehmern gewährten. Weder die Drohung mit Streiks noch durchgeführte Streiks hatten besonders starke lohnsteigernde Effekte (weniger als drei Prozent) (vgl. Tabelle 15). Ingram begründet dieses Phänomen damit, daß in Unternehmen mit Gewerkschaften weitgehend die gleichen Faktoren als lohntreibend oder lohnsenkend genannt wurden wie in Unternehmen ohne Gewerkschaften (vgl. Tabelle 16): *„The importance of company-specific influences in the process of pay determination appears to be independent of the impact of trade unions in wage bargaining"* (Ingram 1991b:101).

In Ingrams Untersuchung der Lohnabkommen in der verarbeitenden Industrie wird deutlich, daß die durchschnittlichen Lohnsteigerungen in von den Gewerkschaften verhandelten Abkommen sogar niedriger waren als die Lohnsteigerungen für Gruppen, die nicht durch Gewerkschaften vertreten wurden[263] (Tabelle 17; ebenso Gregg/Machin 1991:604). Dies deutet insofern auf einen Einflußverlust der Gewerkschaften hin, als diese offenbar keine Verhandlungsposition mehr inne hatten, die es ihnen ermöglichte, einen Lohnvorteil gegenüber den nicht-organisierten Arbeitnehmern zu erreichen. Dadurch verringerten sich die bislang von den gewerkschaftlich vertretenen Arbeitnehmergruppen erreichten Lohnvorteile gegenüber nicht gewerkschaftlich vertretenen Gruppen im Laufe der 80er Jahre um 3,5 Prozent (Ingram 1991b:97)[264].

Diese geringen bzw. abnehmenden Lohndifferenzen zwischen gewerkschaftlich organisierten und nicht-organisierten Gruppen können durch die hohe Bewertung der „Vergleichbarkeit" bei gewerkschaftlich vertretenen und auch gewerkschaftlich nicht vertretenen Gruppen erklärt werden (Tabelle 16). Die Bedeutung der „Vergleichbarkeit" der Löhne weist darauf hin, daß das für Großbritannien typische *Leap Frogging*, also das sich gegenseitige „Überbieten" der einzelnen Verhandlungseinheiten für unterschiedliche Arbeitnehmergruppen bei aufeinanderfolgenden Verhandlungs-

---

[263] Dieses Ergebnis müßte jedoch um den Effekt „bereinigt" werden, daß die Gewerkschaften in der metallverarbeitenden Industrie auch Arbeitszeitverkürzungen für ihre Mitglieder durchsetzten und so z.T. auf Lohnerhöhungen verzichteten (siehe Kapitel IV.1.5.).
[264] Dies wird auch in zahlreichen anderen Studien weitgehend bestätigt (vgl. Metcalf 1993:23;44).

runden, offensichtlich auch während der 80er und Anfang der 90er Jahre weiterbe-
standen hat. Gewerkschaftliche Lohnforderungen wie auch die Verhandlungsmacht
der Facharbeiter aufgrund des Facharbeitermangels heizten den Mechanismus des
Leap Frogging an und wurden durch die allseitige Forderung nach „vergleichbaren"
Löhnen potenziert. „*Once unemployment started falling in 1986, and as skill shortages developed, unions pressed for higher wages while companies were happy to
outbid their competitors. The result of this leap-frogging was a rise in real wage and
then price inflation. Companies raised their prices to protect profit margins, while
UK unit cost growth outstripped the European competition. The rest is painfully
recent history"* (Financial Times 4. Sept. 1991). Da Gewerkschaften im Laufe der
80er Jahre in immer weniger Unternehmen im Privatsektor überhaupt noch vertreten
waren und an Einfluß verloren hatten, kann jedoch davon ausgegangen werden, daß
insgesamt nicht die gewerkschaftliche Verhandlungsmacht ausschlaggebend für die
Durchsetzung der Lohnforderungen (und deren negative Folgen) war. Vielmehr hat
der durch das fragmentierte und dezentrale Verhandlungssystem bedingte Mechanismus negativer Koordination entscheidend zu den Lohnsteigerungen beigetragen.

1.5. Gewerkschaftliche Strategien in der Lohnpolitik

Anhand der in den vorangegangenen Abschnitten aufgezeigten Entwicklung wurde
deutlich, daß die *Outcomes* der britischen Lohnpolitik darin bestehen, daß im Vergleich überdurchschnittlich hohe Lohnsteigerungen erreicht wurden. Auch wenn dieses Ergebnis nicht mehr unbedingt als Ergebnis gewerkschaftlicher Verhandlungsmacht zu interpretieren ist, geht es doch mit den Zielvorstellungen der britischen
Gewerkschaften in der Lohnpolitik weitgehend kongruent, die man mit „Maximale
Lohnerhöhungen" bzw. „maximaler Ausgleich für Produktivitätsfortschritt" charakterisieren kann. Darüber hinaus verfügten die britischen Gewerkschaften kaum über
ausgearbeitete Strategien in der Lohnpolitik bzw. waren und sind nicht in der Lage,
diese umzusetzen. Dies wird anhand des großen Widerspruchs zwischen den vom
TUC formulierten Zielen zur Einkommenspolitik, die einer kooperativ solidarischen
Strategie entsprechen würden, und der von den Einzelgewerkschaften praktizierten
Politik deutlich. Deren Ziele wie auch die Effekte ihrer Politik sind vorwiegend partikularistisch, an den unmittelbaren Interessen der Mitglieder orientiert. Das Fehlen
ausgearbeiteter Strategien in der Lohnpolitik britischer Gewerkschaften zeigt sich
aber auch daran, daß seit dem Ende der konzertierten Einkommenspolitik weder vom
Dachverband noch von den Einzelgewerkschaften konkrete Lohnleitlinien bei den
jährlichen Tarifverhandlungen vorgegeben wurden. Bei den weitgehend dezentralen
Verhandlungen versuchen die gewerkschaftliche Akteure eben maximale Lohnsteigerungen auszuhandeln. Nur wenige berücksichtigten die Folgen ihrer Lohnpolitik im

Hinblick auf das Beschäftigungsniveau in den Unternehmen und versuchten, mit den Arbeitgebern über Lohnzurückhaltung z.b. im „Tausch" für Arbeitsplätze zu verhandeln. Die Ursachen für die nur gering ausgeprägten lohnpolitischen Strategien liegen damit vor allem in den unterschiedlichen Interessen der Einzelgewerkschaften und den dezentralen gewerkschaftlichen Organisationsstrukturen. Die mit der Lohnpolitik nur indirekt gekoppelten Ziele, wie z.b. Fragen, die das Beschäftigungsniveaus oder die Einführung eines gesetzlichen Mindestlohns betreffen, werden daher weiterhin an die *Labour Party* delegiert.

Lohnpolitische Ziele des TUC und der Einzelgewerkschaften

Beim TUC ist man sich des negativen Einflusses hoher Lohnforderungen auf die gesamtwirtschaftliche Entwicklung und insbesondere die Geldwertstabilität (sogenannte *Wage Inflation*) bewußt[265]. Obwohl dies in der Öffentlichkeit nicht deutlich so benannt wird, ist der Dachverband gegenüber einer Fortführung der Einkommenspolitik, vor allem im öffentlichen Sektor, nicht abgeneigt (Interview TUC 27.09.93). Der TUC schlug vor, mit der Regierung vor jeder Lohnrunde eine Debatte über deren wirtschaftspolitische Einschätzungen und ökonomischen Zielvorstellungen zu führen (vgl. Kapitel III.2.5.). *„The co-ordinating and strengthening would therefore be an important element in removing inflationary pressures within the wage determination system, and in relating future wage demands to long-term economic policies"* (TUC: A new agenda- bargaining for prosperity in the 1990s; zit. nach Employment Trends 471; Sept. 1991). Der TUC tritt auch weiterhin für die Fortführung zentraler Tarifverhandlungen ein. Im Zusammenhang damit wird vom TUC, wie auch von zahlreichen Einzelgewerkschaften, seit 1990 eine Verbesserung der fragmentierten Tarifverhandlungsstruktur sowie eine zeitliche Koordinierung der zentralen Abkommen angestrebt. Dadurch soll das *Leap Frogging*, das inflationstreibend wirkt, eingeschränkt werden. Vor allem im öffentlichen Sektor befürworten TUC-Vertreter einen „Tausch" wie „gemäßigte Lohnerhöhungen" für die „Aufrechterhaltung des Beschäftigungsniveaus" (Interview TUC 27.09.93).

Von den Einzelgewerkschaften wurde allerdings eine konzertierte Einkommenspolitik, die eine kooperativ-solidarische Strategie erfordern würde, aus verschiedenen Gründen immer wieder deutlich abgelehnt. Beispielsweise sagte 1991 *Bill Morris*, Generalsekretär der TGWU (die TGWU hatte in den 70er Jahren den *Social Contract* mit initiiert), daß seine Gewerkschaft keine konzertierte Lohnpolitik mit restriktiven

---

[265] Die Annahme dabei ist, daß die steigenden Löhne von den Unternehmern in Form von steigenden Preisen an die Verbraucher weitergegeben werden und dies mit zur Erhöhung der Inflation beiträgt. Entsprechend dieser Annahme verringerte sich die Wettbewerbsfähigkeit der britischen Produkte durch die Lohnerhöhungen, wodurch auch die Arbeitslosigkeit stieg (Layard 1990).

Lohnleitlinien unterstützen würde: *„No pay norms, no quick fix cobbled together in a smoke filled room. No beer and sandwiches"* (Financial Times 5.9.1991). Aber auch die Vertreter von *Craft Unions*, wie der AEEU, drückten ihre Ablehnung gegenüber einer konzertierten Lohnpolitik aus. *„We as a Union have never advocated wages policy. ... Our policy has always been against that. We believe in proper, free collective bargaining, the best deal that we can get"* (Interview AEEU 22.09.93)[266].

UNISON-Vertreter führten vor allem das Scheitern des *Social Contract* an, um ihre Skepsis gegenüber irgendeiner Form von Lohnzurückhaltung und tripartistischer Einkommenspolitik zu begründen. *„Bearing in mind the history of the Social Contract and the Winter of Discontent, I don't know whether the trade unions will be prepared to entering to that sort of arrangement again. I think they would probably say no"* (Interview UNISON 29.09.93). Wie bereits durch die aufgezeigte Politik der Einzelgewerkschaften, z.B. bei den *Flexibility Agreements* deutlich wurde, war und ist deren primäres Ziel, die maximale Steigerung der Einkommen der beschäftigten Arbeitnehmer durch möglichst hohe Lohnabschlüsse zu erreichen.

Lediglich der Kampagne um die Verkürzung der Wochenarbeitszeit in den 80er Jahren lag die Überlegung zugrunde, daß von den Unternehmen angestrebte Produktivitätsfortschritte auf einer *„self-financing"* Basis mit Arbeitszeitverkürzungen „getauscht" werden sollten (Blyton 1992b:423)[267]. 1989 forderten die Gewerkschaften der metallverarbeitenden Industrie, die in der CSEU zusammengefaßt sind, eine Arbeitszeitreduzierung auf 35 Stunden pro Woche. Vor dem Hintergrund eines leichten wirtschaftlichen Aufschwungs diente die Kampagne nicht primär dazu, die Arbeitslosigkeit durch die Arbeitszeitverkürzung zu senken. Vielmehr stand der individuelle Freizeitgewinn im Mittelpunkt:

„One of the arguments was that unemployment was so high, but I would say honestly that I don't think it has had a great effect on unemployment. For the individuals who

---

[266] Einer der Gründe für diese Ablehnung war, daß eine restriktive Einkommenspolitik im allgemeinen die Lohndifferenzen verringert, die Facharbeiter aber daran interessiert sind, das *„wage gap"* gegenüber den un- oder angelernten Arbeitnehmern aufrechtzuerhalten (Financial Times 5. September 1991).

[267] Bereits 1979 gab es eine Kampagne für eine Verkürzung der Wochenarbeitszeit in der verarbeitenden Industrie in Großbritannien. Mit mehreren ein bis zwei Tage andauernden Streiks wurde dabei die Wochenarbeitszeit für die gewerblichen Arbeitnehmer von vierzig auf 39 Stunden verringert und der Urlaub auf fünf Wochen erweitert (Blyton 1992b:422). Erneute Forderungen der Gewerkschaften zur Verkürzung der Arbeitszeit wurden 1983 von den Arbeitgebern mit einer Verstärkung der Forderungen nach Verbesserung der Produktivität und Flexibilität beantwortet (Mckinlay/McNulty 1992:206). Daraufhin wurde ein Ausschuß von Vertretern der EEF und der CSEU gegründet, der über eine Verkürzung der Wochenarbeitszeit verhandeln sollte. Ein zentrales Abkommen scheiterte letztlich an der Forderung der Arbeitgeber, das „Verhandlungsmandat" für die konkrete Gestaltung der Arbeitszeitverkürzung in den Unternehmen nach dem Vorbild der *Single Union Deals* weitgehend auf die Mehrheits-Gewerkschaft in den Betrieben, das ist in dieser Branche meistens die AEU, zu übertragen. Da die Realisierung dieses Vorschlages die weitgehende Marginalisierung der übrigen Gewerkschaften der CSEU in den Betrieben beinhaltet hätte, traf er auf den erbitterten Widerstand dieser Organisationen, was u.a. 1986 zur Auflösung des Ausschusses und zum Scheitern der Verhandlungen führte (McKinnay/McNulty 1992:205; Blyton 1992a:31).

were involved the main reason doing it, was to get a better quality of life. I don't think
that they were concerned in unemployment. ... The better argument to use was to get
more leasure time" (Interview AEEU 22.09.93)[268].

Die Arbeitszeitverkürzung wurde als „Gegenleistung" für die ohnehin unvermeidlichen Maßnahmen zur Steigerung der Produktivität, u.a. durch die Einführung neuer Technologien, gesehen:

> *„Many of these companies were bringing in a lot of new technology at that time. ...*
> *Basically we said, well we will have two hours off, but we will increase productivity and*
> *become more flexible. That was happening anyway in British industry. These ag-*
> *reements on productivity, flexibility, new technology would have had to be made any-*
> *way. So we decided let's get something out of it"* (Interview AEEU 22.09.93)[269].

Die Streikaktionen zur Durchsetzung dieser Forderung orientierten sich am Vorbild des Arbeitskampfes der IG-Metall in Deutschland um die 35-Stunden Woche 1984[270]. Die Strategie der CSEU, den Arbeitgeberverband AEEF durch eine selektive Streiktaktik zu einem nationalen Abkommen hinsichtlich der Arbeitszeitverkürzung zu bewegen, nachdem in einzelnen Unternehmen erste Pilotabschlüsse gemacht waren, schlug allerdings fehl. Vielmehr kündigten die Arbeitgeber der metallverarbeitenden Industrie noch 1989 das industrieweite Tarifabkommen. Ein nicht-intendierter Nebeneffekt dieser Kampagne war daher der generelle Zusammenbruch der branchenweiten Lohnverhandlungen in der verarbeitenden Industrie (siehe Kapitel III, 1,.2; McKinlay/McNulty 1992:210). Bis 1991 wurden jedoch in mehr als 1.400 Unternehmen einzelne Abkommen über eine Arbeitszeitverkürzung auf zumeist 37 Stunden pro Woche abgeschlossen (Blyton 1992b:425)[271]. Die Kampagne für die Arbeitszeitverkürzung übertrug sich in den folgenden Jahren in begrenztem Umfang

---

[268] Ebenso McKinlay/McNulty (1992:208): *„The dominant theme of the leadership's rhetoric was not solidarity with the unemployed but the individual benefits of increased leisure time."*
[269] Sozusagen kongruent dazu wurden von den meisten britischen Arbeitgebern Zugeständnisse zur Produktivitätssteigerung im „Tausch" für Arbeitszeitverkürzung eingefordert. Aufgrund der Auswertung von zahlreichen Firmen-Tarifabschlüssen im Rahmen des Tarifkonfliktes um die Arbeitszeitverkürzung, vor allem in der metallverarbeitenden Industrie 1989-90, kommt Blyton zu einer entsprechenden Einschätzung: *„...management came to express a preference for achieving flexibility in task-related aspects of work, along with a more intensified organisation of working time. In their stronger pursuit of broader job responsibilities, for example - a practice which has frequently been associated with de-manning - management may be identifying sources of productivity gain which, particularly at times of labour weakness, are deemed easier to secure than those achievable via greater formalised temporal flexibility"* (Blyton 1992a:33).
[270] Die zu bestreikenden Unternehmen wurden u.a. danach ausgesucht, ob sie „Schlüsselpositionen" in der Produktionskette innehatten. Weitere Selektionskriterien im britischen Fall waren, wie wahrscheinlich eine Zustimmung der Belegschaft der Unternehmen zum Streik und das Erreichen eines Abkommens eingeschätzt wurde. Damit sollten die Streikkosten und das Streikrisiko minimiert werden. Ein breit angelegter Streik hätte von den britischen Gewerkschaften über einen längeren Zeitraum finanziert werden können und das Risiko beinhaltet, daß die Urabstimmungen in den Unternehmen möglicherweise nicht überall ordnungsgemäß durchgeführt worden wären, so daß die Gewerkschaften entsprechend der neuen Gesetzgebung rechtlich hätten belangt werden können (Blyton 1992b:424).
[271] Der „Tausch" für die Arbeitszeitverkürzung beinhaltete aber in den seltensten Fällen Abkommen über die Erhöhung der Arbeitszeitflexibilität (Blyton 1992b:426). Weitaus häufiger kam es dagegen zu einem Wegfall von Pausenzeiten, wie Teepausen, Waschzeiten usw. (Blyton 1992b:426).

auch auf *White-Collar* Beschäftigte und auf Unternehmen außerhalb der metallverarbeitenden Industrie[272]. Hinsichtlich des verfolgten Ziels kann daher von einem Erfolg der Kampagne ausgegangen werden. Die Schaffung von Arbeitsplätzen wurde durch die Kampagne nicht angestrebt. Vertreter der AEEU bestätigten, daß es keine lohnpolitischen Strategien zur Steigerung der Beschäftigung gab: *„There is no specific strategy to increase employment in engineering. It's a goal we would strive for but there is nothing really done about it"* (Interview AEEU 22.09.93).

Die Politik der Gewerkschaften, die Produktivitätsfortschritte in Form von Lohnerhöhungen oder Arbeitszeitverkürzung „einzufordern", hatte gesamtwirtschaftlich gesehen allerdings negative Rückwirkungen auf die britische Ökonomie und damit vor allem auch auf das Beschäftigungsniveau: *„The insiders changed their work practices (Ingram 1991), and the efficiency, productivity and profits of their establishments were given a boost, at least in manufacturing. The insiders got their reward in the form of higher real earnings. But simultaneously the number of outsiders - the unemployed - was growing"* (Metcalf 1993:27). Dies zeigte sich nicht zuletzt daran, daß sich die Wettbewerbssituation der britischen Unternehmen insgesamt im Laufe der 80er Jahre eher verschlechterte, da die Produktivitätssteigerungen u.a. durch die ebenfalls steigenden Löhne aus betriebswirtschaftlicher Sicht teilweise aufgezehrt wurden. Aufgrund der Erhöhung der Kosten weiterer Produktionsfaktoren erhöhten sich daher die Kosten pro Arbeitseinheit zwischen 1979 und 1990 jährlich durchschnittlich um 5,0 Prozent in Großbritannien[273]. *„Productivity growth has continued to lag behind wage growth and during the 1980s Britain's competitive position in the world has continued to decline"* (Brown/Walsh 1991:41). Von ihren Effekten her können die *Flexibility Agreements* damit als kooperativ-partikularistische und die Kampagne zur Arbeitszeitverkürzung als konfliktiv-partikularistische Strategien eingestuft werden. Die vom TUC vorgeschlagene zentral gesteuerte, kooperativ-solidarische Politik, die als Ziel einen Tausch zwischen Lohnzurückhaltung zu Gunsten einer Verringerung der Einkommensdifferenzen oder der Arbeitslosigkeit beinhaltet hätte, wurde nicht realisiert.

Doch selbst wenn die Führungen der Einzelgewerkschaften einer konzertierten Einkommenspolitik oder einer stärker koordinierten Lohnpolitik zugestimmt hätten oder

---

[272] Beispielsweise hat MFS für ihre Mitglieder die 35-Stunden Woche in dem Unternehmen *James Walker* durchgesetzt. Kleinere Gewerkschaften, wie z.B. die der Bäcker, der Arbeitnehmer im Kommunikationsbereich und im Transportbereich, forderten nach dem Vorbild der metallverarbeitenden Industrie ebenfalls Arbeitszeitverkürzungen für ihre Mitglieder (Employment Trend, Jan. 1991).

[273] Dies entspricht weitgehend dem europäischen Durchschnitt von 5,1 Prozent in diesem Zeitraum (OECD: Historical Statistics 1991). Die im Vergleich hohen Kosten pro Arbeitseinheit in Großbritannien blieben damit bestehen. Der Vergleich in der verarbeitenden Industrie zeigt, daß Mitte der 80er Jahre die Kosten pro Arbeitseinheit in der Bundesrepublik 12 Prozent und in Frankreich sogar 31 Prozent niedriger waren als in Großbritannien (vgl. Brown/Walsh 1991:47).

dies zukünftig tun würden, wäre deren erfolgreiche Durchführung vor dem Hintergrund des dezentralen Tarifverhandlungssystems und der dezentralen Gewerkschaftsorganisationen kaum möglich. Der beschränkte Einfluß der Organisationsführung der Einzelgewerkschaften auf die Tarifverhandlungen in den Betrieben wurde von einem Vertreter der AEEU folgendermaßen beschrieben:

> *„There is no guideline in the sence, that we would tell the Shop Stewards, you can't go below a certain level or above that. But we certainly give them all the assistance they require in terms of negotiation skills or information, that they need. ... When a Shop Steward is about to entering negotiations with its employer, he can contact us to find out as much economic information about the company itself. We'll give them an analysis of how the company is doing"* (Interview AEEU 22.09.1993).

Die geringe Steuerungsfähigkeit der Gewerkschaftszentralen in der Lohnpolitik zeigt sich daran, daß die von den jeweiligen *Shop Stewards* in den Betrieben ausgehandelten Lohnerhöhungen nicht nur nicht beeinflußt werden, sondern meist nicht einmal von den einzelnen Gewerkschaftsorganisationen dokumentiert werden (Interview AEEU 22.09.1993).

Die Präferenzen der *Shop Stewards* bei den Verhandlungen in den Betrieben liegen überwiegend bei der Steigerung der Reallöhne der Beschäftigten. Lediglich in einzelnen Betrieben kann dabei das Risiko von Entlassungen durchaus eine wichtige Funktion bei der Beschränkung von Lohnforderungen im Sinne einer betriebswohlorientierten Strategie haben. Dies wurde auch bei Interviews mit Gewerkschaftsvertretern bestätigt:

> *„Mainly the Shop Stewards look at what the inflation rate is at that particular time or what it's projected to be. At the moment inflation in Britain is very, very low and that is being reflected in the wage claims ... You would always try and get above inflation. But in this calculation they would always have to take into account things like we just come through a very big recession. Unemployment in the engineering industry and manufacturing is very, very high. Shop Stewards and our officials have had to find a balancing act what they can ask for in a wage claim and without risking the employer just shutting the factory down or sacing half the workforce just to pay for any wage increase"* (Interview AEEU 22.09.93).

Die Begrenzung der Tarifpolitik auf quantitative Forderungen liegt nicht zuletzt in der Dezentralisierung und Fragmentierung der Verhandlungsstrukturen bzw. der gewerkschaftlichen Organisationsstrukturen begründet. Diese engen die strategischen Möglichkeiten der Gewerkschaften sehr stark ein. Beschäftigungspolitische oder allgemeinpolitische Ziele werden daher in Großbritannien traditionell an die *Labour Party* delegiert.

Über Kampagnen und *Lobbying* gegen die Regierung bzw. für die *Labour Party* wurde auch während der 80er und zu Beginn der 90er Jahren versucht, bestimmte gewerkschaftliche Ziele über die parlamentarische Arena zu verwirklichen. Ein Beispiel stellt hier der Versuch von UNISON bzw. NALGO dar, den Abbau wohlfahrtsstaatlicher Dienstleistungen - und damit von Arbeitsplätzen - im öffentlichen Sektor indirekt durch die Unterstützung von *Labour* zu verhindern:

> *„Part of the aims of UNISON is to promote public services and form alliances with local authorities. It is an increasing role of the unions. ...We have run a lot of campaigns about services. ... At the end of the day the only thing that really changes, is when the government changes. To that end old NALGO has spent a sort of million pounds in advertising campaigns during local elections and the general election to persuade people to support public services which really means to vote against the government"* (Interview UNISON 29.09.93).

Auch andere Organisationen, wie z.B. die AEEU, bedienten und bedienen sich vorwiegend des *Lobbying*, um Ziele wie eine Verbesserung des Investitionsniveaus in der verarbeitenden Industrie zu erreichen:

> *„In this country everything is short term investment. They look at making quick profits. They don't think of what's going to happen in ten years time. So we argue with employers and investment houses. We are approaching the City of London to encourage them to invest in manufacturing instead of the service sector, insurances and so on.*
> *We have contacts with the government. We still approach ministers individually. At the moment in parliament there is one committee of back-benchers on trade and industry which investigates in making industry more successful. It asks evidence from everybody and so we would give our ideas. We do it individually as a union and we also do it collectively through the TUC"* (Interview AEEU 22.09.93).

Obwohl AEEU keine „Fronthaltung" gegenüber der konservativen Regierung einnimmt, gründet sich auch hier die Hoffnung, die aufgezeigten Ziele zu erreichen, vorwiegend auf eine Wiederwahl von *Labour: „We haven't got a great deal of power. We believe things to change if we had a Labour Party in power. They got plans providing funding from government sources for research and development and so on"* (Interview AEEU 22.09.93). Die Unterstützung von *Labour* bei den Wahlen bleibt damit eine der wichtigsten Maßnahmen britischer Gewerkschaften, ihre allgemeinpolitischen und wirtschaftspolitischen Zielvorstellungen - zukünftig - durchzusetzen.

Die Verbesserung der Einkommen von Niedriglohnempfängern

Das Thema *„Low Pay"*, also Niedriglöhne, ist ein Thema, dem der TUC während der 80er Jahre besondere Aufmerksamkeit widmete. Dies geschah vor dem Hintergrund der Zunahme der Einkommensdifferenzen sowie der Ausweitung der Teilzeitarbeit und der befristeten Beschäftigung, die für viele Arbeitnehmer, vor allem Frauen, mit niedrigem Einkommen (z.b. im Rahmen der Privatisierung staatlicher Dienstleistungen) gekoppelt sind. Weitere Anlässe, „Low Pay" zu thematisieren, bildeten die Einschränkungen der Wages Councils 1986 und 1989 und schließlich deren Abschaffung 1993 durch die Regierung. Bei der Durchsetzung der vom TUC formulierten Ziele hinsichtlich einer Regulierung der Niedriglöhne ergaben und ergeben sich jedoch ähnliche Probleme innerhalb der Gewerkschaften wie bei der Einkommenspolitik. Eine angestrebte Gesetzgebung durch eine zukünftige Labour-Regierung stellt auch hier einen wichtigen Bestandteil der gewerkschaftlichen Politik dar.

Bereits zu Beginn der 80er Jahre wurde vom TUC unilateral eine Orientierungsmarge in Höhe von zwei Dritteln des durchschnittlichen Einkommens (der Männer) als Ziel für das zu erreichende Mindesteinkommen für alle Arbeitnehmer festgelegt[274] (TUC: Paper for a Discussion Conference of all Affiliated Unions 1984:3). Diese Maßnahme sollte es ermöglichen, bestimmte Arbeitnehmergruppen als „Niedriglohnempfänger" zu identifizieren und eine Art Mindeststandard als Ziel bei den Tarifverhandlungen für alle Arbeitnehmer festzulegen (Paper for a Discussion Conference of all Affiliated Unions 1984:4)[275].

Einzelne Gewerkschaften, wie beispielsweise UNISON im öffentlichen Sektor, die traditionell viele „Niedriglohnempfänger" organisieren und auch in den 80er Jahren noch weitgehend auf zentraler Ebene verhandelten, versuchten teilweise die Interessen der Niedriglohnempfänger innerhalb der allgemeinen Tarifpolitik zu verwirklichen, z.B. über Lohnerhöhungen in Form von Festbeträgen:

> „I suppose in terms of strategies there are internal arguments if you go for a percentage increase or for a flat rate increase. Latter obviously helps the lower paid. And we have tended to push for flat rate increases in recent years. But that is a debate. Because obviously the higher paid members lose out on that and the employers tend to prefere the percentage increase. So often we end up with a combination of the two, indeed a percentage increase which the employers insist on" (UNISON 29.09.93).

Ein Beispiel dieser Politik findet sich 1990, als für 180.000 „Niedriglohnempfänger" im öffentlichen Sektor von Gewerkschaften wie GMB, COHSE, NUPE und TGWU die „£ 20-a-Week" Lohnforderung propagiert wird. Dadurch sollten für vergleichbare Tätigkeiten die niedrigsten Löhne der Beschäftigten in Krankenhäusern auf das Niveau der Löhne von Beschäftigten der Kommunen angehoben und die annähernde „Vergleichbarkeit" der Niedrigeinkommen innerhalb des öffentlichen Sektors er-

---

[274] Dies entsprach Anfang der 80er Jahre 98 Pfund Wochenverdienst (ebd.).
[275] Es wurde dabei allerdings abgelehnt, eine Anhebung der Niedrigeinkommen „auf Kosten" der höheren Einkommen zu erreichen, womit auch eine aktive Politik zur Verringerung der Lohndifferentiale verneint wurde (Paper for a Discussion Conference of all Affiliated Unions 1984:9).

reicht werden (Employment Trends 479; Januar 1991:14). Dabei wurde deutlich, daß die Interessen der Niedriglohnempfänger „partikularistisch" von Gewerkschaften (wie beispielsweise NUPE, heute UNISON) vertreten werden, welche diese Arbeitnehmergruppen schwerpunktmäßig organisieren oder für die Mitgliedschaft gewinnen wollen. Daneben gab es gegen die Einführung eines Mindestlohns unterschiedliche Vorbehalte der anderen Einzelgewerkschaften, die wiederum in deren Organisationstradition begründet sind, und auf die Aufrechterhaltung der Vorteile deren jeweiliger Mitgliedschaft abzielen.

Eine weitere Maßnahme einzelner Gewerkschaften, die Interessen der Niedriglohnempfänger zu vertreten, besteht in diesem Zusammenhang in der Forderung nach einem gesetzlich festgelegten Mindestlohn. Auf dem TUC-Kongreß 1986 konnte nach mehr als zwanzig Jahren die Aufnahme dieses Ziels in den offiziellen Forderungskatalog des TUC durchgesetzt werden (Blackburn 1988:133). Die Widerstände einiger Gewerkschaften gegen eine Mindestlohnregelung bleiben allerdings weiterhin bestehen und haben unterschiedliche Motive. Die TGWU fürchtet, daß durch die staatliche Festlegung eines Minimallohns, sozusagen durch die Hintertür, wieder eine Einkommenspolitik eingeführt wird „*The latter (TGWU) anticipate that, should a minimum wage be placed on the statute book, they will be urged not to press for excessive pay rises for fear of jeopardizing the position of the low paid. A statutory policy with a legal back up in other word, is viewed by Ron Todd of the TGWU as the slippery road to a rigid incomes policy*" (Blackburn 1988:133). Die AEEU befürwortet eine Mindestlohnregelung nur eingeschränkt, insofern diese nicht dazu führt, die Lohndifferenzen der unqualifizierten gegenüber den Facharbeitern einzuebnen (Financial Times 5.9.1991).

Ein Erfolg der Politik der gewerkschaftlichen Befürworter einer Mindestlohnregelung bestand in den 80er Jahren darin, daß auch die *Labour Party* überzeugt werden konnte, die Forderung nach einem Mindestlohn in ihr Programm aufzunehmen und auch die öffentliche Meinung für die Einführung eines Mindestlohns eingenommen werden konnte (siehe Kapitel III.2.4.). „*On this issue, more than most, a great deal hinges on the outcome of the general election, with the Labour party committed to the introduction, for the first time in the UK, of a national minimum wage*" (NUPE, Executive Report 1992:16). Die Hoffnung auf die Einführung eines Mindestlohns ist damit ebenfalls sehr stark an einen erneuten Wahlsieg von *Labour* geknüpft.

1.6. Wandel oder Kontinuität in der Lohnpolitik?

Während der 80er und Anfang der 90er Jahren stieg die Arbeitslosigkeit in Großbritannien und der Wettbewerbsdruck auf die Wirtschaft nahm zu. Gemäß der Ziele, die in neuen Managementtheorien bzw. von der konservativen Regierung formuliert wurden, fand im öffentlichen und vor allem im privaten Sektor eine starke Dezentralisierung der Lohnverhandlungen statt, und die Gewerkschaften wurden zunehmend von den Lohnverhandlungen ausgeschlossen. Die *Thatcher*-Regierung schränkte zudem die Setzung von Mindestlöhnen durch die *Wages Councils* ein bzw. schaffte diese schließlich sogar ab. Zudem fand eine begrenzte Flexibilisierung der Beschäftigungsstruktur und auch der Lohnsetzungsmechanismen statt. Im öffentlichen Sektor verfolgte die Regierung eine restriktive Lohn- und Budgetpolitik.

Trotz all dieser Maßnahmen stiegen die Löhne in Großbritannien auch im Laufe der 80er und 90er Jahre weiterhin stark an. Für die Lohnerhöhungen im öffentlichen Sektor waren die noch fortbestehende Organisationsmacht und die partielle Konfliktfähigkeit der Gewerkschaften ausschlaggebend. Die Veränderung der Lohnsetzungsmechanismen (z.B. die Abschaffung der *Fair Comparability*) bzw. die Auflösung von zentralen Tarifverhandlungen konnten dadurch teilweise verhindert werden. Die relative Schwächung der gewerkschaftlichen Verhandlungsmacht auch im öffentlichen Sektor zeigte sich darin, daß in Tarifverhandlungen für gewerkschaftlich vertretene Gruppen nur noch wesentlich geringere Lohnsteigerungen durchgesetzt werden konnten als die Regierung einzelnen Arbeitnehmergruppen im Rahmen der *Pay Review Bodies* oder der *Pay Formulae* weiterhin gewährte. Auch die wachsenden Einkommensdifferenzen im Vergleich zum privaten Sektor konnten nicht aufgefangen werden.

Im privaten Sektor konnten die Arbeitnehmer vor allem die hohen Produktivitätssteigerungen in hohe Lohnsteigerungen umsetzen. Ausschlaggebend dafür war das Fortbestehen der Dezentralisierung und Fragmentierung des Tarifverhandlungssystems, wodurch auch weiterhin das sogenannte *Leap Frogging* ausgelöst wurde. Dies wurde von gewerkschaftlichen Forderungen und dem Facharbeitermangel „angeheizt". Die gewerkschaftliche Verhandlungsmacht kann jedoch nicht mehr als ursächlich für die Kontinuität hoher Löhne im Privatsektor angesehen werden, da sie insgesamt durch die Einschränkung der Streikfähigkeit via Gesetzgebung und die zunehmende Nicht-Anerkennung in den Betrieben beständig abnahm. Einen letzten Ausdruck der gewerkschaftlichen Verhandlungsmacht im metallverarbeitenden Sektor stellen die Ende der 80er Jahre erkämpften Arbeitszeitverkürzungen dar. Im Anschluß daran schwand jedoch auch hier - nicht zuletzt durch die mit diesem Arbeitskampf verbundene Auflösung der branchenweiten Verhandlungen - der gewerkschaftliche Einfluß.

Alles in allem kann damit Ingram zugestimmt werden, der die Lohnentwicklung - vor allem im Privatsektor - durch ein *Insider-Outsider* Modell erklärt: „*The employee as insider rather than the employee as union member appears to have the bargaining power in Britisch pay determination*" (Ingram 1991b:106). *Insider*, also beschäftigte Arbeitnehmer, können danach an einem Teil der Profite der Arbeitgeber teilhaben, egal ob sie von Gewerkschaften vertreten werden oder nicht. *Outsiders*, z.B. Arbeitslose, haben dagegen keine Verhandlungsmacht (Ingram 1991b:106). Im peripheren Arbeitsmarkt Beschäftigte haben eine sehr eingeschränkte Verhandlungsmacht.

Die zunehmende Flexibilisierung der Beschäftigung im öffentlichen und privaten Sektor, die Auflösung und Dezentralisierung der Tarifverhandlungen, die Flexibilisierung bzw. Individualisierung der Lohnsetzungsmechanismen sowie die Einschränkung bzw. Auflösung der *Wages Councils* konnten daher durchgesetzt werden. Dies bewirkte, daß die Lohnsteigerungen sich sehr ungleich verteilten und die Einkommensdifferenzen zwischen den oberen Einkommensgruppen und den Niedriglohnempfängern im Laufe der 80er und zu Beginn der 90er Jahre stark zunahmen. Hier fand ein deutlicher Wandel statt, der u.a. ebenfalls die abnehmenden Einflußmöglichkeiten der Gewerkschaften sowie die Durchsetzungsfähigkeit der Ziele von Regierung und Arbeitgebern widerspiegelt.

Die gewerkschaftliche Strategiefähigkeit in der britischen Lohnpolitik blieb und bleibt weiterhin gering, vor allem wegen der Dezentralisierung der Verhandlungs- und Organisationsstrukturen sowie wegen der unterschiedlichen Ziele der Einzelgewerkschaften. Die vom TUC im Rahmen einer kooperativ-solidarischen Strategie formulierten Ziele hinsichtlich einer Einkommenspolitik wurden und werden von den Einzelgewerkschaften nicht umgesetzt, Lohnleitlinien werden nicht formuliert. Beschäftigungspolitische Ziele bzw. Forderungen nach Einführung eines allgemeinen Mindestlohnes wurden auch während der 80er und Anfang der 90er Jahre an die *Labour Party* „delegiert".

Die Einzelgewerkschaften wie auch die *Shop Stewards* verfolgten auch in den 80er und 90er Jahren fast ausschließlich maximalistische lohnpolitische Ziele und damit eine in ihren Effekten partikularistische Politik. Dabei setzten die Gewerkschaften und auch die *Shop Stewards* ihre noch verbliebene Verhandlungsmacht jedoch weitgehend so ein, daß Lohnerhöhungen (oder Freizeitausgleich) im Tausch für die gewährte Kooperation bei Veränderungen der Arbeitsorganisation eingefordert wurden (siehe *Flexibility Agreements* oder Arbeitszeitverkürzungskampagne). Partiell deuteten sich auch betriebswohlorientierte Strategien von einzelnen *Shop Stewards* an.

Alles in allem kann damit die Beibehaltung partikularistischer Ziele, aber die Hinwendung zu einer stärker kooperativen Politik der Gewerkschaften in der Lohnpolitik konstatiert werden. Dieser Wandel wird allerdings nur begrenzt durch langfristige strategische Planung bestimmt, als vielmehr von Handlungszwängen und ad hoc Entscheidungen. Wesentlich erscheint dabei, daß die weiterhin hohen Lohnsteigerungen nur zu einem geringen Teil auf die gewerkschaftliche Verhandlungsmacht zurückzuführen sind und nicht darüber hinwegtäuschen können, daß ein enormer Einflußverlust der Gewerkschaften stattgefunden hat.

2. Berufsbildungspolitik und funktionale Flexibilisierung in den Unternehmen

Die konservative Regierung erscheint während der 80er und Anfang der 90er Jahre als zentraler Akteur in der britischen Berufsbildungspolitik. Sie schränkte die Handlungsressourcen der britischen Gewerkschaften maßgeblich ein, indem das tripartistische Institutionensystem aufgelöst und dezentrale, weitgehend auf Selbststeuerung der Unternehmen beruhende, para-staatliche Institutionen eingerichtet wurden. Dies beinhaltete die Exklusion bzw. Marginalisierung der Gewerkschaften von bzw. in berufsbildungspolitischen Verhandlungsnetzwerken. Aufgrund des schrittweisen Vorgehens der Regierung, der allgemeinen Schwächung der britischen Gewerkschaften sowie des relativ geringen Erfolges der neo-korporatistischen Berufsbildungspolitik war dies weitgehend konfliktfrei möglich. In den Unternehmen selbst, in denen Gewerkschaften noch anerkannt waren, konnte ihr Einfluß nur geringfügig eingeschränkt werden. Hier verfügen sie auch weiterhin über Möglichkeiten, die Gestaltung der Arbeitsorganisation und die funktionale Flexibilisierung der Arbeitnehmer bei der Einführung neuer Technologien zu beeinflussen.

Eine nennenswerte Erweiterung des allgemeinen Qualifikationsniveaus der britischen Arbeitnehmer fand allerdings trotz der regierungspolitischen Reformen und der Einführung neuer Technologien nicht statt. Für den auch während der 80er und 90er Jahre geringen *Output* in der Berufsbildungspolitik waren die weitgehend fortbestehenden, traditionellen Handlungsorientierungen der Akteure verantwortlich. Dazu gehören nunmehr vor allem das Ausbildungsverhalten der Unternehmer und der staatliche Voluntarismus in der Berufsbildungspolitik. Der TUC hat im Laufe der 80er Jahre zunehmend kooperativ-solidarische Strategien in der Berufsbildungspolitik entwickelt. Von den Einzelgewerkschaften wurden allerdings weiterhin partikularistische Ziele verfolgt. Von einigen Organisationen wurde jedoch ebenfalls eine zunehmende Kooperation in den para-staatlichen Institutionen realisiert - sofern ihnen überhaupt Partizipation angeboten wurde. Bemerkenswert erscheint darüber hinaus die Entwicklung „neuer" gewerkschaftlicher Strategien in Form von gewerkschaftseigenen berufsbildungspolitischen Programmen u.a. als Reaktion auf die Exklusion aus berufsbildungspolitischen Entscheidungsnetzwerken.

2.1. Auflösung des tripartistischen Institutionensystems und Etablierung eines neo-liberalen Regimes

Die Reformen in der Berufsbildungspolitik werden als Übergang „of a Tripartite to a Neoliberal Regime" (King 1993) beschrieben. Dies beinhaltete sowohl die Umgestaltung der Institutionen der Berufsbildungspolitik als auch die Veränderung der berufsbildungspolitischen Programme[276]. Im Mittelpunkt dabei stand die Marginalisierung der Gewerkschaften und die Gestaltung der neuen Institutionen und Programme entsprechend marktliberaler Vorstellungen. Insgesamt wurden vier Ziele der Berufsbildungspolitik der konservativen Regierungen in Großbritannien für die 80er Jahre identifiziert:

> „First, the Conservatives aimed to weaken trade union influence upon training, particularly by undercutting the apprenticeship system and weakening the Manpower Services Commission (MSC), the last vestige of tripartism. Secondly, again consistent with neoliberalism, the Tories stressed individual initiative and choice in training and by the same token the eradication of disincentives to labour market participation such as those alleged to be associated with unemployment benefits. The training voucher scheme is the most recent example of these aims. Thirdly, as a part of a free-market strategy the Conservatives aimed to advantage employer preference and influence upon training programmes and to maximise employer flexibility. The government, working with New Right principles, saw its role as one of freeing the capacity of employers to undertake their own training without state direction or assistance by delimiting union influence and undercutting tripartism. Fourthly, Conservative interest in training remained fundamentally a response to the problem of unemployment and consequently government policy was to be as modest as possible" (King 1993:215).

Die Reformen verliefen dabei auch in der Berufsbildungspolitik schrittweise. Zunächst wurden einige der tripartistischen Institutionen auf Branchenebene, die ITBs (siehe Kapitel II.1.4.), abgeschafft, andere arbeiteten weiterhin auf tripartistischer Basis, ebenso wie die zentralstaatliche *Manpower Service Commission*. Diese wurde im politischen Entscheidungsprozeß zunächst marginalisiert und schließlich aufgelöst. Später wurden auch die noch bestehenden ITBs reformiert. Als Ergebnis der Reformen entstanden dezentrale, para-staatliche Organisationen, die weitgehend

---

[276] Im folgenden werden nur die Programme zur Förderung der beruflichen Erstausbildung sowie zur Förderung der allgemeinen beruflichen Qualifikation von Arbeitslosen berücksichtigt. Es gab bis Mitte der 90er Jahre keine gesetzlichen Regulierungen und nur wenige finanzielle Anreize zur Förderung der beruflichen Weiterbildung durch staatliche Mittel. Programme zur Umschulung von Arbeitslosen waren und sind ebenfalls kaum entwickelt (Rainbird/Smith 1992:11). Daten über Teilnehmerzahlen oder Programmverlauf sind in den *Training Statistics* nicht bekannt.

auf unternehmerischer Selbststeuerung beruhen, und in denen Gewerkschaftsvertreter keine Repräsentationsrechte haben. Die gewerkschaftliche „Blockademacht" bei der Formulierung und Implementation der staatlichen Programme, die in den tripartistischen Institutionen auch in den 80er Jahren deutlich war, wird dadurch weitgehend aufgelöst.

Reform der berufsbildungspolitischen Institutionen auf Branchenebene

Der Angriff der Regierung auf die tripartistischen Institutionen der Berufsbildungspolitik begann auf Branchenebene bei den ITBs, die weitgehend für die Förderung der *Apprenticeship* zuständig waren. Mit dem *Employment und Training Act 1981* wurden 17 der 24 ITBs auf Branchenebene abgeschafft und durch mehrere *Non-Statutory Training Organizations* (NSTOs) ersetzt. Diese wurden später in *Industry Training Organizations (ITOs)* umbenannt. Die Abschaffung der ITBs geschah gegen die Empfehlung der MSC, welche die Beibehaltung aller ITBs empfahl, sowie gegen den Protest der Gewerkschaften (vgl. Rainbird 1990:13). Der Kommentar des TUC, diese Maßnahme sei „*frankly incredible*", blieb jedoch ebenso folgenlos wie die Kritik dieser Maßnahme durch die MSC (ebd.).

Die neu gegründeten ITOs wurden von einzelnen Arbeitgebern auf der Basis bestehender Unternehmerverbände oder Koalitionen von Arbeitgebern gestaltet, finanziert und geleitet. Damit entfiel jegliche staatliche Kontrolle darüber, ob einzelne Arbeitgeber ihren „Beitrag" zur beruflichen Ausbildung leisten, wie dies noch zuvor mittels einer Art Ausbildungssteuer möglich war. Ziel der ITOs ist es, die sektoralen Ausbildungserfordernisse zu identifizieren, den Arbeitgebern Informationen zur Berufsausbildung zur Verfügung zu stellen, und Ausbildungsrichtlinien zu entwickeln. Die staatliche Regulierung der ITOs sieht, im Gegensatz zu den tripartistischen ITBs, keine gesetzlich garantierte Repräsentation der Gewerkschaften vor. Die staatliche Rahmenregulierung der ITOs empfiehlt zwar die Beteiligung von Gewerkschaftsvertretern (und auch Vertretern aus dem Bildungssystem), die Entscheidung darüber bleibt aber den partizipierenden Arbeitgebern überlassen. 1991 gab es 123 *Industry Training Organizations*, in denen die Gewerkschaften selektiv repräsentiert waren, sofern es die Unternehmer erlaubten (Rainbird/Smith 1992:8/9).

Die NSTOs, ebenso wie die ITOs, hatten bzw. haben bislang sehr unterschiedliche Aktivitäten und Erfolge aufzuweisen (Rainbird/Smith 1992:8f). Ein nicht publizierter Bericht der MSC beurteilte 42 untersuchte NSTOs dahingehend, daß einige in höchstem Maße effektiv arbeiteten, andere aber nur geringe finanzielle Mittel und wenig Personal hatten und über zu wenig Informationen verfügten (zit nach Rainbird 1990:14). Es wurden generelle Mängel in der Konzeption der NSTOs aufgezeigt, die sich auch auf die späteren ITOs weitgehend übertragen lassen. Zentrum der Kritik war und ist die mangelnde Kontrolle bei der Verteilung der finanziellen Mittel:

> *„First, most of the NSTOs appeared reluctant to develop codes of conduct for their members. Second, when the funds allocated to them by the MSC for particular training programmes exceeded the amount requested by member firms, they did not discriminate between their member firms on the basis of any conception of merit. The funds were shared out on the basis of some simple empirical formula such as 'first come, first served', or of a sum being made available proportionate to the amount originally requested. Such behaviour is perfectly consistent with the self-image of the associations as member benefit associations rather than agents of public policy. A number of associations stressed in discussions that they saw the provision of training grants and other training aids as an extension of their traditional range of services to members, rather than being part of some major new development in associative activity"* (Grant 1987:206).

Es wurde kritisiert, daß die genannten neuen Institutionen eher private Interessen fördern als staatliche Ziele (Grant 1989:19). Ein etwas sarkastisch anmutender Kommentar zu den NSTOs lautet daher: *„One might therefore ask whether the associations really were discharging public policy functions, or whether they were simply providing government funded selective benefits to their members"* (Grant 1987:206). Damit wird das alleinige Vertrauen auf marktliberale Steuerung in der Beschäftigungskrise und ein weitgehend auf der freiwilligen Finanzierung durch die Unternehmen beruhendes Ausbildungssystem Anfang der 90er Jahre für sowohl qualitativ als auch quantitativ ungenügende Ausbildungsanstrengungen in Großbritannien verantwortlich gemacht: *„Neglect of public funding and reliance on a voluntary system, at time of recession, appears to have seriously diminished both funding and volume of training, with consequent effects on the quality of training"* (Rainbird/Smith 1992:42).

Die Motivation der Regierung, neue, primär auf der Selbstregulierung der Unternehmen basierende intermediäre Institutionen einzuführen, wird folgendermaßen beschrieben:

> *„Government has been anxious to limit the direct influence that it has on their operations. They are seen as a means of reconciling continuing demands for government action in a particular area with a philosophy of minimal government involvement. Instead of cooperation between government and organised interests being seen as a solution to particular kinds of problems, it is seen as a potential source of problems which are avoided by having a tenuous relationship between government and the regulating body"* (Grant 1989:19).

In den noch bestehenden ITBs konnten langjährige Verhandlungsblockaden in den 80er Jahren z.T. gelöst werden. Gleichzeitig setzten sich aber auch die Konflikte zwischen den beteiligten Akteuren, u.a. auch wegen der unterschiedlichen Interessen der Gewerkschaften bei der Neuregelung der *Apprenticeship*, fort. Beispielsweise wurde im Rahmen des EITB eine Neuregelung der Ausbildungsentlohnung bei der Reform der *Apprenticeship* vom sogenannten *„Time Serving"* zum *„Training to Standards"* beschlossen. 1983 unterzeichneten der Arbeitgeberverband in der metallverarbeitenden Industrie, die *Engineering Employer's Federation*, und die Vereinigung der dort vertretenen Gewerkschaften, die *Confederation of Shipbuilding and Engineering Unions* (CSEU), ein Abkommen, das die Bezahlung für Facharbeiter nach Tariflohn vom Erhalt eines Facharbeiterbriefs nach dreijähriger Ausbildung entsprechend der durch das EITB gesetzten Standards abhängig macht. Die AEU als größte Gewerkschaft der *Confederation of Shipbuilding and Engineering Unions* hielt jedoch bis 1986 an der Position fest, eine Ausbildung erfordere eine fünfjährige Lehrzeit und der Anspruch auf Facharbeiterlohn sei nach Ableistung dieser Lehrzeit (ohne Prüfung) gegeben (Rainbird 1990:32). Erst ihre immer deutlicher werdende Isolierung bezüglich dieser Frage in der CSEU sowie die Angst, durch ihre Haltung zukünftige Mitglieder zu verlieren, führte schließlich zur Akzeptanz einer kürzeren Ausbildungszeit. Die *Shop Stewards* der AEU versuchten zunächst noch weiter die Ausbildungsentlohnung durch *„Top Ups"*, also Lohnzuschläge bei den betrieblichen Lohnverhandlungen, zu erhöhen (Rainbird 1990:135).

Der Beitrag, den die Gewerkschaften im Rahmen des EITBs in der metallverarbeitenden Industrie zur Regulierung der beruflichen Erstausbildung leisteten, wird trotz der genannten Konflikte anerkannt. Als das EITB 1991 durch die freiwillige *Engineering Training Authority* (EnTrA) ersetzt wurde, blieben hier gewerkschaftliche und unternehmerische Interessen weiterhin durch Verbandsvertreter repräsentiert, wobei die Anzahl der gewerkschaftlichen Repräsentanten deutlich verringert wurde. Außerdem kann die EnTrA nun keine „Ausbildungssteuer" mehr erheben (Rainbird/Smith 1992:9). Dazu sind nur noch die zwei verbleibenden ITBs im Bausektor, das CITB und das ECITB, in der Lage. Die Anzahl der gewerkschaftlichen Repräsentanten gegenüber der Anzahl der Vertreter von Unternehmen wurde hier ebenfalls reduziert. Im CITB sind nur noch zwei der 14 Mitglieder Arbeitnehmervertreter und im ECITB sitzen von insgesamt 24 Mitgliedern nur zwei Gewerkschaftsrepräsentanten (Rainbird/Smith 1992:10). Mit der weitgehenden Abschaffung bzw. der Reform der ITBs wurde nicht nur der Tripartismus auf Branchenebene aufgelöst, sondern auch der gewerkschaftliche Einfluß bei der Regulierung der *Apprenticeship* verringert bzw. deren staatliche Förderung maßgeblich reduziert.

Reform und Auflösung der Manpower Service Commission sowie Veränderung der
berufsbildungspolitischen Programme

Während die gewerkschaftliche Beteiligung in den ITBs auf Branchenebene in der *Thatcher-*Ära zurückgeschraubt wurde, wuchs zunächst das Budget und die Bedeutung der tripartistischen *Manpower Service Commission,* die für die Berufsbildungs- und aktive Arbeitsmarktpolitik auf zentralstaatlicher Ebene zuständig war[277]. Der größte Anteil des Budgets der *Manpower Service Commission* entfiel auf die Programme für Jugendliche. Der Konflikt um die Einführung des *Youth Training Scheme* (YTS), dem ersten, unbefristeten, staatlich subventionierten Programm zur Förderung der beruflichen Erstausbildung von Jugendlichen[278], zeigte die zunehmende Dominanz der Regierung im *Policy-Making-Process* gegenüber der tripartistischen MSC.

Nicht zuletzt aufgrund wahltaktischer Erwägungen war die konservative Regierung bemüht, ein Programm einzurichten, das schnell zur Senkung der steigenden Jugendarbeitslosigkeit beitragen sollte. Zudem wollte man die Verantwortlichkeit der individuellen Unternehmen im Bereich der Berufsbildungspolitik verstärken (vgl. Marsh 1992:128). Die MSC, sowie die darin vertretenen Repräsentanten des CBI und des TUC, favorisierten dagegen die Entwicklung von umfassenden und effektiven berufsbildungspolitischen Maßnahmen auf der Basis eines stark konsultativ orientierten *Policy-Making-Process,* der die Berücksichtigung langfristiger Interessen erlauben würde.

Doch weder CBI noch Gewerkschaften konnten die Regierung von den Vorteilen einer konsultativen Politik überzeugen. Erfolgreich waren sie lediglich bei der Durchsetzung gemeinsamer Forderungen hinsichtlich der Freiwilligkeit der Teilnahme am YTS und hinsichtlich der in dem Programm vorgesehenen Höhe der Entlohnung der Teilnehmer. Entgegen der ursprünglichen Absicht der Regierung wurde die Verweigerung der Teilnahme an YTS durch einzelne Jugendliche nicht mit dem Entzug der Arbeitslosengeldleistungen verknüpft. Die im Programm vorgesehene Ausbildungsentlohnung wurde durch die Arbeitgeber ergänzt, so daß die Teilnehmer ebenso hohe „Löhne" erhielten wie beim Vorgängerprogramm YTO (Marsh 1992:130). Zu diesem Kompromiß kam es nach mehreren Einzelgesprächen des CBI im *Department of Employment,* einschließlich eines Treffens mit dem *Secretary of Employment, Norman Tebbit* (Marsh 1992:130). Die Gewerkschaften wurden an

---

[277] Die Ausgaben für Ausbildungsprogramme stiegen exponentiell von 377 Millionen Pfund 1979 auf 2.600 Millionen Pfund 1988/89 (siehe Tabelle 5).
[278] Das YTS ersetzte 1983 das 1978/79 eingeführte *Youth Opportunities Programme* (siehe Kapitel II.1.4.).

diesem Prozeß nicht beteiligt. Aufgrund der Kompromißbereitschaft der Regierung kann aber davon ausgegangen werden, daß die gewerkschaftliche Kooperation bei der Implementation der Maßnahmen noch als erforderlich erachtet wurde (Marsh 1992:130/31): *„The precise thinking behind the government's clibdown is impossible to verify, but it seems reasonable to presume that, in the face of united...opposition, the government concluded that the prospects for the successful implementation of YTS were threatened and that its commencement before the general election was held to be of paramount importance"* (Keep 1986:19).

Obwohl der TUC seinen Mitgliedsgewerkschaften die Unterstützung des neuen Programms, YTS, empfahl, um so „von innen her zur Reform beizutragen", behinderten einzelne Gewerkschaften dessen Implementation. Im Brennpunkt der gewerkschaftlichen Kritik standen weiterhin Punkte wie die niedrige Ausbildungsentlohnung in den Beschäftigungsprogrammen im Vergleich zur *Apprenticeship* sowie Substitutionseffekte von Beschäftigten durch das Programm. Die AEU weigerte sich beispielsweise, bei der Implementation des Programmes zu kooperieren, da sie durch die Verknüpfung der *Apprenticeship* und des YTS die Einführung einer zweijährigen Berufsausbildung auf der Basis einer niedrigen Ausbildungsentlohnung fürchtete, die sie zu diesem Zeitpunkt noch heftig ablehnte (Rainbird 1990:31). Die *General Unions* wie die GMBATU und die TGWU hatten aus anderen Gründen Probleme mit der niedrigen Entlohnung in den Beschäftigungsprogrammen. Sie befürchteten eine Substitution „erwachsener" Arbeitnehmer durch die Programmteilnehmer (Rainbird 1990:59). Aus verschiedenen Gründen versuchten die meisten Gewerkschaften in den Betrieben, *„Top Ups"* beim Lohn für die im Rahmen von Beschäftigungsprogammen eingestellten Jugendlichen auszuhandeln (Rainbird 1990). Die Gewerkschaft im Handel, USDAW, dagegen unterstützte das YTS, weil sie vermeiden wollte, daß die Teilnehmer nur in nicht-gewerkschaftlich organisierten Betrieben eingesetzt wurden (Rainbird 1990:62). Die verschiedenen Positionen zeigen, daß die Spannungen innerhalb der Gewerkschaftsbewegung bezüglich der Reform und Förderung der Berufsausbildung auch in den 80er Jahren fortbestanden. Eine Koordination der Gewerkschaften hinsichtlich der Realisierung einer gemeinsamen Strategie beispielsweise zur Ausweitung der beruflichen Bildung fand aufgrund der unterschiedlichen Interessen nicht statt.

Nicht zuletzt die mangelnde Kooperationsbereitschaft einzelner Gewerkschaften bei der Implementation des YTS wurde von der Regierung schließlich zum Anlaß genommen, die gewerkschaftliche Partizipation in der Berufsbildungspolitik auch auf zentralstaatlicher Ebene einzuschränken. Die Konservativen kündigten im Wahlprogramm von 1987 eine Verringerung der gewerkschaftlichen Vertreter in der MSC an.

1988 wurde die *Manpower Service Commission* in *Training Commission* (TC) umbenannt. Die Mehrheitsverhältnisse wurden so verändert, daß nunmehr die Arbeitgebervertreter mit neun Stimmen die Mehrheit hatten, gegenüber drei Vertretern der Gewerkschaften, zwei der Kommunen und einem Vertreter aus dem Erziehungssystem. Die TC behielt die Kompetenzen für die berufliche Ausbildung, verlor aber die Zuständigkeit für die allgemeine Beschäftigungspolitik, die ans *Department of Employment* transferiert wurde (Marsh 1992:131).

Im Wahlprogramm der Konservativen von 1987 wurde auch die Reform des YTS angekündigt, indem eine Art „Ausbildungsplatzgarantie" versprochen wurde. Die Programmgestaltung führte allerdings dazu, daß der Aspekt der Arbeitsbeschaffung und Arbeitsmarktintegration von Jugendlichen und Arbeitslosen deutlich stärker als der Ausbildungsaspekt betont wurde[279]. Mit dem Argument der Ausbildungs- und Beschäftigungsförderung realisierte die Regierung nun trotz der Kritik von Gewerkschaften und Arbeitgeberverband ihr ursprüngliches Ziel, mit dem YTS eine Unterschreitung des bislang garantierten Mindestlohnes für Jugendliche zu verbinden. Jugendliche, die einen im Rahmen des YTS angebotenen Ausbildungsplatz ablehnen, konnten von diesem Zeitpunkt an, entsprechend amerikanischer *Workfare*-Programme, die Berechtigung für den Empfang von Arbeitslosengeldleistungen verlieren (Finn 1988:521). Marsden/Ryan (1991) sehen daher in der Reform des YTS den Beginn einer „Deregulierung" der Ausbildungsprogramme für Jugendliche, die sie folgendermaßen charakterisieren: *„low trainee allowances, fixed term contracts, reduced social security entitlement, training subsidies and the removal of statutory wage minima - with the announced goal of pricing young workers into jobs and training" (Marsden/Ryan 1991:265).*

Ein 1988 eingeführtes Ausbildungsprogramm für Arbeitslose, das *Employment Training* (ET), verstärkte die neo-liberale Wende in der inhaltlichen Umgestaltung der arbeitsmarktpolitischen Programme. Durch das ET wollte die Regierung 600.000 „Ausbildungsplätze" zur Förderung der meist jugendlichen Arbeitslosen für die Dauer von bis zu einem Jahr einrichten. Dabei sollten mindestens vierzig Prozent der Zeit für berufliche Ausbildung aufgewendet werden. Später wurden im Rahmen des

---

[279] Die Zielgruppe waren Jugendliche unter 18 Jahren. Beim YTS wurden die Lohnkosten subventioniert. Die Löhne lagen z.T. unter dem staatlichen Mindestlohn. Die individuelle Laufzeit von YTS wurde bald von einem auf zwei Jahre verlängert. Der Ausbildungsanteil im Rahmen des YTS sollte nun mindestens zwanzig Wochen *Off-the-Job-Training* betragen. Ein Teil der Subventionen für das YTS wurde allerdings auch weiterhin für die Subvention der traditionellen *Apprenticeships* in den Betrieben eingesetzt (Finegold/Soskice 1988:32) bzw. zur Finanzierung einer Art „Probejahr" aufgrund dessen die Arbeitnehmer ihre *Apprentices* dann auswählten (Rainbird 1990:32).
Zunächst verringerte sich durch die Programmreform die Anzahl der jugendlichen Teilnehmer in staatlichen Ausbildungsprogrammen: Gegenüber 543.100 im Jahre 1983 durch YTO Geförderten wurden 1984 nur 370.200 durch YTS gefördert (vgl. Tabelle 5).

ET schließlich die meisten staatlichen Programme integriert[280] (King 1993:226). Die Leistungen im Rahmen des ET wurden insofern individualisiert, als ein persönlicher „Plan" vom zuständigen Betreuer für jeden Arbeitslosen erstellt wurde, der über die Teilnahme an einem der verschiedenen Programme entschied. Die Verweigerung der Teilnahme an staatlichen Beschäftigungsmaßnahmen hatte von da an die Streichung von Arbeitslosengeldleistungen zur Folge (King 1993:228/231).

An dieser Regelung des ET entzündete sich der Konflikt zwischen Gewerkschaften und Regierung, der schließlich zur Auflösung der *Training Commission* und damit zur weitgehenden Exklusion der Gewerkschaften bei der Formulierung und Implementation der Berufsbildungspolitik auch auf zentralstaatlicher Ebene führte. Die TC vertrat im Gegensatz zur Regierung die Einschätzung, daß die Teilnahme an den Beschäftigungsprogrammen freiwillig sein sollte (King 1993:229). Da dieser Beschluß der TC im Gesetzgebungsprozeß ignoriert wurde, kündigten die Gewerkschaftsvertreter mit Billigung des TUC Kongresses ihre Mitarbeit in der Kommission auf. Die einzelnen Gewerkschaften kritisierten außerdem ähnliche Punkte wie vorher beim YTS, nämlich die geringe Qualität der Ausbildung, die geringe Entlohnung, die ungenügende Einbeziehung der Gewerkschaften bei der Politikformulierung sowie die Probleme der Beschäftigungssubstitution. Aus diesen Gründen weigerten sich zunächst die TGWU und später NALGO und NUPE, bei der Durchführung von ET zu kooperieren (Marsh 1992:132). Auf dem Kongreß 1988 lehnte der TUC schließlich die neuen Beschäftigungsprogramme ab und forderte zu ihrem Boykott auf (King 1993:226).

Dies nahm *Norman Fowler, Secretary of Employment,* zum Anlaß, die *Training Commission* aufzulösen. Ihre Funktionen wurden zurück zum *Department of Employment* transferiert. Ende 1990 hatte sich hier die für Ausbildungsfragen verantwortliche *Training Agency* ausdifferenziert[281]. Damit waren die Exklusion der Gewerkschaften von den para-staatlichen Institutionen der Berufsbildungspolitik bzw. ihre Marginalisierung beim Formulierungs- und Implementationsprozeß in diesem Politikfeld weitgehend besiegelt[282]. Die Neugestaltung der Programme konnte nun

---

[280] Integriert wurden u.a. das *Community Programme,* das *Job Training Scheme,* das *New Job Training Scheme,* das *Wider Opportunities Programme,* das *Employment Rehabilitation Scheme* (vgl. King 1992:226).

[281] Infolge wurden auch die *Area Manpower Boards* aufgelöst, die für die Verwaltung von arbeitsmarktpolitischen Programmen auf lokaler Ebene verantwortlich waren (Crouch 1990:324).

[282] Doch nicht nur der TUC und der CBI und die Branchenverbände der Arbeitgeber, wurden durch diese Reform weitgehend marginalisiert.
Die Position des CBI bezüglich der Berufsbildungspolitik in den 80er Jahren wird insgesamt als voluntaristisch und markt-orientiert dargestellt, d.h. er lehnte staatliche Intervention weitgehend ab, sofern sie eine finanzielle Bürde für die Industrie darstellte (vgl. Keep 1986:8).
Aus dieser Perspektive wurde auch die Reform der ITBs und die Auflösung der MSC vom CBI im Nachhinein positiv bewertet. Die MSC sei extrem bürokratisch gewesen, und habe die Nachfrage nach Qualifikationen durch die Arbeitgeber aufgrund der Zentralisierung nur schlecht identifizieren können (Interview CBI 13.09.93). Reformen, die dem privaten Sektor mehr Auto-

„ungestört" entsprechend neo-liberaler Vorstellungen erfolgen. Beispielsweise konnten die Löhne der Programmteilnehmer gesenkt, die Leistungen individualisiert und die Ausbildungsqualität relativ gering belassen werden, ohne daß die Gewerkschaften bei der Programmformulierung und auch bei der Implementation maßgeblich hätten intervenieren können.

Die Funktionen der MSC wurden dezentralisiert und von den 1990 eingerichteten lokalen *Training and Enterprise Councils* (TECs; LECs in Schottland) übernommen. Aufgabe der TECs ist es, den Erfordernissen lokaler Arbeitsmärkte und Qualifikationsbedürfnisse Rechnung zu tragen. Die TECs unterstanden zunächst der *National Training Task Force*, die 1993 durch den *National Advisory Training Council* ersetzt wurde (IDS Study 1993:2). Die TECs führen auf lokaler Ebene alle staatlichen Programme zur Arbeitsbeschaffung und Berufsbildung durch. Dazu haben sie einen Vertrag mit der Regierung, der ihnen jeweils ein Budget von etwa zwanzig Millionen Pfund zuweist, mit dem sie Ausbildungsmaßnahmen vorwiegend für Arbeitslose durchführen können (King 1993:231). Mindestens zwei Drittel der 15 Direktoren jedes TECs sollen Repräsentanten von lokalen Arbeitgebern sein. Sowohl der Einfluß von Gewerkschaften als auch von der Regierung auf den Vorstand der TECs ist relativ gering. Von den bisher 82 etablierten TECs (und 13 LECs) haben nur 62 einen Gewerkschaftsvertreter im Vorstand (Rainbird/Smith 1992:24)[283]. Die berufsbildungspolitischen Programme, die nunmehr die TECs implementieren, wurden wegen der mangelnden Nachfrage und einer hohen Zahl von Abbrechern erneut reformiert. Zur Förderung Jugendlicher wurde 1989 das *Youth Training Scheme* durch das *Youth Training* (YT) ersetzt[284]. Das YT zielt lediglich auf die Vermittlung generalistischer Qualifikationen ab, die den Jugendlichen den Eintritt ins Berufsleben ermöglichen

---

nomie gewähren, lokale Ausbildungsprioritäten zu verwirklichen, werden daher unterstützt (vgl. IRS Employment Trends 440; 1989:14). Dabei spiegelt sich das erst seit Mitte der 80er Jahre erwachende Interesse des CBI an der Berufsbildungspolitik wider. 1984 wurde ein *Industrial Trends Survey* in der verarbeitenden Industrie durch ein *Special Survey for Skill Shortages* ergänzt, mit dem ständig die Nachfrage nach beruflichen Qualifikationen erhoben wird. Es wird dabei deutlich auf einen Zusammenhang zwischen der Ausbildung und der Qualifikation der Arbeitnehmer und der Wettbewerbsfähigkeit der Unternehmen hingewiesen. In der Broschüre „*Training - the Business Case*" von 1993 machte der CBI darauf aufmerksam, daß bei allen Beschäftigungsverhältnissen für Jugendliche unter 18 Jahren Ausbildungselemente integriert und national vergleichbare Ausbildungsvorgaben für Qualifikationen der Jugendlichen erarbeitet werden sollten. Kritik übt der CBI zudem an den geringen Teilnehmerzahlen in den berufsbildungspolitischen Programmen sowie an den mit den Reformen einhergehenden Budgetkürzungen in der Berufsbildungspolitik der letzten Jahre (Interview CBI 13.09.93).

[283] King zeichnet auf der Basis einer APEX Trust Umfrage 1992 ein noch negativeres Bild: Er gibt an, daß 79 untersuchte TECs insgesamt 945 Mitglieder hatten, von denen 722 aus dem privaten Sektor waren, 210 aus dem öffentlichen Sektor und lediglich 13 von Gewerkschaften (King 1993:231/232).

[284] Im Rahmen des YT wurden Schulabgänger sowie arbeitslose Jugendliche unter 17 Jahren gefördert. Die TECs sind zu einer Art Garantie für die Bereitstellung einer genügenden Anzahl von Ausbildungsplätzen verpflichtet (King 1993:233). Das Ausbildungsprogramm besteht aus *On-the-Job-Training* und aus mindestens zwanzig Wochen berufsorientierter Ausbildung. Diese wird ebenfalls von den Unternehmen selbst durchgeführt oder in staatlichen oder privaten beruflichen Schulen, Gemeindeprojekten oder Technologiezentren. Zusätzlich zum Arbeitslosengeld wird den Teilnehmern eine Aufwandsentschädigung gezahlt (IRS Employment Trends 440;1989).

sollen. Die Erlangung einer abgeschlossenen Facharbeiterausbildung wird damit nicht gefördert. Neu am *Youth Training* war, daß jeder Teilnehmer eine Art „Ausbildungsbonus" in Höhe von etwa 1.500 Pfund vom Staat erhält, mit Hilfe dessen er individuell eine „Ausbildungsleistung" bei den Arbeitgebern „kaufen" kann. Die Individualisierung der beruflichen Ausbildung nahm dadurch weiter zu.

Die Kritik an den TECs entzündet sich an deren Organisationsform als private Unternehmen und deren Leistungsbewertung nach der „Zahl der vermittelten Arbeitslosen". Es wird befürchtet, daß dadurch die ohnehin besser vermittelbaren Arbeitslosen stärker gefördert werden als die schwervermittelbaren, die aber besonderer Unterstützung bedürften (King 1993:234).

Zur Verbesserung der Qualität der beruflichen Ausbildung in Großbritannien wurden, bei einer weiteren regierungspolitischen Initiative, Sollwerte für die Standards der beruflichen Bildung formuliert. Dazu wurde bereits 1986 der *National Council for Vocational Qualifications* (NCVQ) gegründet[285]. Doch erst in der Nachfolgeorganisation des NCVQ, dem 1993 gegründeten *National Advisory Council for Education and Training Targets* (NACETT), sind neben Vertretern der Arbeitgeber und der Regierung auch Vertreter der Gewerkschaften beteiligt, wobei die Arbeitgeber den Vorsitz haben (Employment Gazette 1993:360). Der NACETT kann allerdings nur Empfehlungen aussprechen und verfügt weder über Kompetenzen zur Normsetzung, noch über Kompetenzen die Realisierung entsprechender Ausbildungsstandards zu überwachen[286].

Ende der 80er Jahre war damit die weitgehende Exklusion bzw. Marginalisierung der Gewerkschaften bei der Formulierung und Implementation der staatlichen Programme der Berufsbildungspolitik auf Branchenebene, auf zentralstaatlicher Ebene und auf lokaler Ebene erreicht und der definitive Übergang „*of a Tripartite to a Neoliberal Regime*" vollzogen (King 1993). Gewerkschaftliche „Blockademöglichkeiten" bei der Formulierung und Implementation der berufsbildungspolitischen Programme sind damit weitgehend eliminiert bzw. auf die Betriebe selbst beschränkt.

---

[285] Der NCVQ entwickelte sogenannte Standards für die berufliche Bildung (Erarbeitung von Kriterien für bereits vorhandene Qualifikationen, um sie vergleichbar zu machen). Das System der *National Vocational Qualifications* (NVQs) unterscheidet fünf Niveaus der beruflichen Qualifikation, wobei Niveau drei dem einer beruflichen Facharbeiterausbildung entspricht. Auch der NCVQ ist arbeitgeberdominiert, da keine obligatorische Repräsentation von Gewerkschaftsvertretern vorgesehen ist.

[286] Um die Unternehmen zu motivieren, das Ausbildungsangebot zu erhöhen, und um zu gewährleisten, daß die NCVQ Standards erreicht werden, startete das *Department of Employment* 1990 ergänzend die „*Investor in People*" (IIP) Initiative. Arbeitgeber können sich dabei als IIP anerkennen lassen, wenn sie die nationalen Standards bezüglich Ausbildung (Bereitstellen von Ausbildungsplätzen/-möglichkeiten, Planung und Evaluation) erfüllen, die alle drei Jahre erneuert werden. Mit der Teilnahme am IIP sind allerdings keine finanziellen Anreize für die Unternehmen verbunden.

2.2. Funktionale Flexibilisierung in den Betrieben[287]

In Unternehmen, in denen Gewerkschaften noch anerkannt waren, konnte die Umgestaltung der Arbeitsorganisation bei der Einführung neuer Technologien und die damit oftmals verbundene funktionale Flexibilisierung im allgemeinen auch in den 80er Jahren nicht gegen gewerkschaftliche Interessen durchgesetzt werden. Dadurch entstanden partielle Kooperationsbeziehungen zwischen Unternehmern und Gewerkschaften. Berufliche Weiterbildungsmaßnahmen in den Unternehmen sind allerdings nur gering entwickelt und die Gewerkschaften haben dabei kaum Mitbestimmungsmöglichkeiten.

In Großbritannien ist die Einführung neuer Technologien nur in begrenztem Umfang mit einer funktionalen Flexibilisierung, also einer Erweiterung der Tätigkeitsfelder bzw. neuer Arbeitsplatzprofile, welche Mehrfachqualifikationen und damit eine Ausweitung der beruflichen Qualifikation der Arbeitnehmer erfordern, verbunden. Bei einer Umfrage des ACAS von 1987[288] gaben nur etwa ein Viertel der befragten Unternehmer an, in den vorangegangenen drei Jahren tatsächlich Fortschritte bei der Umsetzung funktionaler Flexibilität gemacht zu haben (zit. nach Lane 1989:184). Als Erklärungsfaktor für die nur relativ schleichend stattfindende Reorganisation und die spezielle Art der Neuorganisation der Tätigkeitsfelder bzw. die Gestaltung der Arbeitsplatzprofile wird u. a. auch der Einfluß bzw. der Widerstand von Gewerkschaften genannt[289] (Jones 1988:463).

Für die britischen Gewerkschaften beinhaltet der technologische Wandel insofern besondere Probleme, als z.B. das mit der Einführung neuer Technologien verbundene *Multi-Skilling* Tätigkeitsprofile entstehen läßt, die quer zu den vor allem durch die Facharbeitergewerkschaften traditionell vehement verteidigten, scharfen Abgrenzungen zwischen einzelnen Facharbeiterberufen (z.B. Mechaniker und Elektriker), oder Facharbeitern (skilled) und angelernten Arbeitern (semi skilled), aber auch zwischen Facharbeitertätigkeiten und leitenden bzw. überwachenden und organisatorischen Tätigkeitsfeldern liegen (Jones 1988:460). Dies wirft Probleme zwischen den einzelnen Gewerkschaften bei der Rekrutierung von Mitgliedern auf, weil die traditionellen

---

[287] Wie bereits in Kapitel I.2.4. erläutert, bezieht sich die funktionale Flexibilisierung auf die Ausweitung der Tätigkeitsbereiche einzelner Arbeitnehmer, die meist mit der Erweiterung der Qualifikation der Arbeitnehmer verbunden ist. Ein Schlagwort ist hier das sogenannte „ *Multi-Skilling* ". Dies beinhaltet die berufliche Mehrfachqualifikation bzw. berufsübergreifende Qualifikationen, die es den einzelnen Mitarbeitern ermöglichen mit wechselnden Arbeitsinhalten und Arbeitsabläufen zurechtzukommen.

[288] Diese Daten werden weitgehend durch Umfragen des *Incomes Data Services* 1988 bestätigt (Lane 1989:184).

[289] Als weitere Faktoren werden Firmengröße, Produktcharakter, die Eigentumsform der Unternehmen und das Management genannt (Jones 1988:463). Neun Prozent der Unternehmen geben auch die mangelnde Qualifikation der Mitarbeiter selbst als Restriktion an (Millward et al. 1992:332).

Abgrenzungen der Organisationsbereiche ins wanken kommen: „*Changes affecting the pattern of job regulation ... affect the structure of union power within the enterprise, and that of skilled workers*" (Marsden/Thompson 1990:97). Im WIRS bestätigen daher dreißig Prozent aller befragten Manager von Unternehmen, in denen Gewerkschaften anerkannt waren, daß deren Politik in der einen oder anderen Form (z.B. wegen der Opposition der *Shop Stewards* gegen entsprechende Reformen und/oder durch erforderliche Abkommen mit den Gewerkschaften) Restriktionen bei der Veränderung der Arbeitsorganisation darstellten (Millward et al. 1992:332). Die Folgen der restriktiven Politik der Gewerkschaften werden anhand von verschiedenen Beispielen deutlich.

Durch die Einführung von Industrierobotern entstehen Anforderungsprofile, welche im Rahmen von Wartungs- und Bedienungsaufgaben traditionelle Tätigkeitsprofile von Mechanikern und Elektrikern verbinden. Diese könnten durch eine Requalifizierung der bisherigen Fertigungsarbeiter von diesen übernommen werden. Tatsächlich aber wurden die neu entstehenden Tätigkeiten in britischen Unternehmen weitgehend von den Programmierern ausgeführt (Jones 1988:464). Die Ursache für die nicht erfolgende Mehrfachqualifizierung von Facharbeitern bei der beschriebenen Einführung von Industrierobotern wird in der von den Berufsgewerkschaften AEU und EETPU für lange Zeit aufrechterhaltenen strikten Abgrenzung der Arbeitsbeschreibungen für Elektriker und Mechaniker in dem entsprechenden Unternehmen gesehen (Jones 1988:464).

Ein äußerst sensibles Feld stellt auch die Flexibilisierung der „Grenze" der Tätigkeitsfelder von Facharbeitern und angelernten Arbeitern dar, weil davon meistens die Einflußbereiche verschiedener Gewerkschaften zentral betroffen sind (Marsden/Thompson 1990:97). Ein Beispiel ist die Aufrechterhaltung der Trennung zwischen Produktions-/Fertigungstätigkeiten und den Aufgabenbereichen von Technikern/Programmierern als *White Collar* Tätigkeiten: „*programming is more often than not regarded as a function, to be separated off from shopfloor acitvity and to be allocated to technical staff. This is partly the consequence of a traditionally more rigid division of labour between conception (technical staff) and execution (shopfloor operators) and partly of union demarcation practice*" (Lane 1989:185). Diese Einschätzung basiert auf Untersuchungsergebnissen, die anhand von Fallstudien die Effekte bei der Einführung neuer Technologien im Detail belegen. Dabei wurde beispielsweise festgestellt, daß die meisten Arbeitnehmer, die mit flexiblen Fertigungssystemen arbeiteten, weiterhin primär über Facharbeiterausbildungen (*Craft Skills*) verfügten. Polyvalent ausgebildete Arbeitnehmer, die beispielsweise

Programmierertätigkeiten und Wartungsarbeiten integrierten, waren selten (Jones 1988:465)[290].

Die Beispiele zeigen, daß gewerkschaftliche Organisationen in Großbritannien sich bei der Einführung neuer Technologien bzw. bei der funktionalen Flexibilisierung auch während der 80er und Anfang der 90er Jahre z.T. gegen die Interessen der Arbeitgeber durchsetzen und weiterhin eine gemäßigte Blockadepolitik verfolgen konnten. Einer der Gründe dafür liegt in den durch die fragmentierten Organisationsstrukturen geprägten konfliktiv-partikularistischen Strategien der gewerkschaftlichen Akteure. Ein weiterer Grund scheint jedoch auch bei den Unternehmern selbst zu liegen.

Die Auswertung der bereits in Kapitel IV.1.4. genannten *Flexibility Agreements* gibt Anlaß anzunehmen, daß die Einbeziehung der Gewerkschaften in den Prozeß der Einführung neuer Technologien auch deren Bereitschaft erhöhte, Veränderungen der Qualifikationsprofile zuzustimmen. 41 Prozent der *Flexibility Agreements* behandeln *Skill Demarcations*, die Veränderung der Qualifikationsprofile von Arbeitsplätzen, und 28 Prozent *Grading*, das ist die Veränderung von Arbeitsplatzbeschreibungen (Marsden und Thompson 1990:90). Dabei wird vermutet, daß die formellen *Agreements* Anlaß für weitere Veränderungen der Arbeitspraxis sind „... *although the agreements may often have been directed at specific practices, they were often also part of a wider package of changes sought by management, many of which followed without further negotiation"* (Marsden/Thompson 1990:91).

Eine mit der Einführung neuer Technologien und der funktionalen Flexibilisierung möglicherweise verbundene Verringerung des gewerkschaftlichen Einflusses wurde als genereller Trend nicht festgestellt (Jones 1988:480):

> „Certainly there have been only a few recorded examples of managers taking advantage of either this 'slimming down' of occupational roles, or of the weakened powers of trade unions, to combine technological change with radical or innovative work reorganisation schemes ... In general the picture is one of considerable change in the task

---

[290] In der verarbeitenden Industrie konnte bislang aufgrund der Einführung neuer Technologien in Verbindung mit einer Reorganisation des Arbeitsprozesses in Großbritannien weder ein Trend zur Dequalifizierung noch zur Höherqualifizierung von Mitarbeitern klar erkannt werden. Während einige Arbeitnehmer durch die Einführung neuer Technologien neue Aufgabenbereiche und neue Qualifikationen durch eine Erweiterung der interpretativen, diagnostischen und konzeptionellen Tätigkeiten erhielten, blieb die Arbeit von anderen Arbeitnehmern auf die routinemäßige Bedienung und Wartung der Maschinen beschränkt. Explizite Veränderung von Arbeitsbeschreibungen (Job Design), systematische Requalifizierung und neuer Zugang zu Beschäftigungsmöglichkeiten blieben in Großbritannien die Ausnahme und erscheinen dort, wo sie eingesetzt wurden, als pragmatische Reaktion des Managements, nicht aber als dezidierte Strategien. Auch die konventionellen Hierarchiebeziehungen blieben weitgehend bestehen, und es wurden kaum autonome Arbeitsgruppen eingerichtet (Jones 1988:480). Wird die Untersuchung auch auf Büro- und Verwaltungstätigkeiten ausgeweitet, lautet das Ergebnis anders: „...*in many instances, new technology is introduced in such a way as to reduce skill requirements. A large number of jobs are disappearing or being radically modified by it, whilst information processing has the potential to make labour accounting more precise and in this way make increase use of casual labour*" (Rainbird 1990:88).

content of particular occupations combined with stasis in their overall organisation, coordination and entrance opportunities" (Jones 1988:470).

Flexibility Agreements werden vielmehr als Indikator für das Fortbestehen des gewerkschaftlichen Einflusses wie auch der zunehmenden gewerkschaftlichen Kooperationsbereitschaft gewertet *„Negotiating change implies some give and take, and if the take has been increased flexibility, then the give has been increased pay, and the time spent negotiating"* (Marsden/Thompson 1990:97).

Damit wird deutlich, daß auch die britischen Gewerkschaften durch „Tausch" zur Kooperation bereit sind. In zunehmendem Maße werden daher auch „betriebswohlorientierte" Ziele relevant. Ein Grund für die gewerkschaftliche Zustimmung zur Flexibilisierung der Arbeitsorganisation, der Veränderung von Qualifikationsprofilen etc. wird beispielsweise in der vermehrten Berücksichtigung der Wettbewerbssituation der Unternehmen sowie in der Angst vor Entlassungen gesehen:

> *„... many workers may have become more aware of the commercial pressures on the companies for which they work, and it would seem pointless to defend ways of working which could lead to severe loss of markets. The defence of certain working practices has usually been meant to maintain work group power and defend certain conditions, and sometimes also to create work, but such action is useless if the firm goes out of business"* (Marsden/Thompson 19910:96).

Die formellen *Flexibility Agreements* könnten jedoch ein falsches Bild vermitteln. In der überwiegenden Zahl britischer Unternehmen, die keine solche Abkommen hatten, ging die Einführung neuer Technologien nur selten mit langfristiger Planung der Personalentwicklung einher[291]. Meistens wurde die Einführung neuer Technologien oder die notwendigen Qualifikationsmaßnahmen für die Arbeitnehmer nicht konsultativ mit den Gewerkschaften vereinbart. Bei einer 1989 durchgeführten Umfrage des *Labour Research Departments* bei Unternehmen wurde deutlich, daß Gewerkschaften nur in 17 Prozent der befragten Unternehmen über berufsbildungspolitische Maßnahmen mitentscheiden konnten. Dreißig Prozent der Unternehmen hatten Ver-

---

[291] Beispielhaft kann eine von der MSC finanzierte Umfrage bei 500 Mitgliedern der AEU angeführt werden. Die AEU-Mitglieder waren neuen Technologien gegenüber positiv eingestellt. Ein signifikanter Teil gab allerdings an, wenig oder keine Weiterbildung im Zusammenhang mit der Einführung neuer Technologien erhalten zu haben. Von denen die an Weiterbildungsmaßnahmen teilgenommen hatten, wurde oft kritisiert, daß diese von geringer Qualität gewesen sei (Engineering Training Today, Januar 1988, zit. nach Rainbird 1990:75).
Die Weiterbildungsmaßnahmen waren zudem sehr unterschiedlich verteilt nach Sektoren und auch nach Arbeitnehmergruppen. 1986/87 erhielten eine Hälfte aller Arbeitnehmer kein *Training*, während die andere Hälfte 14,5 Tage im Jahr an Weiterbildungsmaßnahmen teilnahm (MSC: Haskins/Sells 1988:9f). In der verarbeitenden Industrie nahmen 1986/87 nur etwa ein Drittel aller Arbeitnehmer an Weiterbildungsmaßnahmen teil, während es im privaten Dienstleistungssektor etwa die Hälfte waren und im öffentlichen Sektor knapp zwei Drittel (MSC:Haskins/Sells 1988:9f). Bei der Studie der MSC bestätigte sich auch für Großbritannien, daß je höher das Qualifikationsniveau und die berufliche Position ist, um so höher auch die Wahrscheinlichkeit ist, an Weiterbildungsmaßnahmen teilzunehmen. Gewerbliche Arbeitnehmer nahmen daher weitaus weniger an Weiterqualifizierungsmaßnahmen teil als nicht-gewerbliche (MSC:Haskins/Sells 1988:22f).

einbarungen zur Konsultation der Gewerkschaften und in 31 Prozent der Unternehmen wurden Informationen bezüglich der beruflichen Weiterbildung an die Gewerkschaften weitergegeben (zit. nach Rainbird/Smith 1992:13). 1989 wurde zudem die gewerkschaftliche Mitbestimmung in Form von Konsultationsrechten bei der Implementation staatlicher Ausbildungsprogramme auf Betriebsebene abgeschafft (King 1993:227). Der gewerkschaftliche Einfluß auf die betrieblichen Maßnahmen der Weiterbildung der Mitarbeiter ist damit insgesamt eher gering einzuschätzen[292].

Insgesamt wird damit die ambivalente Rolle der britischen Gewerkschaften bei der Einführung neuer Technologien deutlich: Im gewerkschaftlichen Lager herrscht zwar weitgehende Übereinstimmung darüber, daß der technologische Wandel zum Erhalt der Wettbewerbsfähigkeit der Unternehmen erforderlich ist. Gleichzeitig widersprechen die mit der Einführung neuer Technologien z.T. verbundenen Arbeitsplatzverluste und der Wandel von Arbeitsplatzprofilen aber den kurzfristigen Interessen der Gewerkschaften z.B. bei der Mitgliederrekrutierung (Rainbird 1990). Die Entscheidung für konfliktiv-partikularistische oder kooperativ-partikularistische Strategien erscheint dabei u.a. abhängig von den Unternehmen und den von ihnen jeweils gewährten Mitbestimmungsmöglichkeiten für Gewerkschaften.

2.3. Outcomes der berufsbildungspolitischen Maßnahmen und Ursachen des geringen Qualifikationsniveaus britischer Arbeitnehmer

Trotz des massiven Wandels des berufsbildungspolitischen Institutionensystems und der zumindest partiellen funktionalen Flexibilisierung in den Unternehmen erhöhten sich die *Outcomes* des britischen Berufsbildungssystems wie auch der betrieblichen Weiterbildung hinsichtlich Umfang und Qualität nur geringfügig. Das allgemeine Qualifikationsniveau der britischen Arbeitnehmer blieb unverändert gering. Die Ursachen liegen bei „vergangenen Entscheidungen" bzw. bei den traditionellen Handlungsorientierungen der relevanten Akteure, die in Großbritannien stark an partikularistischen bzw. kurzfristigen Interessen orientiert sind.

Geringe Qualifizierung britischer Arbeitnehmer

Vom *Secretary of Employment, Sir Norman Fowler*, wurden 1989 ehrgeizige Ziele hinsichtlich des Qualifikationsniveaus britischer Arbeitnehmer formuliert, die durch die neuen staatlichen Programme sowie den institutionellen Wandel erreicht werden sollten: „*by the year 2000 a minimum of half the employed workforce should be qua-*

---

[292] Die Datenlage zur Bedeutung der Berufsbildung in den Tarifverhandlungen in Großbritannien ist prekär. Zum Verhalten der unterschiedlichen Gewerkschaften stehen keine Daten zur Verfügung. Da nur etwa bei einem Drittel der industrieweiten Tarifabkommen „Training" als Issue abgedeckt wurde, kann man davon ausgehen, daß die berufliche Weiterbildung auch eine nur geringe Bedeutung bei Tarifverhandlungen spielte (Rainbird/Smith 1992:14).

lified to level three of the National Vocation Qualification or its academic equivalent (A-level)" (CBI Conference 1989, zit. nach Stevens/Walsh 1991:45)[293]. Die Erfahrung mit berufsbildungspolitischen Maßnahmen in den 80er Jahren und die ersten *Outcomes* der Programme zum Beginn der 90er Jahre, lassen das Erreichen dieser Ziele allerdings als unrealistisch erscheinen. Da die *Apprenticeship* von den konservativen Regierungen nicht explizit gefördert wird und sich die oben bereits erläuterten Probleme der hohen Ausbildungslöhne und der Strukturkrisen in der verarbeitenden Industrie und im Bausektor negativ auswirkten, verringerte sich die Zahl der *Apprentices* im Laufe der 80er Jahre: 1979 wurden noch 376.000 Jugendliche im Rahmen von *Apprenticeships* ausgebildet, Ende der 80er Jahre waren es nur noch etwa 330.000 jährlich[294] (vgl. Tabelle 5). Damit verringerte sich die Bedeutung der traditionellen Form der Facharbeiterausbildung in Großbritannien.

Die abnehmende Zahl von *Apprenticeships* ging mit einer Zunahme der Teilnehmer in den staatlich geförderten Programmen einher. 1988/89 erreichte die Teilnehmerzahl des ET 238.600[295]. Im gleichen Jahr wurden zusätzlich 407.500 Jugendliche durch YTS gefördert (siehe Tabelle 5). Insgesamt stiegen damit die Teilnehmerzahlen in staatlichen Ausbildungsprogrammen gegenüber dem Beginn der 80er Jahre. Die Vermittlung beruflicher Qualifikationen in den staatlich geförderten Programme wird aber als sehr gering eingeschätzt. Bei Arbeitgeberumfragen wurde ermittelt, daß 1989 nur 53 Prozent der Teilnehmer im ersten Jahr des YTS und 77 Prozent der Teilnehmer im zweiten Jahr eine Facharbeiterausbildung, d.h. ein *City and Guilds Certificate*, anstrebten[296] (Begg et al. 1991). Der Anteil derjenigen, die eine solche Qualifikation tatsächlich erreichten, war noch erheblich niedriger. 1987/88 waren es nur 29 Prozent (Marsen/Ryan 1991:267). Die Expertenschätzungen des Substitutionseffektes von YTS für „normale", nicht-subventionierte Arbeitsplätze (mit höheren Löhnen) variieren zwischen sechs und 25 Prozent (Jones 1988:63; vgl. ebenso Mars-

---

[293] Bis 1997 sollen schulische und berufliche Ausbildung für alle Jugendlichen zugänglich sein; achtzig Prozent der Jugendlichen sollen NVQ-Level zwei erreichen. Das entspricht dem Status eines Angelernten, da NVQ-Level drei etwa einer Facharbeiterausbildung gleichkommt. Bis zum Jahr 2000 sollen fünfzig Prozent der Jugendlichen dieses NVQ-Level erreichen. Die sogenannten *Life-Time-Targets* zielen darauf ab, daß 1996 alle Arbeitnehmer an Weiterbildungsmaßnahmen teilnehmen; Fünfzig Prozent der Beschäftigten sollen bis dahin ebenfalls NVQ-Levels anstreben (Employment Gazette 1993:360).

[294] Die Zahl der Auszubildenden allein in der metallverarbeitenden Industrie sank von 87.000 1980 auf 35.700 1985 um rund fünfzig Prozent (Rainbird 1990:28). Die *Apprenticeship* wurde durch die neuen Institutionen der Berufsbildung nicht explizit gefördert, nur z.T. wurden Subventionen für das YTS für *Apprentices* eingesetzt.

[295] Vor dem Hintergrund sinkender Arbeitslosenzahlen wurde das Budget für ET noch 1989 um zehn Prozent gekürzt (King 1993:233).

[296] Einen noch wesentlich schlechteren Trend ermittelt Jones in den ersten Jahren des Bestehens des YTS. Nach Absolvierung des einjährigen YTS zwischen 1986 und 1988 gaben 76,8 Prozent der Teilnehmer an, keine berufliche Qualifikation erhalten zu haben. Bei den Teilnehmern des zweiten Jahres wurde ein optimistischeres Bild vermittelt, da immerhin 54 Prozent einen beruflichen Qualifikationsgrad erreichten (Jones 1988:65). Ein Grund dafür ist, daß in den ersten Jahren der Programmlaufzeit keine Verpflichtung bestand, an *Off-the-Job-Training* in Form von berufsbildenden Kursen teilzunehmen.

den/Ryan 1991:267). Da die Ergebnisse der neo-liberalen Berufsbildungspolitik hinsichtlich des in den Maßnahmen erreichten Qualifikationsniveaus der Teilnehmer als bislang eher dürftig bezeichnet werden können, muß die Zunahme der Teilnehmerzahlen in den arbeitsmarktpolitischen Maßnahmen zum überwiegenden Teil als eine Form von staatlich subventionierten Beschäftigungsmaßnahmen bzw. Arbeitsplatzbeschaffungsmaßnahmen durch niedrige Lohnkosten interpretiert werden. Die Ausbildung von Facharbeitern wurde und wird durch die neuen, staatlichen Beschäftigungsprogramme kaum gefördert.

Auch die Ausgaben für berufliche Qualifizierungsmaßnahmen der Unternehmen haben eine leicht ansteigende Tendenz, sind aber insgesamt relativ gering: In Großbritannien wurden 1985 nur 0,15 Prozent des jährlichen Umsatzes der Unternehmen für Weiterbildung ausgegeben (Institute of Manpower Studies 1984; 1985, zit. nach Keep 1989:179). Bis Anfang der 90er Jahre stieg dieser Anteil auf etwa 0,5 Prozent an[297]. Im internationalen Vergleich blieben die Investitionen in die berufliche Aus- und Weiterbildung in britischen Unternehmen damit weiterhin gering[298]. Entsprechend klein war der Anteil der Arbeitnehmer, die an Weiterbildungsmaßnahmen teilnahmen. 1989 waren es lediglich 14,4 Prozent (DE Labour Force Survey, zit. nach Stevens/Walsh 1991:32).

Vor dem Hintergrund sinkender Absolventenzahlen bei der *Apprenticeship* und einer nur geringen Zahl von Facharbeiterausbildungen bei den neuen berufsbildungspolitischen Programmen veränderte sich das allgemeine Qualifikationsniveau britischer Arbeitnehmer in den 80er Jahren wenig. 1988 besaßen nur sieben Prozent der britischen Arbeitnehmer einen „Meisterbrief" (Higher Technician Diploma) und zwanzig Prozent eine Facharbeiterausbildung (Craft/lower Technician Diplomas)[299]. Entsprechend war und ist der Anteil unqualifizierter Arbeitnehmer in Großbritannien mit 63 Prozent sehr hoch (National Institute Economic Review 1992; In: Labour Research 1993). Verschiedene Untersuchungen weisen zudem darauf hin, daß Unternehmen in Großbritannien in den 80er Jahren weiterhin Facharbeitermangel beklagten[300]. Zahl-

---

[297] 1989 gaben zwanzig Prozent von 200 befragten Unternehmen an, weniger als 0,5 Prozent der gesamten Lohnkosten für Weiterbildung auszugeben, bei nur 13 Prozent waren es mehr als fünf Prozent und 17 Prozent der Firmen wußte gar nicht, wieviel sie für die Weiterqualifizierung der Mitarbeiter ausgaben (IRS Employment Trends 440:1989).

[298] In Japan und der Bundesrepublik wurden etwa drei Prozent des jährlichen Umsatzes der Unternehmen für Weiterbildungsmaßnahmen ausgegeben (IRS Employment Trends 440:1989).

[299] In den Niederlanden dagegen waren es 1989 19 bzw. 30 Prozent, in Deutschland (1987) sieben bzw. 56 und in Frankreich ebenfalls sieben bzw. 33 Prozent (National Institute Economic Review 1992; In: Labour Research 1993).

[300] Verschiedene Studien des britischen Arbeitgeberverbandes CBI versuchten diesen Mangel zu belegen. In „Skill Needs in Britain 1990" wurde berichtet, daß 22 Prozent der großen Firmen Facharbeitermangel beklagten. In einer Umfrage von 1992 waren es jedoch nur noch fünf Prozent der Firmen (Employment Gazette 1993:14). Es wurde allerdings angenommen, daß infolge eines erwarteten Konjunkturaufschwungs auch die Nachfrage nach qualifizierten Arbeitnehmern wieder steigen würde.

reiche vergleichende Studien in unterschiedlichen Branchen bestätigen, daß in Großbritannien das geringe Qualifikationsniveau der Arbeitnehmer weiterhin Ursache für die vergleichsweise noch immer geringe Produktivität war und ist (Mason et al. 1993; Mason et al. 1990; Steedman 1986; Steedman 1988; Steedman/Wagner 1987).

Vergangenheitsabhängigkeit von Strategien und Outcomes

Bei den Erklärungen der unterschiedlichen Entwicklung der Qualifizierung der Arbeitnehmer in verschiedenen Ländern wird davon ausgegangen, daß die Nachfrage nach qualifizierten Arbeitnehmern sowohl durch aktuelle strategische Entscheidungen der Unternehmen bestimmt wird als auch durch das Angebot an vorhandenen Qualifikationen, die sozusagen auf frühere Entscheidungen bezüglich Ausbildungsanstrengungen zurückzuführen sind. Die „*Path Dependency*" von Entscheidungen deutet in diesem Fall darauf hin, daß, wenn einmal eine Produktionsstrategie der „*Low Skills*" eingeschlagen wurde, diese Entscheidung nicht einfach revidiert werden kann: „*Moreover, the skills that employers 'need' are determined by their stategic choices, given their financial and technological environment, and given the existing supplies of skills: these factors, we have shown, engender hysteresis in the growth path, whereby once embarked on a low-skills route employers choose low skill technology in the future*" (Green/Ashton 1992:297). Das ist - wie eingangs belegt wurde - in Großbritannien der Fall, denn hier war bereits vor 1980 u.a. das allgemeine Qualifikationsniveau britischer Arbeitnehmer niedrig und die Institutionen der beruflichen Erstausbildung waren nicht umfassend bzw. effizient reguliert.

Insgesamt konstatieren Finegold/Soskice (1988) in bezug auf das geringe Qualifikationsniveau der Arbeitnehmer daher ein „*Low-Skill-Equilibrium*" der britischen Ökonomie. Darunter wird verstanden, daß Großbritannien aufgrund der geringen Qualifikation von Managern, Angestellten und Arbeitern Massengüter und Dienstleistungen niedriger Qualität (*Low-Quality-Goods*) produzierte und produziert. Von einem „Gleichgewicht" wird deshalb gesprochen, weil davon ausgegangen wird, daß im Netzwerk der beruflichen Ausbildungspolitik die gesellschaftlichen und staatlichen Akteure sich gegenseitig darin beeinflussen, die Nachfrage nach einer Steigerung des Qualifikationsniveaus und einer Veränderung der Produktionsstrategie hin zur Produktion von Qualitätsgütern zu unterdrücken (Finegold/Soskice 1988:22).

Diese These ist insofern zu relativieren als aufgezeigt werden konnte, daß staatliche Akteure, Arbeitgeber und auch Gewerkschaften eine Steigerung der beruflichen Bildung durchaus nachfragen bzw. anstreben. Gleichwohl kann angenommen werden, daß das angesprochene „*Low-Skill-Equlibriums*" bzw. die Mechanismen, die diesem zugrunde liegen, auch weiterhin mit dazu beitragen, die „Produktion" von beruflichen Qualifikationen durch die quantitative und qualitative Erweiterung der beruflichen Ausbildung zu verhindern. Die These des „Low-Skill-Equilibrium" bietet demnach mit eine Erklärung an, warum die ambitionierten Ziele in der Berufsbildungspolitik nicht erreicht werden können. Bereits aufgezeigt wurde die Blockierung von Reformprozessen durch das Wirken überkommener Strukturen oder das Festhalten einzelner Akteure an tradierten, in der Vergangenheit geprägten Zielen, beispielsweise bei der Einführung neuer Technologien in den Betrieben und den Reformen im Rahmen der tripartistischen Institutionen der Berufsbildungspolitik. Zudem fehlten bis Mitte der 90er Jahre durch die in der Vergangenheit gering ausgeprägte Kooperation zwischen Staat, Arbeitgebern und Gewerkschaften weitgehend institutionalisierte Kontrollen in bezug auf die Ausbildungsangebote und die Erfüllung der Qualifikationsstandards bei Ausbildungsmaßnahmen, beispielsweise im Rahmen des YTS-Programms, die in anderen Ländern durch den Staat und/oder neo-korporatistische Institutionen bzw. die Mitbestimmung der betrieblichen Arbeitnehmervertretung gewährleistet sind (Marsden/Ryan 1991:269/270/272). Eine Folge ist die niedrige Qualität der Ausbildung und deren geringe Standardisierung. Wie die allgemeinen Strategien und die Politik der Akteure (i) Regierung und (ii) Arbeitgeber während der 80er und Anfang der 90er Jahre im einzelnen dazu beitrugen, daß die *Outcomes* der britischen Berufsbildungspolitik relativ gering blieben, soll im folgenden aufgezeigt werden[301]:

(i) Die Ursachen des „Low-Skill-Path" in Großbritannien liegen u.a. im historisch geprägten staatlichen Voluntarismus in der Berufsbildungspolitik, und dem Fehlen einer einheitlichen Regulierung der beruflichen Erstausbildung. Der relativ späte Versuch der staatlichen Vereinheitlichung und Förderung der beruflichen Ausbildung in den 60er und 70er Jahren im Rahmen der tripartistischen Institutionen kann dabei als „halbherzig" bewertet werden. Dies zeigt sich an den im internationalen Vergleich insgesamt relativ geringen staatlichen finanziellen Aufwendungen für die berufliche Bildung und an der „Umwandlung" der ursprünglich zur Förderung der beruflichen Bildung geplanten Programme zu Beschäftigungsmaßnahmen. Zudem erschienen die staatlichen Akteure zu diesem Zeitpunkt zu schwach, um die Kooperation der Verbände in den tripartistischen Institutionen zur Steigerung des berufsbildungspolitischen *Outcomes* zu erreichen.

Die neo-liberale Berufsbildungspolitik der konservativen Regierung während der 80er und zu Beginn der 90er Jahre kann daher in gewisser Hinsicht als eine Konsequenz aus dieser Steuerungsschwäche des britischen Staates - keine Kooperation der Verbände erreichen zu können - gesehen werden. Es wurde daher erneut auf eine Art

---

[301] Der Beitrag der Gewerkschaften wird im darauffolgenden Abschnitt ausführlich erläutert.

des staatlichen Voluntarismus in der Berufsbildungspolitik in Form des „*Roll Back of the State*" gesetzt.

Durch die neo-liberalen Argumente und Analysen legitimiert, betrieb die konservative Regierung in der Berufsbildungspolitik eine schrittweise Marginalisierung der Gewerkschaften sowie der Arbeitgeberverbände. Diese Strategie war insofern erfolgreich, da die Gewerkschaften aufgrund der hohen Arbeitslosigkeit und der restriktiven Streikgesetzgebung bereits geschwächt waren. Sie war aber auch erfolgreich, weil der in den 60er Jahren gestartete Versuch, ein hohes Qualifikationsniveaus in Großbritannien im Rahmen der neo-korporatistischen Institutionen zu erreichen, als weitgehend gescheitert betrachtet werden konnte. Es hatte sich kaum eine umfassende berufsbildungspolitische Praxis entwickelt und institutionalisiert, bei der auch der Beitrag der Gewerkschaften (z.B. für Anpassung und Kontrolle der Maßnahmen) als unabdingbar hätten betrachtet werden können.

Die weitgehende Aufhebung der gewerkschaftlichen Blockademacht durch die konservative Politik wurde allerdings nur um den „Preis" erreicht, daß die berufliche Aus- und Weiterbildung weitgehend der Selbststeuerung durch die Unternehmen überantwortet wurde (vgl. Grant 1991:251). Auf der Grundlage von „Marktprinzipien" sollen sie vormals staatliche Funktionen oder Dienstleistungen erbringen (Wolfe 1991:251). Da in der Vergangenheit gerade das Fehlschlagen des Freiwilligkeitsprinzips bei der Bereitstellung von Ausbildungsplätzen durch die Unternehmer in Großbritannien staatliche Intervention hervorgerufen hatte (King 1993:230), entzündete sich die Kritik an den neuen Institutionen der Berufsbildungspolitik vor allem an den erwarteten Folgen der Quasi-Marktstrategien bei der Verteilung staatlicher Mittel in diesem Politikfeld sowie an der Wiedereinführung des Freiwilligkeitsprinzips hinsichtlich der Finanzierung berufsbildungspolitischer Maßnahmen.

Die Kritik am „Freiwilligkeitsprinzip" in der beruflichen Bildung entwickelt allerdings nur vor dem Hintergrund der spezifischen Merkmale der britischen Arbeitgeber ihre volle Durchschlagskraft. Wegen der bereits aufgezeigten organisationsstrukturellen Voraussetzungen (geringe Steuerungsfähigkeit und geringer Repräsentationsgrad), war zum Zeitpunkt der Reformen bereits davon auszugehen, daß britische Unternehmer auch in den 90er Jahren allein in einem neo-liberal geprägten Institutionensystem nicht in der Lage sein würden, das Ausbildungsniveau anzuheben.

Trotz der laut proklamierten ehrgeizigen Ziele und der Steigerung der Ausgaben für die Berufsbildungspolitik in den 80er bis Mitte der 90er Jahren kann daher davon ausgegangen werden, daß die konservative Regierung die „Fortsetzung" des historisch begründeten „*Low-Skill-Equilibrium*" in Kauf nahm. Die dem Markt als

Steuerungsmedium innewohnenden Defizite bei der Bereitstellung eines Kollektiv-gutes - wie es eine sowohl quantitativ als auch qualitativ zufriedenstellende Berufs-bildung aus Sicht aller Akteure der Arbeitsbeziehungen darstellt - wurden offen-sichtlich akzeptiert. Die Folgerung liegt daher nahe, daß die Regierung auf eine Wettbewerbsstrategie setzte, die - auf der Basis eines niedrigen bis mittleren Qualifi-kationsniveaus der Arbeitnehmer sowie eines niedrigen Lohnniveaus - auf die Pro-duktion von Gütern mittlerer Qualität abzielte. So warb beispielsweise eine Bro-schüre des *Invest in Britain Bureau* des britischen Generalkonsulats 1994 damit, daß die Gesamtarbeitskosten im Vereinigten Königreich nach wie vor zu den niedrigsten in der EG gehören und unter denen von Japan und den USA liegen (IBB: Großbri-tannien, der bevorzugte Standort 1994).

(ii) Zur weiteren Begründung des *„Low-Skill-Equilibriums "* erscheint eine Darstel-lung der Ursachen der geringen Ausbildungsanstrengungen von Unternehmen im Zusammenhang mit den spezifischen Institutionen der britischen Arbeitsbeziehungen aufschlußreich (Finegold/Soskice 1988; Soskice 1993). Die Bereitstellung und Durchführung von Berufsbildung allgemein wird als ein Kollektivgutproblem auch aus Sicht der Unternehmer verstanden. Kann ein einzelner Unternehmer nicht davon ausgehen, daß auch andere Unternehmer in berufliche Ausbildung investieren, läuft er Gefahr, daß von ihm ausgebildete Arbeitnehmer abgeworben werden und die „Produktivitätssteigerung" durch die Qualifizierung dem konkurrierenden Unter-nehmen zu Gute kommen. Es wird daher angenommen, daß die „Angst" der Firmen vor Abwerbung der von ihnen ausgebildeten Arbeitnehmer bzw. das Vertrauen auf die Möglichkeit, qualifizierte Arbeitnehmer von anderen Unternehmen abwerben zu können (als sogenannter *Free-Rider*) negativen Einfluß auf die Ausbildungsanstren-gungen einzelner Unternehmen in Großbritannien hat (Streeck et al. 1987; Ste-vens/Walsh 1991:38). Dies wurde z.T. auch von den Arbeitgebern selbst so gesehen, beispielsweise steht im *Lloyds Bank Economic Bulletin*: *„One important reason is the presence of market failure in the provision of training. A company knows that it cannot be sure of retaining workers once trained, since their value to other compa-nies has also risen. Hence industries will invest less training than would be in their joint interests"* (Lloyds Bank Economic Bulletin 1990:2; zit. nach Cutler 1992:165). Das aufgezeigte *„Prisoners Dilemma"*, das auch als „Marktversagen" attribuiert wird (vgl. Financial Times Editorial, 10. Januar 1990), könnte durch Selbstver-pflichtung der Unternehmer im Rahmen starker Verbandsstrukturen aufgelöst werden (vgl. Stevens/Walsh 1991:38). Diese sind aber in Großbritannien, wie am Beispiel des CBI aufgezeigt wurde, nur gering ausgeprägt.

262

Zur Erklärung des Entstehens eines „*Low-Skill-Equilibrium*" in Großbritannien wird zudem immer wieder angeführt, daß das britische Management Ausbildungsmaßnahmen traditionell eher als Kosten und nicht als Investitionen betrachtete (Finegold/Soskice 1988:29; Keep 1989:195; Marginson et al. 1988:268). Vom CBI selbst wurde diese Einschätzung 1993 bestätigt. Dementsprechend können gegenwärtige Defizite der Ausbildungsanstrengungen auch mit dieser spezifischen Sichtweise britischer Firmen erklärt werden:

> „*British firms, until recently, tended to approach training with very different rationales, often viewing it as a waste of resources. Some have learned the lesson of their investment in their employees' training, but use a scattergun approach and train for training's sake. The evidence suggests that there are still many such firms. In these firms, management concentrates on inputs, such as training budgets or the time spent on training, rather than outputs. As a result much of the training will have been wasted or misdirected*" (CBI: Training: the Business Case 1993:14).

Anstatt eine offensive Qualifizierungsstrategie zu entwickeln, reagieren einzelne Unternehmen auf Qualifikationsdefizite z.T. noch heute mit einer Politik des „*Muddling Through*", indem sie qualifizierte Arbeitnehmer zu Überstunden anhalten, mit gering qualifizierten Arbeitnehmern arbeiten, weniger dringliche Aufträge verschieben oder - wenn nötig - Subunternehmen beauftragen (Green/ Ashton 1992:193). Langfristige Planungen der Qualifikationsstrategien werden zudem durch Entscheidungsstrukturen in den Unternehmen behindert, die - wie oben gezeigt - ebenfalls historisch bedingt sind. In Großbritannien ist noch immer weitgehend die untere Führungsebene (Line Manager) statt des oberen Managements für die Personalentwicklung verantwortlich (Finegold/Soskice 1988:29). Da aber britische Manager der unteren und mittleren Führungsebene selbst erhebliche Qualifikationsdefizite aufweisen, wird angenommen, daß sie die Weiterbildung der Fertigungsarbeiter als eine Bedrohung für ihren eigenen Status empfinden und deshalb behindern (Finegold/Soskice 1988:29).

Die genannten Faktoren können daher erklären, weshalb viele britische Unternehmer auch während der 80er und zu Beginn der 90er Jahre kaum Produktionsstrategien, die ein hohes Qualifizierungsniveau der Arbeitnehmer voraussetzen, verfolgten: „*Many British industrial employers are either wedded to product-cum-manufacturing strategies involving low skill requirements or are unaware of their true skill requirements*" *(Marsden/Ryan 1991:273).*

2.4. Strategien der Gewerkschaften in der Berufsbildungspolitk

Wie bereits in Kapitel II.1.4. aufgezeigt, zielten die historischen Strategien der britischen Gewerkschaften, insbesondere die der *Craft Unions* lange Zeit darauf ab, den breiten Zugang zur Facharbeiterausbildung restriktiv zu kontrollieren. Auch nachdem diese Strategien der *Craft Unions* aufgegeben worden waren, blieben aufgrund der unterschiedlichen Mitgliederbasis, der verschiedenen Organisationsstrukturen und des traditionell geprägten Zugangs zur Berufsbildungspolitik (Rainbird 1990:150) auch weiterhin verschiedene Interessen der britischen „Gewerkschafts-typen" bei der Berufsbildung erhalten. Nicht alle gewerkschaftlichen Organisationen waren und sind daher in gleichem Maße bereit, Kompromisse zu schließen, die wiederum Voraussetzung für eine solidarische Politik zum Erreichen einer allgemeinen Ausweitung der Facharbeiterausbildung sind.

Das Erlangen eines hohen Qualifikationsniveaus für möglichst viele Arbeitnehmer ebenso wie die Ausbildung von Qualifikationsprofilen, die quer zu den traditionell geprägten organisatorischen Demarkationslinien der Einzelgewerkschaften liegen, stellen daher auch weiterhin ein Kollektivgutproblem innerhalb der britischen Gewerkschaftsbewegung dar. Die ideologisch geprägten, konfliktiv orientierten Strategien zahlreicher Gewerkschaften bzw. die Aversion gegen die Kooperation mit Regierung und Arbeitgebern trugen mit zur partiellen „Blockade" der Berufsbildungspolitik in den tripartistischen Institutionen (solange diese noch bestanden) bei sowie bei der Umgestaltung der Arbeitsorganisation in den Unternehmen. Damit liegen auch in den gewerkschaftlichen Strategien Ursachen für die defizitären *Outcomes* in der Berufsbildungspolitik begründet. Auf die Exklusion bzw. Marginalisierung von bzw. in den berufsbildungspolitischen Verhandlungsnetzwerken reagierten der TUC ebenso wie die Einzelgewerkschaften durch eine Änderung ihrer Strategien.

Die berufsbildungspolitische Strategie des TUC

Wie bereits gezeigt wurde, verfolgt der TUC in den 80er Jahren in der *Manpower Service Commission* eine begrenzt konfliktive Politik. Trotz der Kritik einzelner Programmpunkte wurden die beschäftigungspolitischen Programme der Regierung im allgemeinen unterstützt. Eine bewußte Konfrontation wurde lediglich bei der Einführung des *Employment Training* durch den Boykott der *MSC* in Kauf genommen. Anfang der 90er Jahre kann die Strategie des TUC dagegen als weitgehend kooperativ-solidarisch charakterisiert werden, da er seitdem die breite Qualifikation der Arbeitnehmerschaft als Ziel verfolgt, die gewerkschaftliche Kooperation in den para-staatlichen Organisationen einfordert und auch Partizipationsmöglichkeiten wahrnimmt, sofern sie angeboten werden.

Dabei nahm das Interesse des TUC an der Berufsbildungspolitik im Laufe der 80er und Anfang der 90er Jahre parallel zur fortschreitenden formalen Exklusion von der

Politikformulierung und Implementation deutlich zu[302]: *„Paradoxically, the formal exclusion of trade union interests from training bodies has coincided with an increased interest and awareness amongst unions of training as a bargaining issue"* (Rainbird 1993:12). Die institutionelle Exklusion machte anscheinend auch dem TUC deutlich, daß über die institutionelle Mitbestimmung in der Berufsbildungspolitik auch die Auseinandersetzung um langfristige Einflußpositionen und die Verwirklichung von Zielvorstellungen in anderen Bereichen, wie z.B. der Lohnpolitik[303], verbunden sind. Die Strategie des TUC wurde daher auf die Forderung zentriert, erneute Repräsentanz in tripartistischen Institutionen der Berufsbildung auf allen Ebenen zu erlangen[304]. Proklamiertes Ziel des TUC ist seither eine im Bereich der Produktion von Qualitätsgütern wettbewerbsfähige Ökonomie, die auf einer hochqualifizierten und als Konsequenz daraus auch hochbezahlten Arbeitnehmerschaft aufbaut (TUC: „Skills 2000" 1989; TUC Guidance: Joint Action over Training 1991). Daraus resultierte auch die Forderung *„Training for all"*, die in den genannten Veröffentlichungen immer wieder neu formuliert wurde, z.B.: *„Every employee should be able to progress, to enhance their qualifications and extend their achievements"* (TUC: Skills 2000;1989).

Aus dieser Perspektive wurden und werden einzelne staatliche Ausbildungsprogramme vom TUC wegen ihrer geringen beschäftigungspolitischen Effekte oder der dabei vermittelten und als zu gering erachteten Qualifikation weiterhin kritisiert. Am ET wird beispielsweise bemängelt, daß nur eine geringe Anzahl der Teilnehmer im Anschluß an das Programm eine Stelle fand. Deshalb wird eine Reform gefordert, die erneut die Freiwilligkeit der Teilnahme, höhere Entlohnung und gleiche Zugangschancen für die Teilnahme sichert (TUC: Skills 2000; 1989:8). In „Skills 2000" schlug der TUC eine Reform der TECs vor. Um die Kontrolle bei der Implementa-

---

[302] Dies wird u.a. durch eine wachsende Flut von TUC-Veröffentlichungen seit Ende der 80er Jahre zum Ausdruck gebracht: *Skills 2000* (1989); *Bargaining for Skills* (1992), *Working in Partnership for Quality Training* (1993).

[303] Dies trifft jedenfalls zu, wenn man davon ausgeht, daß qualifizierte Arbeitnehmer auch höhere Löhne erhalten als nicht-qualifizierte.

[304] Ohne die von der Regierung proklamierten Ziele der Dezentralisierung und Flexibilisierung des Ausbildungssystems grundsätzlich in Frage zu stellen, optiert der TUC für die gewerkschaftliche Mitbestimmung innerhalb der Institutionen der beruflichen Bildung und zwar
- auf Betriebsebene durch eine *Training Charter*, welche die für die Betriebe verbindliche Infrastruktur der Berufsbildung festschreibt, sowie durch Verhandlungen zwischen Gewerkschaften und Arbeitgebern über die Berufsbildung, z.T. im Rahmen von *Workplace Training Committees* (TUC: Bargaining for Skills 1992);
- auf lokaler Ebene durch die Reform der TECs, indem sowohl Gewerkschaftsvertreter als auch Vertreter der lokalen Verwaltung aufgenommen werden (TUC: Skills 2000;1989 und TUC: Working in Partnership for Quality Training 1993);
- auf Branchenebene durch die Etablierung von staatlichen *Industry Training Organizations*, welche die *Non-Statutory Training Organizations*, die als ineffektiv gelten, abschaffen sollen (TUC: Bargaining for Skills 1992),
- und auf nationaler Ebene durch die Einrichtung einer tripartistischen *National Training Authority* (ähnlich der MSC), welche die verschiedenen Institutionen und deren Finanzierung unter Beibehaltung des dezentralen Charakters des berufsbildungspolitischen Institutionensystems koordinieren soll (TUC: Bargaining for Skills 1992).

tion der Programme zu sichern, wird die Gewährung der institutionalisierten Partizipation sowohl gewerkschaftlicher Vertreter als auch gewählter Vertreter der Kommunen in den TECs gefordert. Zur Sicherung der Qualität der beruflichen Ausbildung wird eine Formalisierung und Standardisierung derselben angestrebt:

> *„First qualifications will ensure that the outputs of training are regularly assessable, and the qualifications themselves would be subject to regular scrutiny by the industry bodies. Secondly, there is the consumer monitoring of training quality inherent in the concept of choice for working people in training, and in the power of those consuming training services to switch their purchasing from one supplier to another"* (TUC:Skills 2000; 1989).

Unter anderem, um eine Standardisierung der beruflichen Ausbildung zu erreichen, werden die Kooperationsmöglichkeiten im NCVQ sowie im NACETT vom TUC wahrgenommen. Aufgrund der erfolgreichen Zusammenarbeit von *John Monks*, dem Generalsekretär des TUC, mit den TECs in *South Thames*, wurde in einem Programmpapier des TUC *„Working in Partnership for Quality Training"* von 1993 die bis dahin verfolgte Opposition gegen die TECs aufgegeben und die Kooperation und Partnerschaft der Einzelgewerkschaften mit den TECs empfohlen. Die vom gewerkschaftlichen Dachverband vertretene kooperativ-solidarische Strategie wird von den Einzelgewerkschaften aufgrund deren partikularistischer Interessen aber nicht unbedingt geteilt.

Die berufsbildungspolitischen Strategien der Einzelgewerkschaften

Die Strategien der Einzelgewerkschaften in der Berufsbildungspolitik unterscheiden sich auch Mitte der 90er Jahre weitgehend gemäß der verschiedenen gewerkschaftlichen Organisationstypen. Entlang der organisationsstrukturellen Merkmale der Einzelgewerkschaften sind Divergenzen hinsichtlich der „Ausarbeitung" der berufsbildungspolitischen Konzepte zu erkennen, sowie hinsichtlich der dabei verfolgten Ziele. Diese blieben im Laufe der 80er und zu Beginn der 90er Jahre weitgehend konstant. Es veränderten sich jedoch die Haltungen der Organisationen hinsichtlich der Kooperation mit Unternehmern und Regierung entsprechend ihrer ideologischen Orientierung. Dabei sind exemplarisch weitgehend zwei Positionen festzumachen, nämlich die der zur AEEU und die der zu UNISON fusionierten Organisationen:

1. AEEU oder „Business Unionism":

Die konstituierenden Organisationen der AEEU, die ursprünglichen *Craft Unions* AEU und EETPU, haben einen traditionell etablierten Zugang zur Regelung beruflicher Ausbildung in den Betrieben. Sie haben die *Apprenticeship* als berufliche Erstausbildung vertreten und im Rahmen der früheren ITBs aktiv mitgestaltet. Ihr ausgearbeitetes berufsbildungspolitisches Konzept zielt daher auf die Förderung der Facharbeiterausbildung ab. Obwohl die AEU noch zu Beginn der 80er Jahre in den staatlichen Institutionen wie auch in den Betrieben eine eher konfliktiv-partikularistische Politik verfolgte (was sich in einzelnen Forderungen, wie z.b. hohen Ausbildungslöhnen niederschlug), veränderte sie ihre Position in der Berufsbildungspolitik im Rahmen ihrer allgemeinen Wende hin zum *Business Unionism* sowie durch die organisatorische Verbindung mit der EETPU. Hinter der noch aufzuzeigenden Position der fusionierten AEEU verbirgt sich daher eine im Rahmen des *Business Unionism* entwickelte Strategie, die von der EETPU auch in der Berufsbildungspolitik kohärent verfolgt wurde.

Der EETPU Vorsitzende *Bill Jordan* vertrat bereits im Laufe der 80er Jahre auch in der Berufsbildungspolitik produktivistisch-kooperative Ziele. Entsprechend des *New Realism* wurden die durch die Einführung neuer Technologien und Qualifikationen entstehenden Herausforderungen angenommen. Die berufliche Weiterqualifikation der Mitglieder wurde als Beitrag zur Erhöhung deren individueller Verhandlungsmacht betrachtet. Die berufsbildungspolitischen Ziele der EETPU waren und sind an der Ausbildung möglichst vieler Facharbeiter orientiert. Die berufsfachliche Qualifizierung der Arbeitnehmer wurde als Voraussetzung für die Vergrößerung der eigenen Organisationsbasis, nämlich von Facharbeitern, gesehen, weshalb Qualifizierung auch einen wichtigen Teil der Mitgliederrekrutierungsstrategie der EETPU bildete.

> *„If we are successfully to face the challenge presented by NET (new electronic technology-HR) then training is a key factor. Without a positive attitude, new work will be taken up by other groups of workers and without the appropriate training, maintenance electricians will not be able to claim this work as theirs simply because they will not be able to do it ... Electronics represents a natural progression for the electrician ... but despite this distinct advantage there are relatively few people able to cope with NET in all its forms. This shortage effectively means that the present situation is unique in that it is ready made for electricians to considerably improve their position relative to more traditionally based crafts"* (EETPU: Contact; zit nach Rainbird 1990:138).

Um diese Ziele zu erreichen, kooperierte die EETPU mit Arbeitgebern[305] und in den para-staatlichen Institutionen bei der Implementation berufsbildungspolitischer Programme. Die EETPU bewarb sich als eine der ersten Gewerkschaften auch bei den neuen Institutionen des Berufsbildungssystems, wie z.B. bei der *Training Task Force*, um Repräsentationsmöglichkeiten und unterstützte weitgehend die neuen Ausbildungsprogramme der Regierung.

---

[305] Bereits 1982 schloß sie mit dem Arbeitgeberverband *Electrical Contractors' Association* ein Abkommen, in dem die Löhne der Auszubildenden um ein Drittel gekürzt wurden. Die Maßnahme war insofern erfolgreich als 1984 erneut 2637 auszubildende Elektriker eingestellt wurden (Bassett 1986:70).

Weiterer Ausdruck dieser Politik war die Einrichtung eines gewerkschaftseigenen Ausbildungszentrums sowie von parallel verlaufenden Kursen in zahlreichen regionalen Zentren seit 1980. In den gewerkschaftseigenen Zentren werden verschiedene berufsbildende und berufsqualifizierende Kurse angeboten (IRS Employment Trends 475; 1995:12)[306]. Der Erfolg der berufsbildenden Kurse der EETPU zeigte sich u.a. darin, daß sie bei mehreren Ausschreibungen für die Entwicklung bestimmter berufsbildender Kurse den Zuschlag erhielt. Ihre Beziehungen zur staatlichen Verwaltung werden durch die *J.T. Limited Company* erleichtert, welche die EETPU gemeinsam mit der Arbeitgeberorganisation *Electrical Contractors' Association* nach der Auflösung des EITB gegründet hat. Dieses Unternehmen erfüllt wichtige Lobby-Funktionen sowohl für die Arbeitgeber als auch die Gewerkschaften und hält mit den TECs Verbindung (Rainbird/Smith 1992:32)[307].

Nach der Fusion der EETPU mit der AEU zur AEEU entsendete diese ihre Vertreter zu den neuen Institutionen des Berufsbildungssystems, z.B. in die EnTra und in die TECs. Zudem wurde die Partizipation auch von Gewerkschaften in der *Investing in People Initiative* vorgeschlagen (AEEU Report of the Executive Council 1993). Die AEEU unterstützt weitgehend die Implementation der beschäftigungspolitischen Programme und akzeptiert einen niedrigen Lohn für Auszubildende (AEEU: Engineering the Future: The case for new skills in a modern industry 1993). Darüber hinaus sind Vorschläge bezüglich der *Joint Regulation* betrieblicher wie auch staatlicher berufsbildender Maßnahmen Bestandteil der von der AEEU offensiv verfolgten sozialpartnerschaftlich orientierten Strategie in der Berufsbildungspolitik. Aufgrund der abnehmenden Bedeutung der *Apprenticeship* befürwortet die AEEU die Initiative der Regierung bezüglich der *National Vocational Qualifications*, um eine Standardisierung der beruflichen Ausbildung zu gewährleisten.

Die Kritik der zur AEEU fusionierten *Craft Unions* an den staatlichen Programmen richtet sich auf das dabei erreichte, im allgemeinen geringe Qualifikationsniveau sowie auf den zu geringen Umfang der Maßnahmen[308]. Die AEEU forderte die Regierung daher auf, die staatliche Finanzierung der Programme zu erweitern (AEEU Report of the Executive Council 1993) und die in den Maßnahmen erfolgende Qualifizierung zu erhöhen, so daß sie nicht nur Beschäftigungsmaßnahmen für Jugendli-

---

[306] Die *High-Tech* Ausbildungsprogramme werden nicht nur von Gewerkschaftsmitgliedern genutzt, die ihre Qualifikation verbessern wollen, weil sie arbeitslos sind oder in Gefahr schweben, dies zu werden. Auch große Unternehmen wie *British Rail, Goodyear, Thames Water* und sogar das Verteidigungsministerium schickten Mitarbeiter zu den von EETPU angebotenen Kursen (Bassett 1986:71).
[307] Auch die AEU richtete nach dem Vorbild der EETPU berufsbildende Kurse, sogenannte *Engineers 2000* Kurse, ein bzw. bot sie zusammen mit der EETPU an (Rainbird 1990:136).
[308] Nach gewerkschaftlichen Angaben kamen nur 27 Prozent der Teilnehmer überhaupt in den Genuß von Qualifikationsmaßnahmen. Die Garantie der Regierung, 1993 für jeden Jugendlichen im Rahmen des YT einen Ausbildungsplatz bereitzustellen, wurde demnach nicht erfüllt.

che darstellen (Interview AEEU 22.09.1993). Für die Finanzierung der beruflichen Erstausbildung werden ferner Subventionen der Regierung für die Ausbildung selbst sowie eine Entlohnung der Auszubildenden durch die Arbeitgeber vorgeschlagen (AEEU: Engineering the Future: The case for new skills in a modern industry 1993). Die AEEU vertritt die Position, daß zur Erhöhung der Ausbildungsanstrengungen der Arbeitgeber die „Training Levy", also die frühere Ausbildungssteuer, wieder einge-führt werden sollte (Interview AEEU 22.09.1993).

Eine Ausweitung der betrieblichen Weiterbildungsmaßnahmen wird ebenfalls an-gestrebt. Damit ist gemeint, daß alle Arbeitnehmer, sowohl neu rekrutierte als auch bereits länger beschäftigte Arbeitnehmer, die Möglichkeit erhalten sollten, minimale berufsfachliche Zusatzkenntnisse zu erwerben. Die entsprechenden betrieblichen Programme sollen zukünftig gemeinsam von Management und Gewerkschaften so-wie in Zusammenarbeit mit den TECs durchgeführt werden. In diesem Zusammen-hang wird die Etablierung einer betriebseigenen Infrastruktur für die berufliche Qua-lifizierung der Mitarbeiter ebenso wie die rechtlich garantierte gewerkschaftliche Partizipation in den TECs gefordert (Interview AEEU 22.09.1993). Ferner ist anzu-nehmen, daß der Widerstand dieser Gewerkschaftsorganisationen gegen das *Multi-Skilling* in den Betrieben zur Verteidigung unterschiedlicher Beschäftigungsprofile von Elektrikern und Mechanikern wegen der Fusion von EETPU und AEU (siehe Kapitel III.2.1.) nunmehr entfällt.

2. UNISON oder partielle Konfrontation:

Traditionell keinen oder wenig Bezug zur betrieblichen Berufsausbildung haben da-gegen NUPE und NALGO, konstituierende Organisationen von UNISON. NUPE organisierte vorwiegend unqualifizierte Arbeitnehmer und NALGO überwiegend qualifizierte Angestellte des öffentlichen Sektors, die ihre Ausbildung in berufsqua-lifizierenden Vollzeitschulen erhalten. NUPE strebte aufgrund ihrer Organisations-struktur eher die Vermittlung basaler berufspraktischer Kenntnisse an, NALGO da-gegen war an der beruflichen Weiterqualifizierung ihrer Mitglieder interessiert. Die berufsbildungspolitischen Ziele von NALGO und NUPE werden an deren berufli-chen Aus- und Weiterbildungsprogrammen deutlich. Die von Ex-NUPE angebotenen Kurse richten sich auf die Verbesserung der basalen Bildung und oder dienen der Förderung benachteiligter Arbeitnehmergruppen. Beispielsweise werden Kurse für die Verbesserung der Schreib-, Lese- und Rechenfähigkeit der zumeist an- oder ungelernten Mitglieder während der Arbeitszeit angeboten. Damit werden vorwie-gend gering qualifizierte Arbeitnehmer gefördert, wie auch insbesondere der erneute Berufseinstieg von Frauen. Mit demselben Ziel wurde auf Initiative von NUPE auch

Workbase gegründet, eine Organisation, die Kurse zum erlernen einfacher kommunikativer Fähigkeiten anbietet.

NALGO entwickelte dagegen berufsbildende Fernkurse im Bereich der Buchführung, der Personalplanung, der Verwaltung und des Gesundheitsmanagements, die mittlerweile von mehreren Tausend Teilnehmern jährlich besucht werden (UNISON 1993: Distance and open Learning 93/94). NALGO versuchte auf dem Wege von Tarifverträgen, die Finanzierung dieser Kurse durch die Arbeitgeber sowie eine Art Bildungsurlaub für die Teilnahme an Weiterbildungsmaßnahmen in Bildungszentren zu erreichen (IRS Employment Trends 475;1990). Darüber hinaus verfolgten NALGO und NUPE im Laufe der 80er Jahre aus unterschiedlichen Motivationen heraus weiterhin eher Ziele, welche die umfangreiche Qualifikation von Facharbeitern oder auch die Durchführung der berufsbildungspolitischen Programme behinderten. So lehnten sie es ab, kurzfristige Interessen, wie z.B. die Aufrechterhaltung hoher Löhne für Auszubildende, zu Gunsten des kollektiven und langfristigen Ziels der Verbesserung der Berufsausbildung möglichst vieler Arbeitnehmer zurückzustellen (vgl. Marsh 1992:130). Diese berufsbildungspolitischen Ziele der Organisationen blieben während der 80er Jahre konstant und veränderten sich auch nach der Fusion zu UNISON nicht. Es kann vielmehr von einer eher punktuellen Partizipation in den para-staatlichen Institutionen ausgegangen werden sowie von der Beibehaltung einer partiell konfliktiv orientierten Strategie.

Offensive Mitbestimmung und Kooperation im Rahmen tripartistischer Institutionen der Berufsbildungspolitik wurden von NUPE und NALGO nicht gefordert. Die Partizipationsmöglichkeiten in den neuen Institutionen zur Förderung der beruflichen Bildung, wie den TECs, wurden von NALGO und NUPE weitgehend wahrgenommen (vgl. Rainbird 1990:146-149). Beispielsweise kooperierte NUPE bei der Entwicklung der NVQs durch ihre Partizipation im *Care Sector Consortium*, um dazu beizutragen, daß die Qualifikationen der Arbeitnehmer im Gesundheitsbereich anerkannt und mit der Eingruppierung in Lohngruppen verbunden wurden (Rainbird 1993:14). NUPE arbeitete mit den TECs zusammen, um ein Ausbildungszentrum für das Erlernen von Computerprogrammen, von Grundkenntnissen in Mathematik sowie von Kommunikationsfähigkeiten für Bedienstete der Kommunen einzurichten (TUC: Working in Partnership for Quality Training 1993:25).

Die partiell konfliktive Strategie zeigt sich an der ablehnenden Haltung gegenüber den einzelnen Ausbildungsprogrammen. NALGO und NUPE[309] waren die führenden

---

[309] Ähnliche Positionen verfolgten TGWU und GMB. Sie organisieren vorwiegend in Branchen wie beispielsweise der Nahrungsmittelindustrie, in denen es keine traditionellen *Apprenticeships* gab. Ihre Mitglieder sind überwiegend un- oder angelernte Arbeitnehmer. Zudem ist die Organi-

gewerkschaftlichen Organisationen, welche die staatlichen Ausbildungsprogramme YTS und ET weiterhin wegen ihres verpflichtenden Charakters und wegen der geringen Entlohnung der Auszubildenden sehr stark kritisierten. Die zu UNISON fusionierten Organisationen haben ihre lokalen Vertreter sogar dazu aufgerufen, bei der Durchführung der Programme im Rahmen des ET nicht zu kooperieren (Interview UNISON 29.09.93). UNISON stellt zudem (wie auch AEEU) die auf dem Freiwilligkeitsprinzip basierende Finanzierung der TECs in Frage und fordert, daß die *Labour Party*, falls sie erneut an die Regierung kommt, eine Regelung einführt, nach der die Arbeitgeber einen festen Anteil ihrer Lohnkosten für berufliche Bildung ausgeben müssen (Interview UNISON 29.09.93).

Die Strategien der untersuchten Organisationen lassen annehmen, daß eine eher kooperative Haltung in der Berufsbildungspolitik im Laufe der 80er Jahre dadurch „befördert" wurde, daß die Organisationsbasis der Einzelgewerkschaften primär aus in den Betrieben (und nicht in Vollzeitschulen) berufsfachlich qualifizierten Arbeitnehmern bestand. Um diese Organisationsbasis möglichst breit zu halten, wurden alle Möglichkeiten des Einflusses auf die Ausweitung von Qualifizierungsmaßnahmen ausgeschöpft, bzw. deren Erweiterung wurde als relevant angesehen. Gewerkschaftliche Organisationen, zu deren Mitgliedern vorwiegend un- bzw. angelernte oder außerbetrieblich qualifizierte Arbeitnehmer gehörten, waren dagegen weniger auf die Konzertierung der Berufsbildungspolitik und die Erweiterung von Qualifikationsmaßnahmen zur Sicherung ihrer Mitgliederbasis angewiesen. Die von den Gewerkschaften eingerichteten Zentren oder Programme für die berufliche Aus- und Weiterbildung ihrer Mitglieder, die im allgemeinen auch Nicht-Mitgliedern offenstehen, stellen wichtige Ansätze einer von den Gewerkschaften getragenen Berufsbildungspolitik dar. Die Ausweitung dieser Maßnahmen erscheint im Hinblick auf die Mitgliederwerbung dabei für alle Organisationen vielversprechend, zumal die verschiedenen Programmangebote die unterschiedliche Nachfrage entsprechend der Mitgliederstruktur der gewerkschaftlichen Organisationen widerspiegeln. Daß die gewerkschaftseigenen Programme die Defizite staatlich initiierter Berufsbildungspolitik ausgleichen könnten, ist wegen der engen finanziellen Spielräume gewerkschaftlicher Organisationen mittelfristig allerdings eher unwahrscheinlich.

2.5. Wandel oder Kontinuität in der Berufsbildungspolitik?

Die Auflösung des tripartistischen Institutionensystems, die Einrichtung dezentraler, weitgehend auf der Selbststeuerung der Unternehmen beruhender para-staatlicher

---

sationsstruktur in beiden Gewerkschaften stark dezentralisiert, weshalb sie kaum zentral geleitete Direktiven hinsichtlich der Ausbildungspolitik entwickelten (vgl. Rainbird 1990:146-149).

Institutionen und die Einführung neuer, entsprechend neo-liberalen Zielvorstellungen gestalteter berufsbildungspolitischer Programme signalisieren einen weitgehenden Wandel in der britischen Berufsbildungspolitik seit Ende der 70er Jahre. Die Einflußmöglichkeiten der Gewerkschaften wurden erheblich eingeschränkt und ihre - aus den z.T. konfliktiv-partikularistischen Strategien der Einzelgewerkschaften erwachsene - Blockademacht in den tripartistischen Institutionen bzw. bei der Berufsbildungspolitik wurde gebrochen.

In Unternehmen, in denen Gewerkschaften noch anerkannt waren, behielten sie bei der Einführung neuer Technologien weitgehend ihre Einflußmöglichkeiten und verfolgten z.T. auch traditionelle, partikularistische Strategien im Hinblick auf die Verteidigung der Tätigkeitsprofile der Mitglieder. Dabei konnten die Gewerkschaften weiterhin einen restriktiven Einfluß ausüben. Die Flexibilisierungsabkommen zeigen jedoch, daß auch hier eine zunehmende Kooperation zwischen Unternehmen und Gewerkschaften möglich ist.

Weitgehende Kontinuität ist während der 80er und Anfang der 90er Jahren allerdings hinsichtlich des geringen Qualifikationsniveaus britischer Arbeitnehmer zu verzeichnen. Dies wird auf das „Wirken" vergangener Entscheidungen in Form des „Low skill Equilibrium" zurückgeführt bzw. auf die auch in den 80er Jahren fortbestehenden, auf kurzfristigen Nutzen ausgerichteten Handlungsorientierungen der Akteure. Die Umgestaltung der Institutionen des Berufsbildungssystems und die Einführung para-staatlicher Organisationen, die auf Quasi-Marktstrategien sowie der Selbststeuerung der Unternehmen basieren, versprechen hier auch zukünftig wenig Änderung. Denn insbesondere auch die an kurzfristigen und egoistischen Zielen orientierten Handlungsmuster der Arbeitgeber sind für die geringen Ausbildungserfolge verantwortlich.

Die Exklusion der Gewerkschaften aus den para-staatlichen Institutionen der Berufsbildungspolitik nahm diesen im Laufe der 80er Jahre zunehmend Einflußmöglichkeiten. Dieser massive Einflußverlust der Gewerkschaften ging jedoch einher mit deren steigendem Interesse an der Berufsbildungspolitik und der Partizipation in berufsbildungspolitischen Institutionen. Allerdings formulierte lediglich der Dachverband solidarische Strategien hinsichtlich der Ausweitung der beruflichen Aus- und Weiterbildung sowie der gewerkschaftlichen Kooperation in den für die Berufsbildungspolitik zuständigen Institutionen. Diese wurden auf den TUC-Kongressen z.T. von den Einzelgewerkschaften unterstützt, aber nur begrenzt umgesetzt.

Der Grund dafür liegt auch weiterhin in der fragmentierten Gewerkschaftsorganisation sowie in den - durch die historische Entwicklung bedingten - unterschiedlichen

berufsbildungspolitischen „Traditionen" in den Branchen, in denen einzelne Gewerkschaften ihre Mitglieder organisieren. In diesem Zusammenhang sind auch jetzt noch
die unterschiedliche Mitgliederbasis und die unterschiedliche ideologische Auffassung der Einzelgewerkschaften hinsichtlich der gewerkschaftlichen Kooperation in
para-staatlichen Institutionen und mit Unternehmen Faktoren, welche für die Ver-
schiedenartigkeit der Konzepte und die divergierenden, partikularistischen Ziele einzelner gewerkschaftlicher Organisationen - wie AEEU und UNISON - in der Berufsbildungspolitik verantwortlich sind. Eine Umsetzung der berufsbildungspolitischen Ziele des TUC bzw. eine gesamtgewerkschaftliche berufsbildungspolitische
Strategie im Interesse aller Arbeitnehmer ist deshalb auch künftig eher unwahrscheinlich. Anfang der 90er Jahre dominieren daher kooperativ-partikularistische
Strategien der britischen Gewerkschaften in der Berufsbildungspolitik.

Vor dem Hintergrund der zunehmenden Marginalisierung der Gewerkschaften in den
para-staatlichen Institutionen der Berufsbildungspolitik und der gleichzeitig steigenden Bedeutung von Qualifikationen bzw. deren Vermittlung (z.B. im Hinblick auf
das Lohnniveau oder auch die Rekrutierung von Mitgliedern) wurden von den britischen Gewerkschaften allerdings auch neue Maßnahmen in der Berufsbildungspolitik
entwickelt. Durch die im Laufe der 80er Jahre eingeführten gewerkschaftseigenen berufsbildungspolitischen Programme haben sich die Gewerkschaften neue Handlungsspielräume eröffnet, die sie von der Gewährung der Kooperationsmöglichkeiten
durch staatliche oder unternehmerische Akteure in der Berufsbildungspolitik partiell
unabhängig machen. Die diesbezüglichen Strategien können den vier traditionellen
Strategievarianten nicht zugeordnet werden, sondern müssen als neue, *jenseits von
Konflikt und Kooperation* verankerte, individualistische Strategien typologisiert werden, die auf die Verbesserung der Arbeitsmarktchancen individueller Arbeitnehmer
abzielen.

V. RESÜMEE

Die Kontroverse in der Forschungsliteratur um Wandel und Kontinuität der Arbeitsbeziehungen in den westlichen Industrieländern während der 80er und 90er Jahre war
Ausgangspunkt dieser Arbeit. Dabei war es mein Anspruch, zu zeigen, daß Gewerkschaften nicht nur „Opfer" struktureller Entwicklungen oder der Entscheidungen von
Regierungen und Arbeitgebern waren, sondern als strategische Akteure die Entwicklung ihrer Einflußmöglichkeiten mit beeinflußten. Gewerkschaftliche Strategien standen daher im Mittelpunkt der Untersuchung. Die konkrete Fragestellung lautete:
Welche Strategien standen Gewerkschaften zur Verfügung, und wie haben sie mit
ihrer Strategiewahl Wandel oder Kontinuität der Arbeitsbeziehungen bzw. die Entwicklung ihres eigenen Einflusses beeinflußt? Desweiteren wurde in diesem Zusammenhang erörtert, welche Faktoren für die Wahl der Strategien von Gewerkschaftsorganisationen und deren Durchsetzung in westlichen Industriegesellschaften
während der 80er und Anfang der 90er Jahre ausschlaggebend waren.

Mit den britischen Gewerkschaften wurde für die empirische Untersuchung eine Gewerkschaftsbewegung gewählt, die in der Literatur als Beispiel für die bereits er-
wähnte „Opferrolle" in den 80er und 90er Jahren paradigmatisch genannt wird. Mit
dem entworfenen Untersuchungsdesign konnte jedoch gezeigt werden, daß selbst die
britischen Gewerkschaften nicht ausschließlich „Opfer" struktureller Entwicklungen
bzw. der Entscheidungen von Regierung und Arbeitgebern waren, sondern ihre
Handlungsbedingungen durch eigene Strategien sowohl in der Vergangenheit als
auch in der Gegenwart aktiv mitgestalten. Die Kontroverse um Wandel oder Kontinuität der Arbeitsbeziehungen konnte anhand des britischen Beispiels nicht eindeutig
entschieden werden. Die differenzierte Betrachtung der britischen Arbeitsbeziehungen während der 80er und 90er Jahre zeigte vielmehr eine komplexe Entwicklung,
welche sowohl von Elementen eines massiven Wandels als auch von Elementen der
Kontinuität gekennzeichnet ist.

Dieses Ergebnis stellt eine Kritik an bisherigen Forschungsergebnissen dar bzw. beinhaltet deren Ergänzung und Weiterentwicklung. Die meisten „gängigen" Ansätze
der Gewerkschaftsforschung betonen jeweils nur einzelne Faktoren zur Erklärung des
gewerkschaftlichen Einflusses bzw. der gewerkschaftlichen Strategien. Die Regulationstheorie und die Flexibilsierungsthese stellen die zunehmende Globalisierung und
Internationalisierung der Marktwirtschaft bzw. die Entwicklung neuer Technologien
in den Mittelpunkt, um institutionelle Veränderungen bei der Regulierung der Arbeitsbeziehung und die Verringerung des gewerkschaftlichen Einflusses zu erklären.
Sie können dabei aber länderspezifischen Besonderheiten, die dafür verantwortlich

sind, wie die von der Internationalisierung und der Einführung neuer Technologien ausgehenden Herausforderungen umgesetzt werden, nicht genügend berücksichtigen. Zur Untersuchung der konkreten Entwicklungsbedingungen einer bestimmten Gewerkschaftsbewegung erscheinen sie daher ungeeignet, zumal gewerkschaftliche Strategien als Gestaltungsfaktoren überhaupt nicht wahrgenommen werden.

Interessentheoretische, macht- und konflikttheoretische Ansätze geben Aufschlüsse darüber, welche Strategien bestimmte Gewerkschaften verfolgen können. Der Schwerpunkt der Untersuchungen wird jedoch auf die Erforschung der Bedingungen für kooperative Strategien starker und integrativer Gewerkschaftsbewegungen ausgerichtet, während den Bedingungen für die Wahl der Strategien von Gewerkschaften in stärker konfliktiv orientierten Gewerkschaftssystemen nur wenig Aufmerksamkeit zukommt. Ähnlich verhält es sich mit der Neo-Korporatismusforschung und der organisationssoziologischen Verbändeforschung. Hier werden institutionelle Faktoren wie Organisationsstrukturen als Voraussetzungen für das Zustandekommen von neokorporatistischen Tauschbeziehungen zwischen den Akteuren der Arbeitsbeziehungen hervorgehoben. Es gibt jedoch kaum Überlegungen dazu, unter welchen Bedingungen sich diese Tauschnetzwerke wieder auflösen und wie sich dies auf die Stärke der Gewerkschaften auswirkt. Der Wandel von gewerkschaftlichen Strategien unter sich verändernden Rahmenbedingungen bleibt gänzlich ungeklärt. Der Vorwurf der beschränkten Erklärungsfähigkeit trifft auch - allerdings in wesentlich geringerem Maße - auf den „systemischen" Ansatz der Arbeitsbeziehungen zu. Dieser berücksichtigt zwar die Akteurstrias Staat, Arbeitgeber und Gewerkschaften sowie institutionelle Faktoren, kann aber die Dynamik des Wandels von Institutionen sowie die Wechselwirkung mit den Strategien der Akteure nicht zufriedenstellend beschreiben.

In der vorliegenden Arbeit wurde daher versucht, die von den verschiedenen Ansätzen genannten Faktoren zusammenzufassen und in einen übergeordneten Erklärungszusammenhang zu stellen, um damit möglichst viele der Bedingungsfaktoren für die Wahl gewerkschaftlicher Strategien identifizieren und ihren Wandel erläutern zu können. Der politikwissenschaftliche Neo-Institutionalismus in seiner Variante des Historischen Institutionalismus hat sich vor diesem Hintergrund als besonders tauglich erwiesen, die „Teilerklärungen" der verschiedenen Ansätze der Gewerkschaftsforschung konstruktiv zu verbinden und sie in einen prozeßhaften und übergreifenden Erklärungszusammenhang zu integrieren. Im Rahmen des vom politikwissenschaftlichen Neo-Institutionalismus angenommenen Bedingungszusammenhangs von institutionellem Rahmen, Akteurseigenschaften und situativen Bedingungen als Erklärung für Akteurshandeln bzw. Strategien konnten die von der Gewerkschafts- und Verbändeforschung identifizierten Erklärungsfaktoren weitgehend eingebracht werden. Darüber hinaus liefert die Variante des Historischen Institutionalismus mit den spezifischen Annahmen der Vergangenheitsabhängigkeit, der Wirkung von Institutionen als eine Art „Filter" für die Strategien der Akteure sowie von „Rückkopplungseffekten" (Rückwirkung von Strategien auf die Institutionenbildung) einen übergreifenden Ansatz, um auch die Dynamik des institutionellen Wandels in seiner Wechselwirkung mit Akteursstrategien erfassen zu können.

Auf der theoretischen Grundlagen des politikwissenschaftlichen Neo-Institutionalismus in seiner Variante des Historischen Institutionalismus aufbauend, wurde eine Variablenkonstellation entwickelt, um die Frage nach den allgemeinen Einflußfaktoren für die Wahl bestimmter gewerkschaftlicher Strategien zu beantworten und mögliche Strategietypen identifizieren zu können: Die allgemeinen Rahmenbedingungen, die Regulierung der Arbeitsbeziehungen, die Strategien von Staat/Regierung und Arbeitgebern/Arbeitgeberverbänden, deren institutionelle bzw. organisationsstrukturelle und machtpolitische Handlungsvoraussetzungen, aber auch die gewerkschaftlichen Organisationsstrukturen und Machtressourcen wurden als erklärende Variablen identifiziert. Durch die Annahme von Rückkopplungseffekten wurde der Variable „frühere gewerkschaftliche Strategien" in der Variablenkonstellation ebenfalls eine wichtige Erklärungskraft für die Wahl von „aktuellen" Strategien zugeschrieben. Die den Gewerkschaften generell zur Verfügung stehenden Strategieoptionen wurden in vier Strategietypen unterteilt: konfliktiv-partikularistische (meritokratische), kooperativ-partikularistische (betriebswohlorientierte), konfliktiv-solidarische (klassenrientierte) und kooperativ-solidarische (gemeinwohlorientierte).

Diese allgemeine Variablenkonstellation zeigte sich für die spezifische Entwicklung der britischen Arbeitsbeziehungen während der 80er und Anfang der 90er Jahre als äußerst erklärungsfähig (vgl. Abbildung 4). Die daraus abgeleiteten Hypothesen zur Entwicklung des Einflusses der britischen Gewerkschaften und der Wahl ihrer Strategien konnten weitgehend bestätigt werden.

Hypothese 1: *Die Veränderung der allgemeinen Rahmenbedingungen (die Zunahme der Internationalisierung von Politik und Wirtschaft, die Einführung neuer Technologien, die krisenhafte Wirtschafts- und Beschäftigungsentwicklung und der Wandel der Beschäftigungsstruktur) während der 80er und Anfang der 90er Jahre wirkten sich tendenziell negativ auf die Organisationsfähigkeit und die Machtressourcen der Gewerkschaften in den westlichen Industrieländern aus. Ausschlaggebend für die konkrete Entwicklung von Organisationsfähigkeit und Machtressourcen der Gewerkschaften waren jedoch der spezifische Kontext der Regulierung der Arbeitsbeziehun-*

gen sowie die Strategien und Handlungsressourcen der einzelnen nationalen Akteure.

In Großbritannien ist der Organisationsgrad der Gewerkschaften in den 80er Jahren und Anfang der 90er Jahre erheblich gesunken. Dies wurde z.T. durch die Entwicklung der allgemeinen Rahmenbedingungen beeinflußt. Die beschäftigungsstrukturelle Entwicklung zeigt, daß ein Abbau der Beschäftigung vorwiegend in gewerkschaftlich stark organisierten Sektoren stattfand, wogegen neue Arbeitsplätze vorwiegend in gewerkschaftlich relativ schwach organisierten Branchen (wie dem Dienstleistungssektor) entstanden. Ferner trugen die hohe Arbeitslosigkeit und die zunehmende Nicht-Anerkennung von Gewerkschaften u.a. infolge der Zunahme neu gegründeter, oftmals internationaler Unternehmen zum Sinken des gewerkschaftlichen Organisationsgrades bei. Die zunehmende Globalisierung auch der britischen Wirtschaft und die Blockierung der von *Labour* bevorzugten keynesianischen Wirtschaftssteuerung wird ferner als einer der Bedingungsfaktoren für den Verlust der parlamentarischen Mehrheit der *Labour Party* 1979 angesehen. Indirekt trug dies zur Schwächung der gewerkschaftlichen Machtressourcen in der politischen Arena mit bei.

Die Vermutung, daß alle Rahmenbedingungen sich negativ auf die Gewerkschaften auswirkten, konnte für Großbritannien dabei jedoch nicht bestätigt werden. Bislang konnten wegen der Einführung neuer Technologien kaum direkte negative Auswirkungen auf die Handlungsressourcen der britischen Gewerkschaften nachgewiesen werden. Z.T. positive und unterstützende Effekte für die britischen Gewerkschaften hatte die europäische Integration. Hier sind der *Delors*-Besuch 1988 und die Diskreditierung der britischen Regierung in der europäischen Öffentlichkeit wegen der Ablehnung der Sozialcharta zu nennen.

Damit unterschieden sich die Auswirkungen von Globalisierung und Internationalisierung in Großbritannien kaum von denen in anderen westeuropäischen Ländern. Die extrem negative Entwicklung der britischen Gewerkschaften hinsichtlich der Verringerung ihrer Repräsentativität und Konfliktfähigkeit kann demnach durch die aufgezeigten Effekte der Veränderung der allgemeinen Rahmenbedingungen nicht hinreichend erklärt werden. Die Ursachen müssen also bei den länderspezifischen Einflußfaktoren gesucht werden.

Hypothese 1a: Gewerkschaften in Regulierungssystemen des Typs „Contestation" waren im Laufe der 80er und 90er besonders gefährdet, da hier die gewerkschaftliche Repräsentation in den Betrieben und in para-staatlichen Einrichtungen nur ge-

ring institutionalisiert war, und die gewerkschaftlichen Einflußmöglichkeiten stark von ihrer Organisations- und Streikfähigkeit abhingen.

Die britischen Gewerkschaften waren gegenüber der Veränderung der allgemeinen Rahmenbedingungen besonders „anfällig". Der Regulierungstyp der *Contestation*, dem die britischen Arbeitsbeziehungen zugeordnet wurden, ist charakterisiert durch eine geringe Verrechtlichung der Arbeitsbeziehungen, die Dezentralisierung der Tarifverhandlungen, die geringe Institutionalisierung neo-korporatistischer Verhandlungsnetzwerke und die Dominanz konfliktorientierter Verhandlungsmuster. Das Fehlen gesetzlich garantierter Mitbestimmung war aber unter den Rahmenbedingungen der 80er und 90er Jahre eine der wesentlichen Voraussetzungen für die zunehmende Nicht-Anerkennung der Gewerkschaften in den Betrieben. Überbetriebliche Verhandlungsnetzwerke waren wegen der Dezentralisierung und Fragmentierung der Tarifverhandlungen insbesonder im Privatsektor kaum etabliert. So konnte sich die Mitgliederkrise in Großbritannien direkt in einer Verringerung der gewerkschaftlichen Repräsentationfähigkeit niederschlagen. Da sich der Einfluß der Gewerkschaften in diesem Regulierungstyp hauptsächlich auf ihre Konfliktfähigkeit bzw. ihre Blockademacht gründete, wurden die britischen Gewerkschaften bereits durch die Einschränkung derselben aufgrund der negativen wirtschaftlichen Entwicklung besonders stark getroffen.

Hypothese 1b: Nicht zuletzt wegen der häufigen und einschneidenden Erfahrungen mit konfliktiven Strategien der Gewerkschaften in der Vergangenheit zielte die Politik der Akteure Staat/Regierung und Arbeitgeber extrem stark auf die Exklusion der Gewerkschaften aus relevanten Entscheidungsnetzwerken bzw. die Einschränkung gewerkschaftlicher Konfliktfähigkeit ab.

Von britischen Gewerkschaften wurden kooperativ-solidarische Strategien, z.B. beim *Social Contract* unter den Rahmenbedingungen der 70er Jahre, nur für äußerst kurze Zeit realisiert. Die britischen Gewerkschaften verfolgten traditionell überwiegend konfliktiv-partikularistische Strategien. Damit konnten enorme Nominallohnerhöhungen und - wesentlich geringere - Reallohnerhöhungen erreicht werden. Als Nebeneffekte dieser Politik waren u.a. aber auch die Inflation hoch, die Produktivität niedrig und das Wirtschaftswachstum gering. Die starke gewerkschaftliche Blockademacht drückte sich u.a. im *Winter of Discontent* aus, in dem das Land durch Streikaktionen „lahmgelegt" wurde. Sie zeigte sich aber auch bei der Reform des Berufsbildungssystems, bzw. dem Versuch, die Zahl der Auszubildenden zu erhöhen. Die Reformbemühungen in den 60er und 70er Jahren wurden u.a. auch durch die an partikularistischen Zielen orientierte Politik der Gewerkschaften erschwert bzw.

verhindert. Die überwiegend konfliktiv-partikularistische Politik der britischen Gewerkschaften in den 70er Jahren bildete daher den Anlaß für starke Repressionen von
staatlichen Akteuren und Arbeitgebern in Form von Deregulierungs- und Marginali-
sierungsstrategien während der 80er Jahre.

Die insgesamt hohe Durchsetzungsfähigkeit der konservativen Regierung ergab sich
weitgehend aus der starken Zentralisierung des britischen Staates, welche der Regierung eine starke Handlungsfreiheit beispielsweise im Hinblick auf die Privatisierungen oder die Verwaltungsreform und die Umgestaltung der para-staatlichen Institutionen verschaffte. Ausschlaggebend war jedoch, daß das britische Mehrheitswahl-
recht und die Spaltung der Oppositionsparteien bzw. die Schwäche der *Labour Party*
mit dazu beitrugen, der konservativen Partei bis Mitte der neunziger Jahre eine unan-
gefochtene, regierungsfähige parlamentarische Mehrheit zu sichern. Die neo-liberale
Ideologie und deren „Vermarktung" durch die konservative Partei hat dabei wesentlich zur Legitimation regierungspolitischer Ziele auch im Hinblick auf die Beschneidung gewerkschaftlicher Rechte beigetragen. Die lange Regierungszeit war die Voraussetzung für schrittweise Reformen sowohl bei der rechtlichen Regulierung der
Arbeitsbeziehungen als auch bei der Veränderungen der Lohnstruktur bzw. der Tarifverhandlungsstruktur im öffentlichen Sektor und der Berufsbildungspolitik. Unter
anderem konnte gerade durch das schrittweise Vorgehen der Widerstand der Gewerkschaften „minimiert" werden.

Die britischen Arbeitgeber stellten sich als nur „schwache" strategische Akteure dar.
Die unternehmerische Organisationsstruktur war oft nicht effektiv gestaltet, die Ausbildung des Managements z.T. unzulänglich. Daher verfolgten die britischen Arbeit-
geber kaum dezidierte Strategien hinsichtlich der Einführung individualistischer Managementpraktiken etwa in Form des *Human Resource Management* oder der *Flexible Firm*. Dennoch hat die Einführung einzelner Elemente dieser Konzepte wie die
Institutionen der direkten Arbeitnehmerpartizipation (z.B. Qualitätszirkel) oder die
Zunahme der peripheren Arbeitnehmerschaft (befristet Beschäftigte und z.T. Teilzeit-
Beschäftigte) zur Marginalisierung der Gewerkschaften in den Betrieben und zur
Verringerung ihrer Organisationsfähigkeit beigetragen. Ein massiver Einflußverlust
der Gewerkschaften und die Verringerung ihres Repräsentations- und Organisationsgrades ging jedoch vor allem von der Nicht-Anerkennung der Gewerkschaften in den
neu gegründeten Unternehmen aus. Desweiteren trugen die Arbeitgeberverbände gerade durch ihre „Schwäche" zur Einschränkung der gewerkschaftlichen Handlungsmöglichkeiten bei. Die geringe Organisations- und Strategiefähigkeit der britischen
Arbeitgeberverbände ist einer der Gründe, weshalb die sektoralen Tarifabkommen im

Privatsektor nur gering institutionalisiert waren und sich im Laufe der 80er und zu Beginn der 90er Jahre weitgehend auflösten.

Hypothese 1c: Die von Staat und Arbeitgebern eingeleiteten institutionellen Reformen beim Regulierungstyp der „Contestation" mündeten in einen „neuen" Typ der Regulierung der Arbeitsbeziehungen.

Am britischen Beispiel der Arbeitsbeziehungen wird deutlich, daß sich der Regulierungstyp der *Contestation* durch die bis Mitte der 90er Jahre realisierten institutionellen Reformen grundsätzlich veränderte. Dies trug entscheidend zum Verlust der Blockademacht der britischen Gewerkschaften bei. Der „neu" entstandene Regulierungstyp entspricht jedoch weder dem Typ des *Pluralist Collective Bargaining* noch dem des *Neo-Corporatism* bzw. des *Generalized Political Exchange*. Er kann vielmehr als Typ der *gewerkschaftlichen Marginalisierung* bezeichnet werden. Eine der zentralen Charakteristika dieses „neuen" Regulierungstyps ist nämlich in der zunehmenden Marginalisierung bzw. Exklusion der britischen Gewerkschaften in bzw. von der tarifpolitischen und der berufsbildungspolitischen Arena zu sehen. So wurden neue para-staatliche Institutionen im Bereich der Berufsbildungspolitik gegründet, die keine Repräsentation und Mitbestimmung von Gewerkschaftsvertretern vorsahen. Ferner sind Gewerkschaften nur noch in weniger als der Hälfte aller Betriebe als Verhandlungspartner anerkannt. Zentrale Voraussetzung für die zunehmende Exklusion der Gewerkschaften aus betrieblichen Entscheidungsnetzwerken war u.a. die Reform des Arbeitsrechts durch die konservative Regierung. Die „neue" gesetzliche Regulierung der Arbeitsbeziehungen schränkte einerseits die (legalen) Konfliktmöglichkeiten der Gewerkschaften stark ein, gewährte andererseits aber keine kollektiven Vertretungsrechte der Arbeitnehmer in den Betrieben, z.B. durch die gesetzliche Verpflichtung, Betriebs- oder Personalräte einzurichten. Damit obliegt es in dem weitgehend dezentralisierten Tarifverhandlungssystem einzelnen Unternehmen, über die Beteiligung von Gewerkschaften bei Entscheidungen über Lohn- und Tariffragen zu bestimmen. Das geringe Konfliktniveau ist bei diesem Regulierungstyp nicht Indikator für die Etablierung kooperativer Arbeitsbeziehungen zwischen Gewerkschaften und Arbeitgebern, sondern vielmehr für die Einschränkung der gewerkschaftlichen Konfliktfähigkeit, zumal die gewerkschaftliche Anerkennung in den Betrieben zunehmend von ihrem „Wohlverhalten" abhängig ist.

Hypothese 2: Der Wandel der Arbeitsbeziehungen war von einer starken Path Dependency geprägt. Konfliktiv-partikularistisch orientierte Gewerkschaften versuchten, dem Einflußverlust und der Marginalisierung durch einen Wandel ihrer Strategien zu begegnen. Dieser blieb jedoch partiell: Die partikularistische Orientierung gewerkschaftlicher Strategien war aufgrund ihrer Bedingtheit durch dezentrale und fragmentierte Organisationsstrukturen und ein ebensolches Tarifverhandlungssystem mittelfristig kaum zu ändern. Wegen des gewerkschaftlichen Machtverlusts fand jedoch ein Wandel bei der Konfliktorientierung statt. Aufgrund ihrer Erfolglosigkeit verringerten sich die Streikaktivitäten, und es wurden verstärkt kooperative Strategien entwickelt.

Tradierte Handlungsorientierungen der staatlichen und unternehmerischen Akteure setzten sich weitgehend fort und prägten auch „neue" Regulierungen, para-staatliche Institutionen und Entscheidungen in den Unternehmen. Auf gewerkschaftliche Kooperationsangebote wurde kaum eingegangen. Ein grundlegender Wandel der Outcomes in der Lohn- oder Berufsbildungspolitik fand daher nicht statt. Der Rückkopplungseffekt veränderter gewerkschaftlicher Strategien war mittelfristig gering.

Auf die Veränderung ihrer Handlungsbedingungen reagierten die britischen Gewerkschaften mit einem partiellen Wandel ihrer Organisationsstrukturen, mit Maßnahmen zur Erhöhung ihrer Machtressourcen und mit einem partiellen Wandel ihrer Strategien. Durch gewerkschaftliche Fusionen wurde in Großbritannien eine „Konzentration" der Organisationen erreicht, die dazu beitrug, finanzielle und administrative Ressourcen zu bündeln, und mitgliederstarke Organisationen entstehen zu lassen. Die von den Gewerkschaften verwirklichten Reformen ihrer Organisationsstrukturen hoben die generelle Fragmentierung aufgrund der unterschiedlichen Mitgliederbasis und der unterschiedlichen ideologischen Orientierungen der Einzelorganisationen jedoch nicht auf. Der *Multi-Unionism* in den Betrieben blieb weitgehend erhalten. Die Dezentralisierung gewerkschaftlicher Organisationen und damit auch die geringe Strategiefähigkeit der Einzelorganisationen wurde nicht verändert.

Mit Maßnahmen zur Erhöhung gewerkschaftlicher Machtressourcen konnten Teilerfolge erzielt werden. Hier sind die Initiativen zur Mitgliederrekrutierung zu nennen, die den Mitgliederverlust der Gewerkschaften aufgrund des beschäftigungsstrukturellen Wandels und der Arbeitslosigkeit teilweise ausgeglichen haben. Im Zusammenhang mit dem Erhalt bzw. der Ausdehnung der gewerkschaftlichen Machtressourcen steht ferner die Tolerierung und auch die Zustimmung zu den Reformen in der *Labour Party*. Nicht zuletzt dadurch nahmen deren Chancen für eine erneute Regierungsübernahme wieder zu.

Versuche einzelner britischer Gewerkschaften, mittels konfliktiver Politik die Reformen von Regierung oder Arbeitgebern in den 80er Jahren zu verhindern, wie z.B. der Bergarbeiterstreik oder der Streik in der Druckindustrie, scheiterten. Ausschlaggebend waren die restriktive Gesetzgebung bei Arbeitskonflikten und die kompromißlose Haltung der Arbeitgeber. Eine weitere Ursache war die mangelnde Kooperation der Gewerkschaften untereinander, da einige Organisationen Repressionen durch die neue Gesetzgebung fürchteten bzw. die anti-gewerkschaftliche Haltung in der Bevölkerung durch einen massiven Konflikt nicht weiter verstärken wollten. Erfolge bzw. Teilerfolge mit konfliktiven Strategien konnten lediglich vereinzelt, z.B. bei der Kampagne um die Arbeitszeitverkürzung oder im öffentlichen Sektor, erreicht werden. Insgesamt kann jedoch von einem weitgehenden Verlust der gewerkschaftlichen Blockademacht mittels konfliktiv-partikularistischen Strategien ausgegangen werden.

Die Formulierung kooperativ-solidarisch orientierter Strategien durch den TUC stellte eine weitere Reaktion auf die veränderten Handlungsbedingungen dar sowie einen Versuch, der zunehmenden Marginalisierung zu begegnen. Die kooperativ-solidarischen Ziele wurden jedoch vor allem aufgrund der unterschiedlichen Interessen der Einzelgewerkschaften bzw. der fortbestehenden Fragmentierung und Dezentralisierung gewerkschaftlicher Organisationsstrukturen nicht umgesetzt, denn die partikularistischen Handlungsorientierungen gewerkschaftlicher Akteure veränderten sich in Großbritannien kaum. Dies zeigte sich an den weiterhin maximalistischen Forderungen der Einzelgewerkschaften und der *Shop Stewards* in der Lohnpolitik, die weiterhin negative Effekte auf die gesamtwirtschaftliche Entwicklung haben (z.B. auf das Beschäftigungsniveau oder das Preisniveau). Aber auch in der Berufsbildungspolitik strebten die Einzelgewerkschaften weiterhin vorwiegend Ziele an, die ausschließlich an den unmittelbaren Mitgliederinteressen orientiert sind und eine generelle Erweiterung der berufsbildungspolitischen Anstrengungen nur begrenzt fördern. Zahlreiche Einzelgewerkschaften, insbesondere die AEEU, verfolgten aber zunehmend explizit kooperative Strategien, z.B. im Rahmen von *Single Union Deals*, und auch andere Organisationen, wie UNISON, schränkten ihre Streikaktivitäten stark ein. Partizipationsmöglichkeiten in den neuen Institutionen der Berufsbildungspolitik wurden zunehmend wahrgenommen. Es hat also insgesamt ein Wandel hin zu kooperativ-partikularistischen Strategien bei den britischen Gewerkschaften stattgefunden. Sie wurden in der Berufsbildungspolitik ergänzt durch die von den Gewerkschaften autonom durchgeführten Qualifikationsmaßnahmen. Da diese Maßnahmen ohne Kooperation von Arbeitgebern und Regierung realisiert werden und auf die Verbesserung der Arbeitsmarktposition individueller Arbeitnehmer abzielen, kann man sie auch als *jenseits von Kooperation und Konflikt* liegende individualistische Strategien charakterisieren.

Die Handlungsorientierungen der staatlichen Akteure und der Arbeitgeber blieben dabei weitgehend traditionellen Vorstellungen verbunden: Die neo-liberal geprägten Steuerungsstrategien der Regierung in den Politikfeldern können in gewisser Weise als Fortsetzung des historischen Voluntarismus des britischen Staates gesehen werden. Die Verrechtlichung der Arbeitsbeziehungen blieb partiell. Die Arbeitgeber wurden durch das neue Arbeitsrecht gegenüber den Gewerkschaften gestärkt, aber nicht zur Kooperation „verpflichtet". Sie konnten an den auch von ihrer Seite prinzipiell konfrontativ geprägten Verhandlungs- und Konfliktschlichtungsmustern festhalten. Auch die zunehmende Nicht-Anerkennung der Gewerkschaften in den Unternehmen kann man in diesem Zusammenhang als Fortführung des Konfrontationskurses interpretieren. Auf Kooperationsangebote der Gewerkschaften wurde weder von der Regierung noch von vielen Arbeitgebern eingegangen.

Die Fortsetzung traditioneller Handlungsmuster von Arbeitgebern und Regierung begrenzte allerdings die Reichweite der Reformen. Dies wird vor allem bei der Kontinuität der *Outcomes* in den untersuchten Politikfeldern deutlich:

Die dezentralen und fragmentierten Tarifverhandlungsstrukturen im Privatsektor wurden weder durch regierungspolitische Initiativen noch durch Arbeitgeber maßgeblich verändert. Für die „Kontinuität" der lohnpolitischen *Outcomes* - also hohe Lohnsteigerungen - ist daher das Fortbestehen der negativen Koordination der britischen Lohnverhandlungen aufgrund eines unverändert fragmentierten und noch weiter dezentralisierten Tarifverhandlungssystems verantwortlich. Ferner wirkten Facharbeitermangel und die maximalistischen Forderungen der Gewerkschaften - trotz der Verringerung der gewerkschaftlichen Verhandlungsmacht - als „Anheizer" für Lohnsteigerungen.

Auch in der Berufsbildungspolitik besteht eine weitgehende Kontinuität der *Outcomes*. In den 90er Jahren hat keine Steigerung bei der Ausbildung von qualifizierten Arbeitnehmern stattgefunden. Mit der massiven institutionellen Reform des Berufsbildungssystems hat die Regierung „primär" auf die Exklusion der Gewerkschaften abgezielt. Von den Reformen unangetastet blieben die tradierten Handlungsorientierungen der staatlichen und unternehmerischen Akteure. Auch die neuen Institutionen sind Ausdruck des staatlichen *Laissez-faire*. Die Berufsausbildung bleibt weitgehend der Selbststeuerung durch die Unternehmen überlassen. Da deren Selbstbindung zum Erreichen des Kollektivgutes „Berufsbildung" nicht erhöht wurde, bleiben die Ziele von Regierung und Arbeitgebern bezüglich der Steigerung von Qualität und Quantität der Facharbeiterausbildungen wohl auch zukünftig unerreicht. Das weitgehend vergangenheitsabhängige *„Low Skill Equilibrium"* der britischen Industrie konnte nicht aufgebrochen werden.

Allein in den Unternehmen, in denen gewerkschaftliche Organisationen noch vertreten sind, verfügen diese auch weiterhin über Einfluß bei der Gestaltung der Arbeits-

und Tarifbeziehungen. Hier können auch erste Anzeichen für institutionelle Veränderungen durch den Wandel gewerkschaftlicher Strategien verzeichnet werden. Beispiele dieses Rückkopplungseffekts sind die *Flexibility Agreements*, *Single Union Deals* und auch das *Single Table Bargaining*. Im öffentlichen Sektor war eine solche Entwicklung aufgrund der anti-gewerkschaftlichen Haltung der Regierung allerdings bislang noch schwächer als im Privaten. Berufsbildungspolitische Institutionen und Programme, die von den Gewerkschaften selbst getragen und initiiert werden, machen diese von der Gewährung staatlicher Partizipation in der Berufsbildungspolitik ein Stück weit unabhängig (und staatliche Akteure sowie Arbeitgeber von den berufsbildungspolitischen „Dienstleistungen" der Gewerkschaften - natürlich nur in geringem Umfang - abhängig). Dies stellt in Großbritannien einen quantitativ nicht besonders relevanten, aber doch bemerkenswerten (Rückkopplungs-) Effekt durch Strategien gewerkschaftlicher Akteure dar. Insgesamt wurde die zunehmend kooperative Orientierung der Gewerkschaften von den anderen Akteuren (Regierung, Arbeitgeber) jedoch kaum positiv unterstützt, z.B. durch die Gewährung gesetzlich garantierter Mitbestimmungsrechte. Eine der größten Hoffnungen der britischen Gewerkschaften, daß die Veränderung ihrer Strategien Wirkung zeigt, ihr Einflußverlust gebremst wird, bzw. daß ihnen - erneut - Gestaltungsmöglichkeiten eröffnet werden, liegt daher in der Wiederwahl einer *Labour*-Regierung.

Die Entwicklungsdynamik der britischen Arbeitsbeziehungen in den 80er und 90er Jahren sowie ihre Folgen für die gewerkschaftliche Strategiewahl bzw. gewerkschaftliche Einflußmöglichkeiten läßt sich mit Hilfe des Historischen Institutionalismus folgendermaßen zusammenfassen:

In den 70er Jahren wurde durch die institutionellen Voraussetzungen des als *Contestation* charakterisierten Regulierungstyps, d.h. durch die Fragmentierung und Dezentralisierung des Tarifverhandlungssystems und der Organisationsstrukturen sowie durch die starke Konfliktorientierung und die geringe Verrechtlichung der Arbeitsbeziehungen, das Verfolgen von kooperativ-solidarischen Strategien der Gewerkschaften behindert (Institutionen beeinflussen Strategien). Die konfliktiv-partikularistischen Strategien der britischen Gewerkschaften bzw. ihre starke gewerkschaftliche Blockademacht „provozierten" jedoch eine extrem anti-gewerkschaftliche Stimmung bei den Arbeitgebern und in der Bevölkerung, die von der späteren konservativen Regierung aufgegriffen wurde. Die Veränderung der allgemeinen Rahmenbedingungen während der 80er und 90er Jahre wirkten sich tendenziell negativ für die Gewerkschaften aus und veränderten die bestehenden Machtkonstellationen. Dies wurde durch die genannten institutionellen Voraussetzungen des Regulierungstyps der „Contestation" begünstigt. Vor diesem Hintergrund konnten Regierung und Arbeitgeber während der 80er Jahre erfolgreich institutionelle Veränderungen in den Arbeitsbeziehungen anstreben, um die Handlungsvoraussetzungen der Gewerkschaften einzuschränken. Es entstand ein „neuer" Regulierungstyp, der durch die gewerkschaftliche Marginalisierung gekennzeichnet ist. Ein Rückkopplungseffekt (Strategien verändern Institutionen) hat also stattgefunden.

Die veränderte Regulierung der Arbeitsbeziehungen übte wiederum Einfluß auf gewerkschaftliche Strategien aus (Institutionen beeinflussen Strategien). Die britischen Gewerkschaften verfolgten im Laufe der 80er und zu Beginn der 90er Jahre zunehmend kooperativ-partikularistische Strategien bzw. entwickelten jenseits von Konflikt und Kooperation „individualistische" Strategien. Der gewerkschaftliche Machtverlust bedingte dabei die zunehmende gewerkschaftliche Kooperationsbereitschaft. Die weitgehende Kontinuität bei den Organisationsstrukturen der Gewerkschaften und den Handlungsorientierungen von Arbeitgebern und Staat erklären dagegen das Fortbestehen der partikularistischen Strategien der Gewerkschaften sowie die Kontinuität bei den Outputs in der Lohn- und Berufsbildungspolitik. Ein erneut zu erwartender Rückkopplungseffekt aufgrund der veränderten gewerkschaftlichen Strategien ist zwar ansatzweise nachweisbar, zeigt aufgrund des geringen gewerkschaftlichen Einflusses bislang aber kaum relevante Effekte.

Die Entwicklung der britischen Arbeitsbeziehungen während der 80er bis Mitte der 90er Jahre ist damit als ein Zusammenspiel von Kontinuität und Wandel sowohl bei den institutionellen Voraussetzungen als auch bei den Akteursstrategien zu beschreiben. Die aus dieser Entwicklung resultierende Situation der britischen Gewerkschaften Mitte der 90er Jahre läßt sich als eine zwischen Konflikt, Kooperation und Marginalisierung charakterisieren.

ANHANG

Abbildung 1:   Allgemeine Variablen-Konstellation

| Veränderung der allge-meinen Rahmenbedingun-gen seit den 70er Jahren | Akteure und deren Politik während der 80er und Anfang der 90er Jahre | Akteursspezifische Organisations-strukturen und Machtressourcen |

Staat / Regierung

Wahl der Steuerungsstrategie zwischen Markt-/Staat-/Neokorporatismus bzw. Deregulierungs- u. Privatisierungsziele beeinflussen:
- Regulierung der Arbeitsbeziehungen
- Lohn- und Beschäftigungspolitik staatlicher Arbeitgeber
- Berufsbildungspolitik

Durch:
- Internationalisierung von Politik und Wirtschaft
- Einführung neuer Technologien
- Wirtschafts- und Beschäftigungskrise
- Wandel der Beschäf-tigungsstruktur

- Institutionelle Autonomie bzw. Zentralisierungsgrad der Verwaltungsstrukturen
- Polit. Mehrheit / ideologische Überzeugungskraft / Regierungszeit

Gewerkschaften

- Grad der Fragmentierung
- Interne Verpflichtungsfähigkeit
- Organisations- und Reprä-sentationsgrad
- Bindung zu Parteien

Arbeitgeberverbände / Unternehmen

Neue Managementstrategien beeinflussen:
- Dezentralisierung d. Tarif-verhandlungsstrukturen
- Formen d. Arbeitnehmerparti-zipation
- Flexibilisierung der Lohn- und Beschäftigungsstrukturen sowie Qualifikation der Arbeit-nehmer

Verbände:
- Grad der Fragmentierung
- Interne Verpflichtungsfähigkeit
- Organisations- und Repräsen-tationsgrad

Unternehmen:
- Unternehmensstrukturen und Management

288

	konfliktiv	kooperativ
solidarisch	klassenorientiert; sozialpolitischer Universalismus	gemeinwohl- und produktivitätsorientiert
partikularistisch	meritokratisch Differenzierung von Einkommen und Status; Gruppenpartikularismus	betriebswohlorientiert Unternehmer- partikularismus

- Staatstradition und Verrechtlichung der Arbeitsbeziehungen
- Zentralisierungsgrad des Tarifverhandlungssystems
- etablierte Verhandlungsmuster

keine Strategien, reaktive ad-hoc-Politik

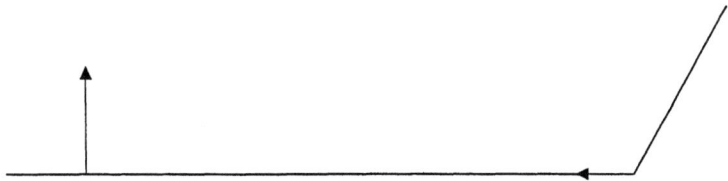

290

Abbildung 2:

Variablen-Interdependenz

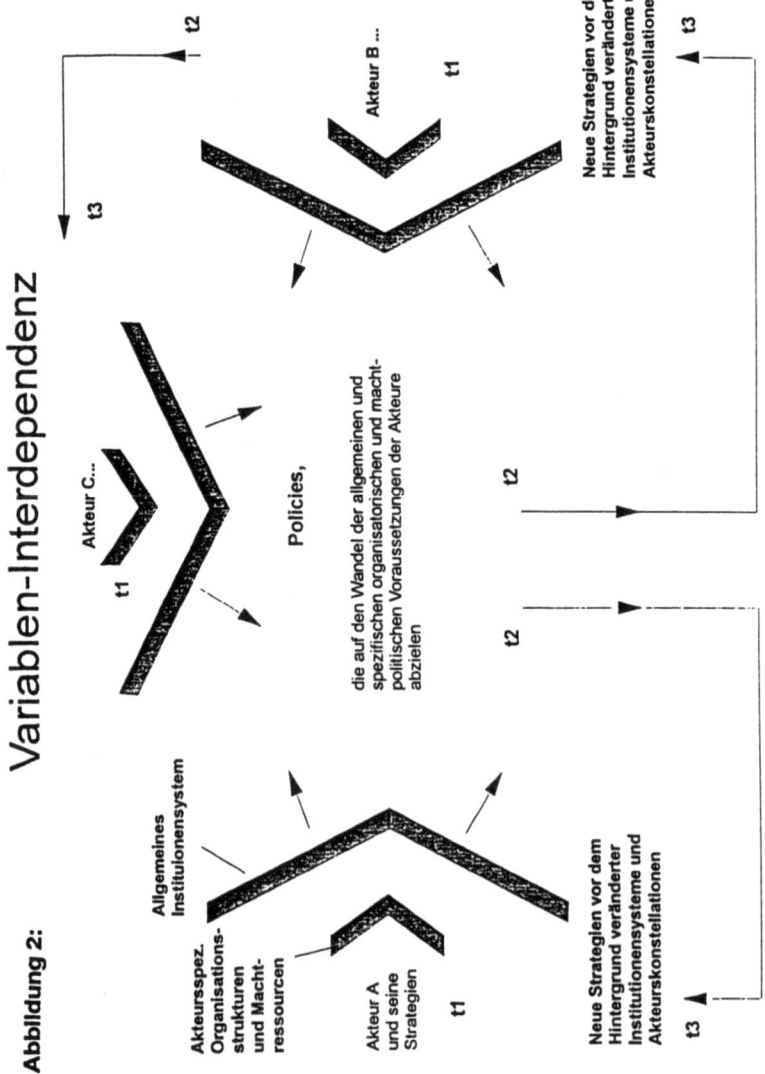

Abbildung 3: Gewerkschaftsmitglieder nach Beschäftigungsgruppen

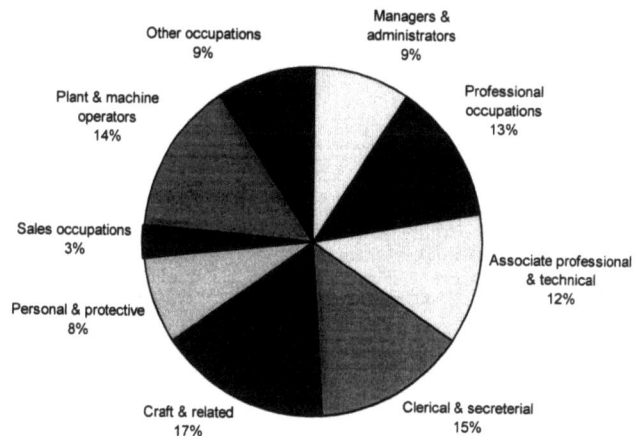

Quelle: Employment Gazette, Januar 1993, S. 683.

291

Abbildung 4: Variablen-Konstellation: Britische Arbeitsbeziehungen und gewerkschaftliche Strategien während der 80er und Anfang der 90er Jahre

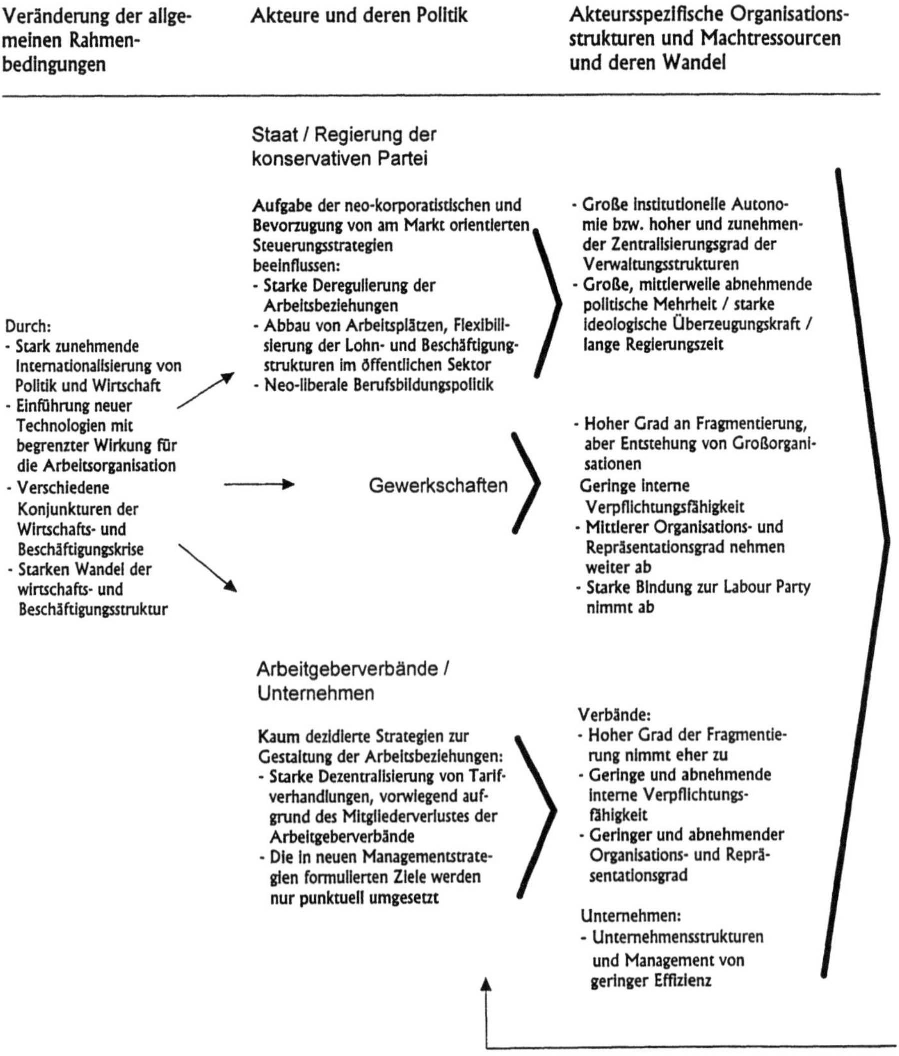

Veränderung der allge-
meinen Rahmen-
bedingungen

Akteure und deren Politik

Akteursspezifische Organisationsstrukturen und Machtressourcen
und deren Wandel

Staat / Regierung der
konservativen Partei

Aufgabe der neo-korporatistischen und
Bevorzugung von am Markt orientierten
Steuerungsstrategien
beeinflussen:
- Starke Deregulierung der
  Arbeitsbeziehungen
- Abbau von Arbeitsplätzen, Flexibili-
  sierung der Lohn- und Beschäftigung-
  strukturen im öffentlichen Sektor
- Neo-liberale Berufsbildungspolitik

Durch:
- Stark zunehmende
  Internationalisierung von
  Politik und Wirtschaft
- Einführung neuer
  Technologien mit
  begrenzter Wirkung für
  die Arbeitsorganisation
- Verschiedene
  Konjunkturen der
  Wirtschafts- und
  Beschäftigungskrise
- Starken Wandel der
  wirtschafts- und
  Beschäftigungsstruktur

- Große institutionelle Autonomie bzw. hoher und zunehmender Zentralisierungsgrad der
  Verwaltungsstrukturen
- Große, mittlerweile abnehmende
  politische Mehrheit / starke
  ideologische Überzeugungskraft /
  lange Regierungszeit

Gewerkschaften

- Hoher Grad an Fragmentierung,
  aber Entstehung von Großorgani-
  sationen
  Geringe interne
  Verpflichtungsfähigkeit
- Mittlerer Organisations- und
  Repräsentationsgrad nehmen
  weiter ab
- Starke Bindung zur Labour Party
  nimmt ab

Arbeitgeberverbände /
Unternehmen

Kaum dezidierte Strategien zur
Gestaltung der Arbeitsbeziehungen:
- Starke Dezentralisierung von Tarifverhandlungen, vorwiegend aufgrund des Mitgliederverlustes der
  Arbeitgeberverbände
- Die in neuen Managementstrategien formulierten Ziele werden
  nur punktuell umgesetzt

Verbände:
- Hoher Grad der Fragmentierung nimmt eher zu
- Geringe und abnehmende
  interne Verpflichtungs-
  fähigkeit
- Geringer und abnehmender
  Organisations- und Repräsentationsgrad

Unternehmen:
- Unternehmensstrukturen
  und Management von
  geringer Effizienz

Regulierung der Arbeitsbeziehungen und deren Wandel	Gewerkschaftliche Strategien und Politik

- Voluntaristische Staatstradition und geringe, aber zunehmende Verrechtlichung der Arbeitsbeziehungen
- geringer Zentralisierungsgrad des Tarifverhandlungssystems, nimmt weiter ab
- konfliktive Verhandlungsmuster dominieren, Verhandlungen insgesamt nehmen ab

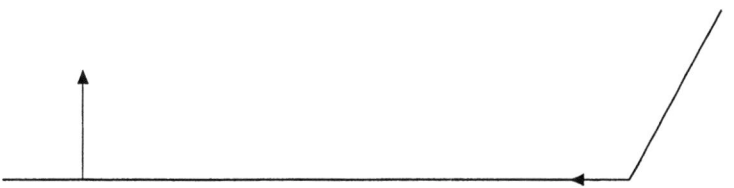

	konfliktiv	kooperativ
partikularistisch	meritokratisch Differenzierung von Einkommen und Status; Gruppenpartikularismus	betriebswohlorientiert Unternehmer-partikularismus
	keine Strategien, reaktive ad-hoc-Politik	

Abbildung 5:   Gewerkschaftsmitgliedschaft nach
Wirtschaftssektoren

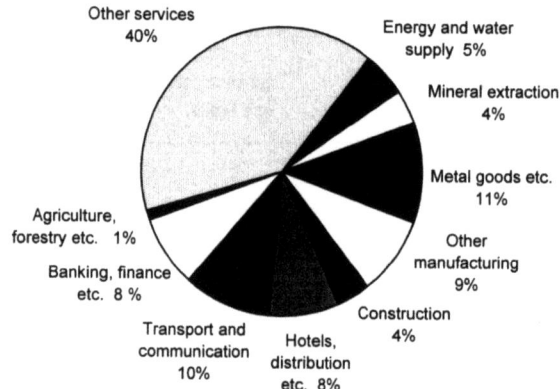

Quelle: Employment Gazette, Januar 1993, S. 683.

Tabelle 1: Gewerkschaftsmitglieder und Organisationsgrad 1979-1991

Jahr	Zahl der Gewerkschaften	Mitgliedschaft in tausend	Organisations-grad in %
1979	453	13289	52,3
1980	438	12947	51,1
1981	414	12106	49,7
1982	408	11593	48,4
1983	394	11236	47,5
1984	375	10994	45,3
1985	370	10821	44,1
1986	335	10539	42,9
1987	330	10475	41,7
1988	315	10376	40,0
1989	309	10158	38,0
1990	287	9947	37,0
1991	275	9585	32,0

Quelle für Spalte 2 und 3: Employment Gazette, Mai 1993, S. 191, Tab. 1;

Spalte 4 errechnet nach den Angaben zur Gesamtbeschäftigung in: OECD, Labour Force

Statistics, 4.0

Tabelle 2: Gewerkschaftliche Anerkennung in Unternehmen nach Sektoren 1980, 1984 und 1990
(Angaben in Prozent)

	Alle Niederlassungen			Verarbeitende Industrie			Private Dienstleistungen			Öffentlicher Sektor		
	1980	1984	1990	1980	1984	1990	1980	1984	1990	1980	1984	1990
Unternehmesniederlassungen, die Gewerkschaften anerkennen:												
Als Anteil aller Niederlassungen	64	66	53	65	56	44	41	44	36	94	99	87
Als Anteil von Niederlassungen mit Gewerkschaftsmitgliedern	88	91	83	84	83	77	81	82	78	95	99	89
Unternehmesniederlassungen, die Gewerkschaften für gewerbliche Arbeitnehmer anerkennen:												
Als Anteil aller Niederlassungen	55	62	48	65	55	44	33	38	31	76	91	78
Als Anteil von Niederlassungen mit gewerblichen Arbeitnehmern, die Gewerkschaftsmitglieder sind	86	91	83	85	85	77	80	81	76	92	99	91
Unternehmesniederlassungen, die Gewerkschaften für nicht-gewerbliche Arbeitnehmer anerkennen:												
Als Anteil von Niederlassungen	47	54	43	27	26	23	28	30	26	91	98	84
Als Anteil von Niederlassungen mit nicht-gewerblichen Arbeitnehmern, die Gewerkschaftsmitglieder sind	87	92	84	74	75	89	82	85	80	93	99	85

Quelle: Millward, Neil et al.: Workplace Industrial Relations in Transition. Aldershot 1992, S. 71

Angaben in Prozent

Tabelle 3: Ebene der Lohnverhandlungen 1980 , 1984 und 1990

Alle Sektoren

	Gewerbliche Arbeitnehmer			Nicht-gewerbliche Arbeitnehmer		
	1980	1984	1990	1980	1984	1990
Ergebnis von Kollektivverhandlungen	55	62	48	47	54	43
Wichtigste Ebene:						
Branche	32	40	26	29	36	24
Konzern	12	13	13	11	13	15
Betrieb	9	7	6	4	4	3
Andere	1	1	2	2	1	1

Verarbeitende Industrie im Privatsektor

	Gewerbliche Arbeitnehmer			Nicht-gewerbliche Arbeitnehmer		
	1980	1984	1990	1980	1984	1990
Ergebnis von Kollektivverhandlungen	65	55	45	27	26	24
Wichtigste Ebene:						
Branche	27	22	16	5	5	7
Konzern	10	11	8	8	9	5
Betrieb	26	21	19	13	11	9
Andere	1	1	2	*	1	2

Öffentlicher Sektor 1984, 1990[1]

	Gewerbliche Arbeitnehmer		Nicht-gewerbliche Arbeitnehmer	
	1984	1990	1984	1990
Ergebnis von Kollektivverhandlungen	91	78	98	84
Wichtigste Ebene:				
Branche	72	58	83	67
Konzern	16	13	13	13
Betrieb	1	1	1	*
Andere	3	5	2	3

Quelle: Millward et al. (eds.) (1992): Workplace Industrial Relations in Transition, S. 219 / 221 / 232;
Angabe in % von befragten Unternehmen, die Gewerkschaften anerkennen.

---

* In Quelle keine Angabe für den Öffentlichen Sektor.
[1] In Quelle keine Angaben zu 1980.

Tabelle 4: Streiks im Zeitraum 1973-1992

Jahr	Verlorene Arbeitstage (in tsd.)	Verlorene Arbeitstage pro 1000 Beschäftigte	Beteiligte Arbeiter (in tsd.)	Streiks
1973	7.197	317	1.528	2.902
1974	14.750	647	1.626	2.946
1975	6.012	265	809	2.332
1976	3.284	146	668	2.034
1977	10.142	448	1.166	2.737
1978	9.405	413	1.041	2.498
1979	29.474	1.273	4.608	2.125
1980	11.964	521	834	1.348
1981	4.266	195	1.513	1.344
1982	5.313	248	2.103	1.538
1983	3.754	178	574	1.364
1984	27.135	1.278	1.464	1.221
1985	6.402	299	791	903
1986	1.920	90	720	1.074
1987	3.546	164	887	1.016
1988	3.702	166	790	781
1989	4.128	182	727	701
1990	1.903	83	298	630
1991	761	34	176	369
1992	528	24	148	253

Quelle: Employment Gazette, Mai 1993, S.198

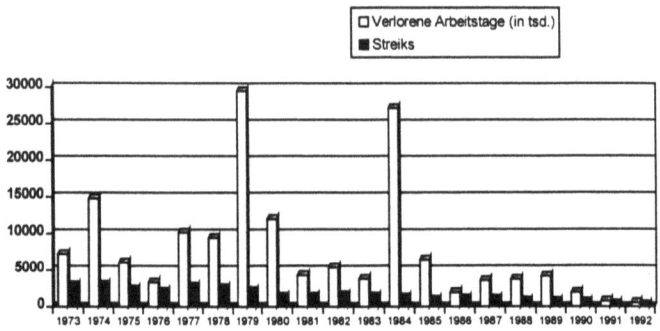

298

Tabelle 5: Programme der Manpower Service Commission: Ausgaben und Teilnehmer 1978-1994

Jahr	Ausgaben[1]	Youth Opportunities Programme[2]	Youth Training Scheme[2]	Employment Training[2]	Apprentices[3]	Jahr
78 / 79	377	162.200				78 / 79
79 / 80	464	216.400			367000	79 / 80
80 / 81	576	360.000				80 / 81
81 / 82	765	553.000				81 / 82
82 / 83	883	543.100			383.000	82 / 83
83 / 84	1065		370.200			83 / 84
84 / 85	1159		397.400		332.000	84 / 85
85 / 86	1278		406.300		357.000	85 / 86
86 / 87	1462		419.600		318.000	86 / 87
87 / 88	1634		398.700		314.000	87 / 88
88 / 89	2600		407.500	238.600	329.000	88 / 89
89 / 90	2411				367.000	89 / 90
90 / 91	2247*				352.000	90 / 91
91 / 92	2061**				330.000	91 / 92
92 / 93	2016**					92 / 93
93 / 94	2020**					93 / 94
94 / 95	2056**					94 /95

[1] In Mio. * Geschätzter Umfang.
** Angaben für Planung.

Quelle: Training Statistics 1992, Employment Department.
[2] Quelle: Training Statistics 1990, Employment Department.
[3] Quelle: Training Statistics 1992, Employment Department.

Tabelle 6: Wirtschaftliche Entwicklung in Großbritannien 1979-1993

	1979	1980	1981	1982	1983	1984	1985	1986	1987	1988	1989	1990	1991	1992	1993	79-90*
Inflation¹)	13,4	18,0	11,9	8,6	4,6	5,0	6,1	3,4	4,1	4,9	7,8	9,5	5,9	3,7	1,6	7,5
Wachstum	2,9	-2,2	-1,3	1,7	3,7	2,2	3,6	3,9	4,8	4,2	2,3	0,8	-	-	-	2,0
Außenhandelsbilanz²)	-524	-213	-39	-117	-457	-673	-524	-1083	-1179	-2074	-2296	-1803	-1030	-1340	-1370	-915
Zahlungsbilanz	2170	-1375	-6971	-3317	-4847	-5658	-8929	-14397	-2317	7015	12916	14636	-	-	-	-923
Arbeitslosigkeit	4,6	5,6	9,0	10,4	11,2	11,1	11,5	11,6	10,4	8,3	6,1	5,5	8,1	9,8	10,3	8,1
Beschäftigung³)	25394	25327	24345	23908	23626	24235	24535	24561	25074	25914	26684	26880	-	-	-	23114

¹ Angaben für Inflation, Wachstum und Arbeitslosigkeit in %.
² Angaben in Mio. £.
³ Angaben in Tausend.

* Angaben für Jahresdurchschnitt

Quellen:
»Inflation«: OECD: Historical Statistics, 8.11; OECD: Economic Surveys 1994
»Wachstum«: Ebda., 3.1
»Außenhandelsbilanz«: OECD: National Main Indicators; OECD: Economic Surveys 1994
»Zahlungsbilanz«: Ebda.
»Arbeitslosigkeit«: OECD: Labour Force Statistics, 5.1; OECD: Economic Surveys 1994
»Beschäftigung«: Ebda.: 4.0

Tabelle 7: Stimmenanteile und Mandate bei den Unterhauswahlen 1979-1992

Jahr (Mandate)	prozentualer Stimmenanteil (Mandate) der Parteien				
	Konservative Partei	Labour Party	Liberale / Allianz	Walisische und Schottische Nationalisten	Andere Parteien
1979 (635)	43,9 (339)	37,0 (269)	13,8 (11)	2,0 (4)	3,7 (12)
1983 (650)	42,4 (397)	27,6 (209)	25,4 (23)	1,5 (4)	3,1 (17)
1987 (650)	42,3 (376)	30,8 (229)	22,6 (22)	1,7 (6)	2,6 (17)
1992 (651)	41,9 (336)	34,4 (271)	17,8 (20)	2,3 (7)	3,5 (17)

Quelle: Buttler, D.; Kavanagh, D.: The British General Election of 1992. London 1992

301

Tabelle 8: Anzahl der Gewerkschaften und Mitgliedschaft Ende 1991

Mitgliederanzahl	Zahl der Gewerk- schaften	Mitglieder (in tsd.)	%-Anteil an allen Gewerk- schaften	%-Anteil an Gewerk- schaftsmit- gliedern
Unter 100	35	2	12,7	0,02
100-499	66	17	24,0	0,2
500-999	21	15	7,6	0,2
1000-2499	43	74	15,6	0,8
2500-4999	28	103	10,2	1,1
5000-9.9999	15	111	5,5	1,2
10.000-14.999	5	62	1,8	0,6
15.000-24.999	9	160	3,3	1,7
25.000-49.999	21	743	7,6	7,8
50.000-99.999	9	597	3,3	6,2
100.000 -	12	1.903	4,4	19,8
250.000 and	10	5.800	3,6	60,5
Gesamt	275	9.585	100	100

Quelle: Employment Gazette, Mai 1993, S. 191

Tabelle 9: Gewerkschaftlicher Organisationsgrad nach Sektor, Geschlecht und Voll- / Teilzeit

Großbritannien, Frühjahr 1991

Organisationsgrad in % [a] / SIC-Code	Beschäftigte insgesamt			Männliche Beschäftigte			Weibliche Beschäftigte		
	Vollzeit[c]	Teilzeit[c]	Beschäftigte ins-gesamt[b] [1]	Vollzeit[c]	Teilzeit[c]	Beschäftigte ins-gesamt[b]	Vollzeit[c]	Teilzeit[c]	Beschäftigte ins-gesamt[b]
All industries[d]	**42**	**22**	**33**	**43**	**13**	**36**	**39**	**23**	**30**
0 Agriculture, forestry, fishing	12	8	15	13	*	16	*	*	9
1 All energy and water supply *of wich:*	74	*	71	77	-	75	56	*	53
11 Coal extraction, solid fuels	91	-	89	91	-	91	*	-	*
12-15 Coke, oil, gas extraction & nuclear	39	-	36	44	-	42	*	-	*
16 Electricity and gas: production & distribution	84	*	81	87	-	85	70	*	69
17 Water supply	75	*	73	78	-	77	*	*	*
2-4 All manufacturing *of wich:*	40	17	36	43	*	40	30	19	26
21-22 Metal extraction & manufacture	57	-	54	59	-	58	*	-	*
23-24 Mineral extraction & manufacture	45	*	41	48	-	45	29	*	24
25-26 Chemicals & fibres	36	*	34	40	*	39	25	*	23
31 Metal goods	34	*	31	35	*	32	29	*	25
32 Mechanical engineering	37	*	35	40	*	38	19	*	18
33 Office machiniery and data processing equipment	12	-	11	12	-	11	*	-	*
34 Electric and electronic engineering	37	*	34	37	-	35	35	*	32
35 Vehicles	58	*	55	61	*	58	39	*	36
36 Transport equipment	62	*	59	64	*	62	43	*	40
37 Instrument engineering	25	*	22	28	-	25	*	*	*
41-42 Food, drink and tobacco	43	37	41	45	*	42	39	43	39
43 Textiles	38	*	34	42	-	39	33	*	28
44-45 Leather, clothing and footwear	36	*	30	32	*	27	39	*	32
46 Timber and funiture	22	*	15	23	*	17	*	*	*
47 Paper, printing and publishing	44	*	37	52	*	47	27	*	20
48-49 Rubber, plastics and other manufacturing	32	*	27	36	*	33	17	*	14

Fortsetzung...

---

[1] Bei LFS-Umfrage im Herbst 1991 auf 32% gesunken; entsprechend variierend auch die anderen Daten (Employment Gazette May 1993).

... Fortsetzung

Organisationsgrad in % [a] / SIC-Code	Beschäftigte insgesamt			Männliche Beschäftigte			Weibliche Beschäftigte		
	Vollzeit[c]	Teilzeit[c]	Beschäf-tigte ins-gesamt[b]	Vollzeit[c]	Teilzeit[c]	Beschäf-tigte ins-gesamt[b]	Vollzeit[c]	Teilzeit[c]	Beschäf-tigte ins-gesamt[b]
5 Construction	30	*	19	32	*	20	15	*	10
6-9 All services *of wich:*	43	23	33	43	14	36	42	24	31
61-63 Wholesale distribution	15	11	13	16	*	14	13	*	11
64-65 Retail distribution	18	14	15	19	8	14	17	16	15
66 Hotels and catering	12	9	10	10	*	8	15	10	11
67 Repairs	10	*	7	11	*	7	*	*	*
71 Railways	92	*	92	93	*	93	*	*	*
72-76 Other transport	48	*	40	53	*	45	29	*	23
7901 Postal services	91	44	82	92	*	90	83	41	60
7902 Telecommunications	74	*	72	76	*	75	66	*	66
81 Banking and finance	51	35	48	49	-	47	53	36	48
82 Insurance	41	*	37	43	*	37	39	*	36
83 Business services	10	*	9	13	*	12	6	*	5
84 Renting and moveables	12	*	10	16	*	13	*	*	*
85 Owning & dealing in real estate	48	*	39	48	*	39	49	*	40
9111 National Government	65	44	61	68	*	64	62	47	58
9112 Local government	72	40	64	73	*	70	70	40	59
912-919 Fire, police, justice, defense, social security	54	29	52	54	*	54	54	31	49
92 Sanitary services	52	13	30	57	*	40	*	14	18
931 Higher education	66	34	55	67	*	61	65	36	49
932 Schools	77	34	59	81	*	76	75	34	53
933-936 Ohter education	53	28	34	62	*	40	42	*	29
94 Research and development	43	*	37	42	*	39	44	*	36
951 Hospitals	74	54	65	74	*	72	73	54	64
952-956 Other medical	47	27	37	63	*	55	41	27	31
97 Entertainment and leisure	38	24	28	36	*	30	39	24	27
96, 98-99 Other services	45	16	34	48	*	40	39	17	27

a: Percentage in category who are members of a trade union or staff association. Those who did not report their union status are regarded as non-union members.

b: Includes those on government schemes and those who did not report their employment status

c: Full-time / part-time status is based on respondents' self-assessment, not hours usually worked

d: Includes those who did not state their industry

- : No value.

* : Cell size too small to provide a reliable estimate.

Quelle: Employment Gazette, January 1993, S. 678

Tabelle 10: Steigerung der Nominal-Löhne (wöchentlich) in Pfund, 1979-1990

Jahr	Männer gewerblich £		nicht-gewerbl. £		insgesamt £		Frauen gewerblich £		nicht-gewerbl. £		insgesamt £		Inflation
1979	93,0	100	113,0	100	101,4	100	55,2	100	66,0	100	63,0	100	100
1980	111,7	120	141,3	125	125,4	124	68,0	123	82,7	125	78,9	125	121,8
1981	121,9	131	163,1	130	140,5	139	74,5	135	96,7	147	91,4	145	136,4
1982	133,8	144	178,9	158	154,5	152	80,1	145	104,9	159	99,0	157	149,3
1983	143,6	154	194,9	172	167,5	165	87,9	174	115,1	174	108,8	173	155,2
1984	157,7	164	209,0	185	178,8	176	93,5	169	124,3	188	117,2	186	163,3
1985	163,6	176	225,0	199	192,4	190	101,3	184	133,8	203	126,4	201	174,6
1986	174,4	188	244,9	217	207,5	205	107,5	195	145,7	221	137,2	218	179,9
1987	185,5	199	265,9	235	224,0	221	115,3	209	157,2	238	148,1	235	187,5
1988	200,6	216	294,1	260	245,8	242	123,6	224	175,5	266	164,2	261	194,9
1989	217,8	234	323,6	286	269,5	266	134,9	244	195,0	295	182,3	289	210,5
1990*	237,2	255	354,9	314	295,6	292	148,0	268	215,5	327	201,5	320	230
%-Anstieg der Real-löhne	+ 11		+ 37		+ 27		+ 17		+ 42		+ 39		

geschätzt

Quelle: NES; zit nach: Kessler, S.; Bayliss, F. (1992), S. 194.

305

Tabelle 11: Jährliche Einkommenssteigerung 1979-1991

	Durchschnittl. Einkommens- Steigerung*	Inflation*	Steigerung der Real- einkommen*	Steigerung der Realeinkommen Verarbeitende Industrie**
1979	15,6	13,4	2,2	1,9
1980	18,8	18,0	0,8	-0,1
1981	12,9	11,9	1,0	1,0
1982	9,3	8,6	0,7	2,4
1983	8,5	4,6	3,9	4,2
1984	6,1	5,0	1,1	3,6
1985	8,4	6,1	2,3	2,9
1986	7,9	3,4	4,5	4,1
1987	7,7	4,2	3,5	3,7
1988	8,8	4,9	3,9	3,4
1989	9,1	7,8	1,3	0,9
1990	9,7	9,5	0,2	-0,1
1991	8,0	5,9	2,1	–

* *Quelle: Annual Abstract of Statistics and Department of Employment Gazette; zit. nach: Bayliss (1993).*
** *Quelle: OECD: Historical Statistics 1960-1990, S.94.*

Tabelle 12: Durchschnittliche Wocheneinkünfte in Pfund*, im öffentlichen und privaten Sektor, 1981-1990

	gewerblich			nicht-gewerblich			insgesamt		
	1981	1990	Anstg. in %	1981	1990	Anstg. in %	1981	1990	Anstg. in %
	£	£		£	£		£	£	
	Männer								
Öff. Dienstleisungen	101,1	202,9	84,3	166,7	323,1	93,8	146,8	288,9	96,8
Zentralregierung	112,7	195,8	73,7	165,0	321,3	94,7	146,9	287,0	95,4
Kommunen	108,9	206,5	89,6	167,7	324,0	93,2	146,8	289,9	97,5
Staatl. Unternehmen	137,0	251,4	83,5	171,2	352,0	105,6	147,5	274,5	86,1
Staatl. Sektor	127,2	226,0	77,7	168,0	325,9	94,0	147,1	285,3	93,9
Privater Sektor	119,2	240,0	11,3	158,1	366,9	132,1	135,8	299,0	120,2
	Frauen								
Öff. Dienstleisungen	75,1	145,3	93,5	111,3	231,4	107,9	105,8	221,1	109,0
Zentralregierung	77,0	135,8	76,4	97,4	217,5	123,3	94,5	210,5	122,8
Kommunen	73,5	150,5	104,8	125,7	246,0	95,7	117,3	231,5	97,4
Staatl. Unternehmen	97,2	193,9	99,5	101,0	220,6	118,4	100,3	213,6	113,0
Staatl. Sektor	78,7	150,0	90,6	109,9	231,0	110,2	105,1	220,8	110,1
Privater Sektor	72,9	147,4	102,2	83,6	204,6	144,7	80,3	189,9	136,5

* *Bezugsjahr = 1981*

Quelle: New Earnings Survey, 1981 und 1990; zit. nach: Kessler, S.; Bayliss, F. (1992), S. 200.

Tabelle 13: Einkommensverteilung 1979-1990

	Männer						Frauen					
	gewerblich		nicht-gewerbl.		insgesamt		gewerblich		nicht-gewerbl.		insgesamt	
	1979	1990	1979	1990	1979	1990	1979	1990	1979	1990	1979	1990
Median der Wochenlöhne (£)	88,2	221,3	103,6	312,1	93,9	258,2	53,3	137,3	60,8	191,8	58,4	177,5
lowest decile*	68	63	63	55	66	58	70	68	70	62	69	63
lower quartile*	82	79	79	74	80	75	83	82	82	77	82	77
upper quartile*	122	127	127	133	125	135	118	125	126	138	125	138
upper decile*	149	158	163	182	157	181	141	157	161	173	159	179

* *Angaben in Prozent des Median.*

Quelle: New Earnings Survey 1979 und 1990; zit. nach: Kessler, S.; Bayliss, F. (1992), S. 196.

Tabelle 14: Relative Einkommen im öffentlichen Dienst 1979-1990*

	79/80	80/81	81/82	82/83	83/84	84/85	85/86	86/87	87/88	88/89	89/90
Lehrer	75	86	88	86	85	83	82	83	85	81	79
Polizei	101	107	114	117	119	118	116	116	114	112	113
Kranken-schwestern	98	112	108	107	104	105	103	106	109	116	114
Sicherheits-kräfte	87	88	91	88	87	85	83	81	78	76	75
Bedienstete im Gesund-heitssektor	84	86	81	79	77	75	73	73	70	67	65
Regierungs-angestellte	79	92	92	90	88	88	88	86	82	79	78
Kommunen	84	86	83	82	80	78	79	80	81	78	78
Städt. Bedienstete	68	75	75	73	72	70	68	67	65	62	62
Beamte	83	91	89	88	86	84	82	81	80	77	77
Insgesamt	84	91	91	90	88	87	85	86	85	83	82

* *Indexbasis: Als Prozente der durchschnittlichen Einkommen der gesamten Wirtschaft; 1972=100*

Quelle: Brown, W.; Walsh, J. (1991), S.56.

Tabelle 15: Jährliche Lohnsteigerungsraten im öffentlichen und privaten Sektor im Vergleich 1979-1991

	Privater Sektor	Öffentlicher Sektor	Öffentlicher Sektor in Relation zum privaten Sektor
1979/80	16,8	17,3	0,5
1980/81	18,4	23,5	5,1
1981/82	12,4	9,4	-3,0
1982/83	9,4	6,5	-2,9
1983/84	8,3	5,5	-2,8
1984/85	6,8	5,5	-1,3
1985/86	9,2	6,4	-2,8
1986/87	8,0	7,6	-0,4
1987/88	7,3	10,0	2,7
1988/89	9,1	8,0	-1,1
1989/90	9,5	6,9	-2,6
1990/91	9,6	7,5	-2,0

Quelle:Public Finance Foundation (1992), S. 52.

Tabelle 16: Einflüsse auf die Lohnabkommen in der verarbeitenden Industrie 1979-1989*

Insgesamt

Lohnsteigernde Einflüsse	79-80	80-1	81-2	82-3	83-4	84-5	85-6	86-7	87-8	88-9
Hohe oder steigende Profite	11	11	16	19	21	23	19	20	24	20
Notwendigkeit, Belegschaft an das Unternehmen zu binden/ neu zu rekrutieren	22	7	6	5	9	12	13	13	22	30
Inflation	60	47	45	36	40	46	31	26	23	60
Streikdrohung	2	2	2	1	3	2	2	3	2	2
Streik	3	2	1	2	2	1	1	1	2	1
Gute oder sich verbessernde Auftragslage	-	-	-	-	-	-	9	11	14	11
Hohe oder steigende Produktivität	-	-	-	-	-	-	14	14	19	16
Lohnsenkende Einflüsse										
Niedrige oder sinkende Profite	45	62	60	53	45	41	28	26	20	19
Risiko von Entlassungen	20	43	35	27	21	18	15	16	10	10
Unmöglichkeit von Preiserhöhungen	38	56	52	52	51	43	41	42	37	38
Schlechte oder schlechter werdende Auftragslage	-	-	-	-	-	-	14	13	9	9
Geringe oder sinkende Produktivität	-	-	-	-	-	-	3	5	4	3
Vergleiche										
Interne Vergleichbarkeit	24	23	23	24	22	24	22	20	19	19
Externe Vergleichbarkeit	51	34	33	34	37	41	39	37	40	50
Vergleichbarkeit allgemein	63	50	49	48	51	53	51	48	51	56

Quelle: Ingram, Peter (1991b), S. 102.

Verhandlungen mit Gewerkschaften

Lohnsteigernde Einflüsse	79-80	80-1	81-2	82-3	83-4	84-5	85-6	86-7	87-8	88-9
Hohe oder steigende Profite	11	10	14	18	20	22	20	20	26	21
Notwendigkeit, Belegschaft an das Unternehmen zu binden/ neu zu rekrutieren	19	5	4	5	7	9	11	10	17	25
Inflation	62	48	46	36	39	45	28	25	22	62
Streikdrohung	3	3	3	2	3	2	2	3	3	2
Streik	4	3	1	2	3	1	1	1	2	2
Gute oder sich verbessernde Auftragslage	-	-	-	-	-	-	7	11	18	11
Hohe oder steigende Produktivität	-	-	-	-	-	-	12	13	21	15
Lohnsenkende Einflüsse										
Niedrige oder sinkende Profite	47	66	62	54	47	42	29	28	21	21
Risiko von Entlassungen	21	44	37	30	22	19	15	17	11	10
Unmöglichkeit von Preiserhöhungen	39	58	55	55	54	44	44	44	39	40
Schlechte oder schlechter werdende Auftragslage	-	-+ *	-	-	-	-	14	14	8	9
Geringe oder sinkende Produktivität	-	-	-	-	-	-	3	5	3	3
Vergleiche										
Interne Vergleichbarkeit	27	27	27	28	16	26	25	22	21	21
Externe Vergleichbarkeit	50	31	30	33	35	38	38	34	37	46
Vergleichbarkeit allgemein	64	51	51	50	51	53	52	47	49	57

Quelle: Ingram, Peter (1991b), S. 103...   *Fortsetzung.......*

---

* In % der befragten Manager, welche den jeweiligen Faktor als besonders relevant ansehen.

311

...*Fortsetzung*

Verhandlungen ohne Gewerkschaften

Lohnsteigernde Einflüsse	79-80	80-1	81-2	82-3	83-4	84-5	85-6	86-7	87-8	88-9
Hohe oder steigende Profite	13	14	19	21	26	26	17	17	20	15
Notwendigkeit, Belegschaft an das Unternehmen zu binden/ neu zu rekrutieren	35	14	11	7	16	22	19	24	40	
Inflation	54	44	42	38	46	46	39	29	28	55
Streikdrohung	-	-	-	-	1	1	1	-	1	-
Streik	-	-	-	-	-	-	-	-	-	-
Gute oder sich verbessernde Auftragslage	-	-	-	-	-	-	12	12	15	13
Hohe oder steigende Produktivität	-	-	-	-	-	-	20	18	22	23
Lohnsenkende Einflüsse										
Niedrige oder sinkende Profite	34	50	54	48	41	36	22	21	18	14
Risiko von Entlassungen	18	42	30	20	18	13	14	13	9	10
Unmöglichkeit von Preiserhöhungen	32	49	44	46	42	38	34	35	31	30
Schlechte oder schlechter werdende Auftragslage	-	-	-	-	-	-	14	14	10	10
Geringe oder sinkende Produktivität	-	-	-	-	-	-	4	4	6	5
Vergleiche										
Interne Vergleichbarkeit	12	10	11	10	11	16	13	12	13	12
Externe Vergleichbarkeit	55	43	41	36	46	49	44	47	53	65
Vergleichbarkeit allgemein	61	47	54	41	51	54	49	51	56	68

Quelle: Ingram, Peter (1991b), S. 103.

Tabelle 17: Durchschnittliche jährliche Lohnsteigerung in den Lohnverhandlungen der verarbeitenden Industrie 1979-1989

	von Gewerkschaften verhandelt		nicht-gewerkschaftliche Abschlüsse	
	Durchschnittliche Lohnsteigerung in %	Variations-Koeffizient (%)	Durchschnittliche Lohnsteigerung in %	Variations-Koeffizient (%)
1979-80	16,4	25,1	15,2	27,9
1980-81	8,8	33.7	9,5	36,6
1981-82	6,9	33,7	7,2	42,2
1982-83	5,7	37,2	5,9	44,2
1983-84	5.9	31.4	6,2	38.3
1984-85	6.3	26.3	6,7	32,7
1985-86	6,0	27,2	6,4	30,6
1986-87	5,1	30,7	5,3	35.3
1987-88	5,9	26,0	6,2	36,4
1988-89	7,3	26,9	7,7	26,8

Quelle: Ingram, Peter (1991b), S. 97.

313

Literaturverzeichnis

Abromeit, H. (1994): Entwicklungslinien im Verhältnis von Staat und Wirtschaft. In: Kastendiek, H.; Rohe, K.; Volle, A. (Hg.): Länderbericht Großbritannien. Bonn, S. 298-317.

AEEU (1993): Report of the Executive Council to the 75th National Committee. London.

AEEU (1993): Engineering the Future: The Case for New Skills in a Modern Industry. London.

Allsopp, J.; Morris, A. (1991): The Assessment: Macroeconomic Policy in the 1980s. In: Oxford Review of Economic Policy; 7, S. 68-80.

Armingeon, K. (1987): Gewerkschaften in der Bundesrepublik Deutschland 1950-1985: Mitglieder, Organisation und Außenbeziehungen. In: Politische Vierteljahresschrift; 28, S. 7-34.

Armingeon, K. (1989): Arbeitsbeziehungen und Gewerkschaftsentwicklung in den achtziger Jahren: Ein Vergleich der OECD-Länder. In: Politische Vierteljahresschrift; 30, S. 603-627.

Armingeon, K. (1992): Towards an European System of Labour Relations? In: Journal of Public Policy; 11, S. 399-413.

Armingeon, K. (1994): Staat und Arbeitsbeziehungen. Ein internationaler Vergleich. Opladen.

Atkinson, J.; Meager, N. (1986): Changing Working Practices: How Companies achieve Flexibility to meet New Needs. London.

Atkinson, M.; Coleman, W. (1989): Strong States and Weak States: Sectoral Policy Networks in Advanced Capitalist Economies. In: British Journal of Political Science; 1, S. 47-67.

Auerbach, S. (1993): Mrs Thatcher's Labour Laws: Slouching Towards Utopia? In: The Political Quarterly; 64, S. 37-48.

Baglioni, G. (1990): Industrial Relations in Europe in the 1990s. In: Ders.; Crouch, C. (Hg.): European Industrial Relations: The Challenge of Flexibility. London, S. 1-14.

Bain, G.; Elsheikh, F. (1976): Union Growth and the Business Cycle: An Econometric Analysis. Oxford.

Bassett, P. (1986): Strike Free. New Industrial Relations in Britain. London.

Bassett, P. (1992): Unions and Labour in the 1980s and 1990s. In: Pimlott, B.; Cook, Ch. (Hg): Trade Unions in British Politics. The first 250 Years. New York, S. 307-328.

Bassett, Ph.; Cave, A. (1993): All for One: The Future of the Unions. Fabian Pamphlet 559. London/Worthing.

Batstone, E.; Gourlay, S. (1986): Unions, Unemployment and Innovation. Oxford.

Batstone, E. (1988): The Reform of Workplace Industrial Relations: Theory, Myth and Evidence. Oxford.

Beatson, M.; Butcher, S. (1993): Union Density across the employed Workforce. In: Employment Gazette; January, S. 673-688.

Beatson, M. (1993a): Trends in Pay Flexibility. In: Employment Gazette; S. 405-426.

Beaumont, P. B. (1992): Public Sector Industrial Relations. London/New York.

Beck, U. (1986): Risikogesellschaft. Frankfurt/M..

Begg, L. G.; et. al. (1991): YTS and the Labour Market. In: British Journal of Industrial Relations; 29, S. 223-236.

Beisheim, M.; Eckardstein, v. D.; Müller, M. (1991): Partizipative Organisationsformen und industrielle Beziehungen. In: Müller-Jentsch, W. (Hg.): Konfliktpartnerschaft. Akteure und Institutionen der industriellen Beziehungen. München, S. 123-137.

Best, M. (1990): The New Competition. Institutions of Industrial Restructuring. Harvard.

Beyme, K. v. (1981): Der liberale Korporatismus als Mittel gegen die Unregierbarkeit? In: Alemann, U. v. (Hg.): Neokorporatismus. Frankfurt/M./New York.

Beyme, K. v. (1983): Gewerkschaften in kapitalistischen Industriestaaten. In: Mielke, S. (Hg.): Internationales Gewerkschaftshandbuch. Opladen. S. 58-85.

Beyme, K. v. (1984): Neokorporatismus - Neuer Wein in alte Schläuche? In: Geschichte und Gesellschaft; 10, S. 211-233.

Blackburn, S. (1988): The Problem of Riches: From Trade Boards to a National Minimum Wage. In: Industrial Relations Journal; 19, S. 124-138.

Blyton, P. (1992a): Flexible times? Recent Developments in temporal Flexibility. In: Industrial Relations Journal; 23, S. 26-36.

Blyton, P. (1992b): Learning from Each other. The Shorter Working Week Campaign in the German and British Engineering Industries. In: Economic and Industrial Democracy; 13, S. 417-430.

Blyton, P. (Hg.) (1992): Reassessing Human Resource Management. London.

Böhle, F.; Kaplonek, H. (1980): Interessenvertretung am Arbeitsplatz und Reformen im Gesundheitsschutz. Das Beispiel Großbritannien - ein Beitrag zur sozialpolitischen Diskussion in der BRD. Frankfurt/M..

Böhret, C.; Jann, W.; Kronenwett, E. (1988[3]): Innenpolitik und Politische Theorie. Ein Studienbuch. Opladen.

Bornschier, V.; Stamm, H. (1990): Transnational Corporatism. In: Current Sociology; 38, S. 2-3.

Boyer, R. (1987): Labour Flexibilities: Many Forms, uncertain Effects. In: Labour and Society; 12, S. 107-29.

Boyer, R. (Hg.) (1988): Labour Market Flexibility. Oxford.

Brandt, G.; Jacobi, O.; Müller-Jentsch, W. (1982): Anpassung an die Krise: Gewerkschaften in den 70er Jahren. Frankfurt/M..

Brewster, Chr.; Teague, P. (1989): European Community Social Policy: Its Impact on the UK. London.

Brown, W. (1989): Managing Renumeration. In: Sisson, K. (Hg.): Personnal Management in Britain. Oxford, S. 249-270.

Brown, W. (1993): The Contraction of Collective Bargaining in Britain. In: British Journal of Industrial Relations; 31, S. 189-199.

Brown, W. A.; Walsh, J. (1991): Pay Determination in Britain in the 1980s: The Anatomy of Decentralisation. In: Oxford Review of Economic Policy; 7, S. 44-59.

Bruce, Ch.; Hall, J. C. (Hg.) (1991): Rethinking Labour Management Relations. Routledge.

Bull, M. (1992): The Corporatist Ideal-Type and Political Exchange. In: Political Studies, XL, S. 255-272.

Butler, F.; Kavanagh, D. (1992): The British General Election of 1992. London.

Butler, F. (1987): Labour Market Flexibility by Deregulation? The Case of the Federal Republic of Germany. In: Labour and Society; 12, S. 19-35.

Butler, F. (1990): Social Policy and the European Community: Worker Participation Legislation. Paper presented at the PAC Twentieth Annual Conference. York.

Calmfors, L.; Driffill, J. (1988): Centralization of Wage Bargaining. In: Economic Policy, April.

Cameron, D. R. (1984): Social Democracy, Corporatism, Labour Quiescence and the Presentation of Economic Interest in Advanced Capitalist Society. In: Goldthorpe, J. (Hg.): Order and Conflict in Contemporary Capitalism. Oxford.

Campbell, A.; Warner, M. (1991): Training Strategies and Microelectronics in the Engineering Industries of the UK and Germany. In: Ryan, P. (Hg.): International Comparisons of Vocational Education and Training for Intermediate Skills. London/New York/Philadelphia, S. 146-59.

Campbell, D. C. (1990): Multinational Labour Relations in the European Community. In: International Labour Review; Report 27.

Carruth, A.; Disney, R. (1988): "Where have Two Million Trade Union Members gone?". In: Economica; 55, S. 1-19.

Cawson, A. (1985): Organized Interests and the State. Studies in Meso-Corporatism. London.

CBI (1979): Pay: The Choice ahead. CBI Proposals for Reforming Pay Determination. London.

CBI (1993): Training - the Business Case. The 1993 CBI Training Seminar. London.

Claydon, T. (1989): Union Derecognition in Britain in the 1980s. In: British Journal of Industrial Relations; 27, S. 214-224.

Clegg, H. (1976): Trade Unionism under Collective Bargaining. A Theory based on Comparison of six Countries. Oxford.

Coates, D.; Hillard, J. (Hg.) (1986): The Economic Decline of Modern Britain. London.

Coates, D. (1989): The Crisis of Labour. Industrial Relations and the State in Contemporary Britain. Oxford.

Coates, K.; Topham, T. (1988): Trade Unions in Britain. London.

Coleman, J. S. (1974): Power and the Structure of Society. New York/London.

Coxall, B.; Robins, L. (1993): British Politics. An Introduction. London.

Crafts, N. (1991): Reversing Relative Economic Decline? The 1980s in Historical Perspective. In: Oxford Review of Economic Policy; 7, S. 81-98.

Crepaz, M. M. (1992): Corporatism in Decline? An Empirical Analysis of the Impact of Corporatism on Macroeconomic Performance and Industrial Disputes in 18 Industrialized Democracies. In: Comparative Political Studies; 25, S. 139-168.

Crouch, C.; Dore, R. (1990): Corporatism and Accountability: Organized Interests in British Public Life. Oxford.

Crouch, C. (1982): Trade Unions: The Logic of Collective Action. London.

Crouch, C. (1985): Ausgrenzung der Gewerkschaften? Zur Politik der Konservativen. In: Jacobi, O.; Kastendieck, H. (Hg.): Staat und industrielle Beziehungen in Großbritannien. Frankfurt/M./New York, S. 251-279.

Crouch, C. (1990a): Generalized Political Exchange in Industrial Relations Europe during the Twentieth Century. In: Marin, B. (Hg.): Governance and Generalized Exchange. Self-Organizing Policy-Networks in Action. Frankfurt/M., S. 69-114.

Crouch, C. (1990b): United Kingdom: The Rejection of Compromise. In: Baglioni, G.; Crouch, C. (Hg.): European Industrial Relations. The Challenge to Flexibility. London, S. 326-355.

Crouch, C. (1990c): Industrial Relations. In: Dunleavy, P.; Gamble, A.; Peele, G. (Hg.): Developments in British Politics 3. London, S. 318-333.

Crouch, C. (1993): Industrial Relations and European State Traditions. Oxford.

CSEU (1993): Engineering the Future: The Case for New Skills in a Modern Industry. London.

Cutler, T. (1992): Vocational Training and British Economic Performance: A further Instalment to the 'British Labour Problem'? In: Work, Employment & Society; 6, S. 161-183.

Czada, R. (1983): Konsensbedingungen und Auswirkungen neokorporatistischer Politikentwicklung. In: Journal für Sozialforschung; 23, S. 421-439.

318

Czada, R. (1988): Bestimmungsfaktoren und Genese politischer Gewerkschaftsein-bindung. In: Schmidt, M. (Hg.): Staatstätigkeit. PVS-Sonderheft 19. Opladen. S. 178-195.

Czada, R. (1991): Regierung und Verwaltung als Organisatoren gesellschaftlicher Interessen. In: Hartwich, H.-H.; Wewer, G. (Hg.): Regieren in der BRD. Theoretische Konzepte. Opladen, S. 151-173.

Czada, R. (1994): Konjunkturen des Korporatismus. Zur Geschichte eines Paradigmenwechsels in der Verbändeforschung. In: Streeck, W. (Hg.): Staat und Verbände. PVS-Sonderheft 25. Opladen, S. 37-64.

Daniel, W. W.; Millward, N. (1983): Workplace Industrial Relations in Britain. The DE / PSI / ESRC Survey. London.

Deakin, S.; Michie, J.; Wilkinson, F. (1992): Inflation, Employment, Wage-Bargaining and the Law. Institute of Employment Rights. London.

Deakin, S. (1986): Labour Law and the Developing Employment Relationship in the UK. In: Cambridge Journal of Economics; 10, S. 225-246.

Degen, G. (1992): Länderanalyse Großbritannien. In: Grebing, H.; Meyer, Th. (Hg.): Linksparteien und Gewerkschaften in Europa. Die Zukunft einer Partnerschaft. Köln, S. 146-169.

Döhler, M. (1990): Gesundheitspolitik nach der "Wende": Policy-Netzwerke und ordnungspolitische Strategiewechsel in Großbritannien, den USA und der Bundesrepublik Deutschland. Berlin.

Donovan (1968): Report of the Royal Commission on Trade Unions and Employers' Associations 1965-1968. Cmnd 3623, London.

Dorey, P. (1993): One Step at a Time: The Conservative Government's Approach to the Reform of Industrial Relations since 1979. In: The Political Quarterly; 64, S. 24-36.

Dunleavy, P. (1989): The United Kingdom. Paradoxes of an Ungrounded Statism. In: Castles, F. G. (Hg.): The Comparative History of Public Policy. Cambridge, S. 242-291.

Dunlop, J. (1958): Industrial Relations Systems. New York.

Dunn, S.; Gennard, J. (1984): The Closed Shop in British Industry. London.

Dunn, S. (1993): From Donovan to ... Wherever. In: British Journal of Industrial Relations; 31, S. 69-87.

Ebbinghaus, B.; Visser, J. (1994): Barrieren und Wege "grenzenloser" Solidarität: Gewerkschaften und Europäische Integration. In: Streeck, W. (Hg.): Staat und Verbände. PVS Sonderheft 25. Opladen, S. 223-256.

Edwards, P. K.; Sisson, K.: Industrial Relations in the UK: Change in the 1980s. An ESRC Research Briefing, London.

Edwards, P. K.; Bain, G. S. (1988): Why are the Trade Unions becoming more popular? Unions and Public Opinion in Britain. In: British Journal of Industrial Relations; 26, S. 311-326.

Edwards, P. K.; Marginson, P. (1988): Trade Unions, Pay Bargaining and Industrial Action. In: Marginson, P. et al. (Hg.): Beyond the Workplace. Managing Industrial Relations in the Multi-Establishment Enterprise. Oxford, S. 123-164.

Edwards, P. K. et al. (1992): Great Britain: Still muddling through. In: Ferner, A.; Hyman, R. (Hg.): Industrial Relations in the New Europe. London, S. 1-67.

Edwards, P. K. (1992): Industrial Conflict: Themes and Issues in Recent Research. In: British Journal of Industrial Relations; 30, S. 361-404.

Employment Gazette. London, mehrere Jahrgänge.

Esping-Anderson, G. (1990): The Three Worlds of Welfare Capitalism. Oxford.

Evans, P. D.; Rueschemeyer, D.; Skcopol, Th. (Hg.) (1985): Bringing the State Back In. Cambridge.

Evening Standard. Mehrere Ausgaben.

Eyrand, F. (1983): The Principles of Union Action in the Engineering Industries in Great Britain and France. Towards a Neo-Institutional Analysis of Industrial Relations. In: British Journal of Industrial Relations; 21, S. 358-391.

Ferner, A.; Colling, R. (1991): Privatization, Regulation and Industrial Relations. In: British Journal of Industrial Relations; 29, S. 391-409.

Ferner, A.; Hyman, R. (Hg.) (1993): Industrial Relations in the New Europe. Blackwell.

Financial Times. Mehrere Ausgaben.

Finegold, D.; Soskice, D. (1988): The Failure of Training in Britain: Analysis and Prescription. In: Oxford Review of Economic Policy; 4, S. 21-53.

Finn, D. (1988): Training and Employment Schemes for the Long Term Unemployed: British Government Policy for the 1990s. In: Work, Employment & Society; 2, S. 521-534.

Foster, D. (1993): Industrial Relations in Local Government: The Impact of Privatisation. In: The Political Quarterly; 64, S. 49-60.

Fox, A. (1985): History and Heritage. London.

Fredman, S.; Morris, G. (1989): The State as Employer. Labour Law in the Public Services. London/New York.

Fredman, S.; Morris, G. S. (1989): The Determination of Terms and Conditions of Employment. In: Dies. (Hg.): The State as Employer. Labour Law in the Public Services. London/New York, S. 142-207.

Funk, W. (1993): Personalwirtschaftliche Implikationen neuer Technologien. Wirkungen einer computerintegrierten Produktion auf Arbeitsinhalte, Qualifizierung und Arbeitsbewertung. In: Journal für Betriebswirtschaft; 3-4, S. 155-170.

Gall, G. (1993a): What happened to Single Union Deals? - A Research Note. In: Industrial Relations Journal; 24, S. 71-75.

Gall, G. (1993b): Harmony around a Single Table? In: Labour Research; June, S. 13-20.

Gamble, A. (1987): The Weakening of Social Democracy. In: Loney, M. (Hg.): The State or the Market. Politics and Welfare in Contemporary Britain. London; S. 189-203.

Gamble, A. (1988): The Free Economy and the Strong State: The Politics of Thatcherism. London.

Gamble, A. (1991): From Empire- to De-Industrialization. In: Culture and History; 9/10, S. 85-103.

Gold, M.; Hall, M. (1991): Information and Consultation in European Multinational Companies: an Evaluation of Practice. Preliminary Paper. European Foundation for the Improvement of Living and Working Conditions. Dublin.

Goldthorpe, J. H. (1984): The End of Convergence: Corporatist and Dualist Tendencies in Modern Western Societies. In: Ders. (Hg.): Order and Conflict in Contemporary Capitalism. Oxford.

Gospel, H.; Palmer, G. (1993²): British Industrial Relations. London/New York.

Gospel, H. (1986²): Managerial Structures and Strategy. An Introduction. In: Ders.; Littler, C. (Hg.): Managerial Strategies and Industrial Relations. Aldershot, S. 1-25.

Grahl, J.; Teague, P. (1991): The European Community Social Charter and Labour Market Regulation. In: Journal of Public Policy; 11, S. 207-232.

Grant, W. (1987): Business and Politics. London.

Grant, W. (1989): Pressure Groups, Politics and Democracy in Britain. New York.

Grant, W. (1989): The Erosion of Intermediary Institutions. In: The Political Quarterly; 60, S. 10-21.

Grant, W. (1991): Government and Manufacturing Industries since 1900. In: Jones, G.; Kirby, M. (Hg.): Competitiveness and the State. Government and Business in the twentieth Century Britain. Manchester, S. 100-119.

Green, F.; Ashton, D. (1992): Skill Shortage and Skill Deficiency: A Critique. In: Work, Employment & Society; 6, S. 287-301.

Gregg, P.; Machin, S. (1991): Changes in Union Status, Increased Competition and Wage Growth in the 1980s. In: British Journal of Industrial Relations; 29, S. 603-611.

Guest, D. (1989): Human Resource Management: Its Implications for Industrial Relations and Trade Unions. In: Storey, J. (Hg.): New Perspectives on Human Resource Management. London, S. 41-56.

Hall, P. (1986): Governing the Economy: The Politics of State Intervention in Britain and France. Cambridge.

Hall, P. (1992): The Movement from Keynesianism to Monetarism: Institutional Analysis and British Economic Policy in the 1970s. In: Steinmo, S.; Thelen, K.; Longstreth, F. (Hg.): Structuring Politics. Historical Institutionalism in Comparative Analysis. Cambridge, S. 90-114.

Hartmann, M. (1991): Der Staat in der Defensive? Das Theorem vom "reflexiven Recht" und die Gewerkschaftsgesetzgebung der Regierung Thatcher. In: Berliner Journal für Soziologie, S. 55-67.

Hartmann, W.; Kroher, E. (1971[7]): Kleines Lexikon zur politischen Bildung. München.

Heery, E.; Kelly, J. (1990): Full-Time Officers and the Shop Steward Network: Patterns of Co-operation and Interdependence. In: Fosh, P.; Heery, E. (Hg.): Trade Unions and their Members. Studies in Union Democracy and Organization. London, S.75-107.

Hesse, J.; Benz, A. (1990): Die Modernisierung der Staatsorganisation. Baden-Baden.

Hirsch, Joachim (1990): Kapitalismus ohne Alternative. Hamburg.

Hübner, K. (1989): Theorie der Regulation. Eine kritische Rekonstruktion eines neuen Ansatzes der Politischen Ökonomie. Berlin.

Hyman, R.; Streeck, W. (Hg.) (1988): New Technology and Industrial Relations. Oxford.

Hyman, R. (1987): Strategy or Structure: Capital, Labour and Control. In: Work, Employment & Society; 1; S. 25-59.

Hyman, R. (1987): Trade Unions and the Law. Papering over the cracks?. In: Capital & Class; 31, S. 93-113.

Hyman, R. (1989): Strikes. London.

Hyman, R. (1989): The Political Economy of Industrial Relations. London.

Hyman, R. (1991): European Unions: Towards 2000. In: Work, Employment & Society; 5, S. 621-639.

Hyman, R. (1994): Changing Trade Union Identities and Strategies. In: Ders.; Ferner, A. (Hg.): New Frontiers in European Industrial Relations. London, S. 108-140.

IDS Study. London, mehrere Jahrgänge.

Ingram, P. (1991a): Changes in Working Practices in British Manufacturing Industry in the 1980s: A Study of Employee Concessions Made during Wage Negotiations. In: British Journal of Industrial Relations; 29, S. 1-13.

Ingram, P. (1991b): Ten Years of Manufacturing Wage Settlements: 1979-89. In: Oxford Review of Economic Policy; 7, S. 93-106.

IRS Employment Trends. London, mehrere Jahrgänge.

Jessops, B. (1988): Regulation Theories in Retrospect and Prospect. Discussion Paper No.1. Department of Government, University of Essex.

Johnson, N. (1987): The break-up of Consensus: Competitive Politics in a Declining Economy. In: Loney, M. (Hg.): The State or the Market. Politics and Welfare in Contemporary Britain. London, S. 144-161.

Johnston, R./ Pattie, C./ Fieldhouse, E. (1994): The Geography of Voting and Representation: Regions and the Declining Importance of the Cube Law. In: Heath, A./ Jowell, R./ Curtis, J. (Hg.): Labours' last Chance: 1992 Election and Beyond. Dartmouth, S. 255-274.

Jones, B. (1988): Work and Flexible Automation in Britain: A Review of Developments and Possibilities. In: Work, Employment & Society; 2, S. 451-486.

Jones, J. (1988): An Evaluation of YTS. In: Oxford Economic Review of Policy; 4, S. 54-71.

Kahn-Freund, O. (1977): Labour and the Labour Law. London.

Kaiser, A. (1991): Wahlen und Parteiensystem in der Ära Thatcher. In: Aus Politik und Zeitgeschichte. Beilage zur Wochenzeitung Das Parlament; B 28, S. 15-25.

Kastendiek, H. (1994): "Collective Bargaining" und gewerkschaftliche Interessenvertretung. In: Ders.; Rohe, K.; Volle, A. (Hg.): Länderbericht Großbritannien. Geschichte - Politik - Wirtschaft - Gesellschaft. Bonn, S. 280-294.

Katzenstein, P. J. (1987): Policy and Politics in West Germany: The Growth of a Semisovereign State. Philadelphia.

Katzenstein, P. J. (1988): Der neue Institutionalismus und internationale Regime: Amerika, Japan und Westdeutschland in der internationalen Politik. In: Hartwich, H.-H. (Hg.): Macht und Ohnmacht politischer Institutionen. 17. wiss. Kongreß des DVPW. Darmstadt, S. 356-369.

Keck, O. (1991): Der neue Institutionalismus in der Theorie der Internationalen Politik. In: Politische Vierteljahresschrift; 32, S. 635-653.

Keep, E. (1986): "Designing the Stable Door: A Study of how the Youth Training Scheme was Planned." Industrial Relations Research Unit. Warwick Papers in Industrial Relations No. 8.

Keep, E. (1989): A Training Scandal?. In: Sisson, K. (Hg.): Personnel Management in Britain. Oxford, S. 177-202.

Keller, B. (1989): "Krise" der institutionellen Interessenvermittlung und Zukunft der Arbeitsbeziehungen: Flexibilisierung, Deregulierung, Mikrokorporatismus. In: Hartwich, H.-H. (Hg.): Macht und Ohnmacht politischer Institutionen. 17. Wissenschaftlicher Kongreß der DVPW. Opladen, S. 135-157.

Keller, B. (1991): Einführung in die Arbeitspolitik. Arbeitsbeziehungen und Arbeitsmarkt in sozialwissenschaftlicher Perspektive. München/Wien.

Kelly, J.; Heery, E. (1989): Full-Time Officers and Trade Union Recruitment. In: British Journal of Industrial Relations; 27, S. 196-213.

Kelly, J. (1990): British Trade Unionism 1979-89: Change, Continuity and Contradictions. In: Work, Employment and Society; Special Issue; S. 29-65.

Kelly, J. (1988): Trade Unions and Socialist Politics. London.

Kern, H.; Sabel, C. (1990): Gewerkschaften in offenen Arbeitsmärkten. Überlegungen zur Rolle der Gewerkschaften in der industriellen Reorganisation. In: Soziale Welt; 41, S. 144-166.

Kern, H.; Schumann, M. (1984): Das Ende der Arbeitsteilung? Rationalisierung in der industriellen Produktion. München.

Kessler, I. (1990): Flexibility and Comparability in Pay Determination for Professional Civil Servants. In: Industrial Relations Journal; 21, S. 194-208.

Kessler, S.; Bayliss, F. (1992): Contemporary British Industrial Relations. London.

King, A. (1992): Britain at the Polls. Chatham.

King, D. S. (1993): The Conservative Training Policy 1979-1992: From a Tripartite to a Neoliberal Regime. In: Political Studies; 41, S. 214-235.

Kochan, T. (1980): Collective Bargaining and Industrial Relations. From Theory to Policy and Practice. Homewood/Illinois.

Kochan, T.; Mc Kersie, R. T; Cappelli, P. (1984): Strategic Choice and Industrial Relations - Theory and Practice. In: Industrial Relations; 23, S. 16-39.

Korpi, W. (1978): The Working Class in Welfare Capitalism. Work, Unions and Politics in Sweden. London.

Korpi, W. (1983): The Democratic Class Struggle. London.

Krasner, St. (1988): Sovereignty. An Institutional Perspective. In: Comparative Political Studies; 21, S. 66-94.

Labour Research. London, mehrere Jahrgänge.

Lane, Ch. (1989): Management and Labour in Europe. London.

Lash, S.; Bagguley, P. (1988): Arbeitsbeziehungen im disorganisierten Kapitalismus - Ein Vergleich von fünf Nationen. In: Soziale Welt; 39, S. 239-259.

Lash, S.; Urry, J. (1987): The End of Organized Capitalism. Cambridge.

Layard, R. (1990): How to end Pay Leapfrogging. Employment Institute Economic Report. London.

Lecher, W. (1980): Gewerkschaften im Europa der Krise. Düsseldorf.

Lecher, W. (1987): Deregulierung der Arbeitsbeziehungen. Gesellschaftliche und gewerkschaftliche Entwicklungen in Großbritannien, den USA, Japan und Frankreich. In: Soziale Welt; 38, S. 148-166.

Lehmbruch, G.; Singer, O.; Grande, E.; Döhler, M. (1988): Institutionelle Bedingungen ordnungspolitischen Strategiewechsels im internationalen Vergleich. In: Schmidt, M. G. (Hg.): Staatstätigkeit. PVS-Sonderheft 19. Opladen, S. 251-283.

Lehmbruch, G. (1977): Liberal Corporatism and Party Government. In: Comparative Political Studies; 10, S. 91-126.

Lehmbruch, G. (1983): Neokorporatismus in Westeuropa: Hauptprobleme im Vergleich. In: Journal für Sozialforschung; 23, S. 407-420.

Lehmbruch, G. (1984): Concertation and the Structure of Corporatist Networks. In: Goldthorpe, J. H. (Hg.): Order and Conflict in Contemporary Capitalism. Oxford, S. 60-80.

Lehmbruch, G. (1991): The Organization of Society, Administrative Strategies and Policy Networks. In: Czada, R.; Winhoff-Héritier, A. (Hg.): Political Choice. Institutions, Rules, and the Limits of Rationality. Frankfurt/M., S. 121-161.

Lehner, F.; Schmid, J. (1992): Industrielle Wettbewerbsfähigkeit und flexible Produktionssysteme - Zukunftschancen der Fabrik. In: Dies. (Hg.): Technik Arbeit Betrieb Gesellschaft. Beiträge der Industriesoziologie und Organisationsforschung. Opladen, S. 13-28.

Leopold, J. W. (1988): Moving the Status Quo: The Growth of Trade Union Political Funds. In: Industrial Relations Journal; 19, S. 286-295.

Lewis, R. (1991): Reforming Industrial Relations: Law, Politics, and Power. In: Oxford Review of Economic Policy; 7, S. 60-75.

Liepietz, A. (1985): Akkumulation, Krisen und Auswege aus der Krise: Einige methodische Überlegungen zum Begriff "Regulation". In: Prokla; 58, S. 109-121.

Liepitz, A. (1991): Die Beziehungen zwischen Kapital und Arbeit am Vorabend des 21. Jahrhunderts. In: Leviathan; 19, S. 78-102.

Longstreth, F. H. (1988): From Corporatism to Dualism? Thatcherism and the Climacteric of British Trade Unions in the 1980s. In: Political Studies; 36, S. 413-432.

Lösche, P. (1989): Gewerkschaft(en). In: Nohlen, D., Schultze, R.-O. (Hg.): Politikwissenschaft. Theorien - Methoden - Begriffe. Bd. 2, München/Zürich, S. 301-303.

MacInnes, J. (1987): Thatcherism at Work: Industrial Relations and Economic Work. London.

MacInnes, J. (1990): The Future of this Great Movement of ours. In: Fosh, P., Heery, E.: Trade Unions and their Members. Studies in Union Democracy and Organization. London, S. 206-233.

Mackie, K. J. (1988): Trends and Developments in Industrial Relations Law. Industrial Tribunals - What next? In: Industrial Relations Journal; 19, S. 89-93.

Macshane, D. (1991): Trade Unions and Europe. In: The Political Quarterly; 62, S. 351-365.

Mahnkopf, B. (1988): Der gewendete Kapitalismus. Kritische Beiträge zur Theorie der Regulation. Münster.

Mahnkopf, B. (1989): Gewerkschaftspolitik und Weiterbildung. Chancen und Risiken einer qualifikationsorientierten Modernisierung gewerkschaftlicher Tarifpolitik. Wissenschaftszentrum Berlin; Discussion Paper FSF 89-11.

Mailly, R./ Dimmock, S. H./ Sethi, A. S. (1989): Industrial Relations in the Public Services. London.

March, J.; Olson, J. P. (1984): The new Institutionalism: Organizational Factors in Political Life. In: American Political Science Review; 78, S. 734-749.

Marchington, M.; Parker, P. (1990): Changing Patterns of Employee Relations in Britain. Worcester.

Marginson, P.; Sisson, K. (1988): The Management of Employees. In: Marginson, P. et al. (Hg.): Beyond the Workplace. Managing Industrial Relations in the Multi-Establishment Enterprise. Oxford, S. 80-121.

Marginson, P.; Sisson, K. (1990): Single Table Talk. In: Personnel Management; S. 46-49.

Marginson, P.; Sisson, K. (1994): The Structure of Transnational Capital in Europe: The Emerging Euro-Company and its Implications for Industrial Relations. In: Ferner, A.; Hyman, R. (Hg.): New Frontiers in European Industrial Relations. London, S. 15-51.

Marginson, P. (1988): Conclusions. In: Ders. et al. (Hg.): Beyond the Workplace. Managing Industrial Relations in the Multi-Establishment Enterprise. Oxford, S. 259-269.

Marin, B. (Hg.) (1990): Generalized Political Exchange. Antagonistic Cooperation and Integrated Policy Circuits. Frankfurt/M..

Markovits, A. S. (1986): The Politics of West German Trade Unions. Strategies of Class and Interest Representation in Growth and Crisis. Cambridge.

Marsden, D.; Ryan, P. (1991): Institutional Aspects of Youth Employment. A Reply. In: British Journal of Industrial Relations; 29, S. 497-505.

Marsden, D.; Silvestre, J.-J. (1990): Wages, Wage Policy and European Integration. London/Aix-en-Provence.

Marsden, D.; Thompson, M. (1990): Flexibility Agreements and their Significance in the Increase in Productivity in British Manufacturing since 1980. In: Work, Employment & Society; 4, S. 83-104.

Marsden, D.; Ryan, P. (1991): Initial Training, Labour Market Structure and Public Policy: Intermediate Skills in British and German Industry. In: Ryan, P. (Hg.): International Comparisons of Vocational Education and Training for Intermediate Skills. London/New York/Philadelphia, S. 251-285.

Marsh, D. (1992): The New Politics of British Trade Unionism: Union Power and the Thatcher Legacy. London.

Martin, R. (1988): The Management of Industrial Relations and New Technology. In: Marginson, P. et al. (Hg.): Beyond the Workplace. Managing Industrial Relations in the Multi-Establishment Enterprise. Oxford, S. 165-182.

Mason, G.; Ark, B. v.; Wagner, K. (1993): Productivity, Product Quality and Workforce Skills: Food Processing in four european Countries. In: National Institute, Discussion Paper; March.

Mason, G.; Prais, S. J.; Ark, B. v. (1990): Vocational Education and Productivity in the Netherlands and Britain. In: National Institute, Discussion Paper No. 191; November.

Mayhew, K. (1991): The Assessment: The UK Labor Market in the 1980s. In: Oxford Review of Economic Policy; 7, S. 1-17.

Mayntz, R.; Scharpf, F. (1975): Policy-Making in the German Federal Bureaucracy. Amsterdam.

Mayntz, R.; Scharpf, F. (1994): Akteursbezogener Institutionalismus als analytischer Ansatz. MPI Discussion Paper. Köln.

McIlroy, J. (1988): Trade Unions in Britain Today. Manchester/New York.

McKinlay, A.; McNulty, D. (1992): At the Cutting Edge of New Realism: The Engineers' 35 Hour Week Campaign. In: Industrial Relations Journal; 23, S. 205-212.

Meager, N. (1986): Temporary Work in Britain. In: Employment Gazette; January, S. 7-15.

Merkel, W. (1989): Sozialdemokratische Politik in einer "post-keynesianistischen" Ära? Das Beispiel der sozialistischen Regierung Spaniens (1982-1988). In: Politische Vierteljahresschrift; 30, S. 629-654.

Merkel, W. (1992): Kritik der Theorien vom "Ende des sozialdemokratischen Jahrhunderts". In: Grebing, H.; Meyer Th.(Hg.): Linksparteien und Gewerkschaften in Europa: die Zukunft einer Partnerschaft. Köln, S. 47-81.

Merkel, W. (1993): Machtressourcen, Handlungsrestriktionen und Strategiewahlen. Die Logik sozialdemokratischer Wirtschaftspolitik. In: Politische Vierteljahresschrift; 34, S. 3-28.

Metcalf, D. (1993): Transformation of British Industrial Relations? Institutions, Conduct and Outcomes 1980-1990. London School of Economics. Centre for Economic Performance. Discussion Paper No. 151. London.

Metcalf, D. (1991): British Unions: Dissolution or Resurgence? In: Oxford Review of Economic Policy; 7, S. 18-32.

Millward, N.; Stevens, M.; Smart, D.; Hawis, W. R. (1992): Workplace Industrial Relations. The ED/ESRC/PSI/ACAS Surveys. Aldershot.

Mitchell, N. J. (1987): Changing Pressure-Group Politics: The Case of the Trade Union Congress, 1976-1984. In: British Journal of Political Science; 17, S. 509-517.

Muellbauer, J. (1991): Productivity and Competitiveness. In: Oxford Review of Economic Policy; 7, S. 99-117.

Mueller, H.-D.; Schmid, A. (1989): Arbeit, Betrieb und neue Technologien. Stuttgart.

Müller-Jentsch, W. (1982): Gewerkschaften als intermediäre Organisationen. In: Brandt, G.; Jacobi, O.; Müller-Jentsch, W. (Hg.): Anpassung an die Krise. Gewerkschaften in den 70er Jahren. Frankfurt/M., S. 17-44.

Müller-Jentsch, W. (Hg.) (1988a): Zukunft der Gewerkschaften: Ein internationaler Vergleich. Frankfurt/M..

Müller-Jentsch, W. (1988b): Industrial Relations Theory and Trade Union Strategy. In: International Journal of Comparative Labour Law and Industrial Relations; 4, S. 177-190.

NUPE (1992): National Conference. Executive Report. London.

Nye, J. S. (1972): The Strength of International Unionism. In: International Labour Review; 129, S. 147-164.

O'Mahony, M.; Wagner, K.; Paulssen, M. (1994): Changing Fortunes: An Industry Study of British and German Productivity Growth over three Decades. Wissenschaftszentrum Berlin, Discussion Paper FS I 94-304.

OECD (Hg.) (1986): Flexibility. Paris.

OECD (Hg.) (1991): Labour Force Statistics. Paris.

OECD (Hg.) (1992): Historical Statistics 1960-1991. Paris.

Offe, C.; Ronge, V. (1976): Thesen zur Begründung des "Kapitalistischen Staates" und zur materialistischen Politikforschung. In: Pozzoli, C. (Hg.): Rahmenbedingungen und Schranken staatlichen Handelns. Frankfurt/M., S. 54-70.

Offe, C.; Wiesenthal, H. (1980): The Logics of Collective Action: Theoretical Notes on Social Class and Organizational Form. In: Political Power and Social Theory; 1, S. 67-115.

Offe, C. (1975): Berufsbildungsreform. Eine Fallstudie über Reformpolitik. Frankfurt/M..

Offe, C. (1984): Korporatismus als System nichtstaatlicher Makrosteuerung. In: Geschichte und Gesellschaft; 10, S. 234-256.

Offe, C. (1985): The Attribution of Public Status to Interest Groups. In: Ders. (Hg.): Disorganized Capitalism. Contemporary Transformations of Work and Politics. Cambridge/Oxford, S. 221-258.

Offe, C. (1990): Sozialwissenschaftliche Aspekte der Diskussion. In: Hesse, J. J.; Zöpel, Ch. (Hg.): Der Staat der Zukunft. Baden-Baden, S. 107-126.

Olson, M. (1976): The political Economy of Comparative Growth Rates. In: U.S. Economic Growth from 1976-1985: Prospects and Patterns. Studies prepared for the Congress of the United States, Vol. 2, Washington D.C..

Olson, M. (1982): Rise and Decline of Nations. Economic Growth, Stagflation and Social Rigidites. New Haven, S. 107-126.

Osterloh, M. (1989): Die neue Unternehmensorganisation im Spannungsfeld von Unternehmensstrategie, Unternehmenskultur und Unternehmensethik. In: Dabrowski, H.; Jacobi, O.; Schudlich, E.; Teschner, E. (Hg.): Tarifpolitische Interessen der Arbeitgeber und neue Managementstrategien. Referate und Diskussion einer Arbeitstagung. Frankfurt, S. 115-139.

Panitch, L. (1977): The Development of Corporatism in Liberal Democracies. In: Comparative Political Studies; 10, S. 61-90.

Patridge, B. (1989): The Problem of Supervision. In: Sisson, K. (Hg.): Personnel Management in Britain. Oxford, S. 203-221.

Peele, G. (1990): Parties, Pressure Groups and Parliament. In: Dunleavy, P. et al. (Hg.): Developments in British Politics 3. London, S. 69-95.

Philo, G. (1993): Political Advertising, Popular Belief and the 1992 British General Election. In: Media, Culture and Society; 15, S. 407-418.

Piore, M.; Sabel, C. (1984): Das Ende der Massenproduktion. Berlin.

Pizzorno, A. (1978): Political Exchange and Collective Identity in Industrial Conflict. In: Crouch, C.; Pizzorno, A. (Hg.): The Resurgence of Class Conflict in Western Europe since 1968. Comparative Analysis. Bd. 2, New York, S. 277-298.

Pollard, S. (1994): Struktur- und Entwicklungsprobleme der britischen Wirtschaft. In: Kastendiek, H.; Rohe, K.; Volle, A. (Hg.): Länderbericht Großbritannien. Geschichte - Politik - Wirtschaft - Gesellschaft. Bonn, S. 247-280.

Pollert, A. (Hg.) (1991): Farewell to Flexibility. Oxford.

Prais, S. J. (1981): Vocational Qualifications of the Labour Force in Britain and Germany. In: Centre in Comparative Industrial Structure and Efficiency, National Institute, Discussion Paper No. 43; August.

Public Finance Foundation (Hg.) (1992): Public Sector Pay. Trends and Cycles in Public Sector Pay. Issues for the 90s. Discussion Paper No. 42. London, S. 33-60.

Purcell, J. (1987): Mapping Management Styles in Employee Relations. In: Journal of Management Studies; 24, S. 533-548.

Purcell, J. (1991): The Rediscovery of the Management Prerogative: The Management of Labour Relations in the 1980s. In: Oxford Review of Economic Policy; 7, S. 33-43.

Purcell, J. (1993): The End of Industrial Relations. In: The Political Quarterly; 64, S. 6-23.

Rainbird, H.; Smith, J. (1992): The Role of the Social Partners in Vocational Training in Great Britain. Warwick. Mimeo.

Rainbird, H. (1990): Training Matters. Union Perspectives on Industrial Restructuring and Training. Oxford.

Rainbird, H. (1993): Union Policies towards the Training of Workers with a low Level of Qualification: Great Britain. Warwick. Mimeo.

Reshef, Y.; Murray, A. J. (1988): Toward a Neoinstitutionalist Approach in Industrial Relations. In: British Journal of Industrial Relations; 26, S. 85-97.

Rosamond, B. (1993): National Labour Organizations and European Integration: British Trade Unions and '1992'. In: Political Studies; 41, S. 420-435.

Scharpf, F. W.; Reissert, B.; Schnabel, F. (1976): Politikverflechtung: Theorie und Empirie des kooperativen Föderalismus in der BRD. Frankfurt/M..

Scharpf, F. W. (1985): Die Politikverflechtungs-Falle: Europäische Integration und deutscher Föderalismus im Vergleich. In: Politische Vierteljahresschrift; 27, S. 323-356.

Scharpf, F. W. (1987): Sozialdemokratische Krisenpolitik in Europa. New York / Frankfurt/M..

Scharpf, F. W. (1988a): Inflation und Arbeitslosigkeit in Westeuropa. Eine spieltheoretische Interpretation. In: Politische Vierteljahresschrift; 29, S. 6-41.

Scharpf, F. W. (1988b): Verhandlungssysteme, Verteilungskonflikte und Pathologien der politischen Steuerung. In: Schmidt, M. (Hg.): Staatstätigkeit. PVS-Sonderheft 19. Opladen, S. 61-87.

Scharpf, F. W. (1989): Politische Steuerung und politische Institutionen. In: Politische Vierteljahresschrift; 30, S. 10-21.

Scharpf, F. W. (1991): Die Handlungsfähigkeit des Staates am Ende des zwanzigsten Jahrhunderts. In: Politische Vierteljahresschrift; 32, S. 621-634.

Scharpf, F. W. (1993): Positive und negative Koordination in Verhandlungssystemen. In: Héritier, A. (Hg.): Policy-Anlayse. Kritik und Neuorientierung. Opladen, S. 57-84.

Schmidt, M. G. (1982): Wohlfahrtsstaatliche Politik unter bürgerlichen und sozialdemokratischen Regierungen. Ein internationaler Vergleich. Frankfurt/NewYork.

Schmidt, M. G. (1986): Politische Bedingungen erfolgreicher Wirtschaftspolitik. In: Journal für Sozialforschung; 26, S. 251-273.

Schmidt, M. G. (1983): Arbeitslosigkeit und Vollbeschäftigungspolitik. Ein internationaler Vergleich. In: Leviathan; S. 451-474.

Schmidt, M. G. (1992): Regieren in der Bundesrepublik Deutschland. Opladen.

Schmidt, M. G (1993): Theorien in der international vergleichenden Staatstätigkeitsforschung. In: Héritier, A. (Hg.): Policy-Analyse. PVS Sonderheft 24. Opladen, S. 371-394.

Schmitter, P. C.; Streeck, W. (1981): The Organization of Business Interests. A Research Design to Study the Associate Action of Business in Advanced Industrial Societes of Western Europe. Wissenschaftszentrum Berlin. Discussion Paper: IIMV dp81-13.

Schmitter, P. C. (1974): Still in the Century of Corporatism? In: The Review of Political Science; 6, S. 85-131.

Schmitter, P. C. (1981): Neokorporatismus: Überlegungen zur bisherigen Theorie und zur weiteren Praxis. In: Alemann, U. v. (Hg.): Neokorporatismus. Frankfurt/M./New York, S. 62-80.

Schmitter, P. C. (1989): Corporatism is Dead! Long live Corporatism!. In: Government and Opposition; 21, S. 54-73.

Schneider, V. (1986): Tauschnetzwerke in der Politikwissenschaft. Chemikalienkontrolle in der OECD, EG und der BRD. In: Journal für Sozialforschung; 26, S. 386-416.

Schuppert, G. F. (1989): Markt, Staat, Dritter Sektor - oder noch mehr? Sektorspezifische Steuerungsprobleme ausdifferenzierter Staatlichkeit. In: Ellwein, Th.; Hesse, J. J.; Mayntz, R.; Scharpf, F. (Hg..): Jahrbuch zur Staats- und Verwaltungswissenschaft. Baden-Baden, S. 47-83.

Seyd, P. (1992): Labour: The Great Transformation. In: King, A. (Hg.): Britain at the Polls 1992. New Jersey, S. 70-101.

Sheldrake, J. (1991): Industrial Relations & Politics in Britain 1980-1989. London/New York.

Sisson, K. (1991): Employers' Organization and Industrial Relation: Significance of the Strategies of large Companies. In: Sadowski, D.; Jacobi, O. (Hg.): Employers' Association in Europe: Policy and Organization. Baden-Baden, S. 145-169.

Sisson, K.; Waddington, J.; Whitson, C. (1992): The structure of Capital in the European Community: the Size of Companies and the Implications for Industrial Relations. Industrial Relations Research Unit Warwick. Warwick Papers in Industrial Relations No. 38.

Skcopol, Th. (1985): Bringing the State Back In. Strategies of Analysis in Current Research. In: Evans, P. D.; Rueschemeyer, D.; Skcopol, Th. (Hg.): Bringing the State Back In. Cambridge, S. 3-37.

Sorge, A.; Hartmann, G.; Warner, M.; Nicholas, I. (1982): Mikroelektronik und Arbeit in der Industrie. Erfahrungen beim Einsatz von CNC-Maschinen in Großbritannien und der Bundesrepublik Deutschland. Reihe Arbeitsberichte des Wissenschaftszentrums Berlin. Frankfurt/M./New York.

Soskice, D. (1984): Industrial Relations and the British Economy, 1979-1983. In: Industrial Relations; 23, S. 306-322.

Soskice, D. (1990): Wage Determination: The Changing Role of Institutions in Advanced Industrialized Countries. In: Oxford Review of Economic Policy; 6, S. 36-61.

Soskice, D. (1993): Social Skills from Mass Higher Education: Rethinking the Company-Based Initial Training Paradigm. In: Oxford Review of Economic Policy; 9, S. 101-113.

Steedman, H.; Wagner, K. (1987): Machinery, Production, Organization and Skills: Kitchen Manufacture in Britain and Germany. In: Centre in Comparative Industrial Structure and Efficiency, National Institute, Discussion Paper No. 117.

Steedman, H. (1986): Vocational Training in France and Britain: Office Work. In: Centre in Comparative Industrial Structure and Efficiency, National Institute, Discussion Paper No. 114.

Steedman, H. (1988): Vocational Training in France and Britain: Mechanical and Electrical Craftsmen. National Institute, Discussion Paper No. 130.

Stevens, J.; Walsh, T. (1991): Training and Competitiveness. In: Stevens, J.; Mackay, R. (Hg.): Training and Competitiveness. National Economic Development Office. London, S. 25-29.

Storey, J. (1992): Management of Human Resources. Oxford/Cambridge Mass..

Strauss, G. (1984): Industrial Relations: Time of Change. In: Industrial Relations; 23, S. 1-15.

Streeck, W. (1977): Staatliche Ordnungspolitik und industrielle Beziehungen. Zum Verhältnis von Integration und Institutionalisierung gewerkschaftlicher Interessenverbände am Beispiel des britischen Industrial Relations Act von 1971. In:

331

Bermbach, U. (Hg.): Politische Wissenschaft und politische Praxis. Tagung der DVPW. Opladen, S. 106-140.

Streeck, W. (1979): Gewerkschaftsorganisation und industrielle Beziehungen. Einige Stabilitätsprobleme industriegewerkschaftlicher Interessenvertretung und ihre Lösung im westdeutschen System der industriellen Beziehungen. In: Politische Vierteljahresschrift; 20, S. 241-267.

Streeck, W. (1981): Gewerkschaftliche Organisationsprobleme in der sozialstaatlichen Demokratie. Königstein.

Streeck, W. (1982): Organizational Consequences of Neo-Corporatist Cooperation in West German Labor Unions. In: Lehmbruch G.; Schmitter. Ph. C. (Hg.): Patterns of Corporatist Policy-Making. Beverly Hills, S. 29-81.

Streeck, W. (1987): Vielfalt und Interdependenz. Überlegungen zur Rolle von intermediären Organisationen in sich ändernden Umwelten. In: Kölner Zeitschrift für Soziologie und Sozialpsychologie; 39, S. 470-495.

Streeck, W. (1988): The Uncertainties of Management in the Management of Uncertainty: Employers, Labor Relations and Industrial Adjustment in the 1980s. In: Österreichische Zeitschrift für Soziologie; 4, S. 44-64.

Streeck, W. (1991): Interest Homogenity and Organizing Capacity: Two Logics of Collective Action? In: Czada, R.; Windhoff-Héritier, A. (Hg.): Political Choice. Institutions, Rules, and the Limits of Rationality. Frankfurt/M., S. 161-199.

Streeck, W. (1993): Klasse, Beruf, Unternehmen, Distrikt: Organisationsgrundlagen industrieller Beziehungen im europäischen Binnenmarkt. In: Strümpel, B.; Dierkes, M. (Hg.): Innovation und Beharrung in der Arbeitspolitik. Stuttgart.

Streeck, W.; Hilbert, J. (1987): Steuerung und Regulierung der beruflichen Bildung. Berlin.

Streeck, W.; Matzner, E. (1991): Beyond Keynesianism: The Socio-Economics of Production and Full Employment. Aldershot.

Streeck, W.; Schmitter, P. C. (1991): From National Corporatism to Transnational Pluralism: Organized Interests in the Single European Market. In: Politics and Society; 19, S. 133-164.

Streeck, W.; Vitolis, S. (1993): European Works Councils: Between Statutory Enactment and Voluntary Adoption. Wissenschaftszentrum Berlin. Discussion Paper FS I 93-312.

Süddeutsche Zeitung. Mehrere Ausgaben.

Swenson, P. (1989): Fair Shares: Union, Pay, and Politics in Sweden and West Germany. Ithaca/New York.

Taylor, A. J. (1987): Trade Unions and the Labour Party. London.

Taylor, A. J. (1989): Trade Unions and Politics. A Comparative Introduction. Basingstoke/London.

Taylor, A. J. (1991): Trade Unions and Programmatic Renewal in West European Social Democratic Parties. Polytechnic Queensgate, Huddersfield. Mimeo.

Teague, P. (1989): The British TUC and the European Community. In: Journal of International Studies; 18, S. 29-45.

Terry, M. (1994): Workplace Unionism: Redefining Structures and Objectives. In: Hyman, R.; Ferner, A.: New Frontiers in European Industrial Relations. Oxford, S. 223-250.

Thatcher, M. (1993): The Downing Street Years. London.

Thelen, K.; Steinmo, S. (1992): Historical Institutionalism in Comparative Politics. In: Steinmo, S. ; Thelen, K.; Longstreth, F. (Hg.): Structuring Politics. Historical Institutionalism in Comparative Analysis. Cambridge, S. 1-32.

Thelen, K. (1991): A Union of Parts: Labor Politics in Postwar Germany. Ithaca/London.

Thurley, U.; Wood, S. (Hg..) (1983²): Industrial Relations and Management Strategy. Cambridge.

Thurman, J.; Ciborra, C.; et al. (1993): On Business and Work. Genf.

Towers, B. (1988): Trends and Developments in Industrial Relations: Derecognising Trade Unions: Implications and Consequences. In: Industrial Relations Journal; 19, S. 181-185.

Traxler, F.; Vobruba, G. (1987): Selbststeuerung als funktionales Äquivalent zum Recht? Zur Steuerungskapazität von neokorporatistischen Arrangements und reflexivem Recht. In: Zeitschrift für Soziologie; 16, S. 3-15.

Traxler, F. (1985): Arbeitgeberverbände. In: Endruweit, G. et al. (Hrsg.): Handbuch der Arbeitsbeziehungen: Deutschland, Österreich, Schweiz. Berlin/New York, S. 51-64.

Traxler, F. (1988): Politischer Tausch, kollektives Handeln und Interessenregulierung. Zu einer Theorie der Genesis verbandlicher Tarifbeziehungen und korporatistischer Steuerungssysteme. In: Journal für Sozialforschung; 28, S. 267-287.

Traxler, F. (1989): Unternehmensinteressen, Arbeitgeberverbände und Arbeitsbeziehungen. Zum Verhältnis der Arbeitgeber zu Tarifsystem und Gewerkschaften. In: Dabrowski, H; Jacobi, O.; Schudlich, E.; Teschner, E. (Hg.): Tarifpolitische Interessen der Arbeitgeber und neue Managementstrategien. Referate und Diskussion einer Arbeitstagung. Frankfurt, S. 55-73.

Traxler, F. (1991a): Gewerkschaften und Arbeitgeberverbände: Probleme der Verbandsbildung und Interessenvereinheitlichung. In: Müller-Jentsch, W. (Hg.): Konfliktpartnerschaft. Akteure und Institutionen der industriellen Beziehungen. München, S. 139-165.

Traxler, F. (1991b): The Logics Employers' Collective Action. In: Sadowski, D.; Jacobi, O. (Hg).: Employers' Association in Europe: Policy and Organization. Baden-Baden, S. 29-51.

The Economist. Mehrere Ausgaben.

The Independent. Mehrere Ausgaben.

The Times. Mehrere Ausgaben.

The Sunday Times. Mehrere Ausgaben.

TUC (1984): Low Pay. Paper for a Discussion of Affiliated Unions. London.

TUC (1984): TUC Strategy: a TUC Consultative Document. London.

TUC (1988): Meeting the Challenge. First Report of the Special Review Body. London.

TUC (1989): Organizing for the 1990s. Second Report of the Special Review Body. London.

TUC (1989): Skills 2000. London.

TUC (1991): TUC Guidance: Joint Action over Training.: The Case for Skills. London.

TUC (1992): Bargaining for Skills. A Call to Action. A TUC Initiative to deliver the National Education and Training Targets. London.

TUC (1992): Wages Councils and Abolition - The TUC Perspective. London.

TUC (1993): Guide to the Trade Union Reform & Employment Rights Act 1993. London.

TUC (1993): Public Sector Pay 1994/95. A TUC Analysis of the Chancellor's Statement on Public Sector Pay: Prepared for the Meeting of all Public Sector Unions, September 22. London.

TUC (1993): TUC Directory. London.

TUC (1993): Working in Partnership for Quality Training. London.

TUC: Annual Report. London. Mehrere Jahrgänge.

UNISON (1993): Distance & Open Learning. A Guide to Courses 93/94. London.

Visser, W.; Wijnhoven, R. (1990): Politics do matter, but does Unemployment? Party Strategies, Ideological Discourse and Enduring Mass Unemployment. In: European Journal of Political Research; 18, S. 71-96.

Volle, A. (1994): Der mühsame Weg Großbritanniens nach Europa. In: Kastendiek, H.; Rohe, K.; Volle, A. (Hg.): Länderbericht Großbritannien. Geschichte - Politik - Wirtschaft - Gesellschaft. Bonn, S. 383-397.

Waarden van, F. (1991): Two Logics of Collective Action? Business Assocations as District from Trade Unions: The Problems of Associations of Organizations. In: Sadowski, D.; Jacobi, O. (Hg.): Employers' Association in Europe. Baden-Baden, S. 51-85.

Waddington, J. (1988): Business Unionism and Fragmentation within the TUC. In: Capital & Class; 36, S. 7-15.

Waddington, J. (1988a): Trade Union Mergers: A Study of Trade Union Structural Dynamics. In: British Journal of Industrial Relations; 26, S. 411-430.

Waddington, J. (1991): Trade Union Membership in Britain 1980-1987: Unemployment and Restructuring. In: British Journal of Industrial Relations; 30, S. 287-324.

Wallace, H. (1990): Britain and Europe. In: Dunleavy, P.; Gamble, A.; Peele, G. (Hg.): Developments in British Politics 3. London, S. 150-174.

Walshe, J. G. (1991): Industrial Organization and Competition Policy. In: Crafts, N. F.; Woodward, N. W.; (Hg.): The British Economy since 1945. Oxford, S. 335-381.

Ward, T. (1988): From Mounting Tension to Open Confrontation: The Case of UK. In: Boyer, R. (Hg.): The Search for Labour Market Flexibility. The European Economies in Transition. Oxford, S. 58-80.

Watson, D. (1988): Managers of Discontent. Trade Union Officers and Industrial Relations Managers. London/New York.

Weber, H. (1989): Arbeitgeberkonzepte einer "offensiven" Tarifpolitik. Zum Wandel der Tarifpolitik. In: Dabrowski, H. T.; Jacobi, O.; Schudlich, E.; Teschner, E. (Hg.): Forschungsprojekt Rahmentarifpolitik im Strukturwandel. Band 3, Tarifpolitische Interessen der Arbeitgeber und neue Managementstrategien. Referate und Diskussionen einer Arbeitstagung. Düsseldorf, S. 13-45.

Weber, H. (1994): Recht und Gerichtsbarkeit. In: Kastendiek, H.; Rohe, K.; Volle, A. (Hg.): Länderbericht Großbritannien. Geschichte - Politik - Wirtschaft - Gesellschaft. Bonn, S. 170-185.

Wiesenthal, H. (1992): Kapitalinteressen und Verbandsmacht. Two Logics of Collective Action Revistet. In: Abromeit, H.; Jürgens, U. (Hg.): Die politische Logik wirtschaftlichen Handelns. Berlin, S. 38-61.

Williams, K.; Williams, J.; Haslam, C.; Wardlow, A. (1989): Facing Up to Manufacturing Failure. In: Hirst, P.; Zeitlin, J. (Hg.): Reversing Industrial Decline? Industrial Structure and Policy in Britain and her Competitors. Oxford/New York/Hamburg, S. 71-94.

Willman, P. (1990): The Financial Status and Performance of British Trade Unions. In: British Journal of Industrial Relations; 28, S. 313-327.

Windhoff-Héritier, A. (1991): Institutions, Interests, and Political Choice. In: Czada, R.; Windhoff-Héritier, A. (Hg.): Political Choice. Institutions, Rules, and the Limits of Rationality. Frankfurt/M., S. 27-53.

Windolf, P. (Hg.) (1983): Gewerkschaften in Großbritannien. Schriftenreihe der deutsch-britischen Stiftung für das Studium der Industriegesellschaft. Frankfurt/M.

Windolf, P. (1989): Kann der Korporatismus dezentralisiert werden? Thesen zum Strukturwandel der Gewerkschaften. In: Journal für Sozialforschung; 23, S. 367-387.

Wolfe, J. (1991): State Power and Ideology in Britain: Mrs Thatcher's Privatization Programme. In: Political Studies; 39, S. 237-252.

Worcester, K. (1991): Trade Union Strategies and the Enterprise Culture in Britain. In: Critical Sociology; 18, S. 37-54.

Aus dem Programm
Sozialwissenschaften

Thomas Heinze (Hrsg.)

Christian Kerst
Unter Druck –
Organisatorischer Wandel
und Organisationsdomänen
Der Fall der Druckindustrie
1997. 250 S. (Studien zur Sozialwissenschaft,
Bd. 179) Kart.
ISBN 3-531-12999-6
Organisationen adaptieren Technik nicht einfach,
sondern verarbeiten neue Techniken im Kontext
historisch gewachsener Strukturen und Institutionen. Der daraus resultierende Wandel zeigt sich
in den organisatorischen Strukturen und Umwelt-
beziehungen ebenso wie in der institutionellen
Umwelt der Organisationen. In diesem Buch wird
das Konzept der Organisationsdomäne entwik-
kelt und auf das Beispiel des technischen Wandels in der Druckindustrie angewendet.

Johannes Feest / Wolfgang Lesting /
Peter Selling
Totale Institution
und Rechtsschutz
Eine Untersuchung zum Rechtsschutz
im Strafvollzug
1997. 254 S. Kart.
ISBN 3-531-12998-8
Die Untersuchung geht der Frage nach, wie effektiv der gerichtliche Rechtsschutz für Strafgefange-
ne ist. Mittels quantitativer und qualitativer Analyse werden exemplarisch die Hindernisse für einen
effektiven Rechtsschutz in totalen Institutionen aufgezeigt und vor allem die behördlichen Strategi-
en der Behinderung und Verhinderung von Gefan-
genenbeschwerden dargestellt.

Thomas Heinze (Hrsg.)
Kulturmanagement II
Konzepte und Strategien
1997. 356 S. Kart.
ISBN 3-531-13014-5
Der Band „Kulturmanagement II" versammelt kul-
tur- und wirtschaftswissenschaftliche Ansätze zum
Kulturmanagement. Aus makroökonomischer Perspektive wird ein dem kulturellen Charakter von
Märkten und Institutionen angemessenes Konzept
von Kulturmanagement vorgestellt. Für die mikro-
ökonomische Sichtweise steht stellvertretend das
Steuerungsmodell (Theater-)Controlling. Kulturphi-
losophische, kommunikationstheoretische und kul-
tursoziologische Ansätze sowie Bezüge zur Kritischen Theorie und Systemtheorie umschreiben den
Fokus von Kulturmanagement. Den Orientierungs-
rahmen einer forschungsbezogenen Implementie-
rung und Evaluierung für die Reformierung/Mo-
dernisierung von Kulturbetrieben und (Kultur-)Verwal-
tungen stellt das Konzept der Aktionsforschung dar.

WESTDEUTSCHER VERLAG
Abraham-Lincoln-Str. 46 · 65189 Wiesbaden
Fax (06 11) 78 78 - 420

Aus dem Programm
Sozialwissenschaften

Studien zur Sozialwissenschaft

Gerd Nollmann

KONFLIKTE IN INTERAKTION, GRUPPE UND ORGANISATION

ZUR KONFLIKTSOZIOLOGIE DER
MODERNEN GESELLSCHAFT

Westdeutscher Verlag

Gerd Nollmann
Konflikte in Interaktion, Gruppe und Organisation
Zur Konfliktsoziologie der modernen Gesellschaft
1997. 367 S. (Studien zur Sozialwissenschaft,
Bd. 174) Kart.
ISBN 3-531-12968-6
Soziale Konflikte reichen von den rhetorisch aus-
gefochtenen Dauerstreitereien der Politiker über
schon gewaltnahe Rivalitäten informeller Jugend-
gruppen bis zu den menschheitsbedrohenden
kriegerischen Auseinandersetzungen des 20.
Jahrhunderts. Der Autor untersucht die hochgradig eigenlogische Ausgestaltung sozialer Konflikte
durch die divergierenden Vergesellschaftungsmo-
di von Interaktion, Gruppe und formaler Organisation am Beispiel der Familie, dem Dauerthema
„Jugend und Gewalt" sowie den internationalen
Beziehungen.

Jürgen Kädtler /Hans-Hermann Hertle
Sozialpartnerschaft und Industriepolitik
Strukturwandel im Organisationsbereich
der IG Chemie-Papier-Keramik
1997. 342 S. (Schriften des Zentralinstituts für
sozialwiss. Forschung der FU Berlin, Bd. 78) Kart.
ISBN 3-531-12654-7
Die Studie analysiert den Wandel der Organisation und der Politik der IG Chemie-Papier-Keramik seit den siebziger Jahren. Als Leitimpulse dieses Wandels gelten das Auslaufen des Wachs-
tums-Vollbeschäftigungs-Automatismus der bundesdeutschen Wirtschaftswundergesellschaft, die
Politisierung industrieller Produktion durch eine
gesellschaftlich breitenwirksame Ökologiekritik
und die mit der Entwicklung zur Angestelltenge-
sellschaft verbundenen gewerkschaftlichen Rekrutierungsprobleme.

Klaus Kraemer
Der Markt der Gesellschaft
Zu einer soziologischen Theorie
der Marktvergesellschaftung
1997. 338 S. Kart.
ISBN 3-531-12989-9
Ökonomische Theorien tragen der sozialen, kulturellen und gesellschaftlichen Bedeutung des
Marktes nur selten Rechnung. In Abgrenzung zu
rein ökonomischen Bestimmungen verfolgt diese
Arbeit die Absicht, den Markt im Sinne einer idealtypischen Querschnittsanalyse als besondere
Vergesellschaftungsform zu interpretieren, um die
soziologisch relevanten Dimensionen marktregu-
lierter Tauschbeziehungen erörtern zu können.

WESTDEUTSCHER VERLAG
Abraham-Lincoln-Str. 46 · 65189 Wiesbaden
Fax (06 11) 78 78 - 420

Aus unserem Programm

Marela Bone-Winkel
Politische Prozesse in der Strategischen Unternehmensplanung
1997. XX, 280 Seiten, Broschur DM 98,-/ ÖS 715,-/ SFr 89,-
GABLER EDITION WISSENSCHAFT
ISBN 3-8244-6451-9
Die Einbeziehung politischer Perspektiven in die Unternehmensplanung eröffnet Möglichkeiten sowohl für die Beschreibung strategischer Prozesse als auch für die Entwicklung von Einfluß- und Steuerungsmöglichkeiten.

Erich Latniak
Technikgestaltung und regionale Projekte
Eine Auswertung aus steuerungstheoretischer Perspektive
1997. 303 Seiten, 11 Abb., Broschur DM 59,-/ ÖS 431,-/ SFr 53,50
DUV Sozialwissenschaft
ISBN 3-8244-4199-3
Die Studie analysiert die Entstehung, die Durchführung und die Resultate regionaler Projekte, die vor allem im Rahmen des SoTech-Programms in Nordrhein-Westfalen durchgeführt wurden.

Helmut Schneider
Wirtschaftspolitik zwischen ökonomischer und politischer Rationalität
Metaanalyse ausgewählter Bereiche des bundesdeutschen Finanzausgleichs
1997. XV, 180 Seiten, 15 Abb., 27 Tab.,
Broschur DM 42,-/ ÖS 307,-/ SFr 39,-
DUV Sozialwissenschaft
ISBN 3-8244-4206-X
Am Beispiel der Beurteilung des Finanzausgleichs durch Sachverständigengremien unterzieht der Autor das Modell politischer Rationalität einer kritischen Analyse und zeigt dessen Grenzen auf.

Die Bücher erhalten Sie in Ihrer Buchhandlung!
Unser Verlagsverzeichnis können Sie anfordern bei:

Deutscher Universitäts-Verlag
Postfach 30 09 44
51338 Leverkusen

If you have any concerns about our products,
you can contact us on
ProductSafety@springernature.com

In case Publisher is established outside the EU,
the EU authorized representative is:
**Springer Nature Customer Service Center GmbH
Europaplatz 3, 69115 Heidelberg, Germany**

Printed by Libri Plureos GmbH
in Hamburg, Germany